"十四五"职业教育国家规划教材

药品市场营销技术
第四版

全国医药职业技术教育研究会 组织编写

严立浩 严 振 主编　吴海侠 副主编

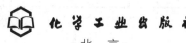
化学工业出版社

·北京·

内 容 简 介

本书深入落实立德树人根本任务，有机融入党的二十大精神，以工作任务为中心组织内容，让学生通过完成项目来构建相关的理论知识，掌握药品营销技能，培养学生的职业素养和道德素养。

本书以药品营销流程为线索，设计了1个药品市场营销综述和药品市场调研技术、药品市场开发技术、药品市场渠道设计技术、药品市场促销技术共4个教学项目，并通过16个"小项目"、64个"任务"来讲授药品市场营销最新理论和营销实战技巧；每个"项目"都按照医药营销岗位实际工作任务为载体设计的活动进行，实现营销理论与药品营销实践的一体化，同时培养学生的创造性思维和创新能力；本书还附有课程标准和课程评估手册。

本书适合全国高等职业技术学院的医药经济管理专业和药品类其他专业学生使用，同时也可作为医药行业的管理者、营销人员的参考书。

图书在版编目（CIP）数据

药品市场营销技术/严立浩，严振主编．—4版．—北京：
化学工业出版社，2021.1（2023.9重印）
"十二五"职业教育国家规划教材
ISBN 978-7-122-37757-9

Ⅰ.①药⋯　Ⅱ.①严⋯②严⋯　Ⅲ.①药品-市场营销学-高等职业教育-教材　Ⅳ.①F724.73

中国版本图书馆CIP数据核字（2020）第175889号

责任编辑：蔡洪伟　于　卉　　　　　文字编辑：贾全胜　陈小滔
责任校对：张雨彤　　　　　　　　　　装帧设计：关　飞

出版发行：化学工业出版社（北京市东城区青年湖南街13号　邮政编码100011）
印　　刷：三河市航远印刷有限公司
装　　订：三河市宇新装订厂
787mm×1092mm　1/16　印张22　字数577千字　2023年9月北京第4版第7次印刷

购书咨询：010-64518888　　　　　　售后服务：010-64518899
网　　址：http://www.cip.com.cn
凡购买本书，如有缺损质量问题，本社销售中心负责调换。

定　价：49.80元　　　　　　　　　　　　　　　　　　　版权所有　违者必究

编审人员名单
全国医药职业技术教育研究会 组织编写

主　　编　严立浩　严　振
副 主 编　吴海侠
编写人员　（按姓名笔画顺序排列）
　　　　　　甘湘宁（湖南食品药品职业学院）
　　　　　　严　振（广东省药品监督管理局）
　　　　　　严立浩（广东食品药品职业学院）
　　　　　　杨晓雯（广东食品药品职业学院）
　　　　　　吴海侠（广东食品药品职业学院）
　　　　　　何润琴（广东食品药品职业学院）
　　　　　　张　晨（广东食品药品职业学院）
　　　　　　张敏怡（广东食品药品职业学院）
　　　　　　陈　宪（广东食品药品职业学院）
　　　　　　林　方（广东食品药品职业学院）
　　　　　　林瑾文（福建生物工程职业技术学院）
　　　　　　钟远珊（广东食品药品职业学院）
　　　　　　高　琳（广东食品药品职业学院）
　　　　　　谭　捷（广东食品药品职业学院）
主　　审　林建宁（国家食品药品监督管理局南方医药经济研究所）

第四版前言

《药品市场营销技术》第三版自2013年6月出版以来得到了广大师生、读者的厚爱和同行的肯定。本版在第三版的基础上，根据全国医药职业技术教育研究会全国医药高职高专教材修订工作的原则和意见及第三版在使用过程中的反馈意见进行了修订。

第三版发行至今，我国的药品市场不断高速发展，国家相关政策也有了不少变化，如两票制、国家药品集中采购等。这次再版，我们根据现有情况做了多处更新和修订，修改了一些不符合当下现实情况和不够准确严谨的地方；补充和更新的内容涉及各个项目的营销案例和项目评价，以及药品市场营销在市场调研、营销策略等方面的新技术。

再版教材是在全国医药职业技术教育研究会的组织下，根据全国医药高职高专院校的药品营销专业人才培养目标和专业教学计划，由医药高职院校的专业教师和南方医药经济所的科技人员分工编写而成。其中广东食品药品职业学院严立浩、广东省药品监督管理局严振任主编，国家食品药品监督管理局南方医药经济研究所林建宁任主审。具体分工为：严振负责药品市场营销综述单元一的编写，严立浩、林方、谭捷和杨晓雯负责药品市场营销综述单元二的编写，陈宪、何润琴负责药品市场营销综述单元三和项目三的编写，严立浩负责药品市场营销综述单元四的编写，甘湘宁、张敏怡、钟远珊和张晨负责项目一的编写，吴海侠负责项目二的编写，吴海侠、高琳和林瑾文负责项目四的编写。全书的框架与结构策划以及全书的修改定稿由严立浩、严振完成。

本书于2023年被评为"十四五"职业教育国家规划教材，本书在讲授专业知识的同时，有机融入了党的二十大报告中"推进健康中国建设""坚持全面依法治国，推进法治中国建设""坚持绿水青山就是金山银山的理念"等思政元素，有利于培养学生的家国情怀，提高道德素养、职业素养。

本书再版坚持原书的指导思想，按照以技能训练为主线、相关知识为支撑的编写思路进行编写，面向全国医药高等职业技术学院的医药经济管理专业和药品类其他专业学生，以满足一般高等职业学院及医药企业营销人员掌握药品市场营销技术的需求，希望广大读者对本书的不足给予指正，以便我们把本书修改得更加完善。

本书有配套的在线开放课程，可在"学银在线"课程平台搜索"药品市场营销技术"进行在线学习。

编者

第一版前言

从20世纪30年代起,我国即开始了现代医药高等专科教育。1952年全国高等院校调整后,为满足当时经济建设的需要,医药专科层次的教育得到进一步加强和发展。同时对这一层次教育的定位、作用和特点等问题的探讨也一直在进行当中。

鉴于几十年来医药专科层次的教育一直未形成自身的规范化教材,长期存在着借用本科教材的被动局面,原国家医药管理局科技教育司应各医药院校的要求,履行其指导全国药学教育、为全国药学教育服务的职责,于1993年出面组织成立了全国药学高等专科教育教材建设委员会。经过几年的努力,截至1999年已组织编写出版系列教材33种,基本上满足了各校对医药专科教材的需求。同时还组织出版了全国医药中等职业技术教育系列教材60余种。至此基本上解决了全国医药专科、中职教育教材缺乏的问题。

为进一步推动全国教育管理体制和教学改革,使人才培养更加适应社会主义建设之需,自20世纪90年代以来,中央提倡大力发展职业技术教育,尤其是专科层次的职业技术教育即高等职业技术教育。据此,全国大多数医药本专科院校、一部分非医药院校甚至综合性大学均积极举办医药高职教育。全国原17所医药中等职业学校中,已有13所院校分别升格或改制为高等职业技术学院或二级学院。面对大量的有关高职教育的理论和实际问题,各校强烈要求进一步联合起来开展有组织的协作和研讨。于是在原有协作组织的基础上,2000年成立了全国医药高职高专教材建设委员会,专门研究解决最为急需的教材问题。2002年更进一步扩大成全国医药职业技术教育研究会,将高职、高专、中专、技校等不同层次、不同类型、不同地区的医药院校组织起来以便更灵活、更全面地开展交流研讨活动。开展教材建设更是其中的重要活动内容之一。

几年来,在全国医药职业技术教育研究会的组织协调下,各医药职业技术院校齐心协力,认真学习党中央的方针政策,已取得丰硕的成果。各校一致认为,高等职业技术教育应定位于培养拥护党的基本路线,适应生产、管理、服务第一线需要的德、智、体、美各方面全面发展的技术应用型人才。专业设置上必须紧密结合地方经济和社会发展需要,根据市场对各类人才的需求和学校的办学条件,有针对性地调整和设置专业。在课程体系和教学内容方面则要突出职业技术特点,注意实践技能的培养,加强针对性和实用性,基础知识和基本理论以必需够用为度,以讲清概念、强化应用为教学重点。各校先后学习了《中华人民共和国职业分类大典》及医药行业工人技术等级标准等有关职业分类、岗位群及岗位要求的具体规定，并且组织师生深入实际，广泛调研市场的需求和有关职业岗位群对各类从业人员素质、技能、知识等方面的基本要求，针对特定的职业岗位群设立专业，确定人才培养规格和素质、技能、知识结构，建立技术考核标准、课程标准和课程体系，最后具体编制为专业教学计划以开展教学活动。教材是教学活动中必须使用的基本材料，也是各校办学的必需材料。因此研究会及时开展了医药高职教材建设的研讨和有组织的编写活动。由于专业教学计划、技术考核标准和课程标准又是从现实职业岗位群的实际需要中归纳出来的，因而研究会组织的教材编写活动就形成了几大特点。

1. 教材内容的范围和深度与相应职业岗位群的要求紧密挂钩，以收录现行适用、成熟规范的现代技术和管理知识为主。因此其实践性、应用性较强，突破了传统教材以理论知识为主的局限，突出了职业技能特点。

2. 教材编写人员尽量以产、学、研结合的方式选聘，使其各展所长、互相学习，从而有效地克服了内容脱离实际工作的弊端。

3. 实行主审制，每种教材均邀请精通该专业业务的专家担任主审，以确保业务内容正确无误。

4. 按模块化组织教材体系，各教材之间相互衔接较好，且具有一定的可裁减性和可拼接性。一个专业的全套教材既可以圆满地完成专业教学任务，又可以根据不同的培养目标和地区特点，或市场需求变化供相近专业选用，甚至适应不同层次教学之需。因而，本套教材虽然主要是针对医药高职教育而组织编写的，但同类专业的中等职业教育也可以灵活地选用。因为中等职业教育主要培养技术操作型人才，而操作型人才必须具备的素质、技能和知识不但已经包含在对技术应用型人才的要求之中，而且还是其基础。其超过"操作型"要求的部分或体现高职之"高"的部分正可供学有余力、有志深造的中职学生学习之用。同时本套教材也适合于同一岗位群的在职员工培训之用。

现已编写出版的各种医药高职教材虽然由于种种主、客观因素的限制留有诸多遗憾，上述特点在各种教材中体现的程度也参差不齐，但与传统学科型教材相比毕竟前进了一步。紧扣社会职业需求，以实用技术为主，产、学、研结合，这是医药教材编写上的划时代的转变。因此本系列教材的编写和应用也将成为全国医药高职教育发展历史的一座里程碑。今后的任务是在使用中加以检验，听取各方面的意见及时修订并继续开发新教材以促使其与时俱进、臻于完善。

愿使用本系列教材的每位教师、学生、读者收获丰硕！愿全国医药事业不断发展！

全国医药职业技术教育研究会
2004 年 5 月

第二版前言

《药品市场营销技术》第一版自 2004 年 7 月出版以来得到了广大师生、读者的厚爱和同行的肯定。本版在第一版的基础上,根据全国医药职业技术教育研究会全国医药高职高专教材修订工作的原则和意见及第一版在使用过程中的反馈意见进行了修订再版,并将教材名称由《药品市场营销学》更名为《药品市场营销技术》。

在修订过程中,我们充分汲取高职高专市场营销类专业教学改革成果,按照以技能训练为主线、相关知识为支撑的编写思路进行编写,并努力使教材具有以下特点。

一是从职业(岗位)分析入手,依据医药营销岗位实际工作任务设计教学项目,以项目导入教材内容,依据完成工作任务的知识、能力、素质要求选取教材内容,实践知识与岗位匹配,理论知识与实践知识匹配,做到既有针对性,又有适应性。

二是以国家职业标准为依据,使教材内容涵盖高级医药商品购销员、助理医药营销师等职业标准的相关要求,便于"双证书制"在教学中的贯彻和实施。

三是打破以知识传授为主要特征的传统学科课程模式,转变为以项目引领型课程为主体的课程模式,让学生通过完成具体项目、开展具体活动来构建相关理论知识和职业能力。

四是内容共包括 1 个营销综述和 4 个教学项目,通过 16 个"小项目"、64 个"任务"完成。通过"项目"驱动和"小项目"引领"任务",使学生了解药品营销发展最新趋势,提高学生药品营销技能,同时培养学生创造性思维和创新能力。

五是充分体现医药市场营销领域中的新知识、新技术、新方法,为提高学生的就业能力和工作能力创造条件。

六是对结构进行了较大的调整,每一项目之前设置了项目目标和工作任务引入,项目之中设置了案例分析、经典营销故事、营销备忘和营销视野等,项目之后设置了项目结构图、实训课题和营销策划文案链接,体现了科学性和先进性。

七是以项目教学为基本思路,各学院可以依据专业的不同或培训学员从事工种的不同,对教材的内容进行适当的选择,从而构建具有职业教育特色的课程体系。

再版教材是在全国医药职业技术教育研究会的组织下,根据全国医药高职高专院校的药品营销专业人才培养目标和专业教学计划,由医药高职院校的专业教师和南方医药经济所的科技人员分工编写而成。其中广东食品药品职业学院严振任主编,国家食品药品监督管理局南方医药经济研究所林建宁任主审，广东食品药品职业学院吴海侠任副主编。具体分工为：严振负责药品市场营销综述单元一的编写，严立浩负责药品市场营销综述单元二的编写，何润琴和周凤莲负责药品市场营销综述单元三和项目三的编写，赖斌杨负责药品市场营销综述单元四的编写，甘湘宁负责项目一的编写，吴海侠、时健、曾云祎和周凤莲负责项目二的编写，吴海侠、高琳和林瑾文负责项目四的编写。全书的框架与结构策划以及全书的修改定稿由严振完成。

本教材适合于全国医药高等职业技术学院的医药经济管理专业和药品类其他专业学生使用，同时也可作为医药行业的管理者、营销人员的参考书。

再版教材的编写过程中，编者得到了国家食品药品监督管理局南方医药经济研究所、《医药经济报》及《销售与市场》杂志社的大力支持和指导，在此表示衷心的感谢。由于编者水平有限，书中疏漏之处在所难免，敬请读者批评指正。

编　者

2009 年 3 月

第三版前言

《药品市场营销技术》第二版自2009年7月出版以来得到了广大师生、读者的厚爱和同行的肯定。本版在第二版的基础上，根据全国医药职业技术教育研究会全国医药高职高专教材修订工作的原则和意见及第二版在使用过程中的反馈意见进行了修订。

这次再版做了多处修订和更新，修改了一些错误和不够准确严谨的地方；补充和更新的内容涉及各个项目的营销案例和项目评价，以及药品市场营销在市场调研、营销策略等方面的新技术。第三版编写的具体分工同第二版。

本书再版坚持原书的指导思想，按照以技能训练为主线、相关知识为支撑的编写思路进行编写，面向全国医药高等职业技术学院的医药经济管理专业和药品类其他专业学生，以满足一般高等职业学院及医药企业营销人员掌握药品市场营销技术的需求，希望广大读者对本书的不足给予指正，以便我们把本书修改得更加完善。

编者
2012年10月

目 录

药品市场营销综述 / 1

【基本技术点】 …………………………… 2
【案例导入】 …………………………… 2
单元一 市场营销基础知识 …………… 2
　一、市场营销核心概念 ……………… 2
　二、市场营销观念 …………………… 8
　三、市场营销与药品市场营销 ……… 13
【小结】 ………………………………… 20
【小测验】 ……………………………… 21
【基本技术点】 ………………………… 21
【案例导入】 …………………………… 22
单元二 药品市场概述 ………………… 22
　一、药品市场的含义与特点 ………… 22
　二、药品市场的现状 ………………… 23
【小结】 ………………………………… 27
【小测验】 ……………………………… 28
【基本技术点】 ………………………… 28
【案例导入】 …………………………… 28
单元三 市场营销的新进展 …………… 28
　一、整合营销 ………………………… 29

　二、事件营销 ………………………… 31
　三、关系营销 ………………………… 32
　四、绿色营销 ………………………… 33
　五、网络营销 ………………………… 34
　六、DTC与DFC营销 ………………… 36
【小结】 ………………………………… 40
【小测验】 ……………………………… 40
【基本技术点】 ………………………… 40
【案例导入】 …………………………… 40
单元四 药品市场营销管理过程 ……… 41
　一、药品市场营销组织 ……………… 41
　二、市场营销管理 …………………… 47
　三、药品市场营销管理内容 ………… 49
【小结】 ………………………………… 60
【小测验】 ……………………………… 60
【知识结构图】 ………………………… 61
【实训课题】 …………………………… 61
　实训1：市场营销观念辨别 ………… 61
　实训2：营销管理重要性认识 ……… 62

项目一 药品市场调研技术 / 65

项目1.1 撰写药品市场调研方案 …… 66
项目1.2 药品市场调查前的准备 …… 80
项目1.3 实施调查 …………………… 91
项目1.4 调查资料的整理与分析 …… 97
项目1.5 撰写市场调查报告 ………… 106
【项目结构图】 ………………………… 112
【实训课题】 …………………………… 112

　实训1：OTC终端调查 ……………… 112
　实训2：药品市场竞争情况调查 …… 114
　实训3：医院进药流程及其内部
　　　　　影响因素调研 ……………… 115
　实训4：我国感冒药市场营销环境
　　　　　调查 ………………………… 116

项目二 药品市场开发技术 / 119

- 项目 2.1 药品市场环境分析 …………… 121
- 项目 2.2 药品市场需求分析与
  预测 ……………………………… 140
- 项目 2.3 药品市场细分 ………………… 168
- 项目 2.4 目标市场选择 ………………… 179
- 项目 2.5 药品市场定位 ………………… 189
- 【项目结构图】……………………………… 215
- 【实训课题】………………………………… 216
  - 实训1：医院市场开发 ………………… 216
  - 实训2：OTC终端市场开发 …………… 217
  - 实训3：销售预测 ……………………… 220

项目三 药品市场渠道设计技术 / 223

- 项目 3.1 制订渠道设计方案 …………… 224
- 项目 3.2 渠道成员选择 ………………… 238
- 项目 3.3 渠道管理方案设计 …………… 246
- 【项目结构图】……………………………… 255
- 【实训课题】………………………………… 256
  - 实训1：羚羊感冒药分销渠道
    设计 …………………………………… 256
  - 实训2：药品招商 ……………………… 256

项目四 药品市场促销技术 / 259

- 项目 4.1 药品促销方案设计 …………… 260
- 项目 4.2 消费者的营业推广 …………… 274
- 项目 4.3 药品营销公共关系 …………… 282
- 【项目结构图】……………………………… 302
- 【实训课题】………………………………… 302
  - 实训1：促销活动计划的制订 ………… 302
  - 实训2：营业推广 ……………………… 304
  - 实训3：公关策划 ……………………… 305
  - 实训4：公关危机处理 ………………… 307

附 录 / 308

- 附录一 《药品市场营销技术》课程标准 ……………………………………………… 308
- 附录二 《药品市场营销技术》课程评估手册 ………………………………………… 312

参 考 文 献 / 336

二维码资源目录

序号	标题	类型	页码
1	"商圣"范蠡	PDF	3
2	马斯洛需求层次理论	视频	4
3	"健康中国2030"规划纲要	PDF	12
4	综述:市场营销观念的演变——社会市场营销观念	视频	12
5	综述:药品市场概述	视频	22
6	云南白药:用大数据让每场营销更有度	PDF	31
7	广药集团携白云山、康美药业捐赠西安	PDF	31
8	三九对话年轻消费者	PDF	32
9	天士力医药的绿色发展之道	PDF	33
10	互联网医疗正式纳入医保、医药电商将迎来新一轮飞跃	PDF	35
11	钙尔奇氨糖小红书营销案例	PDF	35
12	DTC—知识营销	PDF	39
13	药品市场营销技术(综述)	视频	60
14	药品市场调查	视频	67
15	药品市场调研内容(范围)	PDF	71
16	药品市场调查前的准备	视频	80
17	药品市场调查问卷的结构	视频	82
18	药品市场调查人员分工(角色职责明细)	PDF	87
19	调查人员形象	PDF	94
20	药品市场调查	视频	95

序号	标题	类型	页码
21	药品市场调查报告	视频	106
22	药品市场调查报告提纲	PDF	107
23	典型范例	PDF	111
24	"绿水青山就是金山银山"的生动实践	PDF	129
25	药品零售行业发展呈现新格局	PDF	129
26	药品市场分析	视频	144
27	药品市场需求分析与预测	视频	148
28	2019年全球医药市场规模预测	PDF	168
29	目标市场选择	视频	183
30	产品组合策略	视频	197
31	产品定位—生物医药产品分类	PDF	198
32	产品组合策略（产品线定位）	视频	198
33	药品价格	视频	200
34	抗癌药纳医保、大降价	PDF	201
35	五种促销形式的比较	音频	263
36	制定医药产品人员推销策略	PDF	269
37	模拟药店营销实训	视频	270
38	八月十五促销推广方案	PDF	274

药品市场营销综述

学习内容

单元一　市场营销基础知识

单元二　药品市场概述

单元三　市场营销的新进展

单元四　药品市场营销管理过程

> 没有战略的组织就好像没有舵的船，只会原地打转。
> ——乔伊尔·罗斯

【基本技术点】

阅读和学完本单元后，你应该能够：
- 理解市场营销核心概念；
- 描述市场营销观念的产生背景、核心内容及营销观念的发展；
- 明确市场营销学的性质、研究内容和研究方法；
- 说明药品市场营销的特点。

【案例导入】　　　　　　白加黑——策划从产品开始

　　白加黑推出时，已值1994年末，比1989年进入中国的康泰克和1993年随后进入中国的泰诺都晚。而且，在这两个品牌中，康泰克凭借独有的缓释胶囊技术，第一个建立了全国性强势品牌，其广告是"早一粒晚一粒，远离感冒困扰"，在当时普遍6小时吃一次的感冒药中，确立了"长效"定位；泰诺则依赖"30分钟缓解感冒症状"诉求成功，其定位于"快效"，与康泰克针锋相对。

　　面对强大而又被消费者所广泛认同的竞争对手，白加黑在长效、快效之外，提出"白天服白片，不瞌睡；晚上服黑片，睡得香"，将两位领先者重新定义为黑白不分的感冒药，自己是"日夜分服"。"白加黑"确定了干脆简练的广告口号："治疗感冒，黑白分明"，所有的广告传播的核心信息是"白天服白片，不瞌睡；晚上服黑片，睡得香"。产品名称和广告信息都在清晰地传达产品概念。

　　"白加黑"上市仅180天销售额就突破1.6亿元，在拥挤的感冒药市场上分割了15%的份额，登上了行业第二品牌的地位，在中国内地营销传播史上堪称奇迹，这一现象被称为"白加黑"震撼，白加黑凭此定位进入了三强品牌之列。

　　最好的营销就是创造好的产品（概念），满足了消费者的个性化需求就是占领了市场。"白加黑"创造了一个好产品，是个了不起的创意。它看似简单，只是把感冒药分成白片和黑片，并把感冒药中的镇静剂"扑尔敏"放在黑片中，其他什么也没做；实则不简单，它不仅在品牌的外观上与竞争品牌形成很大的差别，更重要的是它与消费者的生活形态相符合，达到了引发联想的强烈传播效果。

　　"白加黑"在研制产品之初就开始了营销策划，分析消费者、分析市场、分析竞品，最终推出满足消费者心理空白、自然也是市场空白的出色产品，名称、特点、功效浑然一体，为商品设置了天然的竞争屏障。这是其成功的必然，值得所有的厂家，尤其是那些习惯于在产品生产出来后才开始从中途营销策划的厂家学习。

（资料来源：摘自中国医药营销联盟．2007年7月）

思考：
　　"白加黑"如何满足了消费者需求？
　　随着社会主义市场经济的发展，作为一门系统研究市场营销活动规律与策略手段的管理学科，市场营销学在我国市场经济活动中显现出越来越重要的作用。

单元一　市场营销基础知识

一、市场营销核心概念

　　市场营销学是由英文"marketing"一词翻译而来的。在汉语翻译中，有人把它看作是一种经济活动，译为"市场营销""市场行销"等；有人则把它作为一门学科的名称，译为

"市场学""市场营销学"等。

> **经典营销故事**　　　　　　　　　铁杆与钥匙
>
> 　　一把坚实的大锁挂在铁门上,一根铁杆自持力大,想要把锁打开。但它费了九牛二虎之力,还是无法把它撬开。这时钥匙来了,它称自己能打开锁。铁杆不屑地看着它瘦小的身躯。钥匙对铁杆的不屑毫不理会,它灵活地钻进锁孔,只轻轻一转,那大锁就打开了。铁杆傻眼了,奇怪地问:"为什么我费了那么大力气也打不开,而你却轻而易举地就把它打开了呢?"
> 　　钥匙说:"因为我最了解它的心。"
> 　　启示:如果企业能够深入了解消费者的需求,企业就能够找到属于它们的金钥匙。
> 　　　　　　　　　　　　　　　　　　　　（资料来源：广通编著.经典营销故事全集.2005）

　　市场营销涉及其出发点,即满足顾客需求,还涉及以何种产品来满足顾客需求,如何才能满足消费者需求,即通过交换方式,产品在何时、何处交换,谁实现产品与消费者的连接。可见,市场营销的核心概念（图1）应当包含需求及相关的欲求、需要,产品及相关的效用、价值和满足,交换及相关的交易和关系,市场、市场营销及市场营销者。因此,市场营销涉及如下核心概念：需要、欲望和需求,产品,效用、价值和满足,交换、交易和关系,市场,市场营销。

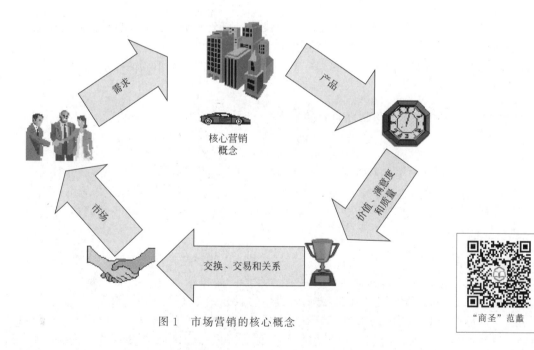

图1　市场营销的核心概念

（一）需要、欲望和需求

　　市场营销学里最基本的概念是人们的"需要"。需要是人们感觉缺少某些东西的一种状态,由于感觉有所缺少,人们便要设法去弥补。这里所谓的需要,既包括人类生存的基本需要（如食物、衣服以至安全感等）,也包括个人对知识、自我表达以及自我发展等的需要。这些需要是人类与生俱来的,而非"市场营销者"发明出来的。

相关链接　　　　　　马斯洛需求层次理论

马斯洛需求层次理论把需求分成生理需求、安全需求、社会需求、尊重需求和自我实现需求五类，依次由较低层次到较高层次。

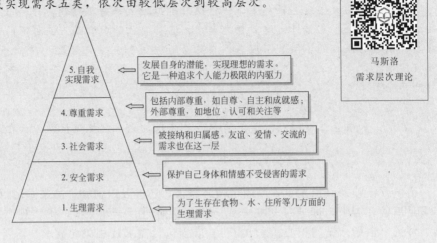

有需要，自然会产生"欲望"。欲望是满足需要的一种心理状态。基于每个人的文化背景及性格不同，满足需要的"形式"也有别。例如患病时，有人可能会选择用中药来进行治疗，而有人则可能会选择用西药进行治疗。

产生欲望后，如果满足欲望的形式是需要金钱的，则个人便需要有支持他满足欲望的购买力。当他拥有这些购买力时，他的欲望便会演变成"需求"。需求是有支付能力和愿意购买某种物品的欲求。然而，由于不同的人有不同的购买力，便产生不同的需求。

巩固练习——区分需要、欲望和需求的意义

市场营销者并不创造需要，需要早就存在于市场营销活动之前；市场营销者，连同社会上的其他因素，只是影响了人们的欲望，并试图向人们指出何种特定产品可以满足其特定需要，进而通过使产品富有吸引力、适应消费者的支付能力且使之容易得到来影响需求。

（二）产品

产品是人类满足其需要和欲望的工具。广义来说，产品即任何能满足人类需要和欲望的东西。产品可以分为有形产品和无形产品两种。有形产品包括所有的实物，如药品、保健品、食物、饮品等；无形产品包括医生为病人提供的服务、专业意见和娱乐等。

要注意产品的主要作用是向买家提供解决需要的实物或服务，所以生产商或服务提供者必须经常留意产品带给买家的利益，而非产品本身的特征；否则便会犯上"市场短视症"，令产品逐渐远离买家的真正需要，无法给予买家利益。

案例分析　　　　　　打破习惯性消费

很难想象，一个治疗口腔溃疡的小药居然能做出9个月三千多万元的销售额。但是，

这样的成功案例被太太药业开发上市的治疗口腔溃疡的贴片——意可贴实现了。

意可贴上市前，公司在全面的调研和分析市场时发现，当时全国市场上的口腔溃疡治疗药物并无一个全国性知名品牌，但每年却有超过50％的人受到口腔溃疡的困扰，其发病率占口腔门诊病例的10％～15％。传统的治疗药物，不同程度上有口感苦、刺激创面、起效慢、副作用大等缺点。在一次科技成果交流会上，太太药业的老总一下子看中了意可贴的技术，并于2000年2月成功开发出新一代口腔溃疡治疗药——意可贴，同时推向市场。

太太药业选择开发的是在口腔溃疡治疗药物方面极具科技含量的产品，这个"点"不仅为患者提供了新型便利的选择，而且准确地贴合市场。应该说，意可贴的成功来源于打破习惯性消费后寻求到的新的诉求点。

启示：一个产品只有让消费者接受与肯定，才能取得成功。

（三）效用、价值和满足

消费者如何选择所需的产品，主要是根据对满足其需要的每种产品的效用进行估价而决定的。效用是消费者对满足其需要的产品的全部效能的估价。

巩固练习——产品全部效能（或理想产品）的标准如何确定？

某消费者到某地去的交通工具，可以是自行车、摩托车、汽车、飞机等。这些可供选择的产品构成了产品的选择组合。又假设某消费者要求满足不同的需求，即速度、安全、舒适及节约成本，这些构成了其需求组合。这样，每种产品有不同能力来满足其不同需求，如自行车省钱，但速度慢，欠安全；汽车速度快，但成本高。消费者要决定一项最能满足其需求的产品。为此，将最能满足其需求到最不能满足其需求的产品进行排列，从中选择出最接近理想产品的产品，它对顾客效用最大，如顾客到某目的地所选择理想产品的标准是安全、速度，他可能会选择汽车。

顾客选择所需的产品除效用因素外，产品价格高低亦是因素之一。如果顾客追求效用最大化，他就不会简单地只看产品表面价格的高低，而会看每一元钱能产生的最大效用，如一部好汽车价格比自行车昂贵，但由于速度快、相对于自行车更安全，其效用可能大，从而更能满足顾客需求。

（四）交换与交易

1. 交换

交换是顾客获取产品以满足需要的方法之一，亦是现代社会最常见的贸易方法。其他方法包括自我生产、乞求等。当买卖双方进行交换时，便产生市场营销。换言之，交换是指提供某物作为报酬或与他人换取所需产品或服务的行为。

交换的基本条件

- 至少有两方。
- 每一方都有被对方认为有价值的东西。
- 每一方都能沟通信息和传送物品。
- 每一方都可以自由接受或拒绝对方的产品。
- 每一方都认为与另一方进行交换是适当的或称心如意的。

2. 交易

交换是一个过程，而不是一种事件。如果双方正在洽谈并逐渐达成协议，称为在交换中。如果双方通过谈判并达成协议，交易便发生。交易是交换的基本组成部分。交易是指买卖双方价值的交换，它是以货币为媒介的，而交换不一定以货币为媒介，它可以是物物交换。

> **交易的实质内容**
> - 至少有两个有价值的事物。
> - 买卖双方所同意的条件。
> - 协议时间和地点。

（五）市场

从交换的概念可以引申出"市场"的概念。市场是由一群拥有某种相似特性的"潜在顾客"构成，他们愿意且有能力交换，以满足需要及欲望。

众所周知，市场是商品经济的产物，哪里有社会分工和商品生产，哪里就有市场。市场的概念也随着商品经济的发展而变化，就国内外学者的一般理解来看，市场的概念有经济学的市场概念和营销学的市场概念。

> **营销视野**
>
> **经济学中的"市场"概念**
>
> 市场不仅是指具体的交换场所，而且包括交换关系的总体。市场包括"供给"和"需求"两个相互联系、相互制约的方面，是二者的统一体。
>
> **营销学中的"市场"概念**
>
> 市场只是指某种商品的现实购买者和潜在购买者需求的总和。营销学又将市场概括地用下列简单公式来表示：
>
> **市场＝人口＋购买力＋购买动机**
>
> 也就是说"市场"概念包含了三个要素，这三个要素必须同时具备，才能产生购买行为，缺乏任何一个因素都无法形成市场。例如：几千元的健身器械不是所有的人都会购买或需要的，只有那些的确需要，而且具有相当购买力的个人、家庭、组织才会购买，这就是健身器械市场。除此之外的个人或组织，就无法形成健身器械市场。同时，由于其他人、家庭、组织不需要或没有购买力，他们不会也不可能购买健身器械。可见，人口是组成市场的基本细胞，购买力是组成现实市场的物质基础，购买动机是购买力实现必不可少的条件。

（六）市场营销

市场营销作为一种经济行为，一种实践活动，随着市场营销实践的发展和现代市场营销理论的形成，其内涵也越来越丰富。市场营销又可分为宏观的市场营销（指社会的经济活动）和微观的市场营销（指企业的经济活动）。在这里，我们主要研究的是微观的市场营销。

> **营销备忘**
>
> **市场营销理论产生的背景**
>
> 1. 市场规模迅速扩大
>
> 扩大的市场给大规模生产带来了机会，同时也引进了新的竞争因素，信息、促销变得

越来越重要。

2. 工业生产急剧发展

卖方市场开始向买方市场转化，大量新产品涌入市场，随着中间商、广告、促销活动的出现，消费者迫切希望能有一门新的学科或理论来对此作出解释，以便更有效地指导其经济生活实践。

3. 分销系统发生变化

正规的专门化分销渠道买卖商品的趋势日益明显，并出现了同第一流生产企业并驾齐驱的百货商店、邮购商店和连锁商店等。

4. 传统理论面临挑战

整个19世纪，企业经营的环境在很大程度上是由企业主决定的，强调经济自由的思想。20世纪初出现了一种论点，即完全的自由竞争并不能使社会总体利益达到最佳水平。所谓的自由竞争在市场上必然有效的论断已经过时，而这些新现象在当时的经济理论中无法找到现成的答案。

早期的市场营销活动仅局限于流通领域，对市场营销的解释也是狭义的。1931年，美国市场营销协会给市场营销下的定义是：市场营销是引导商品与劳务从生产者手中到达消费者手中的一切企业活动。此定义缩小了市场营销活动的范围，也不符合现代企业营销活动的实际。实际上，市场营销不是始于产品生产出来之后，也不是终于产品售出之时，而是包括了产前与售后的一系列经营活动；市场营销活动不仅局限于生产和消费之间的流通领域，而且是渗透到生产领域和消费领域之中的。而且，上述定义也没有阐明市场营销同市场、同生产的紧密关系，它是以假定企业的产品全部适销对路为前提，没有涉及如何按市场需要进行生产，以及如何开拓和占领市场等问题。

现代市场营销活动已远远超出了这个范围。美国市场营销学家菲利普·科特勒对市场营销的定义是：市场营销是通过市场促进交换来满足人类需要和欲望的活动。交换过程包括下列活动：卖者要寻找买者并识别其需要，设计适当的产品，进行产品的促销、储存、运输和为产品定价等。基本的营销活动是产品开发、调研、信息沟通、分销、定价和服务活动。他还强调，市场营销的核心思想是交换。综上所述，市场营销是以消费者需求为中心，适应和影响消费需求，提供满足这些需求的商品和服务，并从中使企业实现最大利润的企业整体性营销活动。从这个概念可以看出，整个市场营销活动是从研究消费者需求开始，到满足消费需求为止的管理过程。这个过程是买卖双方互利的交换：卖方按买方的需要供给产品或劳务，使买方得到满足；买方则付出相应的货币，使卖方也得到满足。双方各得其所，即所谓的"赢—赢游戏"，而不是一方获得盈利，另一方就必定亏损。

巩固练习——区别市场营销与推销

市场营销是企业通过交换满足消费者现实需求或潜在需求的整体性活动，销售的是根据需求生产组织出来的产品，销售是很顺利的；而推销则是销售企业生产出来的产品。菲利普指出："市场营销最重要的部分不是推销，推销仅是营销的职能之一，而且不是最重要的一个；市场营销的目标就是使推销成为多余。"

二、市场营销观念

（一）营销观念的含义

所谓营销观念是指企业从事市场营销活动的基本指导思想或经营哲学。它是一种意识形态，表明是以什么样的观点、态度和方法去从事营销活动。

> **自我学习**
>
> 松下创始人松下幸之助的经营哲学是什么？

人们的活动是在一定的思想指导下进行的，因此，指导思想正确与否，对于企业经营的成败起着关键的作用。因为指导思想体现了企业进行营销活动的方向，是制定相应策略、方法的指南和理论根据，方向对了，即使某些策略和方法失误，还可以进行调整；但如果方向错了，所采用的策略、方法即使正确，最终也会使企业走向失败。所以说，每一个企业都必须十分重视确立正确的营销观念，明确经营方向，借以指导企业的营销活动。

（二）营销观念的发展

营销观念就是企业在开展市场营销管理的过程中，在处理企业、顾客和社会三者利益方面所持的态度、思想和观念。菲利普·科特勒将现代企业的市场营销观念归纳为五种，即生产观念、产品观念、推销观念、市场营销观念和社会市场营销观念。无论是西方国家企业或我国企业营销观念的发展都经历了由"以生产为中心"转变为"以顾客为中心"，从"以产定销"变为"以销定产"的过程。企业经营哲学的演变过程，既反映了社会生产力及市场趋势的发展，也反映了企业领导者对市场营销发展客观规律认识的深化结果。

1. 生产观念

生产观念，是指企业的一切活动都是以产品为中心，注重于大量生产产品，并"以产定销"。生产观念的假设前提是：消费者喜爱那些可以随处得到的、价格低廉的产品，因而生产企业的主要任务就是努力提高生产效率，降低成本，扩大生产和广泛的销售覆盖面，至于生产出来的产品是否能使消费者满意，那就很少考虑。

> **案例分析**
>
> **世纪之车——福特"T型车"**
>
>
>
> 美国福特汽车公司1903年由亨利·福特与詹姆斯·卡曾斯、道奇兄弟等创办，福特任总经理。1912年福特企业公司聘用詹姆斯·库兹恩担任总经理。库兹恩上任后实施了三项措施。
>
> （1）对产品"T型车"作出降价的决定，即由1910年的定价950美元降到850美元以下。
>
> （2）按每辆"T型车"850美元售价的目标，着手改革企业内部的生产线，在占地面积为278英亩的新厂中首先采用现代化的大规模装配作业线，将原来12.5小时出一辆"T型车"降至9分钟出一辆车，大幅度降低生产成本。
>
> （3）在全世界设置7000多家经销商，广设销售网点。
>
> 这三项决策的成功，使"T型车"冲向全国，市场占有率居美国汽车行业之首。1919年，库兹恩被解雇，亨利·福特独占福特公司，任总经理一职。福特采取低价策

略，到1924年，每辆"T型车"的售价已降到240美元，1926年福特车产量占美国汽车产量的1/2。但是，另一方面，福特汽车公司又提出"不管顾客需要什么，我的车都是黑的"的观点，实行以产定销的策略，以"黑色车"作为福特汽车公司的象征。结果，"T型车"在市场竞争中日益失利，1927年5月终于停产。1928年，福特汽车公司的市场占有率终于被通用汽车公司超越，退居第二位。

思考题：

1. 案例中福特公司所持的是何种经营观念？
2. 如果你是福特汽车公司的一名主管人员，请设想有什么办法可以使固执的老福特改变主意。

（资料来源：百度百科）

这种观念产生和适用的条件是：市场商品供不应求，卖方竞争较弱，买方争购，选择商品的余地不大；或因产品成本较高，只有提高生产率、降低成本、降低销价，才能扩大销路。随着科学技术和社会生产力的发展以及市场供求形势的变化，生产观念的适用范围就愈来愈小，以至完全被取代。

2. 产品观念

产品观念是指企业的一切活动都是以产品为中心，在提高产品质量的前提下大量生产产品，并"以产定销"。它与生产观念相类似，其区别在于：产品观念不仅注重于大量生产产品，而且在同价的情况下，把提高产品质量和增加产品的功能及使产品具有某些特色作为企业的主要任务，借此吸引顾客购买。认为只要产品好，不怕卖不了，只要有特色的产品，自然顾客盈门；在我国广泛流传的"酒好不怕巷子深""一招鲜，吃遍天"等商谚就是这种产品观念的反映。在商品比较缺乏的情况下，这种观念尚能适应市场需求，并找到产品的销路。但随着市场形势的发展、供求关系的变化，产品观念渐渐成了企业生存与发展的障碍。

在我国计划经济体制时期及市场经济体制确立的初期，因为产品的缺乏，以生产为导向的市场观念是企业经营思想的主体。在当时的企业管理者中很少有市场营销的概念，就连"营销"一词也是我国市场经济体制相对完善之后才开始流行。从这一点上看，我们就不难理解为什么在很长一段时间内人们把"营销"和"推销"混为一谈了。

巩固练习——张裕用心良苦做市场

1892年（清光绪十八年），著名华侨巨商张弼士先生在烟台创办张裕酿酒公司，经过十几年的努力，张裕酿酒公司终于酿出了高品质的产品。1915年，在世界产品盛会——巴拿马太平洋万国博览会上，该公司一举荣获四枚金质奖章和最优等奖状，中国葡萄酒从此为世界所公认。改革开放后，社会经济环境为其提供了前所未有的发展机遇。该公司的产品凭借其卓越的品质，多次在国际、国内获得大奖，成为家喻户晓的名牌产品。然而，名牌不等于市场，金字招牌对于张裕酿酒公司来说是一个极大的优势，但这个优势却不足以使该公司在市场上所向披靡。在改向市场经济的头两年中，由于市场观念差，企业缺乏适应市场竞争的能力，以为自身产品质量过硬，盲目生产，坐等顾客上门，结果累计亏损400多万元，生存和发展都面临着严峻的挑战。

关键时刻，公司并没有躺在历史上顾影自怜。在积极反思失败原因，努力摸索市场规律，下功夫钻研营销后，公司提出了市场第一的经营观念和营销兴企的发展战略，实现了2个根本性转变：一是企业由销售我生产的产品转变为生产我销售的产品，一切围绕市场转；二是由做买卖转变为做市场，从推销变成营销。这两个转变使企业的经营不再是单纯的生产和推销问题，而是以市场为导向的调研、决策、实施、监控的有机结合，在满足消费者利益的同时为企业创造最佳效益。

思考题：
1. 张裕酿酒公司在改向市场经济的头两年中持有什么样的经营观念？
2. 该经营观念与市场营销观念有什么区别？

3. 推销观念

推销观念产生于资本主义经济由"卖方市场"向"买方市场"的过渡阶段。20世纪20年代末，西方国家的市场形势发生了重大变化，特别是1929年开始的资本主义世界经济大危机，使许多产品供过于求，销路困难，竞争加剧，企业担心的已不是生产问题，而是销路问题。于是推销技术受到企业的特别重视，推销观念便成为企业经营的指导思想。由此可见，所谓推销观念，是指企业的一切活动都以推销为中心，注重于大量销售产品，通过各种推销手段来刺激购买，解决产品销路，并从中获取利润。推销观念认为，企业只有大力刺激消费者的兴趣，消费者才能买它的产品，否则，消费者将不买或少买。因此，当时许多企业纷纷聘请一些推销专家，培训推销人员，建立专门的推销机构，采取蜜蜂式的推销方式，大力开展高压式推销工作。奉行这种观念的企业强调它们的产品是被"卖出去的"而不是被"买去的"。这种建立在强化推销基础上的营销是有着高度的风险的。

巩固练习——推销观念与生产、产品观念的区别

推销观念是以推销为重点，通过开拓市场、扩大销售来获利；后者是以生产为重点，通过增加生产、提高质量、降低成本来获利。但是，推销观念与生产、产品观念一样，也是建立在以企业为中心的"以产定销"的基础上，而不是满足消费者真正需要的基础上。因此，这三种观念被称为市场营销的旧观念。

4. 市场营销观念

市场营销观念流行于20世纪50年代中期以后。美国通用电气公司的约翰·麦克金特立克在1957年首先提出来这一概念，是指企业的一切活动都以市场为中心，以顾客的需要和欲望为出发点，通过实行整体营销来取得顾客的满意，并从中实现企业的长期利益。简言之，市场营销观念是"发现需要并设法满足它们"，而不是"制造产品并设法销售出去"；是"制造能够销售出去的产品"，而不是"推销已经生产出来的产品"。因此，"顾客至上""顾客是上帝""顾客永远是正确的""爱你的顾客而非产品""顾客才是企业的真正主人""顾客第一"等口号，就渐渐成了现代企业家的信条。

案例分析 皮尔斯堡面粉公司的营销观念的转变

美国皮尔斯堡面粉公司，于1869年成立，从成立到20世纪20年代以前，这家公司提出"本公司旨在制造面粉"的口号，因为在那个时代，人们的消费水平较低，面粉公司认为不需要做大量宣传，只需保持面粉的质量，大批量生产，降低成本和售价，销量就自然大增，利润继而增加，而不研究市场需求特点和推销方法。1930年左右，美国皮尔斯

堡面粉公司发现，在推销公司产品的中间商中，有的已开始从其他厂家进货，自己公司的销量随之不断减少。公司为扭转这种局面，第一次在公司内部成立商情调研部门，并派遣了大量的推销人员，力图扭转局面，扩大销售。同时他们更改口号为"本公司旨在推销面粉"，更加重视推销技巧，不惜采用各种手段，进行大量的广告宣传，甚至使用硬性兜售的手法，推销面粉。然而各种强有力的推销方式并未满足顾客经常变化的新需求，特别是随着人们生活水平的提高，这一问题也就日益明显，迫使面粉公司必须从满足消费者的心理及实际需要出发，对消费者进行研究。1950年前后，面粉公司经过市场调查，了解到战后美国人民的生活方式已发生转变，家庭妇女采购食品时，日益要求多种多样的半成品或成品，如各式饼干、点心、面包等，来代替购买面粉回家做饭。针对市场需求的变化，这家公司开始生产和推销各种成品或半成品食品，使销量迅速上升。1958年，这家公司又进一步成立了皮尔斯堡销售公司，着眼于长期占领市场，着重研究未来3年到10年消费者的消费趋势，不断设计和制造新产品，培训新的销售人员。

案例思考题：试分析该案例，说明营销观念发展的过程中经历了几个阶段，每个阶段有什么特点。为什么会有这样的变化和特点。

市场营销观念是企业经营思想上的一次根本性变革。传统的经营思想都是以生产为中心，把企业及其利益放在第一位，着眼于把已生产出来的产品变成货币；市场营销观念则是以市场即以顾客为中心，把顾客放在第一位，市场需要什么就生产什么，销售什么，实行按需生产，"以销定产"。并且，在产品出售以后，还要了解顾客对产品有什么意见和要求，以便改进产品的生产和经营。同时，还要为顾客提供各种售后服务，以求比竞争对手更有效、更充分地满足顾客的需求，通过满足需求来获取顾客的信任和自己的长远利益。

市场营销观念的特点

- 以消费者需求为中心，实行目标市场营销。
- 运用市场营销组合手段，全面满足消费者的需求。
- 树立整体产品概念，刺激新产品开发，满足消费者整体需求。
- 通过满足消费者需求而实现企业获取利润的目标。
- 市场营销部门成为指挥和协调企业整个生产经营活动的中心。

案例分析　　　　人人喜爱的力度伸——全新的维生素C

平时生活中见到的维生素C通常是圆形的白色片剂装在一个茶色的玻璃瓶或白色塑料瓶中，价格很低，少人问津，直到市场上出现了力度伸维生素C泡腾片，情况就大不一样了。一大片黄色力度伸每片含1000毫克维生素C，高于一般维生素C片的100毫克的含量，并加入了橙味、蔗糖、酒石酸细晶体等辅料，放入一杯冷水或热水中，溶解后成为一杯可口的橙味饮品，有趣的是在其溶解过程中还伴有"咪咪"的声响，顿时让人们苦于吃药的感觉消失得无影无踪。习惯了西药的"苍白"和中药的"杂脏黑"形象，与众不同的力度伸确实给我们全新的感受。

启示：力度伸的成功来源于充分考虑了消费者的感受和需求。

5. 社会市场营销观念

20世纪70年代，西方国家市场环境发生了许多变化，如在美国，出现了能源短缺、人口爆炸、消费者主义运动盛行、失业人数增加等新情况。在这种背景下，人们纷纷对市场营销观念提出了怀疑和指责，认为这种观念在美国没有真正付诸实施，即使某些企业真正实施了市场营销观念，它们也忽视了满足消费者个人需要同社会福利、消费者暂时利益与长远利益之间的矛盾，造成了资源大量浪费和环境污染等社会弊端。如一些企业为了攫取高额利润，不顾社会公德，拼命竞产竞销，以致大量掠夺资源，严重污染城市空气、生活用水，危害社会公众的身体健康，事故不断发生，这就引起了消费者、社会公众的不满与反抗。这样，企业就不得不考虑如何防止空气污染、水污染、精神污染等。针对这种情况，一些市场学者提出了新的观念来修正、补充市场营销观念，如"人类观念""明智消费观念""生态强制观念"等。美国市场学家菲利普·科特勒把这些归纳为"社会市场营销观念"。

"健康中国2030"
规划纲要

社会市场营销观念，就是企业不仅要满足消费者短期的需要和欲望并由此获得利润，而且要符合消费者的长远利益和社会福利，要正确处理消费者欲望、消费者利益和社会长远利益之间的矛盾。总的来说，社会市场营销观念认为，企业的主要任务是创造顾客的满意度以及消费者和社会的长期利益，并以此为达到企业目标和履行职责的关键。

> **企业制订营销方案时考虑的因素**
> - 消费者的需要和欲望。
> - 消费者的短期和长期利益。
> - 企业的利益。
> - 社会的利益。

综述：市场营销
观念的演变——
社会市场营销观念

这样，企业就不仅要适应和迎合消费者的需要，还要考虑生态平衡、净化环境、社会福利等问题。同时，要主动参与社会生活方式的设计，不能单纯根据消费者需要什么，企业就生产经营什么，不恰当地去迎合消费者过分的欲望，而是运用现有的生产能力，现有的科技，根据消费者的现有生活观、价值观和幸福观等变化趋势，主动地为消费者设计出新的生活方式。

案例分析

医药企业的环境保护良知

美国强生公司是一家以生产保健品及幼儿药品闻名的公司，该公司被《财富》杂志评价为美国最受尊敬的公司之一，特别是在社会责任和环境责任方面。

强生公司的信条是强调诚实和正直，要把消费者看得比利润更重要。在这个信条下，强生公司宁可承担大笔损失，也不愿把任何有害产品推向市场。此外，公司还支持社区和雇员组织的许多项目，只要这些项目对顾客和社区有益。

以1982年发生的8个人因服用含氰化物的泰诺胶囊而致死的案例来说，尽管强生公司确信药物不是在工厂中变质的，而且只有少数几家商店的药物出现变质现象，但公司还是迅速回收了所有产品。

从长期来看，强生公司对泰诺的迅速撤回增强了消费者的信心和忠诚，此次事件后泰诺仍然是美国镇痛剂的主导品牌。多年来，强生公司不仅是美国最受尊敬的公司之一，也是获利最丰厚的公司之一。

（资料来源：章蓉主编. 药品营销原理与实务. 2013）

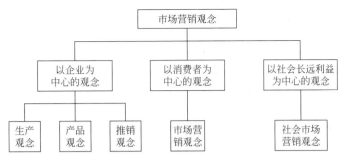

图 2 市场营销观念的发展示意图

以上生产观念、产品观念、推销观念、市场营销观念、社会市场营销观念（图 2）的区别，主要表现在重点、手段、目标的不同（表 1）。

表 1 营销观念区别

营销观念	重点	手段	目标
生产观念、产品观念	产品	生产作业效率	增加产量，增加利润
推销观念	产品	推销和促销	增加销量，增加利润
市场营销观念	顾客	营销组合	满足需求，获得利润（整体市场营销）
社会市场营销观念	顾客与社会	营销组合	满足需求，兼顾社会福利，获得利润（整体市场营销）

三、市场营销与药品市场营销

（一）市场营销学的研究对象

市场营销学的研究对象是市场营销活动规律及策略手段，也就是研究如何把适销对路的产品，按适当的价格，适当的方式，在适当的时间、地点送达消费者手中。

企业的营销活动应围绕着市场展开，从潜在的市场入手，以消费者为中心，研究消费者的欲望和需求，掌握市场变化规律，结合企业的资源条件，去组织企业的整体市场营销。

巩固练习——市场营销学的研究要以消费者为中心

> 消费者是社会再生产的最终环节，是实现企业生产经营目的的关键。企业要取得利润，只有把产品卖出去才能得到。也就是说企业只有满足广大人民群众的需要后，才能实现其生产目的和取得企业的经营效益。如果企业的产品销不出去，说明这种产品不是适销对路的产品，是不适应消费者需要的产品，这种产品的价值和使用价值就不能实现，企业的经营目标就不能达到。所以，市场营销学必须围绕消费者及其需要去研究，并据此寻找解决满足需求的具体策略和途径。

（二）市场营销学的研究内容

市场营销学的研究内容是由其研究对象决定的。市场营销学的不同发展时期，研究对象不相同，其研究内容就不一样。现代市场营销学不仅要研究如何满足消费者的现实需求，还要掌握消费者的潜在需求，以满足消费者的现实需求和潜在需求为中心，研究开拓市场的营销战略，正确处理市场营销活动中的各种关系。总的来说，其研究内容比较丰富，概括起来包括市场营销的基本理论、基本策略和方法三个部分，具体内容有以下几个方面。

1. 市场及营销环境研究

市场是营销活动的舞台，因此，必须研究市场的概念、市场的特征、市场的功能与作用、市场的类型、市场营销环境对企业营销活动的影响等。

2. 消费者特性的研究

消费者及其需求是企业市场营销活动成败的关键因素，符合消费者的需求，企业经营目标才能实现。因此，必须研究各种消费市场的特点以及不同产品的消费者需求、消费者的购买心理和购买行为，掌握消费行为对企业营销活动的影响。

3. 企业营销战略与策略研究

营销战略事关未来，是对企业今后较长一段时期的全局性的决策。成功的营销战略可使企业经营经久不衰，不当的营销战略则可使企业经营功败垂成。企业产品是否适销对路，对于企业市场营销活动能否顺利进行和社会化生产目的能否最终实现具有决定性意义。因此，必须研究企业的市场营销战略与策略，其具体内容是根据企业的任务与目标进行市场细分、选择目标市场与市场定位，并实施产品策略、定价策略、分销渠道策略、促销策略等。

4. 市场营销决策的方法研究

企业的战略与策略正确与否是企业经营活动成败的关键，而市场营销效果的好坏，在很大程度上取决于市场营销决策是否正确。谁能及时掌握市场信息，谁就能牢牢掌握市场的主动权，就能制定出正确的战略和策略。为了收集全面、可靠的信息，企业必须对营销决策方法进行研究，即进行市场调查和预测，使策略奠定在科学的基础上。

（三）市场营销学的研究方法

1. 产品研究法

所谓产品研究法，就是以产品为主线，按产品及其特性进行分类，然后对各类产品或各个产品的市场营销分别进行分析研究，如分析研究消费品的市场营销、分析研究生产资料的市场营销等。这种方法又称客体研究法，是以物为中心的研究方法。如对儿童用药的研究、妇女用药的研究、老人用药的研究、滋补类药品的研究等；也可以对某一种药物进行研究，如研究某种药物的开发、生产、寿命周期情况以及商标、价格、广告、用户意见等各个方面。

这种研究方法的优点是可以详细分析研究各类或各个特定产品市场营销中所遇到的具体问题。但是，如果对各类或各个产品逐一地进行分析研究，不仅很麻烦，花的时间又多，而且很难避免重复。

案例分析　　　　　　宝洁公司和一次性尿布

宝洁（P&G）公司长期以来以其寻求和明确表达顾客潜在需求的优良传统，被誉为在面向市场方面做得最好的美国公司之一。其婴儿尿布的开发就是一个例子。

1956年，宝洁公司开发部主任维克·米尔斯在照看其出生不久的孙子时，深切感受到一篮篮脏尿布给家庭主妇带来的烦恼。洗尿布的责任给了他灵感。于是，米尔斯就让手下几个最有才华的人研究开发一次性尿布。

宝洁公司产品开发人员用了一年的时间，力图研制出一种既好用又对父母有吸引力的产品。产品的最初样品是在塑料裤衩里装上一块打了褶的吸水垫子。但1958年夏天现场试验的结果，除了父母们的否定意见和婴儿身上的痱子以外，一无所获。于是又回到图纸阶段。

1959年3月，宝洁公司重新设计了它的一次性尿布，并在实验室生产了37000个，样子相似于现在的产品，拿到纽约州去做现场试验。这一次，有2/3的试用者认为该产品胜过布尿布。行了！然而，接踵而来的问题是如何降低成本和提高新产品质量。为此要进行的工序革新，比产品本身的开发难度更大。不过到1961年12月，这个项目进入了能通过验收的生产工序和产品试销阶段。

公司选择地处美国最中部的城市皮奥里亚试销这个后来被定名为"娇娃"（Pampers）的产品。发现皮奥里亚的妈妈们喜欢用"娇娃"，但不喜欢10美分一片尿布的价格。因此，价格必须降下来。降多少呢？在6个地方进行的试销进一步表明，定价为6美分一片，就能使这类新产品畅销。宝洁公司的几位制造工程师找到了解决办法，进一步降低成本，并把生产能力提高到使公司能以该价格在全国销售娇娃尿布的水平。

娇娃尿布终于成功推出，直至今天仍然是宝洁公司的拳头产品之一。

思考题：
1. 宝洁公司开发一次性尿布的过程，采用什么样的市场营销学研究方法？
2. 宝洁公司是否把握了现代市场营销的基本精神？

2. 组织研究法

组织研究法，又称机构研究法或主体研究法，是一种以人为中心的研究法。它从市场体制、市场结构和流通渠道等方面来观察市场活动，着重分析研究渠道系统中各层次和各种类型的市场营销机构的市场营销问题，如根据产品的产供销路线分别研究生产企业、批发商和零售商、代理商，以及各种市场辅助机构的性质和任务等。

3. 职能研究法

职能研究法又称功能研究法，是一种既不单纯以物为中心，也不单纯以人为中心，而是将人和物两个因素有机结合起来，研究各种营销功能的特性及动态。例如采购、销售、储存、运输、装卸、融资、促销等功能。通过职能研究法，使药品的市场营销组织能充分发挥这些职能，以解决医药商品产销矛盾，加快医药商品的流通和资金的周转，为医药企业创造更高的经济效益。

4. 管理研究法

管理研究法，又称决策研究法，是从管理的角度来研究市场营销问题，它综合产品研究法、组织研究法和职能研究法来整体性研究市场营销，强调通过营销实行组织和产品的有效的市场定位，并特别重视市场营销的分析、计划、执行和控制。具体做法是把卖方的市场营销活动中有关的各种因素分为两大类：一是企业营销的外部环境（不可控因素）；二是企业内部可控的因素。根据企业营销的外部环境以及为适应外部环境的需要，研究企业内部可以控制的各种因素，有计划地组织企业的整体营销活动。药品生产经营企业在确定目标市场的基础上，全面分析其外部环境因素，并根据自身资源条件，综合运用产品、价格、渠道和促销这四个可控因素，形成最佳的市场营销组合，以便在满足目标市场需要的同时，取得预期利润，从整体上满足消费者的各种需求，因而是一种先进的研究方法。

5. 社会研究法

社会研究法又称环境研究法，它主要运用社会学、环境学和生态学的理论，研究各种营销活动和营销机构对社会的贡献和可能带来的公害，如通过污染或欺骗等侵害消费者的虚假行为等，说明应该怎样解决和预防这些公害，以维护消费者的利益等。

6. 系统研究法

系统研究法，是指市场营销学研究人员及企业营销管理人员，在从管理决策的角度分析研究市场营销问题时，通常还要结合系统研究的方法进行。我们知道，系统是由两个或两个以上的相互影响、相互作用的部分组成的有机体。任何企业的有关环境和市场营销活动过程实际上也是一个系统。企业的市场营销系统，简单地说是由企业（卖主）和目标市场（买主）这两个基本部分组成的。在这两部分之间，通过商品货币和信息这两套流程联结起来，实现系统的运行。

> **企业市场营销系统组成部分**
> - 企业（卖主）。
> - 市场营销渠道企业。
> - 目标市场（买主）。
> - 竞争对手。
> - 企业周围的各种公众。
> - 宏观环境力量等。

一个企业要想成功地为其目标市场服务，提高经营效益，在做市场营销决策时就必须全面调查研究并考虑到企业本身、市场营销渠道企业、目标市场、竞争对手、周围公众和宏观环境力量等各方面的情况，统筹兼顾，处理好各种关系，从而使市场营销系统内的各有关方面保持一种协调性，实现系统的合理、有效运行，取得营销的成功。这就是所谓的系统研究方法。

实践表明，企业能否在激烈的市场竞争下及不断变化的营销环境中求得生存与发展，最终都要取决于消费者或用户是否购买其产品。因此，市场营销学的核心思想是：企业必须面向市场、面向消费需求，必须了解不断变化的营销环境并及时作出正确的反应；企业要向消费者或用户提供令人满意的产品，并且要用最少的费用、最快的速度将产品送达消费者或用户的手中；企业应该而且只能在消费者或用户的满足之中实现自己的各项目标。所以，在市场营销学的研究工作中，不论研究的角度和具体对象是什么，不论采用何种具体方法，都必须围绕上述基本思想进行。

（四）药品市场营销学的特点

药品市场营销学是指导药品生产经营企业通过市场营销活动产生经济效益、获取利润的重要工具。由于药品的特殊性，药品市场营销学所包括的内容及特点与市场营销学不完全相同。这种不同主要表现在以下几个方面。

（1）目前，药品市场供求除个别品种外均处于一种普遍的供大于求的状况，这种状况使得患者有一个充分选择药品的余地。如感冒患者在选择抗感冒的药物时，以含对乙酰氨基酚、盐酸伪麻黄碱等的解热镇痛药为主，市场上的产品所含成分基本相同，只是生产厂家不同、商品名不同而已，诸如白加黑（拜耳医药生产）、百服宁（中美上海施贵宝生产）、泰诺（上海强生生产）。任何制药企业都处在激烈的市场竞争中，稍有不慎，便会失去市场。因此，医药企业必须充分认识到患者品牌忠诚度的重要意义。

> **营销视野　　　　感冒药市场分析**
>
> 作为非处方药（OTC）的一大组成部分，感冒治疗药品是我国医药产品推广品牌营销中最成功的范例。而随着OTC市场走向规范，竞争加剧，药品零售市场竞争将进入一个崭新的时期。面对新的市场、新的机遇与挑战，众多的生产、销售企业在产品研发、市场开拓、营销组合、经营管理上采取了一系列应对措施。有越来越多的企业在这种背景下加入感冒药战团，如护彤、新康泰克、正源丹等进入市场，正可谓风险与机遇共存。
>
> 人们的交流变得频繁和快捷，导致各种变异的流行性感冒病毒传播加剧，从而促使预防、抵抗流行性感冒病毒和增强身体免疫能力药物的需求不断增长，市场容量不断扩大。我国感冒药品市场销售规模由2007年的110.8亿元增长至2013年的266.1亿元，年均复合增长率为13.56%。到2016年年底全国感冒药销售规模增至410.5亿元。

据不完全统计，我国每年有75%的人至少患一次感冒，也就是说每年有近10亿人至少需用一次感冒药物，感冒每次平均用药25元，2012—2016年间复合增长率为15%。预测到2022年市场规模将达到950亿元。

在激烈的市场竞争中，各医药企业纷纷加大广告投入，利用广告对消费者进行"狂轰滥炸"，提高品牌知名度，从而最终影响消费者的购买决定。

感冒药是OTC药品市场上竞争最为激烈的领域之一，有上千家企业竞相角逐。尽管竞争几近惨烈，但由于该类药品市场空间巨大、技术门槛较低和利润回报丰厚，仍刺激着众多企业趋之若鹜。从目前的感冒药市场来看，有以下两个突出特点：知名品牌主导市场。目前我国感冒药市场上有1000多个品牌，但绝大部分市场份额由人们耳熟能详的十几个品牌所控制，这些品牌之所以广为人知，主要缘于其大量的广告投入。知名品牌的利益点明确。为树立持久的品牌效应，获得市场的长期利益，主流品牌的感冒药生产企业都确立了独特的利益点，并通过贴近生活、表现亲情的广告手法加以诠释，引起了消费者的强烈共鸣。每个品牌都通过独特的利益点使自身产品与其他竞争产品区分开来，不仅增强了市场竞争力，而且规避了市场风险。

（资料来源：中研网）

（2）为保护患者权益，政府制定了诸多法律法规，规范药品生产、经营等环节的质量管理，确保药品质量，保护患者利益。法制观念深入到医药生产与经营的每一个细节，这不仅表现在充分的立法上，使企业与患者的行为有法可依，更重要的是人们不再把虚假广告、伪劣药品只看成是普通的不轨经营行为，而认识到这些行为是一种侵犯人权、破坏公平竞争、扰乱市场秩序的违法行为。因此，在这类司法诉讼中，患者的合法权益能得到充分的重视和保护，企业生产经营中的不慎和违规都有可能给企业带来毁灭性的后果。

自我学习

从三鹿婴幼儿问题奶粉事件中我们得到什么警示？

（3）患者需求是企业生产经营活动的出发点，只有事先了解患者的发病率、现有药品的作用与不良反应等，才能生产经销适销对路的药品。因此，市场调研是起点，只要从医疗需求出发，生产经营的药品绝大多数是适销对路的。有了这个基础，再配以良好的市场策略和销售服务，把药品销售给患者便能从整体上满足患者的需求。当然最终目标也在于增加利润，但这种利润是一种长期的总利润，并不一定要在短期内获得。在短期内企业为改善环境，提高企业和产品的美誉度，争取市场占有率，可以微利、平价销售。因此可以说：医药企业的经营观念就是药品市场营销观念；药品经营的出发点是满足患者需求；主要手段为整体营销，目标是长期利润；患者需要什么，就提供什么药品，经营适销对路的药品。

药品市场营销是医药企业的一种市场经营活动，即企业从医疗需求出发，综合运用各种科学的市场经营策略，把药品和服务整体地销售给医疗机构与患者，尽可能满足他们的需求，并最终实现企业自身的生存和发展目标。

（4）药品市场营销的特点是由四个互相关联的理念所反映出来的，这四个理念是患者导向、药品目标市场、整体营销、利益远景。

① 患者导向是指企业营销活动的出发点是患者需求，所有的营销策划都必须以满足患者需求为目的。药品市场营销的关键是满足医疗机构与患者的真正需要，并比其他同

行做得更为出色。企业要对医疗机构与患者的要求作出反应，让医疗机构与患者满意。医药批发企业的经营对象是各级医疗机构，医药零售企业的营销对象是患者，企业的上述顾客来自两种顾客群：新顾客和老顾客。吸引新顾客比保持老顾客要花更多的成本，因此，保持老顾客比吸引新顾客更加重要。所以，倘若企业的营销不能使顾客满意，企业便面临失败。

案例分析　　　　　　　补钙产品怎么"补"？

钙尔奇D由美国惠氏-百宫制药有限公司出品，是目前中国保健品市场上卖得最好的外资医药企业生产的补钙产品之一。该产品在销售推广上以医院为主，有专门的临床学术代表与医院的医生联系和沟通，并经常会举办一些学术会议和活动，这些举措使得钙尔奇D在医院市场的领先地位一直固若金汤。而医院市场的领先也直接地带动了钙尔奇D在零售药店的销售，再加上一些广告宣传的促进作用和钙尔奇D的促销活动，使得钙尔奇D的市场不断攀升，并一直处于领先地位。

启示：利用学术推广，以医（院）带零（售），让产品被"卖出去"。

（资料来源：易迈管理学习网）

② 药品目标市场即企业依据市场细分方法，把总体市场区分为多个有不同需求特征的子市场，然后选择其中的一个或几个子市场作为营销目标，为之设计专门的药品，开展针对性的营销。药品目标市场的选择必须根据制药企业的特点和优势进行，而且最好是能专攻某一领域或品类，如专门生产抗生素类药物，专门生产五官科用药、儿科用药、妇科用药等。任何制药企业不可能在每个市场都经营，也不可能满足市场的所有需要，只有选定若干个自己生产、经营能力所及的目标市场，并设计有针对性的营销策略，才会做得更好。

案例分析　　　　　　　宝洁公司精准的市场细分

始创于1837年的宝洁公司，是世界最大的日用消费品公司之一，在全球70多个国家设有工厂及分公司，所经营的300多个品牌的产品畅销140多个国家和地区，其中包括洗发、护发、护肤用品、化妆品、婴儿护理产品、妇女卫生用品、医药、食品、饮料、织物、家居护理及个人清洁用品。在中国，宝洁的飘柔、海飞丝、潘婷、舒肤佳、玉兰油、护舒宝、碧浪、汰渍和佳洁士等已经成为家喻户晓的品牌。

宝洁公司营销战略的成功首先来源于对市场的细分，拿洗发水来说，宝洁公司的"海飞丝"针对去头屑，"飘柔"强调头发的顺滑，"潘婷"则着重于头发的营养，三者都是独立的品牌，各有特点，也各有特定的消费群体。

再加上，宝洁公司在细分市场的基础上对广告策略的调研也采取了一种独特的细分法，即广告定位的细化。由于各个消费者对产品的兴趣不同，关注点也不同，宝洁公司针对不同的消费者群体推出不同特点的产品时配以不同特点的广告，从而使产品深入人心。如"海飞丝"洗发水，海蓝色包装，带来清新凉爽的视觉效果，"头屑去无踪，秀发更出众"的广告语更进一步在消费者心目中树立了"海飞丝"去头屑的信念。"飘柔"则从名称上就让人明白了该产品使头发柔顺的特性，草绿色包装给人以青春美的感受，"含丝质润发素，洗发护发一次完成，令头发柔顺飘逸"的广告语加上少女甩动丝般头发的画面，令消费者印象深刻。而用杏黄色包装的"潘婷"，给人营养丰富的感觉，"含有丰富的维他命原 B5，能由发根渗透至发梢，补充养分，使头发健康、亮泽"的广告语，更使消费者深信"潘婷"的营养个性。

（资料来源：MBA 智库文档）

③ 整体营销要求药品市场营销企业在从事市场经营活动时必须利用多方位的综合性策略，营销理论中把这种综合性策略称为市场营销组合，它是整体营销理念的具体表现。在药品市场营销观念支配下的医药企业，不主张利用单一的手段从事市场经营，而认为在产品设计、包装、商标、定价、销售服务、分销渠道、促销、公关、仓储运输等多方面，均需认真制定相应的策略，即整体营销。药品营销把这些策略和手段归结成四个方面，即产品策略、定价策略、促销策略和分销渠道策略，并称为四大营销策略。在每种策略中又包含了一系列的具体手段。比如产品策略中，包含此种药品是治疗常见病的药品，还是治疗罕见病的药品；是创新药品，还是仿制药品；还有药品生命周期、包装、品牌等。定价策略中，包含了成本核算、价格构成、定价技巧等多种手段。促销策略中，包含广告、人员推销、营业推广、学术推广等手段。分销渠道策略中，包含了销售渠道、销售地点、存货控制、运输仓储等手段。可以说，药品营销组合包含了四大策略，而每一个策略中，又包含了许多具体手段，成为次下层的组合。药品市场营销就是强调这种市场经营策略和手段的综合性、整体性运用。当然，在具体设计营销方案时，也可以有所侧重。随着药品营销业务的不断发展，企业营销策略也在不断扩大，如企业在营销中要处理好多方关系，争取舆论支持，树立良好形象，所以公共关系又成了企业必不可少的营销策略之一。

此外，在营销中还应强调调动人的主观能动因素，更好地发挥人的作用，包括对企业外部的与营销有关系的人以及企业内部的员工作用的发挥。在营销过程中必须十分重视理解人，了解人，要善于处理好与各类人之间的关系，使所有的人都来关心和支持企业的营销活动。

案例分析　　情感营销时代，钙尔奇的整合营销策略

钙尔奇为"35＋"女性提供强健的骨骼健康，自 2016 年开始便提出"骨气女人"概念，将骨气女人概念和产品、品牌本身需要强调的用户信息建立关联，除精准化冠名《养生堂》健康栏目外，并逐年通过明星嘉宾、热门 IP《金星秀》和《欢乐颂》扩大影响力。于 2018 年提升形象，挖掘最真实的情感需求，"女人有骨气"的概念和主张取代明星，成为宣传主体。同时，利用了天猫三八女王节现象级的资源和平台，结合自有媒体，通过郎平和惠若琪契合度极高的品牌挚友与女性消费者互动，真正打造了一个骨气女人 IP。

较于前两年"骨气女人"项目，今年钙尔奇升级演绎，瞄准了三十五岁左右的青中年女性受众，以"三八"妇女节为契机，钙尔奇通过"骨气女人"吸引社会中坚力量，让更广泛的女性感受到正能量。

病毒视频：素人代言"骨气女人"，用片段还原出青中年女人最真实也最动人的面貌。去了明星光环的加持，这部宣传片反而更贴近品牌受众，建立在成熟消费者洞察之上的宣传片核心，挖掘出了女性最真实的情感需求。"女人有骨气"的概念和主张取代明星，成了宣传的真正主体，得到最大化的彰显。

社交传播：宣传片在这个全民关注女性群体、呼吁女性权利的妇女节时间节点推出，赢得大量转发及免费推广，传播效果自然事半功倍。

热点追踪：把妇女节还给妇女，从冯唐"不要做油腻的中年男人"发散到"不要做油

腻的中年女性",采用有趣且消费者高相关度的创意延展方式达到社交传播高潮。

线下快闪：钙尔奇在上海静安嘉里中心开设了首个"骨气女王时光站"快闪店，更有重磅嘉宾郎平和惠若琪亲临现场，为大家讲述自己的"骨气故事"，两位优质榜样嘉宾的现身说法再次为"骨气女人"增添了别样的光彩。

天猫平台：得力于优质的话题属性，钙尔奇置换得到天猫三八女王节现象级的站内资源（天合计划＋女王节会场）。

药店门店：配合妇女节活动进店内促销活动。

经此一轮整合营销传播活动，钙尔奇官方旗舰店开幕增粉6000以上。根据消费者调研，品牌快闪店在上海知晓率达到3%，成为OTC品类中首个举办线下快闪店的品牌。电商销量同比2017年"骨气女人"提升38%。

"骨气女人"作为新时代的女性形象被大众所认可，在潜在受众心中建立了良好的品牌形象。今天，骨气女人已经是钙尔奇独有的、强大的品牌资产，是时候不再借势大IP，真正通过挖掘消费者洞察，创造自己的内容和话题了。

（资料来源：广告门）

④ 利益远景指的是医药企业要追求的不是一时的药品营销利润，而是通过科学、合理的营销手段谋求企业的长期生存，从而获得长远利益。也就是说，企业应以追求利益远景为自己的营销理念。药品市场营销观念认为获取利润是企业经济活动中的基本目标，但是从事市场营销的企业追求利润的手段应建立在满足患者需求的基础上，即在营销药品或服务时，企业不能先考虑利润，然后才考虑患者，而应倒过来，首先看这种药品能满足患者的哪些需求，然后再考虑盈利。患者需求被满足的程度越大，企业的盈利也可能越多；反之，需求被满足的程度越低，企业的利润也就越少。

自我学习

查询拜耳公司与人类健康共同发展的资料。

药品市场营销的观点还认为，企业在满足社会需求的过程中，必须充分尊重患者。首先是既要满足患者的治疗需要，同时又需顾及其长远利益。一些药品虽然能治愈疾病，但往往又有不同程度的不良反应。因此，药品经营企业在销售这类药品时应充分介绍其作用，同时说明不良反应及其预防措施，使患者有一定的心理准备。其次是企业在生产或销售各种药品时，要满足不同患者的个别需要，如不同规格、不同剂量的药品。比如阿司匹林片剂，既要有规格500毫克一片的，也要有规格25毫克一片的，这样才能满足解热镇痛与抗凝等不同的治疗要求。

巩固练习

患者导向、药品目标市场、整体营销、利益远景四者的关系是怎样的？

【小结】

按照本单元开始的基本技术点的要求进行总结。

（1）市场营销核心概念包括需要、欲望和需求，产品，效用、价值和满足，交换、交易和关系，市场，市场营销。需要是人们感觉缺少某些东西的一种状态；欲望是满足需要的一种心理状态；需求是有支付能力和愿意购买某种物品的欲求。产品是人类满足其需要和欲望的工具。效用是消费者对满足其需要的产品的全部效能的估价。交换是指提供某物作为报酬或与他人换取所需产品或服务的行为；交易是指买卖双方价值的交换。市场是指某种商品的现实购买者和潜在购买者需求的总和。市场营销是企业通过交换满足消费者现实需求或潜在需求的整体性活动。

（2）营销观念是指企业从事市场营销活动的基本指导思想或经营哲学，包括生产观念、产品观念、推销观念、市场营销观念和社会市场营销观念。

（3）生产观念是指企业的一切活动都是以生产为中心，注重于大量生产产品；产品观念是指企业的一切活动都是以产品为中心，在提高产品质量的前提下大量生产产品；推销观念是指企业的一切活动都以推销为中心，注重于大量销售产品，通过各种推销手段来刺激购买，解决产品销路，并从中获取利润；市场营销观念是指实现企业各项目标的关键在于正确确定目标市场的需要和欲望，并且比竞争者更有效地传送目标市场所期望的物品或服务，进而比竞争者更有效地满足目标市场的需要和欲望；社会市场营销观念就是企业不仅要满足消费者短期的需要和欲望并由此获得利润，而且要符合消费者的长远利益和社会福利，要正确处理消费者欲望、消费者利益和社会长远利益之间的矛盾。

（4）市场营销学的研究对象是市场营销活动规律及策略手段。市场营销学的研究内容包括市场及营销环境研究、消费者特性研究、企业营销战略与策略研究、市场营销决策的方法研究等。市场营销学的研究方法包括：产品研究法、组织研究法、职能研究法、管理研究法、社会研究法、系统研究法等。

（5）药品市场营销学是指导药品生产经营企业通过市场营销活动产生经济效益、获取利润的重要工具。由于药品的特殊性，药品市场营销学所包括的内容及特点与市场营销学不完全相同。

【小测验】

1. 市场营销核心概念包括什么？
2. 需要、欲望与需求三者的区别是什么？
3. 市场营销与推销的区别是什么？
4. 市场营销的定义是什么？
5. 营销观念包括什么？它们的核心思想是什么？
6. 市场营销学的研究对象是什么？
7. 市场营销学的研究内容是什么？
8. 市场营销学的研究方法是什么？
9. 药品市场营销学的特点是什么？

【基本技术点】

阅读和学完本单元后，你应该能够：
- 掌握药品市场的含义；
- 了解药品市场的特点；
- 明确药品市场营销发展趋势。

【案例导入】 医药市场规模超 2 万亿 医药电商进入快速发展期

据商务部数据，2017 年全国七大类药品销售总额突破 20000 亿元，统计 20016 亿元，同比增长 8.4％。2013 年七大类药品销售总额仅 13036 亿元，复合增长率 11.3％。同时，医药零售总额也持续增长，2013 年医药零售额 2607 亿元，2014 年突破 3000 亿元，2017 年突破 4000 亿元，达到 4003 亿元，同比增长 9.0％。

近年来随着国民经济的发展与居民生活水平的提高，人们对于身体健康的重视程度与日俱增；而工作节奏的加快，让不少人长时间处于亚健康状态，种种急性病与慢性病的发生越来越年轻化。因此，公众对于医药需求转变，越来越多的人开始在网上购药，中国医药电商行业由此快速发展。2012 年医药电商销售规模仅 133 亿元，2017 年达到 1211 亿元，药品网购占比低于 10％，未来发展空间很大。

在 2016 年医药电商经历过启动期和成长期后，医药电商企业的商业模式已经成型：以 1 药网、健客、阿里健康大药房、京东大药房为代表的 B2C 模式，以益药购、九州通网、我的医药网、未名企鹅、药师帮为代表的 B2B 模式，以快方送药、药到家为代表的 O2O 模式。我国医药电商的产业格局已经形成，在各自细分领域都出现了一批代表性企业。2016 年，我国网上药店数量已经达到 678 家，同比增加 72.5％，医药电商进入了快速发展期。

现如今，随着线上流量红利消退以及传统零售行业进入增长减速时期，新零售的出现对线上电商和线下实体零售而言无异于一剂良药。在这样的背景下，新零售这股浪潮涌向各个行业的同时，也开始向医药行业渗透。

（资料来源：中商情报网）

思考：
新零售指的是什么模式？医药行业可以如何利用新零售模式？

单元二　药品市场概述

一、药品市场的含义与特点

（一）药品市场的含义

市场是商品经济的范畴，是社会分工和商品生产的产物。哪里有商品生产，哪里就有市场。随着商品经济的发展，市场也会不断变化。由于医药商品的特殊性，这里所讲的药品市场按市场营销学的观点，就是医药商品现实购买者和潜在购买者需求的总和。

> **自检**
>
> 处方药与非处方药的区别在哪里？

（二）药品市场的特点

1. 药品市场需求弹性较大

药品市场交易的品种繁多，既有中药又有西药，既有国产药又有进口药，品种、规格、质量、价格非常复杂。同一品种，可能同时有多家制药企业生产，即药品的通用名称相同，商品名不同；有的品种在功能上可能相互替代等。这些因素决定了药品市场的需求弹性较大，即药品价格的变化对该药的需求变化影响较大。

综述：
药品市场概述

2. 药品市场需求的多样化和差异性

从药品需求者的消费习惯来看，由于消费者之间存在民族、居住地区、受教育程度、用药习惯等明显差异，因而药品市场的购买差异大，消费层次多。同时，随着社会生产力的提高和国际化倾向的日益增强，药品市场的流动性不断加强，药品需求结构总是不断地在动态发展中融合、变化。

3. 药品市场被动消费现象突出

购药者不一定是消费者，消费者又大多没有选择用药品种、产地等权利，因此药品市场一般不是主动消费而是被动消费。

4. 药品市场专业性强

药品作为特殊的商品，关系到人民群众的身体健康。药品市场具有较强的专业性，如我国政府规定麻醉药品不准在市场上交易，在中药材专业市场上不准交易其他药品等，因此药品交易受到一定的限制和制约。

5. 药品市场竞争激烈

一方面，由于药品种类繁多、药源充足（少数品种例外），需求者选择的余地较大，因而竞争激烈，这就促使其对药品的质量、功效、价格等指标进行认真比较。另一方面，随着科学技术的不断进步，新的产品不断涌现，有些消费者不可能全面、及时地了解新药品的特性，因而其消费行为常受广告和其他信息的影响。

6. 药品市场分散，销售时间受到限制

从药品交易的规模和方式看，成交数量可多可少，市场层次可高可低，药品采购者往往不是最后消费者。同时，药品都有明确的有效期规定，在此时限内，药品必须被消费完，否则一律报废。这促使医药企业必须在尽可能快的时间内把自己的产品销售出去，否则将遭受经济损失。

> **巩固练习**
> 药品市场专业性强的特点在现实生活中如何体现？

二、药品市场的现状

目前人口的自然增长和人口老龄化等社会因素加速了药品市场消费需求的增长。而城镇职工医疗保险制度和农村合作医疗的实施及医疗卫生事业的快速发展、人们对医疗保健期望的日益增大，将使药品这一特殊的消费品市场充满活力。与此同时，随着社会经济发展以及需求增速的总体放慢，药品消费需求也呈现增势趋缓的态势。当前药品市场呈现出以下几点特征。

1. 药品营销规范化

随着社会医疗制度的改革，药品生产、经营企业应加强营销队伍的建设，摒弃不正当的竞争手段。在目前的药品市场上普遍存在费用的所有者并不直接支配和使用其费用的现象，药品销售活动中有多个起作用的环节，其中有些关键环节并不必对费用负责，易于出现高费用治疗、患者利益居次，甚至收受回扣等最终损害消费者和费用支付方利益的现象。政府近年来也采取了一定的措施，遏制这一现象的发展。

另外，由于药品是一种特殊的商品，在向医院、医生、患者提供药品之后，为了使这些药品得到有效、正确的使用，生产商有责任提供全面的售后服务，向医护人员、药师提供关于药品使用方面的专业知识。

★ **新经济营销**　　　医保改革新动作所带来的新挑战

2019年6月5日，国家医保局、财政部、国家卫生健康委、国家中医药局发布《关于印发按疾病诊断相关分组付费国家试点城市名单的通知》（以下简称《通知》）。《通知》指出，国家DRG付费国家试点工作组根据前期各省（区、市）申报参加DRG付费国家试点的情况，确定北京、天津、上海等30个城市作为DRG付费国家试点城市。

DRG付费模式类似于平时说的"包干"模式，按疾病诊断分好组后，医保给医院报销的治疗费用也就固定了。如果患者的治疗费用超出了固定限额，那么超出部分就会由医院承担。

所以，医院将会有动力去提高诊疗质量管理，医生有动力提高诊疗水平，减少乱开药现象。国家这次出台DRG也是为了指导临床医生合理用药，改善用药结构，提高诊疗质量，更有效率地利用医保资金。

实行DRG以后确实可以很大程度降低医保资源被过度使用的乱象，临床医生会考虑怎样利用有限的资源为患者带来更好的诊疗体验。所以性价比高的药品以后可能会有放量增长。

与此同时，无论是年初的各省市颁布的辅助药目录，还是最近出台的DRG，都一步又一步地减少了辅助药的生存空间。这类药品可能会是医院实行DRG后首先被排除掉的产品，药品疗效不明确，价格不便宜，还占着有限的医保资源，不符合未来疾病治疗的处方趋势。

医院实行DRG付费模式后，用药结构也会发生巨大的变化，以往以回扣驱动的辅助药（大包的品种偏多），他们的利益驱动模式将在DRG模式面前失灵。没有医生会为了这些利益去处方这些产品，既导致费用超出DRG报销的额度，又影响了治疗效果，进而影响医院对科室的考核。

（资料来源：健康界）

2. 药品价格将持续大幅度下降

2019年1月17日，国务院办公厅正式发布《国家组织药品集中采购和使用试点方案》的通知，自此国家开始正式推行药品带量采购，药品降价政策已彰显初衷。随着药品价格的下调，势必会挤压中小医药企业药品销售所依赖的中间环节，从而使产品销量和利润均受到影响；据2016年互联网大数据统计，我国有将近300万医药代表，医药销售依靠的中间环节均由利益链维系，当药价不再虚高、产品毛利润整体水平下降时，这些环节的利益将受到影响，脆弱的销售链必将断裂。

3. 行业竞争将趋于规范

药品招标采购将会更加集中、统一、透明、公开公正，具有成本价格优势或产品领先优势或品牌优势的企业将会获得较大竞争优势，而没有上述优势仅靠关系制胜的现象将很少出现，此类企业也必将被市场淘汰。

4. 药品零售市场尤其是OTC市场迅速发展

随着国家医疗体制改革的逐步到位，各地公费医疗用药报销范围的不断完善，药品零售以其资金周转快、效益好、税收优、无赊销拖欠、经营灵活、可适应不同层次消费需求等特点，进入持续快速发展的辉煌时期。

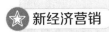 **新经济营销**

药企怎样应对新医改的思路转换

新医改实施之后,有了更加明确规范的价格体制,未来医保目录上的药物竞争,也将发生重大变化,重视整体策略及品牌服务质量将成为市场竞争的利器。医改方案的出台,必将带来国内医药界新的竞争格局,新政策让品牌普药企业看到了新的机遇。企业需要考虑梳理自己的医药营销战略,及时调整产品结构,有重点、有步骤地开拓市场,至少要做好以下几点。

1. 以服务战代替价格战

随着医疗保障范围的扩大,将会有更多的国民纳入医保体系,其带来的用药量上升和市场扩容不可估量。这一新形势将考验医药企业营销的方方面面。目前,国内医药市场的竞争非常激烈,价格战是企业之间大鱼吃小鱼的惯用手段之一,存在着只要降价就能增销量的所谓经验。一般来说,价格竞争容易引发恶意削价等行为的发生,这对企业的品牌是一种伤害,而新医改将有利于竞争方式发生新的转变。但是,医保目录也是一把"双刃剑",纳入医保目录就意味着未来市场的大范围扩容,同时,药企产品的价格也将降低,这意味着医药利润下降,而降价空间正变得越来越小。因此,形势逼迫企业必须彻底改变传统的做法,加强对第三终端的服务。如果企业能够利用国家政策,在新医改体制下加强服务,而不是价格战,就一定能在竞争激烈的农村医药市场脱颖而出。

2. 要有整体市场意识

虽然进入基本药物目录将面临价格管制,但也意味着医药市场的扩大。对于普药企业来说,这是一个机遇,也是一个挑战。表面看,这是医药营销问题,但是企业要有整体的市场意识,从企业的研发、生产、流通,到配送环节等,都需要具有前瞻性、适应性。企业只有紧密地结合国家政策,在研发、生产、流通、配送以及市场销售等方面,陆续推出医改急需的新产品,才能更好地被政策选择,使自己的市场可持续性地发展。

3. 抢占市场要快

新医改方案传达了一个非常坚定明晰的信息——医保市场广阔,前景诱人。这使得有关各方磨刀霍霍,欲分而食之。但很多企业也在观望——观望政策的执行力度、观望同行的动作,真正能快捷行动者屈指可数。而能否在新医改中抢得先机,往往就在行动的快慢之间。但是,市场机会与市场缝隙大多存在于前期,这时行动可以事半功倍。等大家都觉醒过来,僧多粥少,为时已晚。因此,企业应密切关注新医改的酝酿过程和讨论细则,做好各种准备,等形势即将明朗,即以最快的速度调整产业规划、产品结构、市场计划,积极主动地去抢占市场,争取先机。

4. 精准定位

正是由于农村市场存在着招投标等巨大的区域差异性,企业在选择要进入的目标市场时,首先要做好市场定位。市场定位要通过以下指标进行筛选:当地经济状况、人们的用药习惯、"新农合"用药目录多少、市场容量大小、市场消化能力强弱、当地商业渠道和零售终端宽窄,同时结合企业自身的产品结构、企业实力、风险承受能力等因素进行评估,从而形成一个切合实际的市场定位。只有这样,才能保证较高的投入产出比,使医药生产企业、批发企业和终端都能获得合理的利润,提高合作的积极性,迅速开拓农村市场。

5. 改进工艺并控制物流成本

要求企业采取最有效的成本控制措施:一方面改进工艺,提高所得率,降低成本。如齐鲁制药哌拉西林原料生产工艺先进,从而大大降低了成本,使其在全国同品种生产企业中夺得原料和制剂市场销量第一，靠的就是成本优势。另一方面就是对从原料采购到成品销售整个物流中的每一环节进行控制。而在销售环节上，通过加强销售队伍建设、严格费用管理、重视考核来提高销售效率，从而节约人力及促销费用。同时，在乡镇卫生院、社区门诊等终端工作和广告宣传中，也一定要建立严格的监控体系，坚决杜绝费用流于无形，从而保证医药企业在大幅降低价格的情形下，有足够的利润。

（资料来源：东方医药网）

5. 国家进一步鼓励、推动医药领域的自主创新与技术跟进

国家进一步鼓励、推动医药领域的自主创新与技术跟进，新药和科技含量高的药品将占据市场制高点，产品更新速度加快，中小企业生产的普药销售将异常艰难。

知识拓展

最近几年，新药的销售额已占城市医院药品销售额的40%。在一些大城市的大医院，进口药竟占50%以上，合资药占30%左右，普通药品只占20%以下。调查还显示，进口药、合资药和新药是赚钱的品种，多数普通药品则是赔钱的品种。因此，多数中小企业把突围的希望都寄托在新药的研发与获得上。2020年，国际上多种高效新药的产权保护到期，具有技术含量的新药和首仿药将享受价格等方面的优惠政策，这为具有较强研发能力或研发合作能力的企业提供了很好的契机。

营销视野   云南首个"5G+智慧医疗"创新中心正式落成

2019年12月31日，云南首个"5G+智慧医疗"创新中心在昆明医科大学第一附属医院（下称"昆医附一院"）正式落成。未来，该中心将利用5G技术，配合人工智能、AR、VR等应用，在医疗领域进行实践与探索。此次落成的"5G+智慧医疗"创新中心将借助中国移动5G网络特性，在5G智慧病房VR探视、5G城市应急救援系统、导诊机器人等业务方面进行实践和探索，提升患者就医体验。

在当日进行的5G城市应急救援系统演示中，当病人登上5G急救车，随车医生便利用5G医疗设备完成验血、心电图、B超等检查，并通过5G网络将医学影像、病人体征、病情记录等生命信息实时回传到医院，急救中心专家则利用远程会诊系统、全景技术和VR眼镜，第一时间进行现场抢救指导。

"原来的4G远程手术因为时延问题很难开展，云影像技术也因为传输速率慢难以大规模、常态化使用。"昆医附一院院长王昆华表示，今后，"5G+智慧医疗"创新中心将利用5G高速率、低功耗、低时延等特征，打通技术及设备等客观条件的限制，在云转诊、云检验、云超声等方面完成多学科疑难病的诊疗及指导。

据介绍，"5G+智慧医疗"作为一种新的医疗手段，有利于打破区域限制，提升医院的诊断和救助医疗水平，降低手术风险。同时，借助5G医疗专网新技术，患者可便捷使用网上预约挂号、在线诊疗、查询就诊等，缩短候诊时间。

（资料来源：医药网）

6. 企业的竞争将真正意义上趋向于核心竞争能力的竞争

无论大、中、小型医药企业均是如此,只有具有特点的企业才有可能获得生存与更大的发展,这些特点具体体现在产品创新、营销创新、管理创新和低成本价格优势等方面。

7. 医药商业企业对于医药工业企业将具有更大的话语权

医院药房托管的形式将被更广泛地采用,医药分离的力度将进一步加大,医药商业企业对于医药工业企业将具有更大的话语权。

南京市2006年卫生工作会议决定,对全市近200家的二级及二级以下医疗机构将试水"药房托管"。在此之前,全国已有多个城市的数百家医院采用了"药房托管"的模式。随着这种模式的成功运作与推广,医药商业企业对于医药工业企业将具有更大的话语权,特别是像湖北九州通、安徽仁济这样的大型商业企业。生产企业对大型商业企业的依赖性会有所增加,同时医药商业企业对供货商的选择将更加严格、科学,没有竞争优势的生产企业将很难获得与商业企业平等合作的机会。

8. 用于提高民众生活质量和身体素质的健康食品市场容量将进一步增大

随着人民收入水平和生活水平的提高,特别是新农村的建设,人们对礼品和健康食品的购买、消费意识将有一定的提高。

9. 医药市场的容量将有很大增加,农村市场将成为新的竞争焦点

随着医疗改革的开展和深入、合作医疗的推广,广大百姓特别是农村百姓的看病问题将得到有效解决,人们有病即诊、注重健康的意识将有所提高,医药市场的容量也会有很大的增加。单单前期农村合作医疗的基金就将有320多亿元的投入,再加上城市平价医院的兴起和国家医保目录产品的不断完善,原有的医药潜在消费需求将变成实际的购买行为。

10. 垄断与不对等合作将加大

大型医药商业物流企业与大型医药工业企业的联合正进一步加强加深,对市场的垄断与覆盖将加大。中小企业与大商业企业的合作更加不对等。

当前行业原有的渠道模式、价格利润水平、终端条件等也正发生变化,营销策略与营销模式也将随之变化。

巩固练习

在我国当前医药市场中最突出的矛盾是什么?

【小结】

按照本单元开始的基本技术点的要求进行总结。

(1) 药品市场是指医药商品现实购买者和潜在购买者需求的总和。

(2) 药品市场的特点包括药品市场需求弹性较大,药品市场需求的多样化和差异性,药品市场被动消费现象突出,药品市场专业性强,药品市场竞争激烈,药品市场分散、销售时间受到限制。

(3) 目前人口的自然增长和人口老龄化等社会因素加速了药品市场消费需求的增长。而城镇职工医疗保险制度和农村合作医疗的实施及医疗卫生事业的快速发展、人们对医疗保健期望的日益增大,将使药品这一特殊的消费品市场充满活力。与此同时,随着社会经济发展以及需求增速的总体放慢,药品消费需求也呈现增势趋缓的态势。

【小测验】

1. 药品市场的含义是什么？
2. 药品市场的特点是什么？
3. 药品市场的发展趋势是怎样的？

【基本技术点】

阅读和学完本单元后，你应该能够：
- 了解目前市场营销新进展的主要领域与形式；
- 描述整合营销、事件营销、关系营销、绿色营销、网络营销以及DTC与DFC的含义与内容；
- 合理运用市场营销发展的新模式，指导医药企业市场营销实践活动。

【案例导入】　　　　　整合营销：痰热清注射液的启示

新一代中药注射液——痰热清注射液是我国第一个按照指纹图谱技术批准和生产的中药注射液，从2004年上市以来，销量快速增长，2007年销售额达3.5亿元，有望成为年销售收入过10亿元的重磅炸弹产品。

新谊医药集团能够打造出这个重磅炸弹，就充分采取了"整合资源"的方法。新谊医药集团并没有传统企业庞大的研发部门，而只有为数不多的研发人员负责寻找项目，一旦企业选定了项目，就会集中投放资源。痰热清注射液就是新谊医药集团采取内部定产品方向、外部确定研发伙伴的策略，整合外部研发资源的成果。

痰热清注射液2004年上市后，销量未达到预期目标，于是，该公司启动了和柏青医药营销机构的品牌策划与传播合作。柏青经过调研将该产品定位于——"新一代安全中药注射液"，通过整合行业媒体、学术营销会议、学术赞助、临床促销等多种促销手段，从2005年开始，产品进入高速增长快车道，2004年1700万元，2005年8000万元，2006年2亿元，2007年3.5亿元，不久的将来，相信就会成为年销售收入过10亿元的"重磅炸弹"。

回顾痰热清注射液的经历，从1992年立项，2000年获得批号，期间整合了研发力量；2004年末，又找到营销机构整合了策划和传播力量。新谊能打造出该重磅炸弹，这种整合资源、聚焦资源的方法，功不可没。

（资料来源：中国医药营销联盟．2007年7月）

思考：

新谊医药集团如何通过整合资源让企业事半功倍？

单元三　市场营销的新进展

在奔腾不息的科技创新浪潮中，社会生产力迅猛增长，国民经济蓬勃发展，各种各样新产品层出不穷，争夺市场、争夺顾客的较量连绵不断，其手段和内容也不断更新；加之劳动者的收入不断增加，生活水平日见提高，消费的内容和要求也日益丰富多彩。在这种不断新生与变化的市场需要环境中，为适应营销实践的要求，逐渐孕育出一系列新的营销理念与方法，如品牌营销、文化营销、服务营销、关系营销、整合营销（传播）、事件营销、直复营销、机会营销、网络营销、数据库营销、绿色营销、DTC与DFC营销等。这些内容不同、形态各异的营销领域中的新生力量，既大大充实和丰富了原有营销大家族，又相互交融在一起，与原有营销家族成员共同构建了21世纪营销体系。为了对整个营销大家族有个全面了解,并掌握世界最新的营销理念与方法,现将其中具有代表性的内容简单介绍如下。

一、整合营销

(一)整合营销的概念

在当今企业中,包括营销部门在内的各职能部门活动日益专门化,从而导致资源的内部竞争,且各部门、各职能之间的独立性也往往使目标不一致,其结果是既降低了企业绩效、影响了竞争力,最终又违背了专门化的初衷。在现代化企业管理中,整合的过程,就是要企业打破部门间的隔阂,杜绝消耗,使企业的经营活动围绕一个宗旨来进行,而不是围绕部门或职能来进行,从而使分力变成合力,大大增加企业的综合竞争能力。把这种整合的思想运用到营销过程中来,就产生了整合营销的概念。因此,整合营销是指一种对各种营销工具和手段的系统化结合,根据环境进行即时性的动态修正,以使交换双方在交互中实现价值增值的营销理念与方法。

> 💡 **自我学习**
>
> 整合营销是否是一个动态的运作过程?

(二)整合营销的主要内容

1990年,以美国西北大学舒尔兹教授为首的一批营销学者从顾客需求的角度出发,研究市场营销理论,对传统的4P组合进行了拓展,提出了4C组合。

> **怎样理解 4C 组合**
> - 要卖消费者所确定想购买的产品。
> - 了解消费者要满足其需要与欲望所需付出的成本。
> - 思考如何给消费者提供方便以购得所需商品。
> - 忘掉促销,正确的词汇应该是沟通。

有人认为,传统的4P理论思考的基础是以企业为中心,而4C理论则以消费者为中心。前者只适应供不应求的卖方市场或竞争不太激烈的市场营销环境。而在产品大量增加、竞争日趋激烈、媒体作用越来越强大、消费者越来越挑剔的今天,必须把顾客直接作为市场营销的决策变量,由经营企业转化为经营顾客。

建立消费者数据库,整合营销的出发点和中心点都是消费者。离开了对消费者的全面而深入的了解,就不可能实施4C理论。通过科学的管理方法,把原来分散的看似无用的顾客信息进行科学的采集、动态化地分类整理,使之成为制定营销战略与策略、进行市场细分与市场定位的依据,将"死"的资料变为企业的潜在的活的财富源泉。

营销职能整合企业在对数据库进行分析、对市场进行细分,然后选择目标市场,进而进行市场定位的过程中,要求涉及的所有人员共同确认市场要求、欲望,对产品质量、价格、服务的具体要求都有正确的看法,从而确认企业营销目标以及为实现这些目标所要采取的各项策略。同时,要求科研开发、生产、技术、设备、销售、沟通、运输、保障等职能部门,为营销目标的实现、满足市场需要而组成一个有机整体,在计划执行中将各种营销资源组合起来,以业务流程为核心(而不是以各自原有职能为中心),以满足消费者需要为出发点,从而发挥企业各个营销要素之间的协同效应。

> **巩固练习**
>
> 4C 理论的出发点和中心点是什么？

目前营销沟通整合市场的竞争可以说是整体实力的竞争。它不仅仅反映在产品实体上，更多的是凝聚在企业形象与服务方面。在企业营销活动中，整合营销思想也体现在营销沟通工作中，它根据目标市场和特定的顾客（确定的受众），根据实际需要，在经常被孤立使用的人员推销、公共关系、广告宣传、销售促进等方法之间，采取适当的组合方式和选择最佳时间与目标受众进行沟通。

★ **新经济营销**　　　**医药企业整合资源的几个方向**

整合研发和品种资源　企业通过信息分析获得研发线索和研发方向，然后整合外部资源来达成研发目标。这种方法降低了企业成本，最更重要的是能够通过利益机制调动合作伙伴的积极性，从而提升企业的研发效率。在这个层面的整合资源，其核心目标是获得优质品种。

整合信息资源　企业要做到有效决策，就必须做到掌握充分的信息。决定一个项目可行与否的不仅应包括企业家的经验，还应该有更为慎重的调查和分析过程。这时候就有必要借助外部的数据调研机构、分析机构、行业专家等，通过整合外部信息，来帮助企业做出正确决策。

整合营销策划和传播资源　寻找外部策划和传播机构帮助企业突破这种局限。

整合管理资源　企业做到一定层面以后，在管理层面同样需要寻找外部咨询公司的合作。这种合作，往往能够帮助企业提升系统的管理能力，从而提升核心竞争力。

（资料来源：中国营销传播网．2008-11-28）

（三）整合营销的操作思路

1. 以整合为中心

着重以消费者为中心并把企业所有资源综合利用，实现企业的高度一体化营销。整合既包括企业营销过程、营销方式以及营销管理等方面的整合，也包括对企业内外的商流、物流及信息流的整合。

2. 讲求系统化管理

整体配置企业所有资源，企业中各层次、各部门和各岗位，以及总公司、子公司，产品供应商，与经销商及相关合作伙伴协调行动，形成竞争优势。

3. 强调协调与统一

企业营销活动的协调性，不仅仅是企业内部各环节、各部门的协调一致，而且也强调企业与外部环境协调一致，共同努力以实现整合营销。

4. 注重规模化与现代化

整合营销十分注重企业的规模化与现代化经营。规模化不仅能使企业获得规模经济效益，为企业有效地实施整合营销提供了客观基础。整合营销同样也依赖于现代科学技术、现代化的管理手段，现代化可为企业实施整合营销提供效益保障。

> **知识拓展**——整合营销的精髓
>
> 1. 不要卖你所能制造的产品，而是卖那些顾客想购买的产品，真正重视消费者。
> 2. 暂不考虑定价策略，而去了解消费者要满足其需要与欲求所愿付出的成本。
> 3. 暂不考虑通路策略，应当思考如何给消费者方便以购得商品。
> 4. 暂不考虑怎样促销，而应当考虑怎样沟通。

（四）整合营销的对策与措施

1. 革新企业的营销观念

要树立大市场营销的观念；要树立科学化、现代化营销观念；要树立系统化、整合化营销的观念。

云南白药：用大数据让每场营销更有度

2. 加强企业自身的现代化建设

企业要建立现代经营体制；要建立现代经营机制，包括企业的利益机制、决策机制、动力机制、约束机制等；经营管理设施现代化；要具有现代化的经营管理人员；加强组织建设，改善管理体系，注意企业的规模化，以及企业其他方面的合理化建设。

3. 整合企业的营销

对企业内外部实行一体化的系统整合；整合企业的营销管理；整合企业的营销过程、营销方式及营销行为，实现一体化；整合企业的商流、物流与信息流，实现三流的一体化。

4. 借鉴国外的先进经验

我国企业要积极学习国外企业的先进经营管理经验，特别是跨国公司的经营管理、跨国公司的整合营销，如 CIMS 系统、MRP-Ⅱ系统、先进的跨国管理、先进技术手段管理等，为我国企业开展整合营销服务。

经济发展的脚步从来没有停过，我们应该在充分了解利用现有的整合营销的基础上，不断学习新的理论知识，了解新的经济动态，改进自己的营销观念，使自己不落后于时代的潮流，才能立于不败之地。

二、事件营销

所谓事件营销，是指企业通过策划、组织和利用具有新闻价值、社会影响以及名人效应的人物或事件，吸引媒体、社会团体和消费者的兴趣与关注，以求提高企业或产品的知名度、美誉度，树立良好的品牌形象，并最终促成产品或服务的销售的手段和方式。

广药集团携白云山、康美药业捐赠西安

> **巩固练习**
>
> 事件营销的运作过程中要注意的原则是：别把庄重的事当成游戏，任何人、任何事都是值得尊重的，任何营销都需要技巧，事件营销需要的除了技巧之外，还要有真心。

由于这种营销方式具有受众面广、突发性强，在短时间内能使信息达到最大、最优传播的效果，为企业节约大量的宣传成本等特点，近年来越来越成为国内外流行的一种公关传播与市场推广手段。

三、关系营销

（一）关系营销的概念

关系营销，是把营销活动看成是一个企业与消费者、供应商、分销商、竞争者、政府机关及其他公众发生互动作用的过程，其核心是建立和发展与这些公众的良好关系。

三九对话
年轻消费者

关系营销与传统营销的根本区别在于对顾客的理解和对待方式。传统营销对关系的理解仅仅限于向顾客出售产品，完成交易，把顾客看作产品的最终使用者；关系营销则把顾客看作是有着多重利益关系、多重需求、有思想、有情感、存在潜在价值的人。进而关系营销把营销活动看成是一个企业与消费者、供应商、经销商、竞争者、政府机构、社区及其他公众互相作用的过程，企业营销活动的核心是建立并发展与这些公众之间的良好关系。

> **自检**
>
> 你所认为的关系营销是怎样的？

（二）关系营销的本质

关系营销的本质综合反映了企业在营销过程中符合社会发展要求的指导思想和经营理念，这些具体表现在以下几方面。

1. 信誉第一，客户至上

对于任何一个企业来说，信誉历来都是至关重要的。在产品越来越丰富、替代品越来越多、选择余地越来越大的时代，一个产品、甚至于一个企业，要想在市场上站稳脚跟，没有良好的信誉是很难实现的。因此，关系营销要求企业在营销过程中高度重视声誉与形象，把声誉与形象视作珍贵的无形财富，重视形象的投资、管理与塑造，将树立和维护良好的声誉与形象作为企业重要的战略目标。而要实现这个目标，就要求企业充分认识到，没有顾客就不可能生存与发展，从而自觉地将顾客的意愿和利益作为营销决策和行动的依据，将了解顾客、顺应顾客、满足顾客、服务顾客作为重要而根本的营销管理原则。

2. 双向沟通，信息共享

双向沟通是信息传递的科学模式，在这种模式下，企业可以充分了解市场、用户的基本要求，从而使自己的产品或服务更好地满足消费者的需要；市场、用户甚至社会也可以清晰而具体地掌握企业的所作所为，从而对其施加各种影响或决定自己的消费行为。良好的信息传播通道，既可使企业增强产品或服务本身的市场竞争力，同时也能更好地树立良好、鲜明的企业形象，使企业与用户之间产生相互信任、理解、支持与合作的融洽关系，进而又反过来增加企业在市场上的综合竞争实力。

3. 互利互惠，协同合作

关系营销认为买卖双方的关系应该是在交往与合作的过程中共同获益、共同发展，将平等互利作为处理各种关系的行为准则，认为凡是有损于自己关系对象的行为最终必将损害自己，因此维护关系对象的利益也就是维护自身的长远利益。为此，应彻底摒弃过去那种为了各自的目标、眼前利益而相互排斥、对抗、斗争的做法。在竞争激烈的社会环境里，只有互利互惠的关系才是最稳定、最可靠的关系。

> **巩固练习**
>
> 明确关系营销的目的后，如何和各类客户建立良好关系？

4. 统筹兼顾，综合协调

在现代社会中，企业与社会环境之间的关系越来越复杂，诸如政治的、经济的、行政的、法律的、道德的、文化的、个人的、团体的等外部力量对企业的目标与发展，均有着越来越强的影响和约束力。为此，企业只有开展各种社会活动，才能处理好各种关系，使之和谐化，并应付一些突发性事件，不给自身造成太大危害。总的要求是，统一与调配矛盾的双方或各个要素，使它们之间达到平衡、一致、融洽与和谐，使组织目标与社会需要一致，营利性与社会性平衡，眼前利益与长远利益统一，内部关系与外部关系协调。

> **经典营销故事** 　　联想公司与合作伙伴结盟关系

1988年联想公司进军海外市场的第一步，并不是贸然在海外设立子公司，而是在我国香港寻找合作伙伴：香港导远公司和中国技术转让公司。因为联想公司深知本身虽然以中国科学院为后盾，有雄厚的技术开发能力，但缺乏海外营销的经验和渠道，所以必须与合作伙伴结盟，以扬"技术"之长、避"国际营销"之短。

事实证明，联想公司走出的关系营销这一步是十分正确的。三方合资经营的香港电脑公司取得了极大的成功。在开办当年，公司营业额达到1.2亿港元。联想公司在与盟友的合作中，不仅在贸易、资金积累和技术应用方面取得非常显著的业绩，更重要的是联想公司从这些国际高科技企业中学到成熟的管理经验、市场推广、经营理念和严谨、科学的生产运作体系。

四、绿色营销

1. 绿色营销的概念

天士力医药的绿色发展之道

绿色营销，就是指企业在营销全过程即产品的设计、生产、制造、消费、废弃物的处理方式等都应充分体现环境意识和社会意识，即产品在设计生产过程中要少用资源和能源，不对环境产生污染；产品使用过程中不污染环境并且低能耗；产品使用后易于拆解、回收利用。绿色营销作为实现可持续发展战略的有效途径，无疑成为现代企业营销的必然选择。

传统营销学将满足消费者需要作为企业营销的最终目标，这在本质上讲是没有错的，但如果一味强调完全满足消费者的需要则有可能造成社会问题，甚至引起环境污染，因为消费者的需要有时会与社会利益不一致，有时还会损害社会利益。因而，如何协调消费者的需要，使之与社会利益相一致，就成为环保时代企业营销的新课题。环保时代的营销观念、营销目标、营销手段、营销管理等许多方面产生的对营销绿色化的要求，推动了企业绿色营销的产生和迅速发展。到20世纪80年代末，绿色营销已成为企业营销最重要的内容之一，尤其是在发达国家，绿色营销已成为企业营销的主导观念。据调查，1990年美国市场上销售的新的家用产品中约有26%是加以绿色标记出售的。我国的一些出口商品，由于没有取得欧盟的绿色标志认证而难以进入欧盟市场。这充分说明了在人们已对环境问题高度重视的今天，绿色营销观念出现的客观性和必然性。

> **自检**
> 你知道我国有哪些绿色标志认证吗?

2. 绿色营销的内容

绿色营销发展过程已经基本上形成了绿色需求—绿色研发—绿色生产—绿色产品—绿色价格—绿色市场开发—绿色消费为主线的消费链条。主要有以下内容。

(1) 制定绿色营销战略决策体系,以适应全球可持续发展的要求　这种计划体系一般应包括环保投资计划、绿色产品开发计划、清洁生产计划、绿色营销计划等内容。

(2) 收集绿色信息,开发绿色资源　绿色信息包括绿色消费信息、绿色科技信息、绿色资源和产品开发信息、绿色政策信息、竞争信息、绿色产品市场销售信息等。

(3) 研究开发绿色产品　开发绿色产品,需要从产品的设计开始,包括材料的选择、产品结构、功能、制造过程的确定、包装与运输方式、产品的使用直至产品废弃物的处理等都要考虑对环境的影响。

(4) 制订绿色产品价格　绿色产品的价格中应包括企业用于环保工作方面的支出。

(5) 选择绿色销售渠道　绿色销售渠道是指企业选择的销售通道应能体现以下两方面的要求:一是最佳的销售网络支持与网点建设以保证消费者及时购买到所需商品,并减少时间、精力的浪费;二是确保一些时令商品及时销售,以减少产品浪费。

(6) 开展绿色产品的促销　绿色产品的宣传促销应着重在消费者绿色意识提高上。同样需要运用人员宣传、公共关系宣传、广告宣传、销售促进等方式大力提高绿色产品的影响力、销售力和市场占有率。

五、网络营销

1. 网络营销的概念

网络营销是以国际互联网络为基础,利用数字化的信息和网络媒体的交互性来辅助营销目标实现的一种新型的市场营销方式。网络营销最直观的认识就是以客户为中心,以网络为导向,为实现企业目的而进行的一系列企业活动。

> **新经济营销**　　　　　电子商务与网络营销的区别
>
> 电子商务与网络营销是一对紧密相关又具有明显区别的概念。电子商务与网络营销的关系是:网络营销与电子商务研究的范围不同,网络营销与电子商务的关注重点不同。
>
> (1) 网络营销与电子商务研究的范围不同　电子商务的内涵很广,其核心是电子化交易,电子商务强调的是交易方式和交易过程的各个环节,而网络营销注重的是以互联网为主要手段的营销活动。网络营销和电子商务的这种关系也表明,发生在电子交易过程中的网上支付和交易之后的商品配送等问题并不是网络营销所能包含的内容,同样,电子商务体系中所涉及的安全、法律等问题也不适合全部包括在网络营销中。
>
> (2) 网络营销与电子商务的关注重点不同　网络营销的重点在交易前阶段的宣传和推广,电子商务的标志之一则是实现了电子化交易。网络营销的定义已经表明,网络营销是企业整体营销战略的一个组成部分,可见无论传统企业还是基于互联网开展业务的企业,也无论是否具有电子化交易的发生,都需要网络营销,但网络营销本身并不是一个完整的商业交易过程,而是为促成交易提供支持,因此是电子商务中的一个重要环节,尤其在交易发生之前,网络营销发挥着主要的信息传递作用。从这种意义上说,电子商务可以被看

作是网络营销的高级阶段，一个企业在没有完全开展电子商务之前，同样可以开展不同层次的网络营销活动。

所以说，电子商务与网络营销实际上又是密切联系的，网络营销是电子商务的组成部分，开展网络营销并不等于一定实现了电子商务（指实现网上交易），但实现电子商务一定是以开展网络营销为前提，因为网上销售被认为是网络营销的职能之一。

（资料来源：http://ks.cn.yahoo.com）

2. 网络营销的分类

（1）网络营销按前期推广可以分为：搜索引擎营销、E-mail 营销（许可邮件营销/邮件列表）、数据库营销、信息发布、网上商店、博客营销、论坛营销、软文营销、短信营销等。

（2）网络营销按与顾客互动交流可以分为：在线咨询、即时通信、在线客服、网上订单、购物车、企业论坛（BBS）或顾客交流社区等。

（3）网络营销按后期品牌及顾客关系维护可以分为：网络品牌、网上调查等。

互联网医疗正式纳入医保、医药电商将迎来新一轮飞跃

> **知识拓展**——网络营销与传统营销的区别
>
> （1）传统营销方式的改变　随着网络技术向宽带化、智能化、个人化方向发展，用户可在更广阔的领域内实现声、图、像、文一体的多维信息共享和人机互动功能。使得网络的互动性、虚拟性、私人性、全球性等特点在商业领域得到充分的展现。
>
> （2）营销渠道的改变　通过因特网，生产者可与最终消费者建立直接联系，传统营销渠道中广泛存在的中间商的作用越来越小，甚至完全消失。
>
> （3）营销组合策略的改变　由于网络的全球化，使得传统营销组合要素的可变性、可调性越来越小。例如价格，就不可能做到因时、因地、因人而变化。

3. 网络营销的过程

网络营销是借助联机网络、计算机通信和数字交互式媒体来实现企业的营销目标。在网络时代，一个企业生产、销售的循环过程可概括为：通过网络收集各方面的信息、技术、用户需求等，并将这些信息整理分析后反馈给企业；企业根据上述信息开发新技术、新思路、新产品，并通过网络进行宣传，与需求者进行沟通；通过网络收集订单；根据订单完成产品设计、物料调配、人员调动，再到生产制造；通过网络进行产品宣传与发布，与客户进行在线交易；通过网络获得客户的信息反馈，完成客户支持，积累经验，为下一个生产、销售循环做好准备。根据上面所说的企业在网络时代的生产周期，网络营销的内容应包括网上的信息收集、网上商业宣传、网上市场调研、网上广告投放与发布、网上销售、网上客户支持服务等。一个完整的网络营销过程应该包括以下基本步骤。

钙尔奇氨糖小红书营销案例

（1）计划阶段　计划阶段的任务是确定开展网络营销的目标，制订网络营销的可行性计划。基本步骤如下。

① 通过确定合理的目标，明确界定网络营销的任务。

② 根据营销任务，确定营销活动的内容和营销预算。

③ 确定网络营销系统建设的进度，设立相应的监督评估机制。

(2) 设计阶段　此阶段的任务包括建立企业的网站或网页，设计网络营销的具体流程。基本步骤如下。

① 申请域名，创建全面反映营销活动内容的网站和网页。

② 与互联网连接，树立网上企业形象。

③ 设计营销过程的具体流程，建立反馈机制。

(3) 实施阶段　这是网络营销的具体开展阶段，包括的步骤较多。

① 发掘信息资源，广泛收集网上信息。

② 开展网上市场调研。

③ 在网上推销产品与服务，促进在线销售。

④ 与客户沟通，通过网络收集订单。

⑤ 将上述信息反馈给企业决策和生产部门。

⑥ 使网络营销与企业的管理融为一体，形成网络营销集成。依靠网络与原料商、制造商、消费者建立密切联系，并通过网络收集传递信息，从而根据消费需求，充分利用网络伙伴的生产能力，实现产品设计、制造及销售服务的全过程，这种模式就是网络营销集成。

4. 网络营销存在的问题

网络营销主要是借助于网络技术销售自己的产品或服务，而因特网本身发展也还存在许多急需解决的问题，所以，网络营销存在着许多可谓是世界性的难题。

(1) 网络安全问题　如个人资料的保密、交易双方身份的确认等。

(2) 税收问题　如税收管辖权无法确定、检查稽查难度大等。

(3) 法律问题　如网上合同、消费者权益的法律保护等。

(4) 具体操作问题　如送货、结算、售后服务等。

(5) 传统观念的冲突问题　如无法真实了解商品、缺少逛街购物的乐趣等。

> **巩固练习**
>
> 在当前的市场营销环境下，你能否描述网络营销的应用前景？

六、DTC 与 DFC 营销

(一) DTC 与 DFC 营销的含义

DTC（direct to consumer）是指直接面对消费者的营销模式，它包括任何以终端消费者为目标而进行的传播活动。对医药市场而言，终端消费者可能是患者本人、患者的朋友或亲属，也可能是医疗服务人员或公众。

在我国，在 DTC 营销模式中，DTC 广告是影响 OTC（非处方药）市场销量的重要因素之一，而处方药自 2002 年 12 月起禁止在大众媒体上宣传。OTC 可直接面对消费者进行广告宣传，可以进行品牌宣传、培育品牌忠诚度，从而极大地刺激消费者对 OTC 的购买量。此外，消费者教育活动的普及增强了人们的自我保健意识，提高了消费者对轻微病症进行自我诊治的能力。同时，消费者对药品及其价格的高度关注必将引发 OTC 市场的价格竞争。

DFC（direct from consumer）是与 DTC 相对应的市场研究方式，是指企业直接向药品的最终用户收集信息的营销模式。企业通过 DFC 方式，了解患者偏好、需求、反应等心理和生理信息，及时得到患者的反馈和建议，利于企业更好地进行市场定位，与患者建立更长久的关系。

这类DFC与DTC直接面对终端消费者的营销模式实际上是一般商品的普通营销策略，它的特殊之处在于它在药品营销特别是处方药营销中的应用。由于药品不能简单等同一般商品，它关系国民生命安全，因此营销方式也就受到国家政策、法律更强有力的控制，许多针对最终消费者的营销行为受到限制。所以在其他普通商品营销看来普通的DTC与DFC模式也就变得不普通了。

（二）国外DTC与DFC营销产生与发展现状

1. DTC与DFC营销的产生

由于医药行业及产品特点，产品的终端使用者（患者）对产品的选择权非常小，病人通常都是被动地接受医疗专业人员的服务，决定采用何种治疗方式、选择哪类药品，病人和病人的家属难以对医生的治疗方案进行判断、评估，也就无法进行选择。许多国家的医药市场营销，企业与患者面临的问题就是医药的销售基本上被医生或药店所掌握，企业的命运完全被医院和医生所控制，患者处于被动接受消费的状态。随着社会经济的发展，企业营销思路转变为如何能绕过医生，直接将药品的信息传递到患者；而患者也要求了解更多的药品信息。所以DTC这种新型的医药营销模式诞生了。

> **营销备忘**   **药品DTC模式产生**
>
> 药品DTC模式最早出现于美国20世纪80年代早期。1983年，美国出现第一个DTC处方药广告，那时FDA只要求制药工业自觉控制，直到FDA出台相应的政策。到1983年，FDA为了对其进行深入的调研，曾一度要求制药企业暂停对DTC广告的发布。但是，到1985年9月9日，FDA又发文撤销了对DTC广告发布的政策规定，同时指出，处方药广告必须遵守现有处方药广告标准及直接面向医生的广告标准。1997年和1999年FDA还先后发布了处方药广告发布的建议指南和正式指南。研究发现，DTC药品广告作为一种新型的营销手段，从不同侧面对繁荣医药市场发挥了巨大的作用，尤其是数字化时代信息的高速传播，使DTC广告的作用更加明显，并且DTC药品广告的发展潜力很大，前景看好。因此，DTC药品广告以其特有的魅力，正在引起越来越多的社会团体、研究机构及消费者的广泛关注。

2. 国外DTC与DFC营销产生与发展现状

美国的药品DTC营销应该是目前全球发展得最为成熟的。1983年，美国出现第一个DTC处方药广告，1985年，FDA取消了禁止直接面向消费者做处方药广告的禁令。1997年8月，FDA宣布放松对药品广告促销的限制，颁布了《工业指南：直接面对消费者的广播电视广告（草案）》，规定媒体广告应包括有关药品有效性、副作用、禁忌证等的简要说明，或者提供可获得这些信息的途径。进入21世纪后，DTC营销更是得到长足的发展。如今在美国，几乎所有的品牌药，无论销售额大小，直接面向消费者的广告已成为其成功上市或品牌管理中不可或缺的战略性策略之一，并且对DTC营销也加大了投入。其他欧洲和亚洲的药品消费市场，对药品营销的限制比美国更严格。由于近年来消费者自主意识的提高和政府医疗支出不断上涨等压力，欧洲各国对DTC营销的态度也正在逐渐发生转变。在日本，目前其DTC营销也在循序渐进地得到发展。在新西兰，直接面向消费者的处方药广告是被允许的。加拿大现在仍然禁止处方药的DTC广告，但由于其毗邻美国，通过电视、广播、杂志以及其他英文媒介，美国的DTC广告已跨越国界来到加拿大。目前，加拿大的一些政府官员也逐渐开始支持允许处方药做DTC广告。

DTC与DFC营销模式产生的必然性

- 因特网的广泛应用。全球因特网的大规模普及为消费者提供了前所未有的获得大量医疗保健及药品信息的途径，为DTC营销提供了更加有效的发展载体。
- 消费者对医疗保健信息的需要。
- 制药企业提高市场竞争能力。
- 各国政府态度的转变。

（三）DTC与DFC营销模式在药品营销中的应用

1. DTC广告

DTC广告是直接面向消费者的广告。其形式包括电视、广播、印刷品、电话、邮寄广告等。广告的作用是教育，但关键是在广告中将产品的名称、生产企业、用途、用药风险等消费者所关注的信息反映出来，使消费者对该药品及生产企业产生一定认识，达到一定的认知度，努力与消费者建立感情联系。DTC广告一定要抓住消费者心理，突出产品的特点。1997年8月，美国FDA宣布放松对药品广告促销的限制，即生产企业只要提供药品的用法用量、不良反应、禁忌、注意事项等简要信息，就可以在电视、电台、杂志和报纸等大众媒介上做DTC广告。

知识拓展

当前，以数字驱动的医药营销即将到来，借助"数字化"，许多药企都在尝试这一新兴营销模式。药企想要实现更好的数字化营销效果，需要借助个性化、定向多渠道营销、自动挖掘这三把"钥匙"来打开市场。

个性化"钥匙"。即实现目标客户的定位和个性化。采集客户群体更多的信息，深入了解客户的体验历程，以及客户在产品认知阶梯中的位置，将捕捉到的有意义的数据转化为可执行的洞见，从而让跨多渠道的用户关联体验成为可能。

定向多渠道营销"钥匙"。据悉，CRM（customer relationship management，顾客关系管理）、技术、数据科学（数据分析）和媒体（渠道）为提升企业的多渠道个性化配置的四个核心战略要素。定向多渠道营销，即考虑医药营销的特殊性以及和传统推广的结合，通过更有目标性的多渠道个性化配置，更大程度地赢得客户信赖，从而为企业带来更多的效益。

自动挖掘"钥匙"。业内表示，这把"钥匙"可以简单理解为和客户数字互动每一个阶段的自动化，通过数字化优先的多渠道个性化配置，动态响应潜在客户的行为和喜好，打造个性化的客户体验，挖掘潜在客户的能力。

（资料来源：制药网）

---

2. DTC网站

医药企业可以利用互联网络直接面对消费者，为消费者提供产品信息及其经销动态，为群众提供医药咨询服务，同时了解消费者需求，以及医师和患者的反馈意见等。我国医药企业应当充分借鉴外企的经验，充分利用网络资源，搞好DTC网站建设。许多制药公司在网站上为消费者制作了高度互动、朋友式的网页，网页的内容包括常见病的全套教育材料、医疗服务人员的信息、自我诊断的方法等。患者在网上搜索到该网站，了解疾病治疗研究的新进展。因特网为制药公司提供了直接面对消费者的营销机会，一些 DTC 网站还具有广告的功能。此外，DTC 营销组合还包括消费者教育、口碑营销等传播模式。当然，无论是处方药，还是 OTC，DTC 营销的焦点都将是消费者，而不再是医生。

> **案例分析** 　　　　　　　　**因特网为制药公司提供营销机会**
>
> 　　先灵葆雅公司就通过 Claritin 的 DTC 网站向消费者发布产品的经销信息。此外，患者还可以在网站上编辑个人过敏档案，查看空气质量（花粉含量）及相关天气预报，请网上的过敏病学专家解答问题，或点击其他链接。
> 　　一些 DTC 网站还具有广告的功能。施贵宝公司为广泛性焦虑症（GAD）患者制作了一个高度互动、朋友式的网站。网站的内容包括该种疾病的全套教育材料、医疗服务人员的信息、自我诊断的方法等。患者在网上搜索到该网站，了解疾病治疗研究的新进展，最终要求他（她）的医生为其试用该公司的药疗法 BuSpar（丁螺环酮）。网站同时也为医生提供 GAD 的治疗信息和资源，以激励他们对 BuSpar 的支持。
> 　　启示：DTC 网站为制药企业带来了直接面对消费者的营销机会。

3. 终端促销

现场销售是 OTC 在前期市场启动阶段的主要推广方式，OTC 的销售大部分是在零售药店，对于消费者来说，药店不仅是药品的购买场所，更是获得用药咨询的地方。所以，可以在药店进行现场咨询，通过宣传诱导促进销售，为消费者提供相关的药品信息，使终端销售走向专业化、多元化。同时可利用海报、POP 售点广告、挂旗等在药店内进行宣传和教育，并加强对药店店员的教育和药品的陈列理货工作。

4. 知识营销

知识营销指针对医药商品目标消费者的需要以及潜在消费者的需要，通过互动形式进行医药商品知识的传播，达到由品牌宣传和商品知识传播来促进销售的目的。企业可以开展科普活动，如设立社区健康课堂、举办社区科普讲座、建立健康卡、赠送科学书籍、与媒体合作举办科普知识竞赛等，虽然这些活动不夹杂产品的促销，也不要求参加者购买产品，但通过提高市民的科学健康理念，拉动了市场需求。

5. 运用 DFC 模式进行患者信息收集

传统医患治疗方式下，患者先来到医院接受医生诊断、开方，然后取药离去，如果患者没有复诊，医生不可能听到患者的反映。而 DFC 营销模式恰好弥补了传统医患关系下信息收集不足的缺陷，它可以同时满足患者、医生和企业的需求，从而实现医药市场"三方共赢"的局面。面对数量越来越多的药品和时间越来越少的医生，每位患者都想知道：怎样才能得到最佳的治疗。按照 DFC 模式，企业可通过各种方式直接收集患者的症状缓解情况，将患者的治疗效果反馈给医生，提高了患者的治疗效果，减少了治疗费用，也减轻了疾病痛苦；同时 DFC 模式可以帮助医生更好地了解患者服药后的真实感受，特别是一些新药，医生通过 DFC 数据分析各地的患者报告，还能了解到药品使用的特殊性，可以做到"对症下药"，减少医疗风险的发生；另外，企业通过 DFC 模式，再结合 CRM，可以更好地掌握患者偏好、需求、反应等心理和生理信息，就能更好地进行市场细分、选择与定位，与患者建立更长久的关系。有效的 CRM 系统可以通过收集市场数据和信息，强化患者和医生的品牌忠诚度，增加药品的销售量，从而赢得更大的市场份额以及更多的利润。

DTC—知识营销

【小结】

按照本单元开始的基本技术点的要求进行总结。

（1）目前市场营销新进展的主要领域与形式包括整合营销、事件营销、关系营销、绿色营销、网络营销和DTC与DFC营销等。

（2）整合营销是一种通过对各种营销工具和手段的系统化结合，根据环境进行即时性动态修正，以使交换双方在交互中实现价值增值的营销理论与营销方法。事件营销是指企业通过策划、组织和利用具有新闻价值、社会影响以及名人效应的人物或事件，吸引媒体、社会团体和消费者的兴趣与关注，以求提高企业或产品的知名度、美誉度，树立良好的品牌形象，并最终促成产品或服务的销售的手段和方式。关系营销是指企业营销活动的核心是建立并发展与各公众之间的良好关系。绿色营销是指企业在营销全过程应充分体现环境意识和社会意识。网络营销是以国际互联网络为基础，利用数字化的信息和网络媒体的交互性来辅助营销目标实现的一种新型的市场营销方式。DTC是指直接面对消费者的营销模式。DFC是指企业直接向药品的最终用户收集信息的营销模式。

【小测验】

1．企业应如何通过整合资源让企业事半功倍？
2．事件营销的主要内容是什么？
3．在当前，我国关系营销有何特点？
4．政府在绿色营销中的作用是什么？
5．网络营销在哪些行业与领域适宜推广？
6．如何规范DTC与DFC模式在药品营销中的使用？

【基本技术点】

阅读和学完本单元后，你应该能够：

- 说明企业组织演变的发展趋势；
- 描述市场营销管理的概念与市场营销管理的主要步骤；
- 解释营销计划包括内容；
- 掌握企业改进营销执行技能的方法；
- 说明企业监督和控制企业的营销活动技巧。

【案例导入】　　　　兰美抒——策划从市场分析开始

兰美抒进入市场的过程是一个新进的小品牌挑战市场领导品牌的故事。在进行了充分市场研究的前提条件下，兰美抒发现了中国脚气药市场的消费者惰性。他们由此找到了最重要的切入点。由此，兰美抒以超常规的姿态进入市场，获取份额，并获得成功。

市场分析　从市场竞争方面看，脚气药市场有全国性领导品牌，西安杨森的达克宁；而且，还有大量有相当影响力的地方品牌，如环利、孚琪、美克等。目前，脚气患者面临的最大问题是：脚气复发率高；现有药品的用药周期长，影响治疗效果。根据患者的用药态度、严重程度及人群比率等方面指标，兰美抒分析市场，将整个人群划分为若干组并结合产品特点将上市期的目标受众定义为：25～45岁的脚气病患者，尤其是脚气的重度患者，他们有多年的患病史，经常复发。

兰美抒作为一个全新的产品，具有快速止痒、防止复发和疗程短三大特点，是全球抗真菌领域的重大突破。因此，在拥有一个好的产品的前提下，兰美抒面临的挑战是：如何迅速有效地在目标对象中建立品牌知名度,在竞争激烈的市场上成功上市,占有一定的市场份额。

推广策略 兰美抒作为一个全新的产品,并且在市场上存在着绝对领先品牌的情况下,必须采用大胆而全面的推广策略,迅速建立品牌知名度,并通过有效的手段鼓励消费者试用,对产品疗效形成信心,从而拥有相对早期的使用者,他们将成为品牌逐渐扩展的基础。

因此,在策划初期,兰美抒就确定要与主要竞争对手区分开,要求通过独特而有冲击力的营销手段在消费者脑海中迅速占据一席之地。一方面,利用中美史克的信誉保证和产品的优势,同时进入零售和医院;另一方面,在传播上针对目标受众制作有冲击力的广告创意,并且将其充分运用到不同的载体,达到整合的作用。

根据产品上市的要求,兰美抒充分调动了各类媒体和渠道,根据不同特点与不同人群进行有针对性的沟通:广告活动以电视为主要载体,传播品牌的知名度和主要产品信息;使用全国性健康类别杂志,长期投放形象广告,详细传播产品功能信息;大规模启用户外广告,通过公车和地铁接触大众人群;阶段性地使用互联网,展开"5000人挑战脚气大行动",与年轻受众人群沟通产品功能并招募消费者试用,对大众媒体形成有效的补充。

2002年第四季度兰美抒市场占有率在广州、南京和成都为第二位,在北京为第三位。根据URC提供的八城市零售监测数据显示,北京、上海、广州、成都、南京、杭州、武汉及沈阳达克宁的市场占有率为55%,兰美抒为7.2%,是整体市场上第二位的品牌。

(资料来源:经济观察报.2008年4月)

思考:

"兰美抒"是如何在充分的市场分析基础上进行市场营销管理的?

单元四 药品市场营销管理过程

药品市场营销是从营销策划开始,直至完成营销目标的完整过程。医药企业为完成营销目标,需要通过适宜的营销组织,对企业的营销活动进行计划、组织、指挥、协调和控制,以把握与推动整个营销过程,在与不断变化的市场相适应的同时,维持企业市场营销资源与目标的平衡。

一、药品市场营销组织

药品市场营销组织是指医药企业为了实现其营销目标具体制订和实施市场营销计划的职能部门。药品市场营销部门的组织形式,主要受宏观市场营销环境、企业市场营销管理哲学以及企业自身所处的发展阶段、经营范围、业务特点等因素的影响。

经典营销故事 狮子出征

狮子出征,为此召集它的臣民们商讨作战方针,并且布置任务,大象做了军需官,负责运输;熊是冲锋陷阵的猛将;狐狸和猴子因为他们的机智和灵活,在出谋划策和提供情报上都有重要的任务。

"驴子呆笨,兔子胆小,没有什么用处,把他们打发回去吧。"有动物说。"不,"狮子说,"我不能缺少他们。驴子可以给我们担任号手;兔子可以替我们传递消息。"

果真在这次战争中,每个动物都充分发挥了自己的长处,打了一个漂亮的胜仗。

启示:营销是一项由各种才能的人组织起来才能取得成功的活动,一个团队如果能各尽其责,分工明确,无论对手如何强大,都能取得最后的胜利。

(资料来源:广通编著.经典营销故事全集.2005)

（一）药品市场营销组织及其沿革

根据市场营销组织承担的职能划分，西方发达国家市场营销组织经历了以下5个演变过程。

1. 单纯的销售部门

20世纪30年代以前，西方企业以生产观念作为指导思想，大部分都采用这种形式。一般说来，所有企业都是从财务、生产、销售和人事这四个基本职能部门开展的。财务部门负责资金的筹措，生产部门负责产品制造，单纯的销售部门是指销售部门仅仅负责产品销售工作，通常由一位销售主管领导几位销售人员从事单纯的产品推销工作，促使他们卖出更多的产品［图3(a)］。在这个阶段，销售部门的职能仅仅是推销生产部门生产出来的产品，生产什么、销售什么；生产多少，销售多少。产品生产、库存管理等完全由生产部门决定，销售部门对产品的种类、规格、数量等问题，几乎没有任何发言权。

2. 兼有附属职能的销售部门

在20世纪30年代市场大萧条以后，市场竞争日趋激烈，企业大多以推销观念作为指导思想，从而需要进行经常性的市场营销研究、广告宣传以及其他推广活动，后来这些工作逐渐变为专门的职能，需要聘请有经验的营销主管来承担这些新职能，于是企业便专门设立了一名市场营销主管负责这方面的工作［图3(b)］。

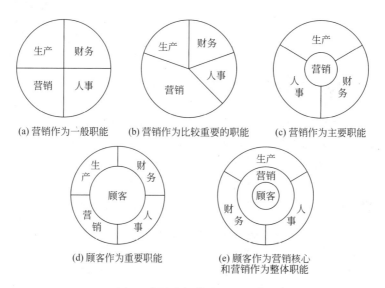

图3 药品市场营销组织沿革

3. 独立的市场营销部门

独立的市场营销部门是指市场营销部门与销售部门并行，专门从事市场营销研究、新产品开发、广告宣传和为顾客服务等方面的工作，销售经理容易偏向推销职能，把过多的时间与精力放在销售队伍上，对市场营销的其他职能关注不够［图3(c)］。

4. 现代市场营销部门

现代市场营销部门是指市场营销部门全面负责产品推销和其他市场营销职能。

销售经理趋向于短期行为，侧重于取得眼前的销售量；市场营销经理多着眼于长期效果，侧重于制订适当的产品计划和市场营销战略，以满足市场长远需要。在解决两个部门之间的矛盾和冲突的过程中，形成了现代市场营销部门的基础，即由市场营销副总经理领导下的营销职能部门和销售部门［图3(d)］。

5. 现代市场营销公司

现代市场营销公司是独立和专门从事市场营销工作的机构。一家医药企业即使设置了现代市场营销公司，并不等于它就是以市场营销原理指导运行公司。市场营销公司不应只是名称的改变，更重要的是经营观念的改变，只有公司的全体员工都认识到他们的工作是选择该公司产品的顾客所给予的，树立"以顾客要求为中心"的观念，该公司才能成为有效的现代营销公司［图3(e)］。

（二）现代市场营销部门的组织形式

为了实现企业目标，市场营销经理必须选择合适的市场营销组织。大体上，市场营销组织的类型包括以下5种。

1. 职能型组织

职能型组织是指在药品市场营销部门内部分设不同的职能部门，如广告部、销售部、市场调研部等，不同职能部门分别担负不同的工作，市场营销副总经理负责协调各专业部门的工作（图4）。职能型是最常见的营销部门组织形式，这种组织形式的主要优点是简便易行，分工明确。缺点是没有一个职能部门对某一种具体产品或市场负责，并且各职能部门都为获得更多的预算和更加有力地位而竞争，致使营销经理经常陷于难以调和的纠纷之中。一般来说，职能型组织比较宜于企业只有一种或少数几种产品，或者企业所有产品的市场营销方式大体相同的情况。随着企业产品品种的增多和市场的扩大，这种组织形式会逐渐暴露出其弱点。

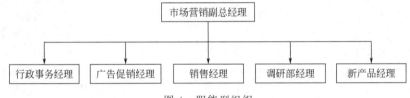

图4　职能型组织

2. 地区型组织

地区型组织是指在市场营销部门内部分设不同的地区经理，地区经理不仅负责药品推销，而且负责地区的市场调研、广告方案和营销计划制订等，市场营销副总经理负责协调各地区经理的工作（图5）。一个销售范围遍及国内或国际很多地区的制药公司，通常都按照地理区域安排其销售队伍。如香港联邦制药公司、西安杨森等大型医药企业都按区域分设地

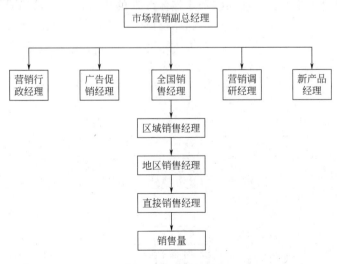

图5　地区型组织

区销售经理分管该地区的营销工作。

> **经典营销故事** 　　**从拜耳和诺华看医药企业组织机构调整启示**
>
> 　　从诺华制药销售架构调整和拜耳在2011年宣布的类似调整中，我们不禁思考组织的事业部应该以产品划分还是区域划分，这个问题根据产品的不同而答案不同。如果企业拥有的产品线比较广，包括处方药和普药等，并且产品下沉到二三线市场后能够有很大的增长空间，这样根据各地区经济发展和医改影响程度不同而灵活地调整市场与销售策略决定了采取地区事业部的优势；如果企业只做高端医院市场，如罗氏主攻肿瘤药品，那么则应该以产品划分事业部。
>
> 　　至于拜耳为何将产品事业部调整至以区域划分的分公司是基于进一步增加其市场份额的需要。勃林格殷格翰中国区总裁潘大为曾提到在华跨国企业在中国的市场占有率难以突破2%，而拜耳成为少数徘徊于2%的企业正是由于其在中国市场上强大的适应能力。因此拜耳中国区总裁李希烈希望利用适应能力这一优势使拜耳有一次新的蜕变。
>
> 　　拜耳的组织结构调整有利也有弊。首先，将之前的事业部变为分公司制对分公司的总经理要求非常全面，需要对中国市场有非常深刻的了解，比如在该领域工作15年以上。而一位在诺华工作近10年的销售人员透露拜耳的问题就在于在人员配置上它所给出的职位包括总监、大区经理、地区经理等与大多数在华跨国药企中的职位不匹配。其次，在拜耳的北、南和西中国区的每个分公司下面再设按产品治疗领域划分的事业部需要每个分公司招聘大量的销售人员、职能部门工作人员，如何调配在职人员的职位也成为考验架构调整能否顺利过渡的重要因素。最后，在销售额作为业绩主要衡量指标的情况下，每个分公司必然更喜欢销售市场开发较成熟的产品。
>
> 　　由此看来，跨国药企在中国市场采取事业部还是分公司制得到的最终效果不会有太大的差异。最重要的是公司各个阶层管理者及工作人员的执行力，以及如何针对不同的区域和产品形成多层次、多元化的销售模式，并结合借鉴费用预算承包制的优势。
>
> （资料来源：新浪网）

　　地区型组织形式的优点是考核方便，易于密切销售经理与当地业界的关系；缺点是易于造成销售经理过于追求短期利益而影响企业整体计划的执行，并且所需药品销售人员过多，从而使得开支过大。一般来说，地区型组织比较适宜于市场地区比较分散和市场范围比较广泛的医药企业。

3. 产品型组织

　　产品型组织是指在市场营销部门内部分设不同的产品经理，产品经理负责某一种或

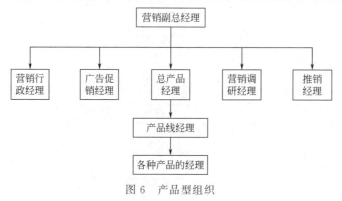

图6　产品型组织

某一类具体药品的全部市场营销工作，营销副总经理负责协调各产品经理之间的工作（图6）。

产品型组织形式的优点是产品经理负责某种药品的全部营销工作，有助于协调各市场营销职能，并对市场变化作出积极反应；由于有专门的产品经理，从而能够保证小品牌产品不被忽视；产品经理也是培养年轻经理获得全面工作经验的好位置。但缺点是各个产品经理相互独立，他们会为保持各自产品的利益而发生摩擦；产品经理往往不能够获得足够的权威以保证他们有效地履行职责；权责划分不清楚，下级可能会得到多方面的指令。一般来说，产品型组织形式比较适宜于产品种类较多的企业，如食品、洗涤品、化妆品和化学药品等类型企业。

> **营销视野** 　　　　　　　　**产品市场营销经理的职责**
>
> 产品市场营销经理的职责是制订产品开发计划，并付诸执行，监测其结果和采取改进措施。具体地可分为六个方面。
> (1) 发展产品的长期经营和竞争战略。
> (2) 编制年度市场营销计划和进行销售预测。
> (3) 与广告代理商和经销代理商一起研究广告的文稿设计、节目方案和宣传活动。
> (4) 激励推销人员和经销商经营该产品的兴趣。
> (5) 收集产品、市场情报，进行统计分析。
> (6) 倡导新产品开发。

为了克服产品型组织的缺点，需要对产品经理的职责以及他们同职能人员之间的分工合作作出适当的安排。

4. 市场型组织

市场型组织是由一个总市场经理管辖若干细分市场经理，各市场经理负责自己所管市场发展年度计划和长期计划。其中心内容是在以市场为中心的营销观念指导下，通过开展药品市场研究、用户研究，建立目标市场及市场目标，并由市场经理进行管理。这种组织结构的最大优点是：企业可针对不同的细分市场及不同顾客群的需要，开展营销活动。这种组织形式中市场经理与产品经理的职责相类似，这种组织制度有着与产品型组织相同的优缺点。目前在西方国家，越来越多的企业营销活动都是按照市场管理型结构建立的。

5. 产品—市场型组织

这是一种既有产品经理，又有市场经理的两维矩阵组织。当企业面对纷繁复杂的市场，生产经营多种不同的医药产品时，产品经理难以把握市场的特点及其变化规律，而市场经理也不可能对所有的药品都十分了解。解决这个难题的办法是将产品型组织和市场型组织有机地结合在一起，以适应市场竞争和企业规模扩大的需要。

产品—市场型组织对那些多品种、多市场的医药企业来说是适用的。但这种类型的组织管理费用太高，而且容易产生矛盾与冲突。

由于现代医药流通领域的开放，医药物流行业发展迅速，医药生产企业、医药流通企业、医院和消费者之间的联系形式更广泛，医药企业的营销组织形式也更具有多样性。

> **营销视野**
>
> **销售人员的组织结构形式**
>
> 1. 区域式组织
>
> 区域式销售组织，是将企业的目标市场分为若干个区域，每个销售人员负责一个区域的全部销售业务。这是最简单的一种组织结构形式，它具有如下优点：①便于考查销售人员的工作绩效，激励销售人员的工作积极性；②有利于销售人员与顾客建立良好的人际关系；③有利于节约交通费用，拜访客户比较省时省力。但如果公司产品众多，在无法兼顾的情况下，销售人员可能偏好畅销的产品，而无暇经营所有产品或具有潜力但目前销售较差的产品。
>
> 2. 产品式组织
>
> 产品式销售组织，是将企业的产品分成若干类，每一个销售人员或者每几个销售人员为一组，负责销售其中的一种或几种产品的销售组织形式。这种组织形式适用于推销产品类型较多，而且技术性较强、产品间无关联的产品。此法最大的优点是由于销售人员专门推销几样产品，不但可集中精力且可产生专业化的效果。而最大的不足则是在同一个销售区域中，公司可能有一个以上的销售人员向同一客户销售不同的产品，这种多重推销不仅产生不必要的浪费，而且也常常容易使顾客产生混淆。
>
> 3. 顾客式组织
>
> 顾客式组织，是将企业的目标市场按顾客的属性来进行分类，每一个销售人员负责向一类顾客进行销售活动。顾客的分类方法可依其产业特征、规模大小、职能状况等来进行分类。以这种组织形式进行销售，销售人员可以深刻地了解他所接触的顾客的需求状况及所需解决的问题，以便有针对性地开展销售活动。但是，当同一类型的顾客比较分散时，用这种组织形式进行销售，无疑会增加销售人员的工作负担，影响销售绩效，同时，销售人员所负责的区域会出现重叠，因而增加推销费用。因此，顾客式销售组织形式通常用于同类顾客比较集中时的产品推销。
>
> （资料来源：http：//www.yycl.net/wenku）

（三）影响医药企业市场营销组织的因素

医药企业适宜采取哪种组织形式，一般受以下几方面因素的制约。

1. 企业规模

一般来说，企业规模越大，市场营销组织越复杂；企业规模越小，市场营销组织也就相对简单。随着生产技术和经济的发展，医药企业所面对的市场规模进一步扩大，加之实现医药企业规模经济的要求使医药企业大都有扩大生产经营规模的趋势。

2. 市场状况

一般来说，市场的地理位置是决定市场营销人员分工和负责区域的依据。如果市场由几个较大的细分市场组成，企业需要为每个细分市场任命一位市场经理；销量较大的市场一般需要较大的市场营销组织；而且组织越大需要的各种专职人员和部门也就越多，组织也越复杂。从药品市场定位来看，老、中、青、幼、病，各个年龄、各个病症、各个阶层都有适合用的药品。现在的市场营销已发展到市场细分阶段，不可能一种药品对所有的病症都适用，所以大型医药企业的组织也越来越复杂。

3. 产品特点

产品特点包括企业经营的产品种类、产品特色、产品项目的关联性以及产品在技术服务方面的要求等。对于经营产品种类多、特点突出、技术服务要求高的企业，一般应建立以产品型模式为主的营销组织机构。

药品市场上处方药向非处方药（OTC）转换有一定的趋势性，根据网上公布的数据表明，近年来，国家药品监督管理总局几乎每年都会评估一些处方药或双跨药品，将其转为OTC。据统计，2016年共有48种处方药转为非处方药，2015年共有29种，2014年为35种，2013年为20种，对于非处方药的营销比处方药有更多的方法可供选择。对于非处方药市场而言，终端消费者可能是患者本人、患者的朋友和亲属，也可能是医疗服务人员或公众，药品的营销宣传可以直接面对消费者。非处方药通路的建设，最重要的是零售和连锁零售终端；而处方药的通路，医院网络的建设显得更加重要。因此对于药品市场而言，营销的组织形式也可以针对不同性质的药品销售有所区别。

> **自检**
>
> 影响医药企业市场营销组织的因素是什么？

二、市场营销管理

（一）市场营销管理的概念

市场营销管理是指企业对已经确定的市场营销战略和市场营销策略组织实施的过程，企业对全部营销过程进行分析、规划、执行和控制，从而实现企业与组织的目标。市场营销管理包括市场分析、选择目标市场、拟定市场营销组合、资源分配、计划执行与控制等。

> **知识拓展**
>
> 美国市场营销协会（American Marketing Association，缩写为AMA）对市场营销管理的最新定义是：市场营销是在创造、沟通、传播和交换产品中，为顾客、客户、合作伙伴以及整个社会带来价值的一系列活动、过程和体系（2013年7月通过审核）。
>
> AMA在1960年对市场营销的定义：市场营销是引导货物和劳务从生产者向消费者或用户所进行的一切商务活动。
>
> AMA在1985年对市场营销的定义：市场营销是对思想、货物和服务进行构思、定价、促销和分销的计划和实施的过程，从而产生能满足个人和组织目标的交换。
>
> （资料来源：百度百科）

（二）市场营销管理的过程

市场营销管理具体实施步骤如下。

1. 分析市场机会

市场机会是指市场上未满足的需要，也就是企业有利可图的机会（包括国内和国外的机会），只有通过分析，才能识别、发现和利用有利的市场机会，使企业得到迅速发展。

2. 研究和选择目标市场

经过分析评估，选定符合企业目标和资源的营销机会以后，还要对这一行业的市场容量和市场结构作进一步的分析，以便缩小选择范围，选出本企业准备为之服务的目标市场。

3. 决定市场营销组合

选择目标市场后,根据企业的实力、财务状况和目标市场特点,进一步决定以何种营销组合来实现经营目标。

> **营销视野** 　　制定营销组合策略的考虑因素
>
> ① 必须考虑是以什么样的产品形式进入国际市场:在国际市场是销售与国内市场相同的产品,还是做部分修改以适应国际市场的需要,还是制造出一种全新的产品推向国际市场。
> ② 必须考虑国际目标市场的产品定价及计价货币类别的选择。
> ③ 必须根据目标市场的营销环境,选择不同的分销渠道。
> ④ 必须根据目标市场的营销环境、企业自身情况和产品特点,制定相应的促销策略。

4. 计划的执行和控制

制订详细的行动方案,建立健全奖惩责任制度,严格执行计划(如出现难以预料的情况,如疫情等情况,可对原计划进行必要调整)。同时通过对计划执行情况的分析,发现计划执行中的偏差和薄弱环节,并修正执行中的偏差,以保证营销目标的顺利实现。

(三) 市场营销管理的任务

市场营销管理是一个过程,包括分析、规划、执行和控制。其管理的对象包含理念、产品和服务。市场营销管理的基础是交换,目的是满足各方需要。市场营销管理的主要任务是刺激消费者对产品的需求,但不能局限于此。它还帮助公司在实现其营销目标的过程中,影响需求水平、需求时间和需求构成。因此,市场营销管理的任务是刺激、创造、适应及影响消费者的需求。从此意义上说,市场营销管理的本质是需求管理。

任何市场均可能存在不同的需求状况,市场营销管理的任务是通过不同的市场营销策略来解决不同的需求状况。

1. 负需求

负需求是指市场上众多顾客不喜欢某种产品或服务。市场营销管理的任务是分析人们为什么不喜欢这些产品,并针对目标顾客的需求重新设计产品、定价,作更积极的促销,或改变顾客对某些产品或服务的信念。把负需求变为正需求,称为改变市场营销。

2. 无需求

无需求是指目标市场顾客对某种产品从来不感兴趣或漠不关心。市场营销者的任务是创造需求,通过有效的促销手段,把产品利益同人们的自然需求及兴趣结合起来。

3. 潜在需求

潜在需求是指现有的产品或服务不能满足许多消费者的强烈需求。企业市场营销的任务是准确地衡量潜在市场需求,开发有效的产品和服务,即开发市场营销。

4. 下降需求

下降需求是指目标市场顾客对某些产品或服务的需求出现了下降趋势。市场营销者要了解顾客需求下降的原因,或通过改变产品的特色,采用更有效的沟通方法再刺激需求,即创造性的再营销,或通过寻求新的目标市场,以扭转需求下降的格局。

5. 不规则需求

许多企业常面临因季节、月份、周、日、时对产品或服务需求的变化,而造成生产能力和商品的闲置或过度使用。市场营销的任务是通过灵活的定价、促销及其他激励因素来改变需求时间模式，这称为同步营销。

6. 充分需求

充分需求是指某种产品或服务目前的需求水平和时间等于期望的需求，但消费者需求会不断变化，竞争日益加剧。因此，企业营销的任务是改进产品质量及不断估计消费者的满足程度，维持现时需求，这称为"维持营销"。

7. 过度需求

过度需求是指市场上顾客对某些产品的需求超过了企业供应能力，产品供不应求。比如，由于人口过多或物资短缺，引起交通、能源及住房等产品供不应求。企业营销管理的任务是减缓营销，可以通过提高价格、减少促销和服务等方式使需求减少。企业最好选择那些利润较少、要求提供服务不多的目标顾客作为减缓营销的对象。减缓营销的目的不是破坏需求，而只是暂缓需求水平。

8. 有害需求

有害需求是指对消费者身心健康有害的产品或服务，诸如烟、酒、毒品、黄色书刊等。企业营销管理的任务是通过提价、传播恐怖及减少可购买的机会或通过立法禁止销售，称之为反市场营销。反市场营销的目的是采取相应措施来消灭某些有害的需求。

三、药品市场营销管理内容

市场营销管理过程主要是指在企业的营销活动中，采取系统方法来识别、分析、选择和发掘未满足的需求和市场营销机会，并把未满足的需求和市场营销机会变为企业的营销行为，以实现企业的任务和目标的过程，可以简单归纳为：计划、执行、检查和行动4个相互独立、相互联系、循环反复的方面，如图7所示。

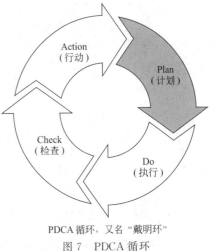

PDCA循环，又名"戴明环"
图7　PDCA循环

（一）药品营销计划

1. 市场营销计划的概念

市场营销计划是指在对企业市场营销环境进行调研分析的基础上，制订企业及各业务单位的营销目标以及为实现这一目标所应采取的策略、措施和步骤的明确规定和详细说明。

> **自检**
> 做好药品营销计划对于我们的学习能起到什么指导作用？

企业的整体战略规划确定了企业的任务和目标，市场营销战略在其中起着关键性的作用。为了使企业的营销努力能够有效地为整体战略规划服务，应该制订更为具体的营销计划，使得企业目标、资源和它的各种环境机会之间能够建立与保持一种可行的适应性，从而实现企业的市场战略目标。同时，营销计划也为营销实施提供了指导，为营销控制提供了参照系。

营销视野　　市场营销计划的类型

1. 按计划时期的长短划分

按计划时期的长短划分，可分为长期计划、中期计划和短期计划。

(1) 长期计划的期限一般在5年以上，主要是确定未来发展方向和奋斗目标的纲领性计划。

(2) 中期计划的期限为1~5年。

(3) 短期计划的期限通常为1年，如年度计划。

2. 按计划涉及的范围划分

按计划涉及的范围划分，可分为总体营销计划和专项营销计划。

(1) 总体营销计划是企业营销活动的全面、综合性计划。

(2) 专项营销计划是针对某一产品或特殊问题而制订的计划，如品牌计划、渠道计划、促销计划、定价计划等。

3. 按计划的程度划分

按计划的程度划分，可分为战略计划、策略计划和作业计划。

(1) 战略计划是对企业将在未来市场占有的地位及采取的措施所做的策划。

(2) 策略计划是对营销活动某一方面所做的策划。

(3) 作业计划是各项营销活动的具体执行性计划，如一项促销活动，需要对活动的目的、时间、地点、活动方式、费用预算等做策划。

(资料来源：MBA智库百科)

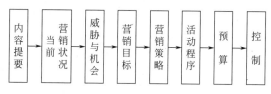

图8　市场营销计划的内容

2. 市场营销计划的内容

一般由八个部分构成，如图8所示。

(1) 内容提要　营销计划首先要有一个内容提要，即对主要营销目标和措施的简明概括的说明。例如某零售商店年度营销计划的内容提要是："本年度计划销售额为5000万元，利润目标为500万元，比上年增加10%。这个目标经过改进服务、灵活定价、加强广告和促销努力，是能够实现的。为达到这个目标，今年的营销预算要达到100万元，占计划销售额的2%，比上年提高12%。"

(2) 当前营销状况　在内容提要之后，营销计划的第一个主要内容是提供该产品当前营销状况的简要而明确的分析。

① 市场情况　市场的范围有多大，包括哪些细分市场，市场及各细分市场近几年营业额的多少，顾客需求状况及影响顾客行为的各种环境因素等。

② 产品情况　产品组合中每个品种的价格、销售额、利润率等。

③ 竞争情况　主要竞争者都是谁，各个竞争者在产品质量、定价、分销等方面都采取了哪些策略，他们的市场份额有多大以及变化趋势等。

④ 分销渠道情况　各主要分销渠道的近期销售额及发展趋势等。

⑤ 宏观环境状况　主要对宏观环境的状况及其主要发展趋势作出简要的介绍，包括人口环境、经济环境、技术环境、政治法律环境、社会文化环境，从中判断某种产品的命运。

(3) 威胁与机会　营销计划中第二个主要内容是对市场营销中所面临的主要威胁和机会的分析。"威胁"是指营销环境中存在着的对企业营销的不利因素；"机会"是指营销环境中对企业营销的有利因素，即企业可取得竞争优势和差别利益的市场机会。营销管理人员应对威胁和机会进行评估。

企业可运用图9来根据企业目标和资源评估市场机会。

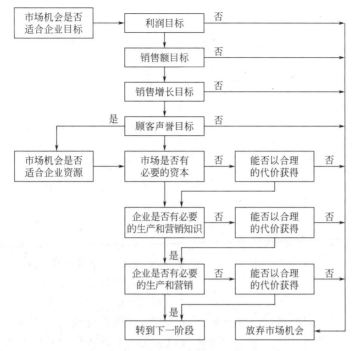

图9　根据企业目标和资源评估市场机会

> **营销视野**　　　　　　**市场机会与营销机会**
>
> 　　市场机会，就是市场未被满足的需求。哪里有未满足的需求，哪里就会有企业的市场机会。从宏观上看，国家政策法律的制定、宏观经济的发展、社会人口的变化甚至自然条件的改变等因素都有可能以不同的方式制约或影响企业的市场营销。从微观上看，来自同行竞争者的竞争压力、供应商的供货状况以及企业自身的状况，也不可避免地会对企业的市场营销造成影响。所以，企业必须通过市场营销调研对影响自己的环境因素、顾客需求状况、竞争对手状况进行分析，接着针对选择的目标市场采用有效的营销策略，实现营销目标。
>
> 　　一个市场机会能否成为企业的营销机会，还要看它是否符合企业的目标和资源。每个企业都在自己的任务和业务范围内追求一系列的目标，如利润水平、销售水平、销售增长率、市场占有率以及商誉等。有些市场机会不符合上述的目标，因而不能成为企业的营销机会。譬如，有些机会在短期内能提高利润率，但会造成不良影响，破坏企业的声誉，那是绝不可取的。还有些市场机会虽然符合企业的目标，但企业缺少成功所必需的资源，如在资金、技术、设备、分销渠道等方面力所不及，那也是不可贸然取之的。但如果能以合理的代价取得所必需的资源，也可能取得成功。
>
> （资料来源：MBA智库百科）

　　（4）营销目标　营销目标是营销计划的核心部分，是在分析营销现状并预测未来的威胁和机会的基础上制订的。企业确定营销目标，必须符合以下要求：一是目标必须明确、具体、集中；二是目标必须符合企业内外的实际情况。营销目标也就是在本计划期内要达到的目标，主要是市场占有率、销售额、利润率、投资收益率等，如某年度某企业的感冒药市场份额要增长3％或感冒药要打入农村市场，都可能作为目标。

（5）营销策略　营销策略是指达到上述营销目标的途径或手段，包括目标市场的选择和市场定位策略、营销组合策略、营销费用策略等。

① 目标市场　在营销策略中应首先明确企业的目标市场，即企业准备服务于哪个或哪几个细分市场，以及市场定位。了解并掌握市场环境，结合企业自身的资源条件，正确选择目标市场，能使企业获得比竞争对手更有利的营销时机。

② 营销组合　营销组合包含了企业针对特定目标市场所设计的全部的具体营销手段与措施。主要有产品策略、价格策略、渠道策略以及促销策略。这些具体的策略构成营销组合，也即所谓的4P。

③ 营销费用　根据上述营销策略确定营销费用水平。

（6）活动程序　营销策略还要转化成具体的活动程序，内容包括：①要做些什么？②何时开始，何时完成？③由谁负责？④需要多少成本？按上述问题把每项活动都列出详细的程序表，以便于执行和检查。

（7）预算　营销计划中还要编制各项收支的预算，在收入一方要说明预计销售量及平均单价，在支出一方要说明生产成本、实体分配成本及营销费用，收支的差额为预计的利润（或亏损）。上层管理者负责审批预算，预算一经批准，便成为购买原材料、安排生产、人事及营销活动的依据。

（8）控制　营销计划的最后一部分，是对计划执行过程的控制。实施之前，一般需对执行时可能发生的问题进行估计，采取预防措施，保证决策的实施和目标的实现。决策付诸实施以后，必须通过信息反馈，随时控制决策执行情况。如发现问题，必须及时查明原因，修正决策，保证决策目标的最终实现。典型的情况是将计划规定的目标和预算按月份或按季度分散，以便于企业的上层管理部门进行有效的监督检查，督促未完成任务的部门改进工作，以确保营销计划的完成。

> **自检**
>
> 面对不同的市场需求，医药企业怎样做好不同营销任务的营销管理？

（二）药品市场营销的执行

药品市场营销的执行是指医药企业为确保营销目标的实现，将药品营销战略和计划转化为具体的营销活动的过程。药品营销战略和计划是解决医药企业"应该做什么"和"为什么这样做"的问题，而药品营销的实施则是要解决"什么人在什么地方、什么时候、怎么做"的问题。药品营销战略和计划是作出决策，营销实施是执行决策。一个药品营销计划必须得到有效的实施才能体现出它的价值。在医药企业的市场营销实践中，难免会发生失误。失误的原因很多，有时是决策本身的问题，有时是决策执行中的问题。因此，市场营销的实施过程，为保证市场营销计划能够被成功地实施，要按科学的步骤进行，同时要注意解决存在的问题。

1. 药品市场营销的实施过程

医药企业市场营销的实施过程，包括5个相互制约的步骤（图10）。

（1）制订行动方案　即计划实施的具体安排，包括人员配备、目标分解、资源分配、时间要求等。为了有效实施市场营销战略和计划，必须制订详细的行动方案。这个方案应尽可能详细，明确营销战略实施的关键性决策和任务，并将执行这些决策和任务的责任落实

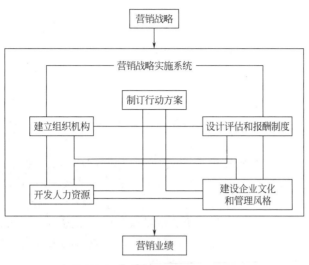

图 10　营销管理过程中的执行

到人。

（2）建立组织机构　企业正式的营销组织机构在营销战略的实施过程中有决定性的作用。组织将战略实施的任务分配给具体的部门和人员，明确规定职权界限和信息沟通渠道，协调企业内部的各项决策和行动。组织机构必须同企业战略相配合，必须同企业本身的特点和营销环境相适应。

组织机构具有两大功能，首先是提供明确的分工，将全部工作分解成便于管理的几个部分，再将它们分配给各有关部门和人员；其次是发挥协调作用，通过正式的组织联系和信息沟通网络，协调各部门和人员的安排。

（3）设计评估和报酬制度　为了实施市场营销战略和计划，必须设计相应的评估和报酬制度，这些制度直接关系到营销战略实施的成败。例如，企业对管理人员工作的评估和报酬制度，如果是以短期的经营利润为依据，管理人员的行为必定趋于短期化，对实现企业的长期战略目标是不利的。

（4）开发人力资源　药品市场营销最终是由医药企业内部工作人员来执行的，因此人力资源开发至关重要，这涉及人员的考核、选拔、安置、培训和激励等问题。

知识拓展——人力资源开发考虑因素

在考核选拔管理人员时，要考虑从企业内部选拔还是从外部招聘更有利；在安置人员时要注意将适当的工作分配给合适的人，做到人尽其才；为了激励员工的积极性，必须建立完善的工资、福利和奖惩制度。此外，企业还必须决定行政管理人员、业务管理人员和一线员工之间的比例。现在，许多外国企业已经削减了公司一级的行政管理人员，以减少管理费用，提高工作效率。

（5）建设企业文化和管理风格　企业文化是指一个企业内部全体人员共同持有的和遵循的价值标准、基本信念和行为准则。它是企业的精神支柱，对企业经营作风和领导风格，对职工的工作态度和作风，均起着决定性的作用。要让全体员工树立市场营销观念，实施全员营销。与企业文化相连的是企业管理风格。有些管理者的管理作风属于"专权型"，善于发号施令、独揽大权、严格控制，坚持采用正式的沟通渠道，不容许非正式的组织和活动。另一种管理风格是"参与型"的，管理者主张授权给下属，协调各部门的工作关系，鼓励下属的主动精神和非正式的交流与沟通。企业文化和管理风格一旦形成，就具有相对稳定性和连续性，不易改变。因此企业战略通常是适应企业文化和管理风格的要求来制定的，而不宜轻易改变企业原有的文化和风格。

2. 影响市场营销计划有效实施的原因

尽管药品市场营销计划极为重要，但在现实生活中往往不能够被很好地贯彻，以至于计划流于形式。这主要有以下几个方面的原因。

（1）**战略计划脱离实际** 如果市场营销计划脱离企业实际，则市场营销计划就难以执行。由于市场营销计划通常是由上层专业人员制订的，专业人员有时由于不了解计划执行过程中的具体问题，往往导致市场营销计划与企业实际不相符，致使计划难以落实。为保证营销计划的落实，要尽量避免专业人员不切合市场实际而盲目遵从营销的金科玉律来制订计划的现象。应该让专业人员协助市场营销人员制订计划，以市场为导向，针对市场的实际运作和竞争对手的状况，制订一系列的营销战略计划。

（2）**缺乏具体执行方案** 专业人员制订市场营销计划，往往只考虑总体战略而忽视执行中的细节，致使计划过于笼统而难于执行，缺乏以实战为基础进而确立鲜明的、差异化的战术计划和执行方案。

> **经典营销故事**　　　　　老鼠开会
>
> 猫是老鼠的天敌，老鼠们经常受到猫的袭击，甚为苦恼。有一天，为了共同的利益，他们聚在一起开会，商量用什么办法对付猫的骚扰。
>
> 会上，提出了多种方案，但都被否决了。最后一只小老鼠站起来提议，他说在猫的脖子上挂个铃铛，只要听到铃铛响，他们就知道猫来了，便马上可以逃跑了。这真是个绝妙的主意，大家对这个建议报以热烈的掌声。
>
> 这一决议终于被投票通过，但决策的执行者却始终产生不出来。高薪奖励、颁发荣誉证书等办法一个又一个提出来，但无论什么高招，好像都无法执行这一决策，至今，老鼠还在自己的各种媒体上争辩不休，也经常举行会议。
>
> 启示：任何营销计划方案的提出，都必须符合实际，有可执行的依据，否则即使再精思妙想，又有什么价值呢？
>
> （资料来源：广通编著. 经典营销故事全集. 2005）

（3）**营销人员追求短期利益** 药品市场营销战略和计划通常着眼于企业长期目标，涉及今后3～5年的经营活动。而对药品市场营销战略和计划的执行者——市场营销人员的考核和评估标准则主要依据短期工作绩效，如药品销售量、市场占有率和利润率等指标，因此，市场营销人员往往选择短期行为。

（4）**组织机构之间配合不够** 对于制药企业来说，计划的制订相对比较容易，执行过程通常难以把握。这是因为在执行的过程中缺少必要的协调管理和一致的目标导向。要想将制订的市场营销活动计划贯彻执行并达到预期的目标，企业组织机构的配合与企业市场营销的流程是关键。要建立完善合理的企业市场营销体系，要制定一套规范的、标准的市场营销流程。今天，企业的任何工作已不再是可由某个行政业务部门自由独立完成的了，都需要企业内各部门间的通力协作，以往许多不成功和失败的案例，教训之一就是部门之间的配合差、相互推卸责任、没有明确的边界定义，以致造成谁都在管，又谁都管不了的局面，久而久之，问题积压成堆，矛盾越来越深。

（5）企业因循守旧的惰性　企业新的战略如果不符合企业传统和习惯，往往就会遭到抵制。新旧战略差异越大，执行新战略遇到的阻力就越大。因此，要想执行与旧战略截然不同的新战略，常常要打破企业传统的组织机构、营销模式和供销关系。

市场营销执行与市场营销计划同等重要，只有良好的执行才能产生完美的结果，否则，再好的计划也只能是纸上谈兵。因此，企业应把市场营销计划和市场营销实施都努力做好。

（三）药品市场营销的控制

营销控制是指衡量和评估营销策略与计划的成果，以及采取纠正措施以确定营销目标的完成。医药企业和其他企业一样，营销活动是从营销策划到营销目标的一个完整过程，企业必须通过对营销活动进行组织实施和控制，尽可能地把握与推动营销活动状态，以维持市场营销资源与目标的平衡，与变化多端的市场相适应，这是企业营销活动成功与否的基本保证。

经典营销故事　　　　　　　　　**锯掉靠背的椅子**

美国麦当劳快餐店创始人雷·克罗克是美国最有影响的大企业家之一，他不喜欢整天坐在办公室，大部分时间都用在"走动式"管理上，即到所属各公司、各部门走走、看看、听听、问问。

公司曾有一段时间处于严重亏损的危机状态中，雷·克罗克发现其中一个重要原因是，公司各职能部门的经理官僚主义突出，习惯在舒适的椅背上指手画脚，把许多宝贵的时间耗费在抽烟和闲聊上。于是雷·克罗克想出一个奇招。他要求将所有经理的椅子靠背都锯掉，经理们只得照办。开始很多人骂雷·克罗克有病，是个疯子，然而不久大家悟出来他的一番"苦心"，纷纷走出办公室，开展"走动式"管理，及时了解情况，现场解决问题，终于使公司扭亏为盈，有力促进了公司的生存和发展。

启示：麦当劳的"走动式"管理使公司扭亏为盈，它的好处不在于督促，而在于及时了解控制。

（资料来源：广通编著．经典营销故事全集．2005）

1．药品市场营销控制的基本程序

有效的药品市场营销控制包括以下3个部分。

（1）仔细确定控制的目标及要遵循的标准　控制范围广和内容多，可获得较多信息，但会增加控制费用。因此，在确定控制范围、内容和额度时，管理者应当注意使控制成本小于控制活动所能够带来的效益或可避免的损失。企业最常见的控制目标是销售收入、销售成本和销售利润，但对市场调查、推销工作、新产品开发、广告等营销活动也应通过控制加以评价。

制订的控制标准应当是明确的而且尽可能用数量的形式表示，如规定每个推销人员全年应增加30个新客户，某项新产品在投入市场6个月之内应使市场占有率达到3％等。如果我们将销售目标定为"尽可能多的销售量"，则很难监控计划的实施。此外标准还应当是切实可行的，特别是当这些将用来衡量执行人员的业绩的时候，否则将会损害执行人员的积极性。

（2）找出偏差并分析原因　找出偏差首先要解决的问题是何为偏差。计划执行后的实际情况与预期一般不可能完全吻合，一定程度的差异是可以接受的，因此在执行的过程中必须确定一个衡量偏差的界限，当差异超出这一界限时，企业就应当采取措施。

找出了偏差后就必须分析造成偏差的真正原因。有时原因比较明显，例如药品销售量的下降是因为失去了一个重要客户；但很多情况下原因并不是显而易见的，需要进一步地深入分析才能得出。例如一个品牌的营销投入很大但市场份额却持续下降，则原因可能同时来自产品质量、销售人员的积极性、竞争对手的实力等多个方面。

（3）纠正措施　设立控制系统的主要目的就是纠正偏差。纠正行为可以从两个不同的方面入手：要么在发现现实与标准之间的偏差时修改标准；要么与之相反，维持原来的标准而改变实现目标的手段。一般情况下营销经理更倾向于后者，因为标准一经设定，如果没有充足的理由，则不应被任意修改。

2. 市场营销控制类型

市场营销控制的类型主要有：年度计划控制、盈利能力控制、营销效率控制和营销战略控制。

（1）年度计划控制　年度计划控制是指营销人员随时检查营业绩效与年度计划的差异，同时在必要时采取修正行动。年度控制是为了确保计划中所确定的销售、利润和其他目标的实现。年度计划控制的核心是目标管理。

> **营销视野**　　　　　　　　年度计划控制的目的
>
> 年度计划控制是为了确保计划中所确定的销售、利润和其他目标的实现。年度计划控制的核心是目标管理。主要目的有以下几个。
> ① 促使年度计划产生连续不断的推动力。
> ② 控制的结果可以作为年终绩效评价的依据。
> ③ 发现企业潜在的问题并给予解决。
> ④ 控制工作是企业高层管理人员监督部门工作的有效手段。
>
> （资料来源：MBA智库百科）

年度计划控制的方法如下。

① 销售额控制　销售额控制分析就是衡量和评估实际销售额与计划销售额之间的差距。具体方法有以下两种。

a. 总量差额分析：分析造成实际销售总量与计划销售总量之间差额的原因。

> **实训范例**
>
> 假定某医药企业年度计划第一季度完成药品销售额12万元，但实际只完成了10万元，比计划销售量减少了16.7%，是什么原因造成的呢？
>
> 经过分析，发现其原因有两个：销售量不足和销售售价下降。通过总量差额分析得知：1/2差额是由于商品降价出售造成的，另外1/2差额是由于没有达到预期销售量造成的。对此，企业需要认真寻找未达到预期销售量的原因。

b. 个别销售分析：分析造成具体产品或地区实际销售量与计划销售量差额的原因。这种方法也被菲利普·科特勒称为微观销售分析。

> **实训范例**
>
> 假定某医药公司经营 A、B、C 三类药品,计划要求的月销售总量为 400 单位,三类产品销售量分别是 150 单位、50 单位和 200 单位,而实际销售量分别是 140 单位、55 单位和 150 单位,总销售量只有 345 单位。其中 A 完成了 93％,B 完成了 110％,C 完成了 75％,通过个别销售分析发现问题主要出在 C 类产品上。
>
> 对此,营销主管必须重点寻找 C 类产品销量与计划明显不符的原因。

② 市场份额控制 市场份额控制通常是通过市场占有率来进行分析控制的。市场占有率分析就是衡量和评估实际市场占有率与计划市场占有率之间的差距。具体方法有以下 3 种。

a. 总体市场占有率分析:总体市场占有率是指本企业销售额占整个行业销售额的百分比。分析总体市场占有率有两个方面的决策:一是要决定分析销售量还是分析销售金额;二是要确定行业界限。如一家生产抗生素药的企业如果将自己所属行业范围扩大到所有药品,则其市场占有率自然很低。

b. 有限地区市场占有率分析:有限地区市场占有率是指企业在某一有限区域内的销售额占全行业在该地区市场销售额的百分比。如某中成药生产厂家某药品销售额占北京市场的 90％,但其总体市场占有率却可能很低。

c. 相对市场占有率分析:相对市场占有率是指本企业销售额占行业内最领先竞争对手销售额的百分比。相对市场占有率大于 1,表示本公司是行业的领先者;等于 1,表示本公司与最大竞争对手平分秋色;小于 1,表示本公司在行业内不处于领先地位。

一般来说,市场占有率比销售额更能反映企业在市场竞争中的地位,但也要注意有时市场占有率下降并不一定就意味着公司竞争地位下降。例如,新的医药企业加入本行业、企业放弃某些获利较低的产品等,都会造成产品市场占有率下降。

③ 销售费用控制 销售费用也是衡量计划执行工作好坏的一个重要指标。销售费用控制常用销售额与市场营销费用比率作为控制指标。销售费用分析就是分析年销售额与年销售费用的变化情况,要确保企业为达到销售额指标而不支付过多费用,关键就是要对销售额与市场营销费用比率进行分析。营销费用控制对象包括策划费用、广告费用、人员推销费用和营销调研费用等。

④ 顾客态度追踪 企业通过设置顾客抱怨和建议系统、建立固定的顾客样本或者通过顾客调查等方式,了解顾客对本企业及其产品的态度变化情况,进行衡量并评估。

(2) 盈利能力控制 盈利能力控制就是指企业衡量各种产品、地区、顾客群、分销渠道和订单规模等方面的获利能力,以帮助管理者决定哪些产品或者营销活动应该扩大、收缩或取消。盈利能力控制一般由企业内部负责监控营销支出和活动的营销会计人员负责,旨在测定企业不同产品、不同销售地区、不同顾客群、不同销售渠道以及不同规模订单的盈利情况的控制活动。它包括各营销渠道的营销成本控制、各营销渠道的营销净损益和营销活动贡献毛收益(销售收入－变动性费用)的分析,以及反映企业盈利水平的指标考察等内容。

例如,假定某企业分别在 A、B、C 三个城市销售药品,根据资料可编出下述各城市经营情况的损益平衡表(表 2)。

表2　某医药企业城市经营损益平衡表　　　　　　　　　　　单位：万元

项目	城市			总额
	A城	B城	C城	
销售收入	3200	2500	1800	7500
销售成本	2200	1700	1200	5100
毛利	1000	800	600	2400
推销费用	100	250	250	600
广告费用	500	400	100	1000
运输费用	100	300	150	550
总费用	700	950	500	2150
净利	300	−150	100	250

从表2可知：A城不仅销量最大，而且为企业贡献利润最多；C城虽然总销售收入低于B城，但由于费用低，特别是广告费和运输费大大低于B城，故也为企业贡献了可观的利润；B城的运输费用和人员推销费用较高，前者可能是由于距离较远或交通不便引起的，后者则说明促销效率低或B城市场潜力客观上较C城小，或者企业在B城的促销策略有问题，或者负责B城销售工作的人员不得力等。

（3）营销效率控制　营销效率控制是指企业使用一系列指标对营销各方面的工作进行日常监督和检查。一般来说，医药企业应从以下几个方面对于营销效率进行控制。

① 推销员工作效率控制　评价推销员工作效率的具体指标有：每位推销员每天平均访问客户的次数；每次推销访问的平均收益；每次推销访问的平均成本；每百次推销访问获得订单数量；每期的新增客户数和失去的客户数。

对上述资料的分析，可使企业发现一些有意义的问题：如每次访问的成本是否过高？每百次推销访问的成功率是否太低？如果访问成功率太低，应考虑是推销人员推销不力，还是选择的推销对象不当，或许应减少访问对象，增加对购买潜力大的目标顾客的访问次数。

② 广告效率控制　评价广告效率的具体指标有：各种广告媒体接触每位目标顾客的相对成本；注意、收看或阅读广告受众占全部受众的百分比；目标顾客在收看广告前后态度的变化；目标顾客对广告内容与形式的看法；消费者受广告刺激增加对产品询问的次数。

能使公众对产品的知晓度上升10%～20%的广告投入是值得的，因为这样有可能在今后的6个月内使产品销售额上升3%～5%。公众对产品的知晓度上升不足10%的，广告投入是不值得的。

③ 促销效率控制　评价促销效率的具体指标有：按优惠办法售出的产品占销售量的百分比；赠券收回的百分比；每单位销售额的商品陈列成本；现场展示或表演引起顾客询问的次数；促销费用占营业成本的比例等。

④ 分销效率控制　评价分销效率的具体指标有：存货周转率；特定时间内的平均脱销次数；接到订单后的平均交货时间；分销费用占营销成本的比例等。

（4）营销战略控制　营销审计是对一个企业或一个业务单位的营销环境、目标、战略和活动所做的全面的、系统的、独立的和定期的检查，其目的在于决定问题的范围和机会，提出行动计划，以提高企业的营销业绩。营销审计可由企业内部人员来做，也可聘请外部专家进行。营销审计是营销战略控制的主要工具。

> **营销备忘　　　　　营销审计的概念及特点**
>
> 营销审计这种方法起源于20世纪50年代初的美国公司。营销审计是对一个公司或一个业务单位的营销环境、目标、战略和活动所做的全面的、系统的、独立的和定期的检查，其目的在于确定问题的范围和机会，提出行动计划，以提高公司的营销业绩。由这个定义我们可以看出营销审计具备4个特点。
>
> ① 全面性　营销审计包含企业所有主要的营销活动，这样才能找出真正问题所在。
>
> ② 系统性　营销审计是系统的检查，从多方面寻找导致问题的原因。营销审计工作包含了一系列有秩序的诊断步骤。
>
> ③ 定期性　营销审计工作应当在企业中定期举行，而不是要等到企业出现了危机时才开始想到这一工作。
>
> ④ 独立性　营销审计主要有6种方式：业务单位自我审计、业务单位之间交叉审计、业务单位上级领导部门审计、企业内部专职审计部门审计、企业专业组审计和外部审计机构审计。一般情况下，最好的审计大多来自外界经验丰富的审计机构，他们通常具有必要的客观性和独立性。
>
> （资料来源：http://wiki.mbalib.com/wiki/）

① 营销审计的基本步骤　营销审计是一项系统的检查工作，有一个完善的执行程序。它通常遵循以下几个步骤。

a. 确定审计的目标、范围：首先是审计人员与被审计企业共同讨论，就某次审计的目的、范围、深度、数据来源、报告形式以及审计的时间安排等问题达成协议。

b. 收集数据：审计中的数据收集工作一般从对被审计公司文件的收集和研究开始。信息收集中还有一个重要的工作是识别组织中哪一个人能提供有价值的信息，审计人员可以根据组织结构图去寻找并编制一个人员清单，其中不仅要包括市场营销部门的人员，而且还要包括如财务、生产、人事等其他职能部门的员工。

c. 提出改进意见报告：当数据收集阶段结束后，审计人员就要分析数据并为公司的管理者提供书面的审计报告，它包括重新陈述审计目标，说明主要的发现及提出主要的建议。审计人员提出的建议应该按照实施的成本、重要性及难易程度排出顺序，以便于公司管理人员使用。审计报告一般要经过一次或若干次讨论才能最后定稿。这种在审计人员与公司管理人员之间进行的讨论很可能会产生一些新的更有价值的建议，这一点也是营销审计非常有价值的地方之一。

② 营销审计的内容

a. 营销环境审计：营销环境审计包括宏观环境审计和微观环境审计。宏观环境审计是对宏观环境的状况及其对医药企业市场营销的影响进行审计，主要包括对人口统计环境、经济环境、生态环境、技术环境、政治和文化环境等因素的审计；微观环境审计是对各微观环境构成要素及其对医药企业市场营销的影响作用的审计，包括对市场、顾客、竞争者、分销和经销商、供应商、辅助机构和营销中介、公众等因素的审计。

　　b. 营销战略审计：主要从以下几方面进行审核：ⓐ企业使命；ⓑ市场营销目标和目的；ⓒ战略，包括战略的内容和表述是否恰当，营销资源的配置是否合理等。

　　c. 营销组织审计：营销组织审计包括对组织结构、职能效率、部门间联系效率等方面的审核。

　　d. 营销制度审计：营销制度审计包括对市场营销信息系统、市场营销控制系统、新产品开发系统等的工作状态和绩效的审核。

　　e. 营销生产率审计：营销生产率审计主要有盈利率分析和成本效益分析。

　　f. 营销功能审计：主要是对产品、价格、分销、促销等营销功能的战略与执行情况、存在的问题等进行审核。

　　总之，市场营销审计是一项颇为庞大的工程，需要花费相当的时间、人力和资金，但其带来的益处也是巨大的：它能够使企业避免犯大的错误或尽量不在错误的道路上走得太远；能够为一些陷入困境的医药企业带来希望和使那些卓有成效的医药企业取得更好的成绩。

【小结】

　　按照本单元开始的基本技术点的要求进行总结。

　　（1）药品市场营销组织是指医药企业为了实现其营销目标具体制订和实施市场营销计划的职能部门。市场营销组织包括以下5种类型：职能型组织、地区型组织、产品型组织、市场型组织、产品—市场型组织。

　　（2）市场营销管理是指企业对已经确定的市场营销战略和市场营销策略组织实施的过程，企业对全部营销过程进行计划、执行和控制，从而实现企业与组织的目标。市场营销管理包括分析市场机会、研究和选择目标市场、拟定市场营销组合、计划执行与控制等。

　　（3）市场营销计划的内容包括：内容提要、当前营销状况、威胁与机会、营销目标、营销策略、活动程序、预算、控制。

　　（4）药品市场营销的执行是指医药企业为确保营销目标的实现，将药品营销战略和计划转化为具体的营销活动的过程。

　　（5）营销控制是指衡量和评估营销策略与计划的成果，以及采取纠正措施以确定营销目标的完成。市场营销控制的方法主要有：年度计划控制、盈利能力控制、营销效率控制和营销战略控制。

【小测验】

　　1. 营销组织机构的业务范围包括哪些内容？
　　2. 如何制订市场营销计划？如何执行营销计划？
　　3. 市场营销控制的基本方法和途径有哪些？
　　4. 市场营销审计的范围与主要内容是什么？

药品市场营销技术（综述）

【知识结构图】

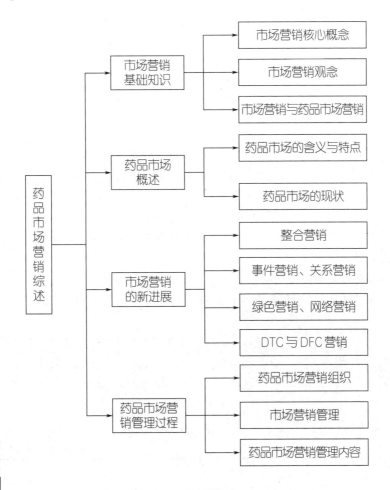

【实训课题】

实训1：市场营销观念辨别

一、实训目的

由于市场经济环境下，观念决定成功，思路决定出路。因而学生必须掌握市场营销观念及其演变的知识，并在此基础上去辨别企业或销售人员的行为。

二、实训要求

（1）从理论上掌握五个营销观念的概念及其优缺点。

（2）将学生分成若干组，每组7～10人，就以上的内容辨别每个销售人员所持的营销观念。

（3）写出完整的有说服力的理由，完成分析报告。

三、实训内容

营销学上"把梳子卖给和尚"的经典故事就很好地说明了市场营销观念的演变。一般看来，把梳子卖给和尚简直是天方夜谭，大部分销售员望而却步，干不了这行。

故事中只有三位销售员凭着一股坚持不懈的韧性和对营销环境的科学分析，仔细观察营销细节，继而采取了一系列的营销措施，完成了各自的销售目标，而且一个比一个出色，令人拍案叫绝。

第一个营销员空手而回，说到了庙里，和尚说没头发不需要梳子，所以一把都没有销掉。

第二个营销员回来了，销了十多把，他介绍经验说，我告诉和尚，头发要经常梳梳，不仅止痒，头不痒也要梳，以活络血脉，有益健康。

第三个营销员销了百十把。他说，我到庙里去，跟老和尚说，您看这些香客多虔诚呀，在那里烧香磕头，磕了几个头起来头发就乱了，您在每个庙堂的前堂放一些梳子，他们磕完头可以梳梳头，会感到这个庙关心香客，下次还会再来。这一来就销掉百十把。

第四个营销员说销掉好几千把，而且还有订货。他说我到庙里跟老和尚说，庙里经常接受人家的捐赠，得有回报给人家，买梳子送给他们是最便宜的礼品。您在梳子上写上庙的名字，再写上三个字"积善梳"，说可以保佑对方，这样可以作为礼品储备在那里，谁来了就送，保证庙里香火更旺。这一下就销掉好几千把。

请分析这四个人营销观念的区别。若你是营销人员，你将如何推销梳子？

四、实训评估标准

"市场营销观念辨别"的评估分值比重占"药品市场营销综述"评估总分的50％，即50分。具体评估标准见附录二《药品市场营销技术》课程评估手册中"市场营销观念辨别"评估标准。

序号 / 评估项目	评估标准	实训任务是否基本完成：考评总分20分	实训操作是否有突出表现：考评总分50分
6	"营销观念辨别"书面作业内容完整、正确（70分）	准时完成，得20分。没有准时完成酌情扣分	得分50分 1. 能上升为自我认识 2. 认识观点的正确性 3. 观点表达的条理性

实训2：营销管理重要性认识

一、实训目的

要求学生全面、正确理解"营销管理"概念和基本内容，联系企业营销成败实例，提高对营销实践中正确运用营销策略、实现科学营销管理重要性的认识，完成一篇约1500字的认识体会。通过"营销管理重要性认识"的实训，更好理解学习市场营销管理的内容、程序，掌握论文写作的基本技巧。

二、实训要求

（1）要求学生对学习市场营销管理的实践应用价值有充分的认识，调动学生实训的积极性。

（2）将学生分成若干组，每组7～10人。

（3）要求学生依据实训要求，收集企业营销成败的实例材料，从理论联系实际的角度，完成"营销管理重要性"的认识体会。

三、实训内容

1. 只有实施科学营销管理，企业才能真正实现营销目标

科学营销管理是制定正确营销策略、实现企业营销目标的保障。科学营销管理要求在对

企业营销机会分析的基础上,正确选择目标市场,制定战略性市场营销规划;对营销规划实行有效管理,即制订营销计划,为实施营销计划进行有效组织与控制。联系企业营销成败的实例,说明科学的营销管理对制定正确的营销策略、实现企业营销目标至关重要。只有实施科学营销管理,才能真正实现企业营销目标。

2. 营销管理重要性认识体会写作要求

一般来说,认识体会文章分为三部分:开头、正文、结尾。开头:应该提出问题,说明体会文章要解决的是什么问题,论述的观点是什么,即判断。如提出"树立科学营销管理观念是实现企业营销目标的主要保证"。正文:应该是分析提出的问题,说明为什么要确立文章的这样一个论点,即推理。结尾:应该是提出解决问题的结论。可以从正文论述中进行归纳和综合得出结论或联系现实存在的客观问题,提出自己的观点、见解与建议。

四、实训评估标准

"营销管理重要性认识"的评估分值比重占"药品市场营销综述"评估总分的50%,即50分。具体评估标准见附录二《药品市场营销技术》课程评估手册中"营销管理重要性认识"评估标准。

序号	评估项目	评估标准	实训任务是否基本完成;考评总分20分	实训操作是否有突出表现;考评总分50分
6	理论运用		营销管理及其运用重要性说明(理论运用可以是全面分析,也可从其中的一个方面重点分析)得10分。没有准时完成酌情扣分	1. 概念、原理描述正确(10分) 2. 理论运用正确(15分) 共得25分。没有准时完成酌情扣分
7	写作要求		1. 联系企业实践(5分) 2. 上升为自我认识(5分) 共得10分。没有准时完成酌情扣分	1. 认识观点的正确性(10分) 2. 观点表达的条理性(15分)

项目一
药品市场调研技术

工作流程

项目 1.1　撰写药品市场调研方案

项目 1.2　药品市场调查前的准备

项目 1.3　实施调查

项目 1.4　调查资料的整理与分析

项目 1.5　撰写市场调查报告

> 抓住关键环节，重点抓好市场调研，与其改变消费者固有的想法，不如在消费者已熟悉的想法上去引导消费者。
> ——史玉柱

【项目目标】

(1) 通过项目一的训练学习,使学生能更好地理解"药品市场调查""营销环境"理论,较全面地掌握药品市场营销调查技能,提高各项通用能力,实现课程教学目标。

(2) 要求学生将所学的"药品市场调查技术""营销环境分析"运用于市场调研实践活动,在实践运用中理解营销调研专业知识,掌握药品市场营销调研技能。

(3) 要求学生完成"撰写药品市场调研方案""药品市场调查前的准备""实施调查""调查资料的整理与分析""撰写市场调查报告"5项市场调研技能实训,最后以小组为单位完成市场调查报告并以小组为单位进行成果汇报和展示。

【技能要求】

(1) 提高学生对市场调研重要性的认识。

(2) 通过设计和撰写市场调查报告,培养学生市场调研技能和综合分析问题的能力。

(3) 市场调研是企业营销岗位最重要、最基础的业务工作,掌握药品市场调查技能,能够帮助学生将来更好地胜任医药企业的营销工作。

【项目流程】

工作目标	知识准备	关键点控制	流程图
1. 了解市场现状和市场动态,为公司产品的研发、生产和营销提供依据 2. 了解公司营销活动的作用和产品的市场状态	1. 掌握市场调研的内容,如市场调研的方法、过程等 2. 掌握信息收集、数据统计、分析等方面的知识	1. 撰写药品市场调研方案 市场调研人员根据公司各项工作的需要,确定调研的种类、方法、目的、人员和费用等内容 2. 药品市场调查前的准备 市场调研人员准备市场调研需要的工具,如调查问卷等;对配备的调研人员进行适当的培训,以保证调查任务准确完成 3. 实施调查 市场调研人员根据调研计划实施市场调查,并相互配合完成调查任务 4. 调查资料的整理与分析 调研人员对收集到的调研信息进行统计、整理和分析 5. 撰写市场调查报告 调研人员根据调研信息分析的结果,编写市场调研报告,并将报告提交	撰写药品市场调研方案 ↓ 药品市场调查前的准备 ↓ 实施调查 ↓ 调查资料的整理与分析 ↓ 撰写市场调查报告

【项目评估】

(1) 本项目是课程考核的重点,该项目评估占课程总成绩的20%。

(2) 本项目评估由通用能力、技能评价两部分组成,评估分值比例分别为30%、70%。

(3) 各子项目评估标准、评估分值要求列表操作(参考附录二《药品市场营销技术》课程评估手册项目一)。

项目1.1 撰写药品市场调研方案

要进行有效的营销调研,首先要制订一个收集所需信息的最有效的计划。

一、项目任务

（1）要求学生把药品市场调查技术运用于营销实践，根据市场调查主题，为开展的市场调查活动制订一份市场调研方案。

（2）要求市场调研方案采用表格的形式，便于操作和掌握。

（3）要求学生在教师的指导下，能够完成本次市场调研方案的制订工作。

二、技能要求

（1）通过设计与撰写调查方案，帮助学生认识调查方案制订在市场营销活动中的重要性；市场调研是一项有目的的活动，市场调研方案的制订是市场调查工作的第一步。

（2）通过分组完成调查方案，培养学生与小组内部成员的分工协作、与其他人员沟通协调的能力。

（3）通过设计与撰写调研方案，培养学生调研方案撰写的基本能力。

三、项目操作流程

工作目标	知识准备	关键点控制	流程图
1. 掌握撰写药品市场调研方案的技巧 2. 了解在调研方案制订中，必须明确客户的要求，面向市场撰写药品市场调研方案	1. 掌握市场调研的一般方法 2. 掌握市场调研方案制订方法	1.确定调研目的 为什么要进行调研、想解决什么问题、调研结果的用途 2.明确调研方法 确定调查地点、对象和方法 3.确定调查人员及进度安排 确定参加调查人员的条件和人数及调查进度 4.编制调查费用预算 合理估计调查各项费用开支 5.编制市场调研计划表 根据以上4个任务的内容编制	确定调研目的 ↓ 明确调研方法 ↓ 确定调查人员及进度安排 ↓ 编制调查费用预算 ↓ 编制市场调研计划表

四、理论指导

（一）药品市场调查的概念

药品市场调查是根据市场预测、决策等的需要，运用科学的方法，有目的、有计划、有系统地搜集、记录、整理、分析有关药品市场信息的过程。药品市场调查实质上就是取得和整理、分析药品市场营销信息的过程。掌握及时、准确、可靠的药品市场信息是医药企业经营管理机构的一项重要任务。

药品市场调查

案例分析　　海尔为何能在美国打开市场

自从1999年，第一台带有"美国制造"标签的海尔冰箱从漂亮的生产线走下来，海尔就开始了在美国制造冰箱的历史。海尔成了中国第一家在美国制造和销售产品的公司。那么海尔是怎样打开美国市场的呢？

1. 找高手下棋

在前海尔首席执行官张瑞敏眼中，海尔国际化就像一盘棋，而要提高棋艺，最好的办法就是找高手下棋，张瑞敏找的高手是欧洲和美国。

海尔决定用自己的品牌进军欧美市场，其榜样是日本的索尼。20世纪60年代，索尼在国际市场上还默默无闻,他们每一个新产品上市时,都首先投放到欧美地区,打出影响后再到日本和其他国家销售,索尼由此成为世界名牌。

2. 美国市场调研

(1) 需求能力 据统计,当时在美国180L以上小冰箱市场中,海尔已占到超过30%的市场份额,后期有望达到50%;但海尔大规格冰箱长期因远隔重洋而无法批量进军美国市场。项目见效后,海尔公司在美国市场的产品结构将更加合理,市场占有率将进一步提高。

(2) 消费者的需求结构 当时,在美国200L以上的大型冰箱被GE通用电气、惠尔浦等企业所垄断;160L以下的冰箱销量较少,美国厂商认为这是一个需求量不大的产品,没有投入多少精力去开发市场,然而海尔发现美国的家庭人口正在变少,小型冰箱将会越来越受欢迎,独居者和留学生就很喜欢小型冰箱。

美国营销大师菲利普·科特勒说:海尔战略的另一个部分是对消费者群体的定位,它很正确,它针对的是年轻人。老一代习惯于像GE这样的老品牌,年轻人对家电还没有形成任何习惯性的购买行为;因为他们刚有自己的公寓或者正在建立自己的第一个家,买自己的第一个电冰箱。所以,我认为定位于年轻人是明智的决策。

根据以上调查分析,海尔决定在美国市场开发从60L到160L的各种类型的小型冰箱,这些冰箱的需求潜力很大。

成果:从海尔最初向美国出口冰箱经过短短的几年时间里,海尔冰箱已成功在美国市场建立了自己的品牌。海尔在美国最受欢迎的产品是学生宿舍和办公场所使用的小型电冰箱。当时,这类产品的市场占有率是该型号冰箱的25%,在赢得新的连锁店客户之后可望增至40%。海尔在卧室冷柜方面也取得了成功。该产品在美国同类型号中的市场占有率为三分之一。

分析:营销大师菲利普·科特勒曾说过"要管理好一个企业,必须管理它的未来,而管理未来就是管理信息"。

在现代市场营销观念的指引下,企业要想在市场中获得竞争优势,取得合理的利润,发现企业产品的不足及营销中的缺点,便于企业及时加以纠正,修改企业的经营策略,使企业在竞争中保持清醒的头脑,永远立于不败之地,就必须从研究市场出发,掌握及时、准确、可靠的市场信息,要得到可靠的市场信息就必须进行全方位、多方面的市场调研。

根据以上案例总结以下几点海尔在美国成功的奥秘:

(1) 海尔公司在调研过程中有明确的目标消费者,充分了解该地区的人口结构和消费习惯,具有较高的针对性。

(2) 有明确的市场定位,充分考虑竞争者的优劣点,不断自我提高,采用以优制胜的方式将产品成功地推向市场,在电器行业站稳脚步。

(3) 通过市场调研发现新的机会和新的需求并开发新的产品去满足这些需求,如小型冰箱的市场开发。

(二) 药品市场调查的作用

1. 了解药品市场的供求情况,推广适销对路的药品

通过对药品市场购买力、消费水平、消费结构、消费趋势等的调查,了解市场药品需求总量及需求结构;通过对药品生产、药品库存、进口及其商品需求和货源的调查,了解药品的供应总量,从而有利于了解市场的供求情况和变化规律。

2. 开拓新的市场，发挥潜在的竞争优势

药品的特殊性决定了药品市场不同于其他商品市场。通过市场调查可以使医药企业充分认识药品市场的特征，掌握药品市场的发展规律，发现消费者的潜在需求，从而根据企业本身的实力情况，选择新的市场机会。

3. 有利于确定经营策略，从而扩大销售

通过对药品市场调查，可以进一步分析研究产品适销对路的情况，确定哪些药品能在激烈的市场竞争中站稳脚跟，从而准确有效地采取营销策略。随着科学技术的进步，新技术、新工艺、新材料被广泛采用，产品的更新换代速度加快，越来越多的新产品被推向市场，但这些新产品能否被消费者所接受，老产品是否还有市场，这除了产品本身的原因外还有营销策略和方法上的问题。

4. 改善医药企业经营管理水平，提高经济效益

药品市场调查是医药企业改善经营管理水平，增强企业活力，提高经济效益的基础。通过市场调查，可以发现企业自身存在的问题，促使企业从经营的购、销、运、存各环节，经营的人、财、物、时间、信息等客观要素，经营管理的层次、部门等不同方面进行调整，改进工作。

> **药品市场调查的原则**
> - 客观性原则。
> - 系统性原则。
> - 反馈性原则。
> - 经济性原则。
> - 时效性原则。

（三）市场调研的类型

在药品市场调查中，由于市场调查目的与要求不同，所涉及的市场范围、信息、时间等也就不同，从而形成多种市场调查。现介绍几种常见的类型。

1. 根据市场调查的目的不同划分

（1）探索性调查　探索性调查是指企业对需要调查的问题尚不清楚，无法确定应调查哪些内容时所采取的方法。一般处于整个调查的开始阶段。企业只是收集一些有关的资料，以确定经营者需要研究的问题的症结所在。例如，某医药企业近年来销售量持续下降，但公司不清楚是什么原因，是经济衰退的影响，广告支出的不足，销售代理效率低，还是消费者习惯的改变？要明确问题原因就可以采用探索性调查的方式，如可以从中间商或者用户那里收集资料找出最有可能的原因。至于问题如何解决，则应根据需要再做进一步调研。这种调查一般不必制订严密的调查方案，往往采取简便的方法以尽快得出调查的初步结论即可。如收集现有的二手资料或询问了解调查主题的有关人员。

（2）描述性调查　描述性调查是为进一步研究问题症结所在，通过调查如实地记录并描述收集的资料，以说明"什么""何时""如何"等问题。例如，在销售研究中，收集不同时期销售量、广告支出、广告效果的事实资料，经统计说明广告支出什么时候增加几个百分点、销售量有了多少个百分点的变化等；又如收集某种产品的市场潜量、顾客态度和偏好等方面的数据资料。描述性调查是比较深入、具体地反映调查对象全貌的一种调查活动。进行这类调查必须占有大量的信息情报，调查前需要有详细的计划和提纲，以保证资料的准确性。一般要实地进行调查。

（3）因果性调查　因果性调查是收集研究对象事物发展过程中的变化与影响因素的广泛性资料，分清原因与结果，并明确什么是决定性的变量。例如，销售研究中，收集不同时期说明销售水平的销售量（额）、市场占有率、利润等变量资料，收集不同时期影响销售水平的产品价格与广告支出、竞争者的广告支出与产品价格、消费者的收入与偏好等自变量资料，在这些资料基础上决定这些自变量对某一因变量（如销售量）的关系，其中何者为决定性自变量。因果调查是在描述性调查的基础上进一步分析问题发生的因果关系，并弄清楚原因和结果之间的数量关系，所用调查方法主要为实验法。

> **巩固练习**——探索性调查、描述性调查、因果性调查区分
>
> 探索性调查所要回答的问题主要是"什么"；描述性调查所要回答的问题主要是"何时"或"如何"；因果性调查所要回答的问题主要是"为什么"。一般先进行探索性调查，然后再进行描述性调查或因果性调查。

2. 根据被调查对象的范围大小划分

（1）市场普查　这是一种全面调查，是指为搜集一定时空范围的药品市场的全面系统资料，对整个药品市场（某类药品市场）的全部个体为调查对象，对其产品的生产、供应、销售、储存和运输情况在一定时点上的一次性全面调查。如中药材资源普查；企业为了解新药投放市场的效果而进行的普查；库存药品的普查等。

药品市场普查通常采用两种方式：一种是组织专门的普查机构和人员，对调查对象直接调查；另一种是在具有比较完整的统计资料的情况下，利用有关单位内部收集的统计资料进行汇总。

市场普查的优点是所获得的资料完整、全面，但普查所耗费的人力、财力和时间较多，特别是第一种调查方式，不是所有医药企业力所能及的事，一般不常使用，除非被研究总体中单位较少，项目比较简单。

（2）重点调查　重点调查是指在调查对象总体中，选择一部分重点因素进行的调查。所谓重点因素是指某些或某个对经营活动有较大影响的因素，尽管这些因素在总体中只是一部分，但它们在整个经营活动中起着较大的作用。例如疫情调查就是一种重点调查，为了有效地控制某种疫情，应对影响疫情的有关因素进行分析，同时对控制疫情的有关药物也进行调查，以指导该类药品在一定时间内的生产和销售，从而达到适量生产又能控制疫情的双重效果。

重点调查的特点是以较少费用开支和时间，比全面调查更加及时地掌握基本情况，以利于调查人员抓住主要矛盾，采取措施。重点调查主要在紧急情况下使用。

（3）典型调查　典型调查是一种专门调查和一种非全面调查。药品市场的典型调查是对药品市场的某些典型现象、典型内容、典型单位进行的调查。它是在对调查总体进行初步分析的基础上，从中有意识地选取具有代表性的典型进行深入调查，掌握有关资料，由此了解现象总体的一般市场状况。

典型调查适用于调查总体庞大、复杂，调查人员对情况比较熟悉，能准确地选择有代表性的典型作为调查对象，而不需要抽样调查的市场调查。典型调查在药品市场调查中经常被采用。

> **知识拓展**——选择典型的标准
>
> 一般可以选择中等或平均水平的调查个体。在数量上,一般来说,如果总体发展条件比较一致,选一个或几个有代表性的典型个体进行调查;当总体较多,而且个体差异较大,则需要把总体按一定的标志划区分类,然后选择为调查对象。

(4)抽样调查 即根据随机原则,从调查对象总体中按一定规则抽取部分而进行的调查。在药品抽样调查中,样本可以是某个品种的一部分,也可以是某些品种的一个或多个。例如某企业从外地购进某种药品,需要进行质量和等级检查,这种情况不必将药品全部打开进行全面验收,而可采用随机取样,从中抽取一部分进行检查,计算出等级品率以及抽样误差,从而推算出这种药品的质量和等级情况,并用概率表示推算的可靠程度。这种方法既能排除人们的主观选择,又简便易行,是广泛使用的重要方法。

(四)药品市场调查的内容

1. 药品市场环境调查

药品市场环境是指影响医药企业生产、经营、管理活动的外部各环境因素的综合。医药企业的生存和发展总是在复杂多变的市场环境下进行的,而且有些环境因素是不可控制的。例如,医药企业在生产经营中必须遵守国家的政策,法规和宏观调控的要求,以及国际惯例和准则的规定等。医药企业经营的成败,就在于能否调整自己的经营战略,主动适应医药市场环境的变化,抓住环境提供的市场机会,避免环境变化带来的威胁等。因此,在市场环境下,医药企业生产和经营要想获得更多的自主权,应对医药市场环境的细微变化进行预警、调查和监测,只有这样才能制定出切实可行的经营决策,才能在市场竞争中取得主动权。

> **营销备忘** 药品市场环境调查内容
>
> (1)政治、法律环境调查 主要是了解影响和制约药品市场的国内外政治形势以及国家管理药品市场的有关方针政策、法制体系、各种法律法规等。
>
> (2)经济环境调查 包括国内经济环境和国外经济状况,宏观经济的发展趋势和微观经济的现状,国民收入、经济结构、购买力水平和物价水平等。
>
> (3)社会文化环境调查 医药企业进行市场调查时分析的社会文化环境主要是指消费者受教育的程度、文化水平、民族传统、宗教信仰、风俗习惯、思维方式、卫生健康水平和审美观等。
>
> (4)科技环境调查 充分认识医药领域的新技术、新工艺、新材料、新产品和新标准等。

2. 市场供需调查

(1)药品市场供应的调查 医药企业在生产经营过程中必须了解整个药品市场的货源情况,包括货源总量、构成、质量、价格和供应时间等。必须对本企业的供应能力和供应范围了如指掌。药品市场供应量的形成有着不同的来源,可以先对不同的来源进行调查,了解本期市场全部药品供应量变化的特点和趋势,再进一步了解影响各种来源供应量的因素。

药品市场调研内容(范围)

（2）药品市场需求的调查　药品市场需求的调查是药品市场调查的核心内容，因为现代市场营销要以消费者的需求为中心。药品市场需求调查的内容包括药品现实需求量和潜在需求量及其变化趋势、消费需求结构、用户数量分布、药品使用普及情况、消费者对特定药品的意见等方面。供需的变化决定市场的变化，市场的变化会影响医药企业的经营方向。所以药品市场需求的资料是药品市场调查的重要内容。

3. 顾客状况调查

顾客是企业的服务对象，企业只有了解顾客，才能制定出有针对性的营销对策。顾客状况调查的主要内容包括消费心理、购买动机、购买行为调查，社会、经济、文化等对购买行为的影响，消费者的品牌偏好及对本企业产品的满意度等。

4. 竞争对手状况调查

市场经济是竞争的经济，优胜劣汰是竞争的必然结果。对医药企业来说，随时了解竞争对手的情况，是使自己立于不败之地的有效方法。竞争对手状况调查是对与本企业生产经营存在竞争关系的各类企业的现有竞争程度、范围和方式等情况的调查。通过调查，可将本企业的现有条件与竞争对手进行对比，为制定有效的竞争策略提供依据。

竞争对手状况调查内容

① 有没有直接或间接的、潜在的竞争对手。
② 竞争对手的所在地和活动范围。
③ 竞争对手的生产经营规模和资金状况。
④ 竞争对手生产经营的产品品种、质量、价格、服务方式以及在消费者中的声誉和形象。
⑤ 竞争对手的技术水平和新产品开发的情况。
⑥ 竞争对手的销售渠道及控制程度。
⑦ 竞争对手的宣传手段和广告策略。

---

5. 市场营销状况调查

（1）产品调查　市场营销中产品的概念是一个整体的概念。其调查内容包括：产品生产能力调查；产品功能、用途调查；产品线和产品组合调查；产品生命周期调查；产品形态、外观和包装的调查；产品质量的调查；老产品改进、老药新用的调查；对新产品开发的调查；药品售后服务的调查等。

（2）价格调查　价格在一定情况下会影响供需的变化。其调查内容包括：国家在药品价格上有何控制和具体规定；企业药品的定价是否合理，市场对此的反应情况；竞争者品牌的价格水平及市场的反应情况；新药的定价策略；消费者对价格的接受程度和消费者的价格心理状态；药品需求和供给的价格弹性及影响因素等。

（3）销售渠道调查　销售渠道调查主要包括以下几个方面：企业现有销售渠道能否满足销售药品的需要；销售渠道中各环节的药品库存是否合理，有无积压和脱销现象；销售渠道中的每一个环节对药品销售提供哪些支持；市场上是否存在经销某种或某类药品的权威性机构及他们促销的药品目前在市场上所占的份额是多少；市场上经营本企业药品的主要中间商对经销药品有何要求等。通过上述调查有助于企业评价和选择中间商，开辟合理的、效益最佳的销售渠道。

（4）促销调查　调查的内容包括：广告的调查，包括广告诉求调查、广告媒体调查、广告效果调查等；人员推销的调查，包括销售人员的安排和使用调查、销售业绩和报酬的调查、本企业销售机构和网点分布及销售效果的调查、营业推广等促销措施及公关宣传措施对药品销售的影响调查等。

五、项目组织与实训环境

（一）项目组织

（1）全班进行分组，每组 7～8 人。

（2）小组成员既可在既定的实训环境下开展市场调查活动，也可自行在本项目后的实训课题选择不同调查主题，进行不同的市场营销活动调研。

（二）实训环境

1. 校外实训环境

作为非处方药的一大组成部分，感冒治疗药品是我国医药产品推广最成功的范例。而随着非处方药市场走向规范，药品零售市场竞争将进入一个崭新的时期。面对新的市场、新的机遇，众多生产和销售企业在产品研发、市场开拓、营销组合、经营管理等方面将来采取何种应对措施，经营决策起着关键作用，而市场调查就能起到提供决策依据的作用。XD 制药企业是一家有名的生产感冒药的厂家，假如你是 XD 制药厂的一名市场调查负责人，准备在本地区针对企业生产的治疗感冒的药品——"××牌感冒冲剂"进行一次感冒药终端市场状况的专题调查活动，了解消费者对 XX 牌感冒冲剂和竞争品牌感冒药的认知和使用情况，为企业制定营销策略提供依据。请同学们为此制订一个市场调查方案。

2. 校内实训环境

（1）营销实训室。

（2）教室。

六、项目执行

编制一个药品市场调研方案时，操作流程包括确定调研目的、明确调研方法、确定调查人员及进度安排、编制调查费用预算和编制市场调研计划表。以上流程内容按执行顺序编为任务一至五。

任务一：确定调研目的

市场调研根据营销目标的不同，调研的目的也会不同。调研的整个过程是一个沟通的过程，要把你想了解的问题传递给被调查者，并且能够让被调查者乐于接受，最终得到有效和有用并且真实的调研结果。

> **实训范例**   **新产品上市前的综合调研**
>
> 以 F 医药公司新产品上市前的一次综合调研为例，说明如何确定调查目的。如果你想了解现实市场目标顾客对产品的看法，就要把问题详细分类，比如包装、价格、服务等，其中最重要的就是顾客建议。你的调研目的是什么？真实的目的是为产品的下一步决策提供依据，为产品的营销在市场上的表现提供可能性方案，这种调研，称之为应用性市场调研。

为了保证调研的成功和有效，首先要明确所调研的问题，既不能过于宽泛，又不能过于狭窄。然后在确定问题的基础上，提出调研目标和调查内容。

> **实训范例**　　　　　　　　　**OTC 终端调查**
>
> 1. 调研问题确定
> 销售情况变动；网点覆盖率变化；消费者的态度变化等。
> 2. 调查目标确定
> 提高销售量；提高产品覆盖率；让消费者迅速接受新产品等。
> 3. 调查内容确定
> 产品在被访药店的近三个月及往年同期的销量。被访药店近三个月及往年同期的同类药的销售总量。近期销量增长幅度最大的前三种品牌、品种。畅销的原因是否为价低？广告宣传强劲？现场促销？药效好？包装吸引人？店员推荐的积极性高？供应者的服务好？其他？制约本产品销量增长的原因：价高？广告宣传力度减弱？店员不积极推荐？陈列位置不太好？不进行现场促销？药效不明显？业务员对药店的服务质量差？其他？消费者对产品及竞争品的态度。店员和店长的建议。
>
> 启示：不同的调查目的会导致不同的调查内容，因此所设置的问题和目标也会有所不同。针对其他的调查对象，比如医院、分销商和区域医药市场，调查的目的和对消费者调查的目的是不一样的，因此调查内容也不一样。

任务二：明确调研方法

1. 确定资料来源

依据调研目的来确定具体资料的来源。营销调研所收集的资料分为第一手资料和第二手资料两种。一般来说，一次调研两方面的资料都需要收集，应该充分地运用第二手资料，但也应该安排第一手资料的收集。

> **营销备忘**　　　　　　　　　**调研资料的收集方法**
>
> 调研资料的收集方法是指取得信息的方式。信息收集分两个途径：第一是收集统计信息，属于"二手资料"，指医药市场调查人员充分了解调查目的后，通过对内部历史资料、报纸、杂志、书籍和网络资料等进行阅读、检索、剪辑、购买、复制等，并对其进行分析研究的一种调查方法，称为文案调查法；第二是在没有相关理论假设和数据的基础上，通过调查人员上门获取"第一手资料"，它包括在什么地点、找什么人、用什么方法进行调查，称为实地调查法。
>
> 二手资料主要有两个来源：一是内部资料来源；二是外部资料来源。
>
> 内部资料指企业营销系统中储存的各种数据，如企业历年的销售额、利润状况，主要竞争对手的销售额、利润状况，有关市场的各种数据等。
>
> 外部资料指公开发布的统计资料和有关市场动态、行情的信息资料。外部资料的来源有政府有关部门、市场研究机构、咨询机构、广告公司、期刊、文献、报纸等。

2. 确定地点

调查地点首先要从药品市场调查的范围出发，如果是调查一个城市的药品市场情况，还要考虑在一个区调查还是在几个区调查；其次是要考虑调查对象的居住分布，是平均分布还是分布在不同地区，或者可以集中于某些地区。

3. 确定调查对象

市场调查对象是指市场调查的总体，市场调查对象的确定决定着市场调查的范围大小。调查单位就是调查总体中的各个个体单位，它是调查项目的承担者或信息源。根据调查对象和调查单位，确定收集资料的来源、性质和数量。

> **营销备忘** 调查抽样的方法
>
> 抽样方法大体上可分为两大类：一是随机抽样；二是非随机抽样。
>
> 1. 随机抽样
>
> 随机抽样是指按照随机原则抽取样本，即完全排除人们主观的意识的选择，在总体中每一个体被抽取的机会是均等的。随机抽样的具体方法有以下4种：简单随机抽样、等距抽样、分层随机抽样、分群随机抽样。
>
> （1）简单随机抽样　是指从总体中随机抽取若干个个体为样本，抽样者不作任何有目的的选择，而是用纯粹偶然的方法抽取样本。它是随机抽样中最简便的一种方法。
>
> （2）等距抽样　又称系统抽样或机械抽样，它是先将总体各个单位按某一标志顺序排列，并根据总体单位数和样本单位数计算出抽样距离，然后按相等的距离或等间隔来抽取样本单位。
>
> （3）分层随机抽样　是指将调查的市场母体划分成若干个具有不同特征的次母体，这些次母体一般叫作层（或叫作组），再从各层的单位中随机抽取样本。各层之间具有显著不同的特性，同一层内的个体则具有相同的特性。一般来说，当总体中的调查单位特性有明显差异时，可分层随机抽样。
>
> （4）分群随机抽样　是先将调查总体按一定的标准（如地区、单位）分为若干群体，再从中按随机原则抽取部分群体，由被选中的群体中的所有单位组成样本的抽样调查方法。分群随机抽样法所划分的各群体，其特性大致要相近，而各群体内则要包括各种不同特性的个体。
>
> 2. 非随机抽样
>
> 非随机抽样是指按照调查目的和要求，根据一定的主观设定的标准来选择抽取样本。非随机抽样的具体方法有以下3种：任意抽样、判断抽样、配额抽样。
>
> （1）任意抽样　是指样本的选择完全根据调查人员的方便来决定，通常没有严格的标准。比如，在街头上向过路行人随意做访问调查；在柜台销售药品过程中向购买者作询问调查等。
>
> （2）判断抽样　是指按照市场调查者对实际情况的了解和主观经验选定调查样本单位的一种非随机抽样方法。使用这种方法，样本的选定者必须对总体的特征有相当的了解，一是选样本时应该选择"多数型"样本，即在调查总体中选择能够反映大多数单位情况的个体为样本；二是选择"平均型"样本，即选择在调查总体中能代表平均水平的样本。
>
> （3）配额抽样　是指将调查对象按规定的控制特征分层，按一定控制特征规定样本配额，由调查人员随意抽取样本的抽样方法。配额抽样是按调查人员的主观判断直接抽取样本，相关的控制特征可以包括性别、年龄等。这种方法的优点是简便易行，成本低，没有总体名单也可以进行。但是控制特性多时，计算较复杂，且缺乏统计理论依据，无法准确估计误差。

4. 确定调查方法

当需要二手资料时，应该采用文案调查法。当需要第一手资料时，应该采用实地调查法。用什么方法进行调查，主要应从调查的具体条件出发，以有利于搜集到需要的第一手资料为原则。针对不同的对象，要采用不同的方法搜集信息资料。

> **营销备忘**
>
> **实地调查法**
>
> 原始资料调查的方法主要有3种，即询问法、观察法和实验法。
>
> 1. 询问法
>
> 询问法是指选择一部分代表人物作为样本，通过访问或填写询问表征询意见。按照与被调查者接触方式不同，询问式调查有以下5种具体方法。
>
> （1）当面询问　当面询问是指调查者面对面地向被调查者询问有关问题，对被调查者的回答可当场记录。调查者可根据事先拟定的询问表（问卷）或调查提纲提问，也可采用自由交谈的方式进行。这种方法的优点是直接与被调查者见面，能当面听取意见并观察反应，能相互启发和较深入地了解情况，对问卷中不太清楚的问题可给予解释；可根据被调查者的态度灵活掌握，或进行详细调查，或进行一般性调查，或停止调查；资料的真实性较大，回收率高。缺点是调查成本较高，尤其是组织小组访问时；调查结果易受调查人员技术熟练与否的影响。
>
> （2）电话询问　电话询问是指调查人员根据抽样设计要求，通过电话询问调查对象。这种方法的优点是资料收集快，成本低；可以询问面谈感到不自然或不便的问题；可按拟定的统一问卷询问，便于资料统一处理。缺点是调查对象只限于有电话的用户，调查总体不够完整；不能询问较为复杂的问题，不易深入交谈和取得被调查者的合作。
>
> （3）信函询问　信函询问是指调查者将设计好的询问表直接邮寄给被调查者，请对方填好后寄回。这种方法的优点是：调查区域广泛，凡快递所达到地区均可列入调查范围；被调查者有充分的时间考虑；调查成本较低；调查资料较真实。缺点是询问表的回收率较低，回收时间也较长；填答问卷的质量难以控制，被调查者可能误解询问表中某些事项的含义而填写不正确。一般限于调查较简单的问题，不易探测用户的购买动机。
>
> （4）留置问卷　留置问卷是介于邮寄调查和面谈之间的一种方法，它综合了邮寄调查由于匿名而保密性强和面谈调查回收率高的优点。具体做法是，由调查员按面谈的方式找到被调查者，说明调查目的和填写要求后，将问卷留置于被调查处，约定几天后再次登门取回填好的问卷。
>
> （5）网上调查　网上调查有电子邮件调查和互联网页调查两种。该调查方法有如下特点：①调查对象有一定的局限性；②回答率难以控制；③整个调查较难控制；④成本较低，传播迅速。
>
> 2. 观察法
>
> 观察法是指调查人员对某一具体事物进行直接观察，如实记录。可以是调查人员直接到调查现场进行观察，也可以是安装照相机、摄像机、录音机等进行录制和拍摄。观察性调查的具体方式有以下3种。
>
> （1）直接观察　直接观察是指调查人员亲自到现场进行观察。例如，调查人员亲自到大药房观察顾客走过货架或选购药品时，对不同品牌药品的兴趣和注意程度。
>
> （2）痕迹观察　痕迹观察是指调查人员通过观察某事项留下的实际痕迹来了解所要调查的情况。例如，调查人员通过对小区垃圾的调查，了解小区居民食品消费倾向与档次。

五种询问调查法优缺点比较

项目	形式				
	当面询问	电话询问	信函询问	留置问卷	网上调查
调查范围	较窄	较窄	广	较广	广
调查对象	可控制和选择	可控制和选择	难以控制和选择	较难控制和选择	较难控制和选择
影响回答的因素	能了解、控制和判断	无法了解、控制和判断	较难了解、控制和判断	基本能了解、控制和判断	较难了解、控制和判断
回收率	高	较低	低	较高	较低
答卷质量	高	较高	较低	较高	较低
回答速度	可慢可快	最快	慢	较慢	较快
投入人力	较多	较少	少	较少	少
平均费用	高	低	较低	一般	低
时间	长	较短	较长	较长	较长

（3）行为记录 行为记录是指在调查现场安装一些仪器设备，调查人员对被调查者的行为和态度进行观察、记录和统计。如通过摄像机观察顾客购买产品的过程、选购产品的情况等，借以了解消费者对品牌的爱好与反应。这样能从侧面了解顾客的一些心理状态、购买心理，对了解消费者的需求有一定的价值。

3. 实验法

实验法是指从影响调查问题的若干因素中选出一个或几个因素作为实验因素，将它们置于模拟环境中进行小规模实验，并对实验结果进行分析、判断，以供企业决策的一种方法。此种方法应用范围很广，尤其是因果性调查常采用此种调查方法。

例如，将某一品种的药品改变包装、价格、广告等以后对药品销售量会产生什么影响，都可以先在小规模的市场范围内进行实验，观察消费者的反应和市场变化的结果，然后考虑是否推广。实验法有以下两种具体方法。

（1）实验室实验 如在实验室观察人们对不同广告的兴趣程度。

（2）销售区域实验 如在某一销售区域实验调整某一营销策略会带来什么结果。

实验法的优点是方法科学，可获得较正确的原始资料。缺点是不易选准社会经济因素相类似的实验市场，且干扰因素多，影响实验结果；实验时间较长，成本较高。

任务三：确定调查人员及进度安排

在药品市场调查方案中，要最终计算调查人员和经费的数量，并落实其出处。这是市场调查顺利进行的基础和条件，也是设计调查方案时不容忽视的内容。此外，还应对市场调查人员的工作量进行合理安排，使市场调查工作有条不紊地进行。

任务四：编制调查费用预算

编制调查费用预算的基本原则是：在坚持调查费用有限的条件下，力求取得最好的调查效果。或者是在保证实现调查目标的前提下，力求使调查支出最少。调查费用以总额表示，至于费用支出的细目，如人员劳务费、资料费、交通费、问卷处理费、杂费等，应根据每次调查的具体情况而定。

任务五：编制市场调研计划表

（1）编制工作进度日程　工作进度日程是对各类调查的工作程序、时间、工作方法等作出的具体的规定。例如，何时做好准备工作，由谁负责等。

（2）编制工作进度的监督检查　对工作进度的监督检查是及时发现问题、克服薄弱环节、保证整个调查活动顺利进行的重要条件。

（3）编制市场调研计划表　根据以上的内容编制市场调研计划表，作为药品市场调研活动实施的指导。模板如下。

市场调研计划表　　　　　　　　　　日期：

调研地区		调研时间	
调研目的			
影响调研效果的因素分析			
调研方法设计			
预定调研进度	时间安排		进度情况
调研预算			
调研人员安排			

竞争对手调查表

调查区域		调查人员姓名		调查时间	
企业基本情况	竞争对手名称				
	企业地址				
	营销方针及做法				
	主要销售方式				
销售人员情况	销售员姓名		学历、年龄		
	服务时间		销售员特长		
	待遇水平		主要客户		
	其他				
产品情况	产品种类				
	产品性能		产品品质		
	市场占有率		产品价格		
补充说明					

购买行为调查表

行为	商品						备注
	商品A	商品B	商品C	商品D	商品E	……	
购买							
仔细了解,但没有购买							
只看看而已							
匆匆而过							

七、项目课时安排

(1) 实训时间：2课时。
(2) 讲授时间：2课时。

八、项目考核与评分标准

"撰写药品市场调研方案"的评估分值比重占"药品市场调研技术"评估总分的25%。具体评估标准见附录二《药品市场营销技术》课程评估手册中项目1.1"撰写药品市场调研方案"评估标准。

专业能力评估项目

序号	评估项目 / 评估标准	实训任务是否基本完成；考评总分30分；每项考评10分	实训操作是否有突出表现；考评总分40分；每项考评5～10分
6	确定调研目的	基本完成,得10分。没有基本完成酌情扣分	1. 课题确立的正确性 2. 课题确立的可行性
7	明确调研方法	基本完成,得10分。没有基本完成酌情扣分	1. 调查方法选择正确性 2. 调查方法选择可行性
8	市场调研计划表撰写	基本完成,得10分。没有基本完成酌情扣分	1. 计划制订的具体性 2. 计划制订的可操作性
	6～8项自评成绩∑70		

九、典型范例

感冒药市场现状调查计划书

调查题目：我国感冒药市场现状及前景调查分析。

调查目的：了解我国居民对感冒药的认知水平及治疗用药情况。

调查区域：北京、天津、重庆、上海、广州、西安、太原、成都、昆明、郑州10大城市。

调查对象：18～50岁家庭购药决策者。

调查时间：2018年2月1日至7月1日。

调查方法：定量调研,问卷,面谈方式,抽样。

调查内容：

1. 消费者对感冒疾病的认知水平是否提高？
2. 在OTC中感冒药的市场占有率是多少？
3. 消费者治疗感冒的方法有哪些？
4. 市场上感冒药知名品牌有哪些？

5. 国内感冒药市场的分布情况。

调查安排：2月1日至2月28日，由公司调研处设计调查问卷，形成样卷。各地小组领取问卷。

费用估算：资料费10000元。

调查单位：好德信息公司。

调查人员：医药调研部全体员工。

调查负责人：王强。

项目1.2　药品市场调查前的准备

做好调查前的准备工作，

是顺利完成调查任务的有力保证。

一、项目任务

（1）要求学生把药品市场调查技术运用与营销实践结合，根据市场调查主题，为开展的市场调查活动设计一份市场调查问卷。

（2）要求学生在教师的指导下，能够完成调查问卷设计，掌握实施市场调查前的人员组织工作的流程。

二、技能要求

（1）通过设计市场调查问卷，培养学生综合分析问题的能力。

（2）通过设计市场调查问卷，培养学生认真、全面思考问题，善于把握问题的细节与实质的良好的职业习惯。

（3）通过设计与撰写调研方案，培养学生设计调查问卷的基本能力。

三、项目操作流程

工作目标	知识准备	关键点控制	流程图
1. 掌握问卷设计的基本程序和方法 2. 组织市场调查人员，包括选择、培训和组织	1. 掌握市场调查问卷设计的程序和技巧 2. 了解正确选择市场调查人员的要求、人员的分工及职责 3. 了解培训内容和培训方法	1. 设计调查问卷 熟悉问卷的类型和结构、问卷设计中应注意的事项，能够在老师的指导下进行问卷设计	设计调查问卷 ↓
		2. 组建市场调查队伍 市场人员的选择和分工	组建市场调查队伍 ↓
		3. 进行人员培训 包括技巧培训、职业道德培训	进行人员培训

四、理论指导

（一）调查问卷概述

1. 调查问卷的概念

调查问卷又叫调查表，它是指调查者根据调查目的与要求，设计的由一系列问题、备选答案及说明等组成的书面材料向被调查者搜集资料的一种工具。问卷是市场调查搜集资料的基本工具之一。采用问卷进行调查是国际通行的一种调查方式，也是我国近年来推行最快、应用最广的一种调查手段。

药品市场调查前的准备

2. 调查问卷的种类

问卷调查，按照问卷填答者的不同，可分为自填式问卷调查和代填式问卷调查。其中，自填式问卷调查,按照问卷传递方式的不同,可分为报刊问卷调查、快递问卷调查和送发问卷调查;代填式问卷调查,按照与被调查者交谈方式的不同,可分为访问问卷调查和电话问卷调查。这几种问卷调查方法的利弊,可简略概括为表 1-1。

表 1-1 自填式问卷调查与代填式问卷调查的利弊

项目	自填式问卷调查			代填式问卷调查	
	报刊问卷调查	快递问卷调查	送发问卷调查	访问问卷调查	电话问卷调查
调查范围	很广	较广	窄	较窄	可广可窄
调查对象	难控制和选择,代表性差	有一定控制和选择,但回复问卷的代表性难以估计	可控制和选择,但过于集中	可控制和选择,代表性较强	可控制和选择,代表性较强
影响回答的因素	无法了解、控制和判断	难以了解、控制和判断	有一定了解、控制和判断	便于了解、控制和判断	不太好了解、控制和判断
回复率	很低	较低	高	高	较高
回答质量	较高	较高	较低	不稳定	很不稳定
投入人力	较少	较少	较少	多	较多
调查费用	较低	较高	较低	高	较高
调查时间	较长	较长	短	较短	较短

(二) 调查问卷设计

1. 调查问卷的基本结构

一份完整的问卷,通常包括标题、引言、正文、附录、结束语等内容。

(1) 标题 概括说明调查的研究主题。

(2) 引言 它是问卷调查的自我介绍,引语的内容应该包括:调查的目的、意义和主要内容,选择被调查者的途径和方法,对被调查者的希望和要求,填写问卷的说明,回复问卷的方式和时间,调查的匿名和保密原则,以及调查者的姓名等。为了能引起被调查者的重视和兴趣,争取他们的合作和支持,卷首语的语气要谦虚、诚恳、平易近人,文字要简明、通俗、有可读性。卷首语一般放在问卷第一页的上面,也可单独作为一封信放在问卷的前面。

(3) 正文 这是调查问卷的主体部分,主要是由一个个精心设计的问题与答案所组成。

> **知识拓展**——调查问卷的功能
>
> (1) 把研究目标转化为特定的问题。(2) 使问题和回答范围标准化,让每个人面临同样的问题环境。(3) 通过措辞、问题流程和卷面形象来获得应答者的合作,并在整个谈话中激励被调查者。(4) 可作为调查的永久记录。(5) 可加快数据分析的进程,如利用能被计算机扫描的问卷来快速处理原始数据。

(4) 附录 对调查过程中有关人员和事项的记录。一般包括:调查人员姓名或编号,调查时间,调查地点,被调查者的姓名、地址、电话号码等,审核员姓名,问卷编号等内容。

（5）结束语　结束语在问卷的最后。目的在于告知被调查者调查活动已经结束，并对被调查者表示感谢。

> **营销备忘**　　　　　　　　**调查问卷设计的原则**
>
> 1. 目的性要求
> 问卷中的问题必须与调查主题密切关联，避免可有可无的问题。注意突出重点，把主题分解成具体的询问形式供被调查者回答。
> 2. 可接受性原则
> 问卷的设计要容易让被调查者接受。请求合作就成为调查问卷设计中一个十分重要的问题。问卷要充分尊重被调查者，说明词要亲切，提问部分要自然、有礼貌和有趣味性，同时应使用适合被调查者身份和水平的用语，必要时可采取一些物质鼓励，并为被调查者保密。
> 3. 顺序性原则
> 设计问卷时，应按一定的逻辑顺序，合理安排问题排列顺序，使问卷条理清楚。
> 4. 简明性原则
> 调查内容简明，调查时间简短，问题和问卷形式要简明易懂。
> 5. 易统计原则
> 问卷设计要考虑问题的答案是否容易进行数据统计、处理和分析。

2. 问题的种类、结构

（1）问题的种类　问卷中要询问的问题，大体上可分为四类。

① 背景性问题，主要是被调查者个人的基本情况。

② 客观性问题，是指已经发生和正在发生的各种事实和行为。

③ 主观性问题，是指人们的思想、感情、态度、愿望等一切主观世界状况方面的问题。

④ 检验性问题，为检验回答是否真实、准确而设计的问题。

药品市场调查
问卷的结构

（2）问题的结构

① 按问题的性质或类别排列，而不要把性质或类别的问题互相混杂。

② 按问题的复杂程度或困难程度排列。

③ 按问题的时间顺序排列。

> **设计问题的原则**
> - 客观性原则。
> - 必要性原则。
> - 可能性原则。
> - 自愿性原则。

（三）市场调查人员

1. 调查人员挑选的必要性

在市场调查中，调查人员本身的素质、观念、条件、责任心等都在很大程度上制约着市场调查作业的质量，影响着市场调查结果的准确性和客观性。因此加强市场调查人员的组织管理，是市场调查过程中的一项重要工作。

2. 优秀调查员的条件

(1) 形象好，有礼貌，善于接近人及被人接近。

(2) 性格外向，精力充沛，自信心强，勤劳勇敢，勇于挑战异议，具有抵抗挫败的能力。

(3) 诚实可靠，办事一丝不苟。

(4) 悟性强，能准确把握谈话者思路，善于领会领导或计划意图，并能按其要求操作。

(5) 具备一定的市场知识和分析问题的能力。

五、项目组织与实训环境

（一）项目组织

(1) 全班进行分组，每组7～8人，确定组长。

(2) 根据项目1.1确定的调研项目或由教师、各项目小组自选调研项目，进一步研究本次调研活动的目的，收集二手资料，初步明确所要调查的信息。

(3) 利用所学相关知识完成问卷设计初稿：问卷主题、问卷结构、问题类型、提问用语、问题排列顺序等。

(4) 在教师指导下，各组交换问卷进行比较和分析，完成问卷修改。通过问卷修改，让学生进行对比，发现在问卷设计中存在的问题。

(5) 确定正式调研问卷。

（二）实训环境

1. 校外实训环境

随着非处方药市场走向规范，药品零售市场竞争将进入一个崭新的时期。面对新的市场、新的机遇，众多生产和销售企业在产品研发、市场开拓、营销组合、经营管理等方面将采取何种应对措施？企业需要了解市场上消费者对"××感冒冲剂"的认知程度，对竞争品牌感冒药的认知和认可度，消费者对各种感冒药的购买状况和对感冒药的价值取向等，请同学们根据前一个项目制订的调查方案有针对性地设计调查问卷。

2. 校内实训环境

(1) 营销实训室。

(2) 教室。

六、项目执行

在正式进行药品市场调查前的准备工作任务有设计调查问卷、组建市场调查队伍、进行人员培训等。

任务一：设计调查问卷

问卷设计质量的高低，将对信息或数据的准确性、可靠性产生影响，最终影响市场调查的质量。设计一份问卷的步骤由于调查人员的不同而有所区别，但大体的设计过程是一致的。一般，问卷设计应包括八个步骤，见图1-1所示。

【第一步】 明确调查目的及内容。

问卷设计首先要明确调查的目的和内容，这是问卷设计的前提和基础，然后才能够准确地设定调查问题。调查问题可以是涉及消费者的意见、观念、习惯、行为和态度的任何问题。具体来说，调查问题需要包括受调查人的分群、消费需求（主要有产品、价格、促销和分销需求）和竞争对手的情况。

【第二步】 确定资料收集的方法。

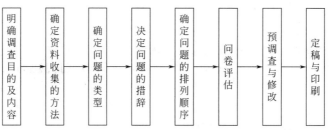

图 1-1 问卷设计步骤

不同的调查方法决定了不同的问卷设计,如拦截访问受时间上的限制,问卷要简短点;邮寄调查则要求问卷设计得简短并非常清楚,因为访问人员不在场,没有澄清问题的机会;电话调查经常需要丰富的词语来描述一种概念以肯定应答者理解了正在讨论的问题;面谈访问的问卷可以设计较长、较复杂的问题。

> **营销备忘** 调查问卷的类型
>
> 根据不同的标准,可将问卷分为不同的类型。
> (1) 根据调查方式的不同可分为:访问调查问卷、小组访谈调查问卷、信函调查问卷、电话调查问卷和网上调查问卷等。
> (2) 根据调查方式可分为:自填式问卷和代填式问卷。
> ① 自填式问卷即由被调查者自己填答的问卷,主要适用于信函调查、留置问卷调查、网上问卷调查、宣传媒介发放的问卷调查等方式。
> ② 代填式问卷是由调查者根据被调查者的口头回答来填写的问卷,主要适用于访问问卷调查、小组访谈调查以及电话问卷调查等。
> (3) 根据问卷的问题类型可分为:封闭式问卷、开放式问卷、半结构式问卷(介于封闭式问卷和开放式问卷之间)。

【第三步】 确定问题的类型。
调查问卷的问题主要有两种类型,即封闭式问题、开放式问题。

> **营销备忘** 问卷设计技巧
>
> 1. 问题类型
> 问题类型主要有两种,即封闭式问题、开放式问题。封闭式提问法是事先设计好对问题的答案,被调查人员能从中选择答案。这种提问方式便于统计,但答案的伸缩性较小,显得呆板。开放式提问允许被调查者用自己的话来回答问题。在一份调查表中,开放式命题不宜过多。因为开放式问题回答的难度大,也不易统计。
>
> 2. 注意事项
> (1) 激发填写者的兴趣 首先要争取填表者的合作和积极性,使他们认真填写。
> (2) 问题精练 问卷上所列问题应该都是必要的,可要可不要的问题不要列入。
> (3) 难度适当 问题是被调查者有能力回答的,力求避免被调查者不了解或难以答复的问题。注意问题的数量,回答全部问题所用时间最多不超过半小时。

封闭式问题的设置

名称	说明	例子
单项选择	一个问题提供是非两个答案供选择	1. 请问您知道××产品吗？□知道 □不知道 2. 您服用过××药品吗？□是 □否
多项选择	一个问题提供三个以上的答案供选择	1. 对于药品广告,您比较关注哪类媒体的？(可多选) □电视 □报纸 □杂志 □网络 □广播 □路牌 □宣传单 □其他 2. 您服用蜂王浆的主要原因是 □增加食欲 □延缓衰老 □增加抵抗力 □改善睡眠 □朋友推荐 □其他
顺序题	对所询问的问题的各种可能的答案,定出先后顺序	您选择妇科药时,对下列因素重视程度作出评价,从高到低,在□中填上1、2、3…… □治疗效果好 □价格合理 □使用或服用方便 □厂家信誉好 □包装好
评判题	表明对某个问题的态度	1. 您认为××药品的价格如何？□偏高 □略高 □适中 □偏低 □太低 2. 您是否信赖明星或名人所做的药品广告？(单选) □十分相信 □比较相信 □无所谓 □比较不相信 □十分不相信

开放式问题的设置

名称	说明	例子
自由格式	被调查者不受任何限制的回答问题	1. 您认为药品价格居高不下的原因是什么？ 2. 您认为大多数保健品生命周期短的主要原因是什么？
词汇联想法	列出一些词汇,被调查者说出首先涌现在脑海里的词汇	当您听到下列文字时,您脑海里涌现的一个词语是什么？养生：_____ 保健品：_____
语句完成式	提供未完成的句子,被调查者完成句子	当您选择感冒药时,您主要考虑_____
故事完成法	提出一个未完成的故事,由被调查者来完成它	昨天办公室小杨买来一盒减肥茶,这使我有下述的感想……请完成这段故事

(4) 问题含义准确　明确问题的界限与范围,问句的字义（词义）要清楚,避免文字理解上的误差,影响调查结果。例如："您的月收入是多少？"这个问题的界限不清楚,"收入"指的是基本工资收入,还是包括一切其他收入,应加以注明。

(5) 避免使用诱导性的问题或暗示性的问题　例如："您感冒常用小柴胡吗？"这样的问句容易将答案引向具体产品,造成偏差,应改为"您感冒常用什么药"？

(6) 注意问题排列顺序　首先在问卷上应有说明词,说明调查人员代表的单位、调查目的或意图、问卷的填写、回收方法以及感谢合作等内容。主要调查的问题可安排在问卷中间部分,这是调查的核心,一般先是封闭式问题,后是开放式问题。被调查者的收入、年龄、职业、单位等背景材料,一般可排在最后。

(7) 问卷方便统计　调查问卷的回答和统计数据要易于整理,应考虑采用计算机整理分析调查表,以节省人力和时间,保证时效。

【第四步】 决定问题的措辞。

对调查人员来讲,在特定问题的用词上要花相当长的时间,这是一种随时间与主体不断发展的技巧,在每一个问题的用词与安排上,一般有下列4条指导原则。

① 用词必须清楚、准确;
② 避免诱导性的用语;
③ 考虑应答者回答问题的能力;
④ 考虑到应答者回答问题的意愿。

【第五步】 确定问题的排列顺序。

问卷不能任意编排,问卷每一部分的位置安排都具有一定的逻辑性(表1-2)。

表 1-2　一份典型问卷的组织形式

位置	问题类型	问题功能	例子
开头问题	宽泛的一般性问题	打破僵局,建立被调查者的信任感	您用过感冒药吗?
随后的几个问题	简单而直接的问题	让被调查者放心,调查既简单又容易回答	您知道的感冒药品牌有几个?
占到问卷1/3篇幅的问题	有侧重点的问题	与调查目标关系密切,告诉被调查者涉及的领域	请问您喜欢哪种剂型的感冒药?
问卷的主体部分	有侧重点的问题,难度相对较大	获取调查所需的大多数信息	您认为现有感冒药在哪些方面需要改进
最后几个问题	被调查者可能会认为是敏感性的个人问题	获取关于这个被调查者自身的分类信息和人口统计信息	您个人的月收入是_____?您的教育程度是_____?

【第六步】 问卷评估。

问卷草稿制订出后,设计人员应回过头来做一些批评性评估。在问卷评估过程中,应考虑以下原则。

① 问题是否必要;
② 问题是否太长;
③ 问题是否满足了调查目标的信息需求;
④ 后续数据统计和分析是否易于操作;
⑤ 为开放式问题是否留足空间;
⑥ 问卷的字体和外观设计是否讲究。

【第七步】 预调查与修改。

当问卷获得管理层的认可后,还必须进行预先测试。通过测试发现问卷中存在的错误、不连贯的地方,为封闭式问题寻找遗漏的选项以及应答者的一般反应。预先测试应当采取与最终调查相同的形式进行。在预先测试完成后,应对所有需要改变的地方进行切实地修改。

例如，如果只有5%的被访问者对一个问题有疑问，设计者可以不对其关注，但如果有10%以上被访问者对同一个问题提出质疑，问卷设计者就应对该问题作重新考虑。

在实地调查前应当再一次获得各方的认同，如果预先测试导致问卷产生较大的改动，应当进行第二次测试。

【第八步】 定稿与印刷。

测试得到认可后，问卷就可以正式定稿，并进行印制。

药品市场调查人员分工（角色职责明细）

任务二：组建市场调查队伍

在市场调查中，调查人员本身的素质将直接影响调查效果。如果企业没有足够的调查人员，则可以到社会上进行招聘。考虑到费用与工作效率的关系，市场调查人员最好招聘年轻而又有文化的临时工。

通常调查执行离不开项目负责人、督导、调查员、复核员等。

营销备忘　　　　　　　　　人员分工

1. 项目负责人

项目负责人也可称作调查主管，对整个调查的时间进度、访问总体质量和调查预算等负全部责任。职责主要有三方面：一是负责调查的整体管理；二是负责编制调查问卷、督导手册，制订工作计划；三是负责挑选、培训和管理调查人员。

2. 督导

督导是对调查员进行管理和监督的人员。作为督导，应当熟悉调查的具体步骤，并善于带领和培训调查员，掌握各种调查知识。督导主要的工作是协助项目负责人开展培训、实施和管理调查员，并负责现场监控、问卷审核和其他形式的质量审核。

3. 调查员

调查员是调查的具体执行者。主要职责是按照事先培训的内容和调查问卷的要求，客观公正地完成规定数量和质量的调查工作。在遵循事先规定的原则前提下，调查员可以充分发挥自我的主观能动性，灵活、巧妙地与被调查者交流，以保证调查工作的顺利进行。

4. 复核员

复核员是通过重新调查以验证调查员工作真实性的人员。一般情况下，复核的工作由督导负责，但在较大规模的调查项目中，复核和督导员工作应当是分离的，复核员是督导的辅助工作人员。

任务三：进行人员培训

上岗前对招聘的调查人员进行适当的培训，这是非常必要的，通过培训，培养调查员对市场调查工作的认识和兴趣，提高工作技能，降低拒访率，使调查工作更加有效率和高效。

营销备忘　　　　　　　　　培训内容

1. 市场调查业务培训

（1）项目方案介绍　将调查项目方案向调查员作简单介绍，使其在心中对调查的总体情况有所了解，以便更好地完成调查工作。

(2) 问卷的熟悉和试填写　使参加调查的工作人员了解调查问卷的内容，并且加以记忆。要求调查员进行试填写，规范作答的方式方法。

(3) 调查实施的技巧　包括接近技巧、提问及谈话技巧、记录技巧及发生特殊情况时的处理等。

2. 职业道德培训

(1) 思想道德方面　实事求是，不弄虚作假；诚实守信，保守秘密；谦虚谨慎，礼貌待人。

(2) 性格修养方面　耐心细致，不急不躁；克服畏难心理，遇挫不馁；愿意与人交流，深入实际。

培训方式

(1) 集中讲授　把调查人员集中起来，由项目执行主任或访问督导就有关内容、技巧采用授课的形式进行讲解。

(2) 以会代训　通过召开现场会、经验交流会或电话会等方式对调查员进行培训。

(3) 以老带新　让新聘的调查员充当有经验的老资格调查员的助手，通过实地调查、学习、积累调查经验和技能，掌握调查技巧。

(4) 模拟训练　预先设计好作业情境，让调查员进行具体操作，检查他们在模拟作业中存在的问题，并加以指导、纠正。

(5) 实习锻炼　让新聘的调查员在预调查中单独进行访问，或直接让新聘的调查员担当调查访问的主角，但由有经验的调查员从旁辅导。新聘调查员可以从实践中提高技能、掌握技巧。

七、项目课时安排

(1) 实训课时：2 课时。

(2) 讲授课时：2 课时。

八、项目考核与评分标准

"药品市场调查前的准备"的评估分值比重占"药品市场调研技术"评估总分的15%。具体评估标准见附录二《药品市场营销技术》课程评估手册中项目1.2"药品市场调查前的准备"评估标准。

专业能力评估项目

序号	评估项目	评估标准	实训任务是否基本完成；考评总分30分	实训操作是否有突出表现；考评总分40分
6	设计调查问卷		基本完成，得30分。没有基本完成酌情扣分	1. 问卷设计的正确性 2. 问卷结构、格式设计规范 3. 问卷设计的可行性
	第6项自评成绩Σ70			

九、典型范例

三金西瓜霜产品市场调查问卷

先生/女士：

您好！我公司正在对三金西瓜霜产品进行市场调查，我们特请您作为我们的访问对象，希望您能在百忙之中抽出一点时间回答我们提出的问题。对您的合作，我们表示衷心感谢！

以下问题，请您在选中项上划"√"，没有选项的请您具体写出。

1. 请问您最近有用过咽喉药含片吗？
□有　　　　　　　　□没有

2. 用咽喉药的原因？
□上火　　　　　　　□喉咙痛痒　　　　　□感冒
其他原因_____

3. 请问您使用三金西瓜霜产品的主要原因是什么？
□感觉喉咙不舒服　　□上火了　　　　　　□听朋友介绍　　　　□口腔溃疡
其他原因_____

4. 请问除了西瓜霜之外，您还用过什么牌子的咽喉药？
□金嗓子　　　　　　□华素片　　　　　　□江中草珊瑚含片　　□吴太咽炎片
其他品牌_____

5. 在您用过的咽喉药当中，您觉得哪个产品是最好的？为什么最好？
最好的咽喉药_____
原因_____

6. 您如何评价三金西瓜霜系列产品的功效？
□很好，很有效　　　□可以，有效果　　　□一般，有时会有效果
□不好，没感到有效果　□很不好，完全没效果

7. 请问您认为三金西瓜霜是一个什么样的咽喉药？
□老品牌，可以信赖的　　　　　　　　　　□效果显著的
□大品牌，具有权威性的　　　　　　　　　□没什么特点，和其他咽喉药一样

8. 请问三金西瓜霜产品给您的感觉与您认为最理想的咽喉药有什么样的差距？
□功效方面　　　　　□广告影响方面　　　□价格方面
□包装方面　　　　　□促销方面　　　　　□其他

9. 请问您现在能想得起来的咽喉药广告是什么牌子的？
_____

10. 请问您为什么能想得起这个广告？
□见得多　　　　　　□很有趣　　　　　　□有明星代言
□宣传口号容易记　　□其他

11. 请问您有看过三金西瓜霜产品的广告吗？
□有　　　　　　　　□记不起来

12. 对西瓜霜广告的印象如何？您记忆最深的是什么？为什么？
□很好　　　　　　　□一般　　　　　　　□没印象
您记忆最深的是什么？为什么？_____

13. 请问您现在用的是哪种咽喉药？您还记得多少钱买的吗？
品牌_____　价格_____

14. 您认为这个价格怎么样？
□很高　　　　　　　□还可以接受　　　　□很合理　　　　　　□很低

15. 现在很多咽喉药都在5元以上，如果以您对当地的了解，作为一个名牌产品，您认为一盒24片的西瓜霜润喉片卖多少钱，当地人是可以接受的呢？
□4元　　　　　　　□5元　　　　　　　□6元　　　　　　　□7元
□8元　　　　　　　□9元以上

16. 请问您有得过口腔溃疡吗？
□有　　　　　　　　□没有

17. 大约多长时间得一次呢？
□一周以上　　　　　□一到两周　　　　　□一个月

□二个月　　　　　□四个月以上
18. 您认为一般引起口腔溃疡的原因是什么？
　　□上火引起　　　□通宵熬夜引起　　　□习惯性溃疡　　　□其他原因
19. 请问您家人、身边亲戚朋友经常有人得口腔溃疡吗？
　　□经常　　　　　□不经常　　　　　□没注意
20. 请问您身边经常得口腔溃疡的人数量多不多？
　　□很多　　　　　□一部分人得过　　　□非常少人得过　　　□没注意
21. 请问您得口腔溃疡时，会对您的生活产生什么样的影响？
　　□吃不了喝不下　　□睡不着　　　　　□注意力不集中，没办法工作
　　□心情不好　　　　□其他
22. 请问您或者身边的人得了口腔溃疡，一般会用什么办法解决这个问题？
　　□不理它，自己好　□去医院开药　　　□去药店买药　　　□其他方法
23. 如果您自己选用药物治疗，您通常会选用中药还是西药？为什么？
　　□中药　　　　　□西药　　　　　　□看情况而定
　　原因是_____
24. 您通常会选择哪种类型的药物对付口腔溃疡？为什么？
　　□喷剂类药　　　□口含片　　　　　□口服片　　　　　□口腔贴片
　　原因是_____
25. 如果您选择去药店买药治口腔溃疡，什么因素会影响您对药品的选择？
　　□广告　　　　　□药店店员推荐　　□产品促销　　　　□朋友推荐
　　□用药经验　　　□其他原因
26. 请问您知道以下哪些药品可以治口腔溃疡吗？
　　□意可贴　　　　□华素片　　　　　□双料喉风散
　　□三金西瓜霜喷剂　□锡类散
　　其他_____
27. 请问您觉得以上治疗口腔溃疡的药品当中，哪个效果最好？为什么？
　　效果最好_____
　　原因_____
28. 三金西瓜霜喷剂是一种老品牌的治疗口腔溃疡的特效药，请问您是怎么知道它是可以治疗口腔溃疡的？
　　□广告　　　　　□店员推荐过　　　□别人推荐过
　　□自己用过　　　□其他

客户基本资料

1. 性别
　　□男　　　　　　□女
2. 年龄
　　□18～24岁　　　□25～29岁　　　□30～34岁　　　□35～39岁
　　□40～44岁　　　□45～49岁　　　□50～54岁　　　□55岁以上
3. 职业
　　□公务员　　　　□事业单位人员　　□教师　　　　　□公司职员
　　□工人　　　　　□学生　　　　　　□私营业主

谢谢您的配合！

调查时间：
调查员_____　复核员_____　审核员_____　录入员_____　督导员_____
问卷编号：_____

项目1.3 实施调查

在市场调查过程中,当必须要获知完全的实际状况时,就应该进行实地调查。

一、项目任务

(1) 要求学生掌握市场调查的实施过程,熟悉访问调查的具体应用,能够胜任访问调查员工作。

(2) 要求学生在教师的指导下,根据市场调查计划和调查问卷,能够进行市场调查访问,有效地收集实地调查资料。

二、技能要求

(1) 通过实施调查,培养学生综合分析问题、统筹规划的能力。

(2) 通过案头调查,培养学生从动态的角度收集能够反映市场变化趋势的历史和现实资料的能力。

(3) 通过实地调查,培养学生与小组内部成员的分工协作、与其他人员沟通协调的能力。

(4) 通过实施调查,培养学生调查准备、实施调查和过程控制的基本能力。

三、项目操作流程

工作目标	知识准备	关键点控制	流程图
1. 掌握调查访问的具体实施 2. 学习现场实施调查的管理和监督,包括调查进度与质量的控制	1. 掌握调查实施的程序要求 2. 掌握调查实施的过程监控方法	1. 调查准备 提出要求,确定程序 2. 实施调查 按程序实施调查 3. 过程监控 调查进度与质量监控	调查准备 ↓ 实施调查 ↓ 过程监控

四、理论指导

(一) 调查资料的收集方法

调查资料的收集方法包括文案调查法和实地调查法两大类。

1. 文案调查

文案调查是市场调研术语,是对已经存在并已为某种目的而收集起来的信息进行的调研活动,也就是对二手资料进行搜集、筛选,并据以判断他们的问题是否已局部或全部地解决。文案调研是相对于实地调研而言的。通常是市场调研的第一步,为开始进一步调研先行收集已经存在的市场数据。

成功地进行文案调研的关键是发现并确定二手资料的来源。二手资料的来源主要可以分成两大类:内部资料来源和外部资料来源。

(1) 内部资料来源 内部资料来源指的是出自我们所要调查的企业或公司内部的资料。内部来源可以为三部分。

① 会计账目和销售记录 每个企业都保存关于自己的财务状况和销售信息的会计账目。

会计账目记录是出口企业或公司用来计划市场营销活动预算的有用信息。除了会计账目外，市场营销调研人员也可从企业的销售记录、顾客名单、销售人员报告、代理商和经销商的信函、消费者的意见以及信访中找到有用的信息。

② 其他各类记录　其他各类记录包括以前的市场营销调研报告、企业自己做的专门审计报告和为以前的管理问题所购买的调研报告等信息资料。随着企业经营的业务范围越来越多样化，每一次的调研越有可能与企业其他的调研问题相关联。因此，以前的调研项目对于相近、相似的目标市场调研来说是很有用的信息来源。西方许多企业都建立了以电子计算机为基础的营销信息系统和计算机数据库，其中储存了大量有关市场营销的数据资料。这种信息系统的服务对象之一就是营销调研人员，因而是调研人员的重要二手资料来源。

（2）外部资料来源　外部资料来源指的是来自被调查的企业或公司以外的信息资料。这类信息包括出口国国内的资料和来自进口国市场的资料。一般来说，第二手资料主要来自以下几种外部信息源。

① 政府机构　本国政府在外国的官方办事机构（如商务处），通过这些机构，可以系统地搜集到各国的市场信息。我国的国际贸易促进委员会及各地分会也掌握着大量的国外销售和投资方面的信息。

② 行业协会　许多国家都有行业协会，许多行业协会都定期搜集、整理甚至出版一些有关本行业的产销信息。行业协会经常发表和保存详细的有关行业销售情况、经营特点、增长模式及其类似的信息资料。此外，他们也开展自己行业中各种有关因素的专门调研。

③ 专门调研机构　这里的调研机构主要指各国的咨询公司、市场调研公司。这些专门从事调研和咨询的机构经验丰富，搜集的资料很有价值，但一般收费较高。

④ 其他大众传播媒介　电视、广播、报纸、广告、期刊、书籍、论文和专利文献等类似的传播媒介，不仅含有技术情报，也含有丰富的经济信息，对预测市场、开发新产品、进行海外投资具有重要的参考价值。

⑤ 官方和民间信息机构　许多国家政府经常在本国商务代表的协助下提供贸易信息服务以答复某些特定的资料查询。另外各国的一些大公司延伸自己的业务范围，把自己从事投资贸易等活动所获得的信息以各种方式提供给其他企业，如日本三井物产公司的"三井环球通讯网"、日本贸易振兴会的"海外市场调查会"等。

我国的官方和民间信息机构主要有：国家信息中心、国际经济信息中心、中国银行信息中心、新华社信息部、国家统计局、中国贸促会经济信息部、各有关咨询公司、广告公司等。

营销备忘　　二手资料调研应注意的问题

尽管二手资料调研具有省时间、省费用的优点。然而，许多二手资料也存在着严重缺陷。调研人员特别需要注意的是下面几个方面的问题。

1. 可获性

在选用第二手资料时应该考虑：所需的资料是否能被调研人员迅速、方便、便宜地使用？如果调研经费很少，那么花钱少的信息源应该加以优先考虑，快速和便利则是次要的了。

2. 时效性

如果数据资料已过时数年，不能作为企业决策的主要依据，贪图简便、用过时资料来推断当前的市场状况，将使企业的调研缺乏时效性与准确性，因此无法被决策者所采用。

3. 相关性

市场营销调研人员必须研究他所找到的资料是否最能切中问题的有关方面，任何牵强附会只能使调研结果得出错误的结论。

4. 精确性

只在很少的情况下，一些由别人公布的第二手资料会全面、精确地论述市场调研人员所要调查的主题，但多数情况并不如此。特别是得不到直接切题的第二手资料时，市场营销调研人员可能只得利用代用资料，因此要适当地对这些代用资料作一些修改或补充。要提高资料的精确度，市场营销调研人员还应当深入研究制作这类第二手资料时所用的方法，推敲一下它们是否能经得起科学的考验。

2. 实地调查

实地调研法指由调研人员或委托专门的调研机构通过发放问卷、面谈、电话调查等方式收集、整理并分析第一手资料的过程（详见项目1.1）。其中实地调查的方法包括观察法、实验法、询问法等。

（二）调查进度监控

调查进度监控就是为了保证调查工作严格按进度进行，避免出现前紧后松和前松后紧的现象，做到每天的调查工作均衡进行，以保证调查工作质量。加强调查进度监控，保证各项调查工作严格按进度完成调查任务是至关重要的。

每位调查员所完成的工作量也应有一个限制范围，既要保证进度，又要保证质量。确定调查员每天应完成的工作量主要从下面几个方面考虑：①调查员的工作能力；②调查员的责任心；③调查问卷的复杂程度；④调查的方式；⑤调查的区域和时段。

（三）调查质量监控

调查质量监控是以调查结果为对象，以消除调查结果的差错为目标，通过一定的方法和手段，对调查过程进行严格监控，对调查结果进行严格审查和订正的工作过程。

质量控制包括设计阶段的质量控制、调查实施阶段的质量控制、资料整理阶段的质量控制。调查实施阶段的质量控制，首先要做好调查前的准备工作，如对调查对象的特征进行初步了解，搜集调查背景资料以及准备好调查工具等。其次，要对调查员进行严格的选择和培训，建立一支在思想上和业务上过硬的调查队伍。最后，在调查过程中，根据不同的调查方法，采取相应的控制措施。调查实施进度与质量控制见图1-2。

五、项目组织与实训环境

（一）项目组织

（1）全班进行分组，每组7~8人，确定一名组长。

（2）小组成员根据上个项目设计的调查问卷，进行调查访问工作安排，并展开调查。

（二）实训环境

1. 校外实训环境

作为非处方药的一大组成部分，感冒治疗药品是我国医药产品推广最成功的范例。而随着非处方药市场走向规范，药品零售市场竞争将进入一个崭新的时期。面对新的市场、新的机遇，众多生产和销售企业在产品研发、市场开拓、营销组合、经营管理等方面将来采取何种应对措施？请同学们根据上个项目设计的调查问卷实施调查，回收问卷资料。

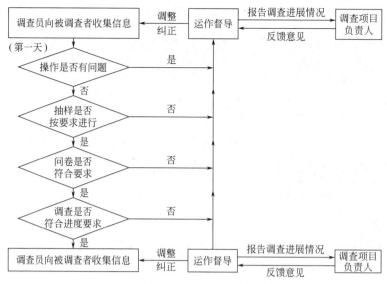

图 1-2　调查实施进度与质量控制

2. 校内实训环境

（1）营销实训室。

（2）教室。

六、项目执行

实施调研时，要加强现场调查管理，尤其是对现场调查人员的管理，以确保现场数据收集的质量。操作流程包括调查准备、实施调查、过程监控。

任务一：调查准备

调查准备工作内容主要包括：熟悉调查提纲、相关知识的准备、安排时间、地点和路线、准备调查工具、了解有关职业规则等。

> **营销备忘　　　　　　　　调查准备工作内容**
>
> （1）熟悉调查提纲　调查人员必须对调查内容全面了解，只有熟悉的内容才能清晰、熟练地进行介绍，赢得调查对象的信赖。
>
> （2）相关知识的准备　依据调查内容不同要有相关知识的了解，当涉及某件商品或者服务调查时，要先查找相关的资料，有时还需要实地考察一番。
>
> （3）安排时间、地点和路线　依据调查方案的要求，选择调查时间、地点和路线，以便于进行实地调查。
>
> （4）准备调查工具　一般调查需要携带笔、问卷、硬板等。
>
> （5）了解有关职业规则　尊重被调查者的权利：自愿，匿名，了解调查人员真实身份、目的，对未成年人调查需要经监护人同意等。

任务二：实施调查

1. 文案调查

调查时首先考虑文案调查，因实地调查虽然有利于企业获得客观性、准确性较高的资料，但其周期较长、费用较大。而文案调查则可以

调查人员形象

以较快的速度和较低的费用得到第二手资料，因此文案调查一般是市场调查必不可少的基础和前道工序。

2. 访问调查

访问调查的实施要点有：①如何入户或如何接近被调查者；②如何提出问题；③如何记录答案；④如何结束调查；⑤如何处理现场问题；⑥如何对待拒访者。

进行调查访问的一般顺序是：首先，调查人员自我介绍，说明来意，作为对话的开始；接着调查人员开始提问或要求被调查者填写问卷，做好记录，这是调查的主要部分；在主要问题的提问过程完成后，调查人员不应急于结束访问，而应该与应答者就前面一些未得到满意回答的问题展开简短而非正式的自由讨论，引导或鼓励对方回答先前他们不愿意提供答案的问题，并记录被调查者的背景资料与电话；然后感谢被调查者的配合，并送出礼品，调查才能结束。这个阶段是成本最高也最容易出错的阶段。调查负责人在调查项目开始之前应详细了解项目执行的阶段性时间表，以便进行跟踪、参与与监督。

药品
市场调查

> **营销备忘** 　　　　　如何处理拒访
>
> （1）对于因没有时间而拒绝的人应视具体情况区别对待。如果被调查者确实有紧急或重要事情要办。对于这种情况，调查者不可坚持调查，只需在记录中注明，约好时间，改日再来访；如果被调查者没有什么紧急的事情，只是在做家务或是看电视，这时，调查员应耐心向被调查者解释，调查不会占用太多时间，并告之大约多久可以结束，这里所说的时间可以比实际需要的时间略少些，重要的是让被调查者接受调查，但不能出入太大。
>
> （2）对于因害怕个人情况泄露或不愿被打扰而拒访的人应这样处理：调查员应该说明市场调查的目的及科学性，说明为什么会选择他，而不能由其他人代替，并对被调查者的情况及调查结果保密。对于保密，一再反复强调，要尽力消除被访者的疑虑，使他们接受讯问。
>
> （3）对于因缺乏自信心而拒访的人应该这样处理：这些人大多文化水平低，善良而胆小，有一定的自卑感。对于这类被调查者，调查员一定要表现得亲切、有礼貌，应该让被调查者觉得有信心接受调查。

任务三：过程监控

1. 进度监控

根据每天完成的问卷数及调查进度安排来判断调查是否符合进度要求，提出针对性的意见和建议。督导应该将每天的监督检查情况进行详细记录，并向调查项目负责人报告。如果可能无法按预期的进度完成的话，要事先通知有关的部门或单位。调查项目负责人根据每天的调查实施情况作出反应，提出反馈意见。如有必要，应对调查计划加以调整。

2. 质量监控

对调查实施过程来说，最重要的是收集到高质量的数据，除了进行认真而严格的培训外，还要采取充分的措施以保证调查员确实能按照培训中所要求的方法和技术进行调查访问。

> **营销备忘** 　　　　　调查质量常见问题
>
> ① 调查人员自填问卷，而不是按要求去调查被访者。

② 没有对指定的调查对象进行调查，而是对非指定的调查对象进行调查。
③ 调查人员自行修改已调查完成的问卷。
④ 调查人员没有按要求向被访者提供礼品或礼金。
⑤ 调查过程没有按调查要求进行，如调查员将本当由调查员边问边记录的问卷交由被访者自填。
⑥ 调查人员在调查过程中带有倾向性。
⑦ 有些问题答案选择太多，不符合规定的要求。
⑧ 有些问题漏记或没有记录。
⑨ 调查人员为了获得更多报酬，片面追求问卷完成的份数，而放弃有些地址不太好找的调查对象，或放弃第一次碰巧没有找到的调查对象。

对调查员的监控，重点在于保证调查的真实性，保证调查的质量，同时也是衡量调查员的工作业绩、实行奖优罚劣的需要。

营销备忘　　　　　　　**监控的方法、手段**

常规质量控制：对于调查员完成的问卷，督导每天都要逐份进行检查，看问卷是否有质量问题，是否有遗漏，答案之间是否前后矛盾，笔迹是否一样等。检查时，应及时记录检查结果，并将检查情况和调查进度情况向项目负责人报告。对检查中发现的问题，一方面要根据问题的具体情况采取相应措施，作出处理。另一方面，要对调查员进行正面反馈。常规质量控制可以采取现场监控的方式。

抽样监控：在调查过程中，要求调查员必须严格地按照抽样方案抽取样本，而不是根据方便或接近的难易程度来挑选样本，保证抽样的随机性，保证样本的代表性。一旦发现调查员未按要求抽取样本，要及时制止，并加以纠正。

作弊控制：为了防止调查员作弊，一方面要在对调查员培训时加强思想教育和职业道德教育，另一方面要加强监督检查。例如：在问卷设计时，加上一些测谎题，然后根据测谎题来判断问卷的真伪，如在问卷前部后部设计相似的问题，如果是胡乱填写，很可能不会注意到问题相似，从而选了差异较大的选项；也可以在调查对象中加入一些"查账者"，以便检查。

中心办公室控制：对于经督导检查上交的调查结果，项目负责人还要进行必要的核实和复查后才验收。一般来说，要抽查 $10\% \sim 25\%$ 的被访者，对调查员的调查行为和结果进行验证。可以采用电话回访或实地复访的方式进行。

七、项目课时安排

（1）实训时间：2课时。
（2）讲授时间：2课时。

八、项目考核与评分标准

"实施调查"的评估分值比重占"药品市场调研技术"评估总分的15%。具体评估标准见附录二《药品市场营销技术》课程评估手册中项目1.3"实施调查"评估标准。

专业能力评估项目

序 号	评估项目 / 评估标准	实训任务是否基本完成；考评总分 30 分	实训操作是否有突出表现；考评总分 40 分
6	调查安排	基本完成,得 10 分。没有基本完成酌情扣分	1. 具体安排的可行性 2. 具体安排的周密性
7	实施调查	基本完成,得 10 分。没有基本完成酌情扣分	1. 文案调查资料全面性、有效性 2. 问卷回收率
8	过程控制	基本完成,得 10 分。没有基本完成酌情扣分	有效完成调查任务
	6~8 项自评成绩 $\Sigma 70$		

九、典型范例

某公司 OTC 广告效果评估调查项目

样本总体及抽样框：以全部看过"白加黑"产品广告的 18~60 岁城市居民为总体。

调查方法：街头拦截式面访调查。即选定一个人流量较大的繁华商业区，并在此租用一个安静的房间作为调查访问现场，由调查访问员在街道上对行人进行拦截，征得被拦截对象的同意后，邀请符合条件的对象参加访问。

现场控制：在这次药品营销调查的访问现场，某公司委托的调查公司始终注意对现场进行严格管理与监控，以保障良好的执行纪律与高质量的调查数据。某公司在该药品营销调查的"现场操作要求"中特别强调：调查访问员在街头拦截被调查者，征得对方同意后，需由现场的甄别督导对被调查者的资格进行甄别，以确认其是否符合样本条件，以减少调查访问员在甄别过程中产生人为误差；现场督导负责监督调查访问区调查询问员的流程操作是否规范、题目阅读是否清晰、答案记录是否完整、追问是否彻底等，对调查访问员存在的问题及时纠正，并对完成的问卷进行初审；再审督导负责对调查访问员完成的问卷进行全面审核，确认问卷是否完整、合格，并发放礼品。

项目 1.4　调查资料的整理与分析

调查资料的整理与分析阶段是市场调查深化、提高的阶段，是由感性认识向理性认识飞跃的阶段。

一、项目任务

（1）要求学生了解调查资料整理与分析的意义和原则，掌握资料的审核、编码、录入、分析的内容和方法。

（2）要求学生在教师的指导下，根据市场调查收集的资料，进行审核、编码，并进行数据录入，汇总形成统计表和统计图。

二、技能要求

（1）通过调查资料的整理与分析，帮助学生认识调查资料的整理与分析在市场营销调研中的重要性。

（2）通过调查资料的整理与分析，培养学生统计分析能力、综合分析问题的能力以及计算机操作能力。

（3）通过调查资料的整理与分析实训，培养学生调查资料的整理与分析的基本能力。

三、项目操作流程

工作目标	知识准备	关键点控制	流程图
1. 掌握调查资料的整理分析步骤和方法 2. 能够运用计算机以及软件来对调查资料进行整理统计	1. 掌握调查资料整理的要求和方法 2. 掌握调查资料分析所用的统计方法	1. 问卷的接收与审核 　学会问卷的登记、无效问卷的剔除；掌握对于检查出来的不满意问卷的处理方法 2. 问卷数据编码 　进行问卷数据分配编码 3. 数据录入 　学会常用的键盘录入 4. 缺失数据的处理 　学习如何处理缺失数据 5. 调查资料分析 　根据实际情况选择数据处理软件，学会数据统计分析的基本方法	问卷的接收与审核 ↓ 问卷数据编码 ↓ 数据录入 ↓ 缺失数据的处理 ↓ 调查资料分析

四、理论指导

（一）调查资料处理

调查资料处理，即调查数据处理，是根据市场调查任务的要求，把调查所收集到的各种原始数据资料进行整理，使之条理化、系统化，显示出能够反映现象总体特征的综合资料的工作过程。资料处理应遵循的原则有：准确性原则、及时性原则、全面性原则、系统性原则。

1. 问卷检查

这是指对回收式问卷的完整性和访问质量的审核，通过审核确定哪些问卷可以接受，哪些问卷需要补做或作废。

2. 编码

编码是指用代码来表示各组数据资料，使其成为可进行计算机处理和分析的信息。代码是用来代表事务的记号，它可以用数字、字母、特殊的符号或它们之间的组合来表示。编码具有重要的功能：一是便于信息的存储和检索；二是可以显示信息单元的意义；三是有利于提高信息资料处理的效率和精度。

3. 数据录入

数据录入就是将调查表上的信息录入到计算机的存储设备中去。

4. 缺失数据

缺失数据是指由被调查者没有给出明确的答案或调查员没有记录下他们的答案而造成的未知变量值。缺失数据的发生有几种情况：调查者忘记询问该问题或者被调查者忘记填写该问题；被调查者对某一问题拒绝回答；被调查者提供了答案，但答案存在逻辑错误。

通常，少量缺失数据是可以容忍的，但如果缺失数据的比例超过了10%，就可能出严重问题。

（二）调查资料分析的含义

调查资料分析是根据调查目的，采用一定的数据分析方法，对通过调查并经过整理的数据资料进行分组、汇总、检验、计算和分析等，得到所调查现象的本质及规律，进而指导实践的过程。

资料分析主要是运用统计分析技术对采集到的原始资料进行运算处理，并由此对研究总体进行定量的描述与推断，以揭示事物内部的数量关系与变化规律。在进行调查方案的设计时，就需要根据调查项目的性质、特点、所要达到的目标，预先设计好资料数据分析技术，制订好分析的计划。否则，就会出现所收数据资料不符合分析要求的现象。资料分析人员不仅需要熟悉各种统计方法，还要熟悉统计分析软件和计算机操作。对资料的分析，要根据不同的需要采用不同的分析方法，如时间序列分析、因素分析、相关分析、误差分析、判断分析等。总之，对调查资料进行分析后，一般能够达到反映客观事物及其规律性的目的。

五、项目组织与实训环境

（一）项目组织

（1）全班进行分组，每组 7~8 人，确定组长。

（2）各小组请把前个项目"实施调研"回收的调查问卷的数据进行归纳整理，并进行分析。形成若干文字资料、统计分析表和统计图。

（二）实训环境——校内实训环境

（1）营销实训室。

（2）教室。

六、项目执行

进行调查资料的整理与分析时，操作流程包括问卷的接收与审核、问卷数据编码、数据录入、缺失数据的处理、调查资料分析。

任务一：问卷的接收与审核

1. 接收问卷

首先，设计问卷登记表。表格上的项目一般包括调查员的姓名、调查地区、调查时间、交表日期、实发问卷数、上交问卷数、合格问卷数、未答或拒答问卷数、丢失问卷数、其他问卷数等。然后，对问卷进行编号或标注。对于不同的调查员和不同地区（单位）交上来的问卷还要及时在问卷表面编号或注明调查员和调查地区，以便于问卷汇总、分析和查考。

2. 无效问卷的剔除

在接收问卷时，要将全部问卷检查一遍，将无效问卷或不能接收的问卷剔除掉。无效的或不能接收的问卷有以下几种。

（1）不完全的问卷，即有相当多的内容没有填写的问卷。

（2）被调查者没有完全理解问卷的内容而答错，或者没有按指导语的要求来回答问题的问卷。例如，跳答的问题没有按要求去做。

（3）大批的问卷的回答没有什么变化。

（4）缺损的问卷，即有数页丢失或无法辨认的问卷。

（5）不属于调查对象的人填写的问卷。例如，在一项药品市场调查中，调查对象是患有某种疾病并曾经进行过治疗的人，因此没有患此疾病或患有此疾病但没有治疗过的人填答的问卷都属于无效问卷。

（6）前后矛盾或有明显错误的问卷。例如，年龄 10 岁，学历却为博士。

（7）在截止日期之后回收的问卷。

阅读资料　　　　连锁加盟经营公众调查问卷的部分问题

1. 您的基本情况：性别
　□女士　　　□先生
2. 您的受教育程度
　□初中　　　□高中/中专等　　　□大专　　　□本科　　　□研究生

> 3. 您的就业情况
> □在职　　□待业　　□下岗　　□退休　　□学生　　□军人
> 4. 您的职位
> □专业人士　　□部门主管　　□市场营销/销售总监　　□行政经理/人事经理
> □财务总监/总会计师　　□总经理/副总经理　　□董事长　　□其他
> 5. 您以前是否有过从商经验
> □有　　□无
> 6. 您是否从事过连锁加盟经营活动
> □是　　□否
> 7. 如果您对连锁加盟感兴趣，您选择特许项目的标准将依次是（请标明顺序）
> □加盟费低　　□知名度高　　□行业有发展潜力　　□加盟体系完善
> 8. 您在加盟连锁经营方面打算投入多少资金
> □5万元以下　　□5~20万元（含20万元）　　□20~50万元
> □50~100万元（含100万）　　□100万元以上
>
> 案例解读：第3个与第4个问题，第7个问题与第8个问题有冲突，所以这个问卷只能放弃不用，但是我们可以发现，这个废卷需要认真分析内容才能发现回答者的矛盾。

3. 相应处理措施

对于检查出来的无法令人满意的问卷，常用的处理方法有：退回实地重新调查、按缺失数据处理。

放弃一些问卷可能会影响样本的代表性，产生系统性误差。如果决定要放弃一些问卷，在报告中应当说明放弃的理由和放弃的数量。

任务二：问卷数据编码

编码可以按照预先编码或事后编码来进行。无论是哪种编码方式基本程序都包括以下几个方面。

1. 确定变量

问卷中的每一个问题都要用一个或多个变量来对应。设置变量时，最好让变量的下标与问卷的题号相一致，以便于查找。例如，一项关于大学生消费情况的调查，在问卷设计中就已考虑了变量的名称。

您的基本情况（注意：在您认为符合您的选项上画圈或填入数字）

X_1. 您的性别　1. 男　　2. 女

X_2. 您的年龄 _____（周岁）

X_3. 您就读的大学和专业 _____

X_4. 您所在的年级　1. 大一　　2. 大二　　3. 大三　　4. 大四

…… ……

在规定变量名称的同时，还要规定变量的类型、变量的取值范围、变量的位数和小数点位数等。变量的类型在市场调查中，常用的有字符型和数值型两种。字符型的变量可以输入任何字符，不一定是数字。例如，性别 X_1 可以是字符型的，可以输入"男"和"女"，当然也可以输入"1"和"2"代替。但是，字符型的变量除了计算频数外不能进行其他的运算。为了在分析中作一些必要的变换和计算，在规定变量类型时应更多地采用数字型变量。例如，对于 X_1，规定其取值为1和2。

在规定变量的取值范围时，要考虑到可能有缺失数据的情形。例如

$$X_1 = \begin{cases} 0 & \text{未答} \\ 1 & \text{男} \\ 2 & \text{女} \end{cases}$$

X_2＝年龄周岁数（14～30），99表示未答

2. 单选问题与多选问题的编码

对于单选问题，只需要规定一个变量就可以解决其编码问题。举例如下。

X_{13}. 您的收入主要由谁提供（请选一项）

1. 父母　2. 兄弟、姐妹　3. 亲戚　4. 朋友　5. 自己打工　6. 其他（请注明）

对于多选问题，则要用多个变量来与之对应。一般来说，变量的个数应等于可供选择的答案个数。举例如下。

X_{17}. 您家拥有下列哪些商品？（可以多选）

1. 汽车　　2. 商品住房　　3. 钢琴　　4. 电脑　　5. 空调
6. 电话　　7. 组合音响　　8. 电冰箱　9. 洗衣机　10. 彩色电视机

上述问题可用10个变量来定义：

$$X_{171} = \begin{cases} 1 & \text{有汽车} \\ 0 & \text{没有汽车} \end{cases} \qquad X_{172} = \begin{cases} 1 & \text{有商品住房} \\ 0 & \text{没有商品住房} \end{cases} \cdots$$

3. 开放式（无结构式）问题的编码

如果不准备对开放式问题进行任何定量分析，那么就没有必要编码，只需在写报告时将这些问题的答案定性地归纳研究即可。如果准备进行定量分析，则需要将各种可能回答归纳后一一编号，再根据多选或单选的同样道理规定多个或一个变量。

任务三：数据录入

数据录入可采用人工录入和智能化的录入系统进行。数据的收集常常采用计算机辅助的智能化录入设备进行。有的还采用光学扫描仪等方法读取数据。但是在我国，目前键盘录入的办法还是最常用的。采用键盘录入就会产生误差，为了将错误降低，可考虑采用双机录入，即数据由不同的录入人员在计算机中录入两次，再对两个数据库进行比较，两者不一致的地方即为出错之处。

任务四：缺失数据的处理

处理缺失数据主要有以下几种方法。

1. 用平均值代替

如果该变量存在平均值，那么最典型的缺失数据处理方法是使用变量的平均值去代替。由于该变量的平均值会保持不变，那么其他的统计量也不会受很大的影响。

2. 用模型计算值代替

用模型计算值代替是指利用由某些统计模型计算值得到的比较合理的值来代替。例如，"购买保健品量"与"家庭收入"有关系，利用这两个问题的被调查者的数据，可以构造出一个回归方程。对于某个没有回答"购买保健品量"的被调查者，只要其"家庭收入"已经回答，就可以通过这个回归方程计算出其"保健品购买量"。这种替代是基于科学的统计方法，它和简单地用平均值替代相比更准确些。

3. 配对删除

配对删除是对每种分析计算只使用那些有完全回答的个案，而没有完全回答的个案则不参与分析。

任务五：调查资料分析

（一）选择适当的数据处理软件

可选择的应用软件主要有：

① 数据库管理类软件，如 Dabse、Foxpro 等；

② 电子表格类软件，如 Lotusl-2-3、Excel 等；

③ 统计分析类软件，如 SAS、SPSS、Statistics、TSP 等；

④ 中文文字处理软件，如 Word、WPS 和北大方正系统等。

（二）数据分析的基本方法

1. 频数和频率分析

编制频数分布首先要对原始数据进行统计分组。统计数据分组是指根据研究目的和要求，将全部数据按照一定的标志划分成若干类型组，使组内的差异尽可能小，组间的差别尽可能明显，从而使大量无序的、混沌的数据变为有序的、反映总体特征的资料（图1-3）。

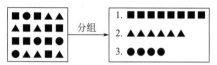

图1-3 分组概念图

在分组的基础上，把所有数据或总体单位按组归并、排列，形成所有数据或总体各单位在各组间的分布，称为频数分布（具体内容见实训范例）。频数是每个对象出现的次数。频率是每个对象出现的次数与总次数的比值。

> ✅ **实训范例**

被调查消费者基本情况表

项目		人数/人	频率/%
男性		58	55.8
	30岁以下	17	29.3
	30～50岁	32	55.2
	50岁以上	9	15.5
女性		46	44.2
	30岁以下	11	23.9
	30～50岁	30	65.2
	50岁以上	5	10.9
合计		104	100.0

2. 集中趋势分析

集中趋势分析主要有三种计量指标：算术平均值、中位数、众数。

（1）算术平均值是调查所得的全部数据之和除以数据个数的结果。这是最常用的统计平均数。

> ✅ **实训范例**　　　　　　　　　　家庭月平均收入计算

家庭月总收入是：

□1000元以下　　□1000～2000元　　□2000～3000元

□3000～4000元　　□4000～5000元　　□5000元以上

通过调查统计后得到如下结果：

家庭月收入/元	频数 f_i	组中值 x_i	$f_i x_i$
1000 元以下	10	500	5000
1000~2000 元	19	1500	28500
2000~3000 元	50	2500	125000
3000~4000 元	65	3500	227500
4000~5000 元	24	4500	108000
5000 元以上	10	5500	55000
合计	178		549000

家庭月平均收入 = 549000÷178 = 3084 元

(2) 中位数是指将总体各单位标志值按照大小顺序排列后,处于中间位置的那个标志值。在许多情况下,不易计算数值平均数时,可用中位数代表总体的一般水平。若奇数个数据,则中间位置的数值为中位数;若偶数个数据,则中间位置两个数值的平均数为中位数。

✅ **实训范例**

对某地区 10 家零售药店的日平均销售量进行调查,各店的销售量如下(单位:万元)。
30、40、50、60、80、90、100、110、120、130
则,中位数 = (80+90)÷2 = 85

(3) 众数是一组数据中出现次数最多的标志值。有时众数不止一个。举例计算如下。

✅ **实训范例**

有一组数据为:2、3、5、5、3、5、6、6、2、6。
出现次数最多的是 5、6,众数就是:5 和 6。

3. 离散程度分析

经常使用的离散程度分析主要有标准差、方差、全距。

(1) 方差和标准差 方差的计算公式为:$S^2 = 1/n \,[(x_1-m)^2 + (x_2-m)^2 + \cdots + (x_n-m)^2]$,其中 m 表示平均值,标准差即为方差开根号。标准差越大,离散程度越大,集中趋势的代表性就越小;标准差越小,离散程度越小,集中趋势的代表性就越大。

✅ **实训范例**

在两个地区分别对 10 家零售药店的日平均销售量进行调查,得到两组数据(单位:万元)。
甲地:30、40、50、60、80、80、100、110、120、130 $m_甲 = 80$
乙地:66、70、73、75、79、81、86、86、90、94 $m_乙 = 80$
但 $S_甲 = 34.64$
$S_乙 = 9.07$

（2）全距　全距也叫极差，即样本中最大值和最小值的差，即：全距＝最大值－最小值

上例中，甲组数据的全距为130－30＝100。

4. 交叉列表分析

交叉列表是指同时将两个或两个以上有联系的变量及其变量值交叉排列在一张统计表中，使用权变量值成为不同变量的结点，从而帮助人们深刻认识变量之间的关系及其分布情况。

在市场调查中，多数的市场调查在分析上都只进行到交叉分析。选择交叉列表中的变量，包括其内容和数量，应根据调查项目的特点来考虑。

✓ 实训范例

（1）双变量交叉列表（受教育程度与年收入的关系），如下。

受教育程度与年收入的关系

受教育程度	年收入水平/元					
	6000以下	6000～10000	10000～20000	20000～30000	30000～40000	40000以上
高中以下	145	98	45	83	51	62
大专毕业	196	216	138	185	218	221
本科毕业	116	83	92	139	149	219
硕士毕业	29	55	33	45	74	135
博士及博士以上	7	32	12	38	40	78

（2）三变量交叉列表（A、B、C、D四种品牌的同类药品的月销售量与城市分布和家庭月收入之间的关系），如下。

某药品主要品牌的人群分布情况　　　　　　　　　　单位：人

品牌	上海			广州			北京		
	低收入	中收入	高收入	低收入	中收入	高收入	低收入	中收入	高收入
A	229	236	290	97	98	123	396	402	498
B	0	0	0	43	46	34	14	17	11
C	4	9	9	4	6	6	2	5	5
D	9	19	12	0	0	0	11	11	8

（三）统计图的应用

常用的统计图有饼图、柱形图、折线图、直方图等，以表1-3数据为例分别作图（图1-4～图1-7）。

表1-3　某企业A药品在各地区的销售量情况

区域划分	第一季度/万元	第二季度/万元	第三季度/万元	第四季度/万元
东部	20.4	27.4	90	20.4
西部	30.6	38.6	34.6	31.6
北部	45.9	46.9	45	43.9

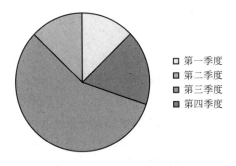

图 1-4　某企业 A 药品在东部地区的销售量情况饼图

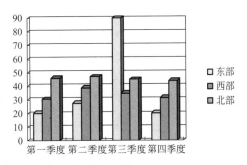

图 1-5　某企业 A 药品在各地区的销售量情况柱形图

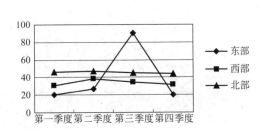

图 1-6　某企业 A 药品在各地区的销售量情况折线图

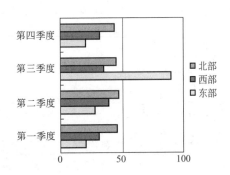

图 1-7　某企业 A 药品在各地区的销售量情况直方图

七、项目课时安排

（1）实训时间：2 课时。
（2）讲授时间：2 课时。

八、项目考核与评分标准

"调查资料的整理与分析"的评估分值比重占"药品市场调研技术"评估总分的 15％。具体评估标准见附录二《药品市场营销技术》课程评估手册中项目 1.4 "调查资料的整理与分析"评估标准。

专业能力评估项目

序号	评估项目	评估标准	实训任务是否基本完成；考评总分 30 分	实训操作是否有突出表现；考评总分 40 分
6	问卷的审核、编码		基本完成，得 10 分。没有基本完成酌情扣分	1. 审核的正确性 2. 编码的可行性
7	数据录入		基本完成，得 10 分。没有基本完成酌情扣分	数据录入的准确性
8	资料统计分析		基本完成，得 10 分。没有基本完成酌情扣分	1. 统计表图的具体性 2. 统计分析数据的正确性
	6～8 项自评成绩∑70			

项目 1.4　调查资料的整理与分析

项目1.5 撰写市场调查报告

调查报告既是经营决策的依据,也是信息交流的基本平台,准确而完整的市场调查报告能够揭示市场运行规律。

一、项目任务

(1)要求学生认识到撰写市场调查报告的重要性,掌握市场调查报告撰写的基本格式和技巧。

(2)要求学生在教师的指导下,根据调查资料撰写市场调查报告。

二、技能要求

(1)通过学习如何撰写市场调查报告,使学生掌握调查报告的结构,认真分析调查数据,得出调查结论,提出具体建议,培养学生综合分析问题的能力。

(2)通过分组完成调查报告,培养学生与小组内部成员的分工协作、与其他人员沟通协调的能力。

(3)通过撰写市场调查报告,培养学生撰写市场调查报告的技巧,并使学生具备一定的语言组织能力。

三、项目操作流程

工作目标	知识准备	关键点控制	流程图
1. 掌握市场调查报告撰写的一般过程 2. 掌握如何根据市场调查收集的资料撰写一份市场调查报告	1. 认识到撰写市场调查报告的意义 2. 掌握市场调查报告的基本结构和格式 3. 撰写市场调查报告的技巧	1. 构思选题 确立主题,列出论点论据 2. 选取数据资料 围绕主题研究和选取数据 3. 拟定提纲 围绕主题列出提纲 4. 撰写报告初稿 根据提纲安排人员撰写初稿 5. 修改定稿 进行检查、补充、修正的过程	构思选题 ↓ 选取数据资料 ↓ 拟定提纲 ↓ 撰写报告初稿 ↓ 修改定稿

四、理论指导

1. 市场调查报告的概念

市场调查报告是市场调查的最后成果,是用事实材料对所调查的问题做出系统的分析说明、提出结论性意见的一种表现形式,调查报告是调查结果的集中表现。调查报告既可以用书面形式向决策者或用户报告调查结果,也可以作为口头汇报和沟通调查结论的依据,还可以制作成多媒体演示课件,向决策者或用户进行演示和解说。

药品市场调查报告

案例分析 约翰遭遇到的一个教训

纽约地区的调研人员约翰·斯皮尔伯格曾谈起他为美国一家最大的糖果制造商精心准

备的长达 250 页的报告（包括图表和统计数据）的故事。在经历了大约 6 个月的艰苦调查后，约翰直接向公司 3 名最高决策者口头汇报。他信心百倍，自以为他的报告中有许多重大发现，包括若干个可开发的新细分市场和若干条产品理念方面的创意。

然而，在听了一个小时的充满事实、数据和图表的汇报后，糖果公司的总经理站起来说道："打住吧，约翰！我听了一个多小时枯燥无聊的数字，完全给搞糊涂了，我想我并不需要一份比字典还厚得多的报告。明天早晨 8 点务必把一份 5 页纸的摘要放到我的办公桌上。"说完就离开了房间。在此，约翰遇到了将使其受益于整个职业生涯的一个教训：如果项目没有有效地进行报告，那么前面所有的努力都将有可能付诸东流。

（资料来源：小卡尔·迈克丹尼尔，罗杰·盖兹著. 当代市场调研. 第四版. 范秀成译. 北京：机械工业出版社，2002.）

思考：
（1）什么结果是企业所需要的？一份好的市场调查报告应包含哪些内容？
（2）怎样撰写市场调查报告？市场调查人员如何与企业进行有效沟通？

2. 撰写调查报告的意义

能否撰写出一份高质量的调查报告，是决定调查本身成败与否的重要环节。市场调查报告撰写的意义归纳起来有三点。

（1）市场调查报告是市场调查所有活动的综合体现，是调查与分析成果的有形产品。调查报告是将调查研究的成果以文字和图表的形式表达出来。因此调查报告是市场调查成果的集中体现，并可用作市场调查成果的历史记录。

（2）市场调查报告是通过市场调查分析，透过数据现象分析数据之间隐含的关系，使我们对事物的认识能从感性认识上升到理性认识，更好地指导实践活动。

（3）市场调查报告是为社会、企业、各管理部门服务的一种重要形式。市场调查的最终目的是写成市场调查报告呈报给企业的有关决策者，以便他们在决策时作参考。一个好的调查报告，能对企业的市场活动起到有效的导向作用。

撰写调查报告的原则
- 目的性原则。
- 完整性原则。
- 准确性原则。
- 明确性原则。

药品市场调查报告提纲

3. 市场调查报告的基本结构

每一份市场调查报告都是为其所代表的具体项目而定做的，但基本上有一个惯用的参考格式，这一格式说明了一份好的报告在其必要部分及排序上的共识。总体上说，一份完整的市场调查报告包括扉页、目录、执行性摘要、介绍、正文、结论与建议、补充说明、附件（如有必要）八个部分。

市场调查报告的格式内容

一、扉页	六、结论与建议
1. 题目	七、补充说明
2. 报告的使用者（如客户）	1. 调查的方法
3. 报告的撰写者（如调查公司）	（1）调查的类型和意图
4. 报告的完成日期	（2）总体的界定
二、目录	（3）样本设计与技术规定
1. 章节标题和副标题，并附页码	（4）资料收集的方法（如邮寄、访问等）
2. 表格目录：标题与页码	（5）调查问卷
3. 图形目录：标题与页码	①一般性描述
4. 附件：标题与页码	②对使用特殊类型问题的讨论
三、执行性摘要	（6）特殊性问题或考虑
1. 目标的简要说明	2. 局限性
2. 调查方法的简要陈述	（1）样本规模
3. 主要调查结果的简要陈述	（2）样本选择的局限
4. 结论与建议的简要陈述	（3）其他局限（抽样误差、时间、预算、组织限制等）
5. 其他有关信息（如特殊技术、局限或背景信息）	八、附件
四、介绍	1. 调查问卷
1. 实施调查的背景	2. 技术性附件（如统计数据或图表等）
2. 参与人员及职位	
3. 致谢	3. 其他必要附件（如调查对象所在地地图、参考资料等）
五、正文	
1. 叙述调查情况	
2. 分析调查情况	注：正式的报告有时还会将提交信和委托书放在目录之前
3. 趋势和规律	

五、项目组织与实训环境

（一）项目组织

（1）全班进行分组，每组7～8人，确定组长。

（2）小组成员可在前个项目（项目1.4）完成资料整理和分析的情况下，写出市场调查报告。

（二）实训环境——校内实训环境

（1）营销实训室。

（2）教室。

六、项目执行

撰写市场调查报告时，操作流程包括构思选题、选取数据资料、拟定提纲、撰写报告初稿、修改定稿。

任务一：构思选题

医药市场调查报告的构思过程是将收集到的资料进行判断推理，根据调查目的，确立主题思想，进而确立观点，列出论点、论据。选题即确定市场调查报告的题目，报告的题目与市场调查的主题要一致。

任务二：选取数据资料

医药市场调查报告的撰写必须根据数据资料进行分析。介绍情况要有数据作依据；反映问题要用数据做定量分析；建议和措施同样要用数据来论证其可行性与效益。恰当地选用数据可以使报告主题突出、观点明确、论据有力。因此有无丰富的、准确的数据资料做基础，是撰写报告的成败关键。

任务三：拟定提纲

拟定提纲即报告撰写者根据市场调查报告的内容要求对其框架进行设计，也是对调查资料进一步分析研究的过程。拟定提纲实际上是围绕着主题，从层次上列出报告的章节目，集中表现出报告的逻辑网络。提纲可以细化到目或更深层次，尤其要列出每层的小论点和主要支撑材料，这样在撰写报告时思路会比较清晰。

任务四：撰写报告初稿

撰写报告初稿是按照拟定好的提纲，在把握观点的基础上，运用恰当的表达方式和文字技巧，充分运用调查中的材料，撰写调查报告初稿。初稿可以分层分段撰写，也可以由几个人分工合作撰写。

营销备忘　　市场调查报告撰写的基本要求和技巧

一、市场调查报告撰写的基本要求

(1) 报告主题鲜明，结构合理。
(2) 文字流畅，富有说服力。
(3) 选材恰当，论据充分。
(4) 重点突出，详略得当。
(5) 版式简洁，便于阅读。

二、撰写技巧

1. 叙述技巧

市场调查的叙述主要用于开头部分，通过叙述事情的来龙去脉来表明调查的目的、过程和结果。常用的叙述技巧如下。

(1) 概括叙述　即将调查的过程和情况概略地陈述，不需要对细节详加陈述。这是一种浓缩型的快节奏叙述，文字简略，以适应市场调查报告快速及时反映市场变化的需要。

(2) 按时间顺序叙述　即按时间顺序交代调查的目的、对象和经过，前后连贯。如开头部分叙述事情的前因后果、正文部分叙述市场的历史与现状，均属运用了这一技巧。

(3) 叙述主体的省略　即叙述主体在市场调查报告开头部分出现后，在后面即可省略。这样做并不会导致误解。例如，市场调查报告的主体通常是报告撰写者，叙述中用第一人称即可。

2. 说明技巧

(1) 数字说明　即使用数字来揭示事物之间的数量关系。这也是市场调查报告的主要特征。在进行数字说明时，为防止数字文学化（即在报告中到处都是数字），通常用表格和图形来说明数字。使用汉字和阿拉伯数字应统一，凡是可以用阿拉伯数字的地方均应使用阿拉伯数字。具体地，计数与计量（如50～100、15%等）、公元世纪与年代、时间（如20世纪80年代、2006年6月1日等）均用阿拉伯数字，星期几用汉字，邻近的两个数并列连用表示概数时用汉字（如五六天、五六百元等）。

(2) 分类说明　即根据主题的要求，将资料按一定的标准分为若干类，分别说明。如将调查收集到的资料按地理位置和经济发展水平进行分类，每类设一小标题，并作进一步说明。

(3) 举例说明　即列举具体的、典型的事例来说明市场发展变化情况。在市场调查中会遇到大量的事例，可从中选择具有代表性的例子。

3. 议论技巧

（1）归纳论证　即运用归纳法将市场调查过程中掌握的若干具体的事实进行分析论证，得出结论。

（2）局部论证　即将市场调查的项目分成若干部分，然后对每一部分分别进行论证，得出结论。由于市场调查报告不同于论文，不可能形成全篇论证，只是在情况分析和对未来预测中做出局部论证。如对市场情况从几个方面进行分析，每一方面形成一个论证过程，用数据等资料作论据去证明其结论，形成局部论证。

4. 语言运用技巧

市场调查报告不是文学作品，而是一种说明性文体，有着自己的语言风格。其常用的语言技巧如下。

（1）用词技巧　市场调查报告中用得比较多的是数词、介词（如"根据""为""对""从""在"等）和专业词（如"市场竞争""价格策略""市场细分"等），撰写者应该能灵活适当地使用。除了前面提到报告用词生动活泼和通俗易懂外，还应该严谨和简洁，切忌使用"大概""也许""差不多"之类给人产生不确切感、不严谨的词语。

（2）句式技巧　市场调查报告以陈述句为主，陈述调查的过程和市场情况，表示肯定或否定的判断，在建议部分会使用祈使句表示某种期望。

此外，从整体上说，撰写者还要注意语言表达的连贯性和逻辑性。

任务五：修改定稿

修改定稿是对撰写好的市场调查报告反复进行修改和审定，包括整体修改、层次修改、文字润色，保证调查报告的质量和水平。对修改好后的医药市场调查报告就可以定稿，定稿后报告就可以提交给报告使用者了。

七、项目课时安排

（1）实训时间：2课时。

（2）讲授时间：2课时。

八、项目考核与评分标准

"撰写市场调查报告"的评估分值比重占"药品市场调研技术"评估总分的30%。具体评估标准见附录二《药品市场营销技术》课程评估手册中项目1.5"撰写市场调查报告"评估标准。

专业能力评估项目

序号	评估项目 \ 评估标准	实训任务是否基本完成；考评总分30分	实训操作是否有突出表现；考评总分40分
6	拟定提纲	基本完成，得15分。没有基本完成酌情扣分	1. 主题确立的正确性 2. 内容结构的条理性
7	撰写报告稿	基本完成，得15分。没有基本完成酌情扣分	1. 资料准确性 2. 结论明确性 3. 表达准确性 4. 逻辑合理性
	第6~7项自评成绩∑70		

九、典型范例

典型范例

市场调研报告书

文本名称	××地区果汁饮料市场调研报告书	受控状态	
		编　号	

一、调研目的

1. 初步了解样本市场主要大型商场和超市甜型果汁饮料的市场现状,分析××市场果汁饮料的整体情况。
2. 收集样本市场主要大型商场和超市不同品牌果汁饮料的市场分布、销售价格、销售状况以及同一品牌果汁饮料的产品分类、销售价格、销售状况,并进行对比分析。寻找××市场最佳突破点。
3. 了解样本市场消费者对果汁饮料的需求层次、品牌认知程度。
4. 了解样本市场消费者的饮料(果汁饮料)类型、习惯、场合、男女比例、年龄层次等因素,挖掘潜在市场消费者。

二、调研方法

1. 大型商场超市的走访和调研。
2. 与部分商场、超市促销员的个别访谈调研。
3. 与部分商场、超市消费者的个别访谈调研。
4. 在互联网上查找资料进行补充。

三、调研概况

1. 2007年4月1日至2007年4月10日对主要大型商场和超市进行了市场走访和调研。
2. 此次调研的大型商场和超市包括:××超市、××超市、××仓储超市、××商品超市、××超市等18家店。这些商场、超市为××地区知名度较高的商场、超市,几乎垄断了××地区大部分百货零售和批发;另外,它们分布于样本地区各地,可以比较真实地反映××地区市场果汁饮料销售现状。
3. 通过本次调研普遍感受到消费者在选择果汁饮料时较为看重产品品牌、包装、价位、果汁浓度和容量。以上5点是促成消费者购买果汁饮料产品的主要因素。而在选择时更注重品牌,对品牌似乎已经产生一定的忠诚度。像××、××等强势品牌,在××市场取得了不错的销售成绩。但是如果加上促销手段,那么情况就有了一定的变化。例如××品牌,因为在一些卖场开展了免费品尝、买3送1等促销活动,销售量有了明显的提升。
4. 在××市场果汁饮料主要品牌排序:××、××、××、××。××占××%左右的市场份额。
5. 果汁饮料的适应面广、消费群体大。在调查中,发现女性对果汁饮料更加青睐。在一般的家庭消费中,为了适应全家所有人的口感,购买时选择果汁饮料的可能性要大。

详见以下调查资料。(略)

四、调研内容

1. 主导产品品牌情况。(略)
2. 销售情况。(略)
3. 消费者调研。(略)

五、结论

通过对果汁饮料的市场进行调研,得出以下4条结论。

1. 在样本市场上,各种品牌果汁饮料竞争激烈。传统的四大国内品牌(××、××、××、××)占据市场果汁饮料主导地位,约占××%的市场份额。
2. 市场整体上果汁饮料消费呈现上升趋势。以2005年为例,当年的果汁饮料销售量仅为××××万元,2006年则达到×××××万元,增长率为××%。
3. 强势品牌市场细分明确,终端完善,品种、价格齐全,这在销售中占有很大的优势。
4. 品牌知名度成为果汁饮料市场消费者的首选因素,其次则是价格;味道、浓度、容量是消费者选择果汁饮料比较注重的方面。

相关说明					
编制人员		审核人员		批准人员	
编制日期		审核日期		批准日期	

【项目结构图】

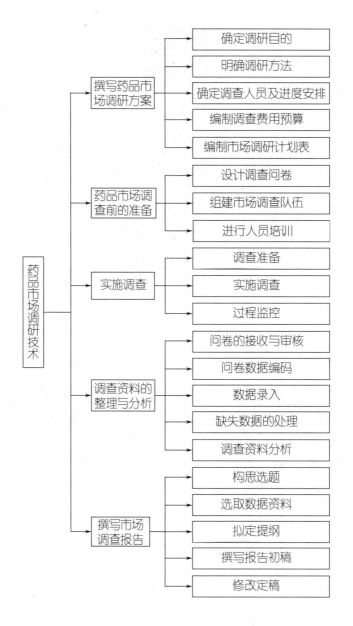

【实训课题】

实训1：OTC终端调查

一、实训目的

终端市场是销售渠道的最末端，是企业及厂家销售的最终市场。在营销组合策略的决策过程中，终端渠道是渠道决策的重要部分。要使学生掌握终端渠道调查的实施，会进行渠道圈的分析、顾客来源分析、产品销售情况分析等内容，为选定高质量的目标药店奠定基础。

二、实训要求

(1) 认识到OTC市场终端调查的重要性，掌握整个调查过程的步骤。

(2) 将学生分成若干组,每组 7~10 人,按操作步骤具体实施调查。
(3) 将调查资料整理分析后撰写调查报告。

三、实训内容

(一) 实训背景

X 制药公司是一家以生产 OTC 为主的企业,其中 YY 药品(可自行确定一种药品)的销售网络已经遍及全国许多城市,除了在全国各地自建销售公司外,还十分重视对分销商的开发工作。目前公司销售网络还未覆盖到中南地区的一些城市,对未覆盖市场进行有序开发是公司进行市场开拓的重要策略。准确掌握未覆盖市场销售终端的药店市场规模以及现在产品的渗透情况与竞争产品渗透情况,有利于该公司有计划、有目的地实施市场开拓战略。

准确掌握以上资料,需通过实地调查收集第一手材料,并通过其他渠道获得二手资料进行辅助研究。内容包括调查当地(商圈)药店数量、药店基本营业情况、YY 药品渗透情况、指定竞争药品渗透情况、各药店地址、负责人及联系方式、调查当地人口数、GDP、人均收入、家庭可支配收入等。这些信息可以帮助该公司准确判断未覆盖市场的药店规模、药品分布与药品渗透、市场购买力等,并为制定有效的决策提供信息支持。

(二) 操作步骤

【第一步】 确定调查目的,编写调查方案。

准确判断未覆盖市场的药店规模、药品分布与药品渗透、市场购买力等情况,并为制定有效的决策提供信息支持。

【第二步】 根据调查目的和调查方案细化具体内容。

(1) 普查未覆盖市场某商圈内的药店总数。
(2) 调查商圈内药店经营基本信息。如营业面积、注册资金、隶属关系、营业额(西药、中药、保健品、其他等类)、主要负责人、快递地址、联系电话等。
(3) 调查商圈内药店 X 制药公司指定产品渗透情况。
(4) 调查商圈内药店指定竞争产品渗透情况。如销售量、销售排名、销售趋势和优劣势等。
(5) 调查当地主要社会经济指标。如人口总数、GDP、可支配收入等。
(6) 调查当地药店总数、店名、店址等。

【第三步】 调查的组织实施。

本项目内容的调查方法,针对前四项采用问卷调查方式,后两项可以采用借助专业机构或上网查询、直接索取、复印、摘录、购买等方式收集二手资料的案头调查方式。

各组自己设计调查问卷,准备好调查工具,学习相关知识。做出项目执行安排,经过培训后具体实施。

【第四步】 对调查资料进行整理并讨论分析,撰写调查报告。

四、实训评估标准

实训课题从确定调查方案、实训分工、具体实施调查到调查报告的撰写,主要由学生小组自己负责。教师在实训中起到指导作用,课题结束时,进行实训交流,师生共同评价工作成果。

考核内容:是否按时完成实训课题,有无明显缺陷,在调查中有无创新,全组成员参与情况等。

实训 2：药品市场竞争情况调查

一、实训目的

市场经济是竞争的经济，优胜劣汰是竞争的必然结果，对医药企业来说，随时了解竞争对手的情况，是使自己立于不败之地的有效方法。因而学生必须掌握竞争态势和对手情况调查的步骤和具体内容。

二、实训要求

(1) 学会对竞争对手情况的调查与分析。
(2) 将学生分成若干组，每组 7～10 人，按操作步骤进行调查。
(3) 将调查资料整理、分析后撰写调查报告。

三、实训内容

(一) 实训背景

××制药公司，是一家正在发展壮大的企业，公司生产的药品 A（学生可自行选定一种药品）是目前国内销售趋势走好的产品。该企业为随时掌握市场变化和竞争态势，经常会根据自身的需求和市场变化情况定期或不定期地展开对同类药品市场竞争情况的调查，从而掌握药品销售的前景，并对营销策略进行恰当调整。如果你是一名调查员，基于以上目的，请进行该项目的设计、执行、总结并形成报告。

(二) 操作步骤

【第一步】 明确药品市场竞争情况调查的目的，编写调查方案。

通过对市场竞争情况的调查，了解企业竞争对手的基本情况，从而为企业进行市场营销战略决策提供参考资料。

根据调查目的，编写调查方案。

【第二步】 辨识与确认主要竞争对手。

首先要确定调查对象，有没有直接或间接的、潜在的竞争对手，具体是哪些。确定竞争对手似乎是件简单的工作，但事实并非总是如此，需要调查的竞争对手往往是与调查的目的相关联，需要充分调查分析后，确定竞争企业的数量、企业名称及品牌。

【第三步】 调查主要竞争对手的情况。

一般来说，一个企业最直接的竞争对手是那些在相同的目标市场推行相同战略的同业者。根据调查目的设计调查问卷，并进行调查。调查的主要内容如下。

(1) 竞争对手的产品市场占有率、销售量及销售地区等。
(2) 竞争对手的所在地和活动范围。
(3) 竞争对手的生产经营规模和资金状况。
(4) 竞争对手生产经营的商品品种、质量、价格、服务方式以及在消费者中的声誉和形象。
(5) 竞争对手的技术水平和新产品开发的情况。
(6) 竞争对手的主要供应商情况。
(7) 竞争对手的销售渠道及控制程度。
(8) 竞争对手的宣传手段和广告策略。

有些信息是很难掌握的，需要借助拥有渠道资源的专业机构或收集二手资料来进行。

【第四步】 调查其他一般和潜在竞争对手。

针对其他一般和潜在的竞争对手进行调查，可相对简单些地进行实地调查和案头调查收集资料。

【第五步】 对竞争对手调查进行深入分析。

竞争对手调查的主要目的是透过表面现象，研究分析竞争对手，并进一步分析对企业构成威胁的最主要的竞争对手，从而做到知己知彼，为制定有效的竞争策略提供依据。

【第六步】 撰写竞争情况调查的调查报告。

四、项目评估标准

实训课题从确定调查方案、实训分工、具体实施调查到调查报告的撰写，主要由学生小组自己负责。教师在实训中起到指导作用，课题结束时，进行实训交流，师生共同评价工作成果。

考核内容：是否按时完成实训课题，有无明显缺陷，在调查中有无创新，全组成员参与情况等。

实训 3：医院进药流程及其内部影响因素调研

一、实训目的

了解医院的进药流程，弄清医院进药过程中起关键作用的机构和个人，为能有效开发医院市场和对医院促销奠定基础。学生通过实训锻炼，提高对医院进药流程及影响因素的调查技能。

二、实训要求

（1）调查分析医院进药流程及其内部影响因素。

（2）将学生分成若干组，每组 7~10 人，按操作步骤进行调查。

（3）将调查资料整理、分析后撰写调查报告。

三、实训内容

（一）实训背景

医院终端被称为药品销售的第一终端，占据整个药品销售市场的 70% 以上，医院成为众医药供应企业的必争之地。DF 医药企业是一家中外合资的现代化制药企业，生产和销售 20 多种专利药品，该公司非常重视药品终端的开发。最近该公司在 N 市准备开发医院终端市场，假如你是这个公司的一名业务员，专门负责对 N 市最大的一家医院的开发工作。该家医院在 N 市规模最大、对药品需求量最大，但同时也是各供药企业争夺激烈的医院。你为了在较短时间内争取到这家客户，并且实现理想的销量目标，需要做的一个很重要的工作就是：了解该医院的进药流程及其影响因素。

（二）操作步骤

【第一步】 明确调查目的，拟定调查方案。

深入医院了解医院的概况、进药渠道、进药流程及影响进药和药品使用量的各种因素，弄清关键环节和要素，为能有效开发医院市场和对医院促销奠定基础。根据调查目的拟定调查实施方案。

【第二步】 利用观察法和询问法，对医院的概况进行调查。

医院概况主要是调查该医院的规模、性质、业务专长。调查人员前往医院之前应备好笔、记录本、照相机等。工作内容如下。

（1）熟悉医院环境，并把医院全景、医院的门诊大楼、住院部大楼、宣传栏、黑板栏等拍下来。

（2）前往门诊大楼大厅，仔细观看医院简介，记录科室设置、简介及分布图，记录医院主要科室的专家应诊时间、姓名及相应科室,了解医院的病床数,病人日流量,记录或描绘门诊药房、住院部药房、药库的具体位置。

(3) 询问医院里几位医生,进一步了解医院的性质、业务专长、分管药品采购业务的人员资料、用药方面的规章制度和态度等资料。

【第三步】 利用询问法调查进药渠道的各环节,了解进药流程及其影响因素。

工作内容如下。

(1) 了解药剂科主任和有关机构主管姓名、住宅电话、住址、个人爱好、业余生活、家庭情况等。

(2) 拜访药剂科主任,调查医院进药和选药的原则、规章制度等;医药进药流程(包括常规进药流程和特殊进药流程)、决策机构、决策人员资料等。

(3) 多方调查了解药剂科主任、采购主管、库房主管、门诊药房主管、发药员等人员的详细个人资料。

(4) 从药房主任、采购员等处调查与本医院有业务往来关系的医药分销公司及公司业务员的有关信息,便于下一步利用医药分销公司帮助进药。

(5) 调查竞争对手的情况,从药剂科主任、采购员处打听同类产品的厂家名称、产品名称、剂型、零售价、批发价、出厂价、疗程、每月销量、让利幅度等。

(6) 调查门诊、住院部的医生、护士等资料。对应临床科室的所有医务人员对就诊患者用药有决定性指导权,能否处理好与他们的关系将直接影响产品在医院药房的出药量。

【第四步】 将各方面搜集到的资料加以汇总、整理和分析。

调查务必认真、详细、清楚、真实。调查人员可把医院内部环境调查的内容以表格形式加以总结。

【第五步】 撰写该医院的进药流程及其内部主要影响因素的调查报告。

四、项目评估标准

实训课题从确定调查方案、实训分工、具体实施调查到调查报告的撰写,主要由学生小组自己负责。教师在实训中起到指导作用,课题结束时,进行实训交流,师生共同评价工作成果。

考核内容:是否按时完成实训课题,有无明显缺陷,在调查中有无创新,全组成员参与情况等。

实训4:我国感冒药市场营销环境调查

一、实训目的

环境如水,企业如舟;水能载舟,亦能覆舟。作为医药企业要经常对营销环境进行分析,主动适应环境的变化,因而要求学生通过实训锻炼,提高医药市场营销环境调查和分析的技能。

二、实训要求

(1) 调查分析感冒药市场营销环境的要素。

(2) 将学生分成若干组,每组7~10人,按操作步骤进行调查。

(3) 将调查资料整理、分析后撰写调查报告。

三、实训内容

(一) 实训背景

中国经济的持续平稳发展、巨大的现实和潜在市场能力、日益老龄化的人口结构、人民群众逐渐改善的自我保健意识、无所不在的传媒渗透力、政府对非处方药的宣传和政策扶持，大大地促进了非处方药市场的发展。随着药品分类管理办法的实施，卫生体制、医疗保险体制、药品流通领域等的改革，对医药行业产生着巨大的影响，药品零售市场正成为制药企业竞争的热点，以非处方药市场为主的制药企业怎样面对这样的市场环境，又如何开拓零售市场这一问题值得探讨。作为非处方药（OTC）的一大组成部分，感冒治疗药品是我国医药产品推广品牌营销中最成功的范例。而随着OTC市场走向规范，竞争加剧，药品市场竞争将进入一个崭新的时期。面对新的市场，新的机遇与挑战，众多的生产、销售企业在产品研发、市场开拓、营销组合、经营管理上采取了一系列应对措施。医药市场环境风云变幻，有越来越多的企业在这种背景下加入感冒药战团，不断有新药进入市场，正可谓风险与机遇共存。

假设你是市场调研机构或企业的一名调查员，请你在目前这种大市场背景下，对感冒药市场营销环境做一个调查，为医药企业制定决策提供有力的依据。

（二）操作步骤

【第一步】 明确感冒药市场营销环境调查的目的，设计调查方案。

找出影响感冒药销售的各种有利因素和不利因素，了解其影响程度，为利用环境机会、避免环境威胁、采取相应对策提供依据。

根据营销环境调查的目的，确定好调查的对象。不但要确定将哪些个人或组织、机构作为营销环境调查的对象，而且要确定被调查对象的规模，在此基础上确定一定的抽样技术和调查方法，并设计好调查方案。

【第二步】 调查前的准备工作。

企业应根据调查目的，对企业微观营销环境和宏观营销环境进行考察，收集与企业营销战略规划有关的主要营销环境信息。根据收集信息的需要设计调查问卷，准备调查工具，组建调查队伍，进行调查前的人员培训工作。

一般来说，宏观环境主要包括：相关法规政策，营销区域内的人口因素、购买力因素，营销区域内大中型医院的数量、规模和药店的数量、规模等。微观环境主要包括：患者及其家属的经济状况和态度，供应商、中间商、竞争者及其产品营销情况，卫生局、税务局、新闻媒体等的情况。

【第三步】 实施调查。

本项目内容的调查方法，采用询问法调查方式收集第一手资料。结合文案调查，采用上网查询、直接索取、复印、摘录、购买等方式收集二手资料。根据不同资料收集方法的特点，组织开展调查，并注重过程监控管理，保证资料的可靠性。

【第四步】 资料整理分析。

对调查资料进行整理分析，审查资料的准确性和可靠性，做到定性和定量分析相结合，分析营销环境因素的变化对企业可能造成的影响，分析可能受到的威胁以及可以利用的机会。

比如：宏观环境中的机会因素可能是当地居民的收入水平较周边地区提高快，而不利因素可能是出现药品降价、市场原材料涨价等因素；微观环境中的机会因素可能是当地一家终端药店扩大规模，不利因素可能是有一竞争品牌的同类型感冒药产品出现等。

对于威胁与机会的判断必须客观、准确，这对于企业营销战略的构想与决策至关重要。

【第五步】 撰写调查分析报告。

针对未来环境可能出现的威胁和机会，结合企业的现状，提出适应未来环境变化的设想，为企业制定营销战略提供有价值的参考性意见，形成营销环境调查分析报告。

四、项目评估标准

实训课题从确定调查方案、实训分工、具体实施调查到调查报告的撰写,主要由学生小组自己负责。教师在实训中起到指导作用,课题结束时,进行实训交流,师生共同评价工作成果。

考核内容:是否按时完成实训课题,有无明显缺陷,在调查中有无创新,全组成员参与情况等。

项目二
药品市场开发技术

工作流程

项目 2.1　药品市场环境分析

项目 2.2　药品市场需求分析与预测

项目 2.3　药品市场细分

项目 2.4　目标市场选择

项目 2.5　药品市场定位

> 如果你不给市场提供某些特别的东西，你就不属于市场。
> ——菲利普·科特勒

【项目目标】

（1）通过本项目的训练学习，使学生能更好地理解"市场营销环境""目标市场战略"理论，较全面地掌握药品市场开发技能，提高各项通用能力，实现课程教学目标。

（2）要求学生将所学的"市场营销环境""市场预测""市场细分""目标市场选择"和"市场定位"理论运用于市场营销实践活动，联系有关项目或者资料，对医药市场进行可行性分析，在实践运用中理解目标市场战略理论，掌握药品市场营销开发技能。

（3）要求学生完成"药品市场环境分析""药品市场需求分析与预测""药品市场细分""目标市场选择""药品市场定位"5项市场开发基本技能实训，最后以小组为单位完成药品市场开发可行性分析报告并以小组为单位进行成果汇报和展示。

【技能要求】

（1）提高学生对目标市场战略重要性的认识。

（2）通过药品市场开发实训，使学生能够掌握市场环境分析、市场预测、市场细分、目标市场选择、市场定位等技能，培养学生药品市场开发技能和综合分析问题的能力。

（3）市场开发拓展是医药企业营销岗位非常重要的业务工作，需要很强的实践能力和创新能力。掌握药品市场开发分析技能，能够帮助学生将来更好地胜任医药企业的营销工作。

【项目流程】

工作目标	知识准备	关键点控制	流程图
1. 明确市场需求的特点，指导产品定位 2. 为针对性地制订市场营销方案提供依据	1. 掌握市场营销环境的基本理论和SWOT分析方法 2. 掌握目标细分的基本理论和市场细分的方法 3. 掌握企业营销策略和产品定位的方法	1. 药品市场环境分析 市场人员根据公司各项工作的需要，针对市场宏观环境和微观环境因素进行分析 2. 药品市场需求分析与预测 市场人员针对地理环境、收入水平等影响客户购买的因素进行分析与预测 3. 药品市场细分 市场人员根据细分标准进行市场细分 4. 目标市场选择 市场人员在对细分市场评价、比较的基础上，选择目标市场 5. 药品市场定位 市场人员根据目标市场特性和市场的竞争情况对产品的性能、包装、产品线、产品的品牌、产品价格等进行定位	药品市场环境分析 ↓ 药品市场需求分析与预测 ↓ 药品市场细分 ↓ 目标市场选择 ↓ 药品市场定位

【项目评估】

（1）本项目是课程考核的重点，该项目评估占课程总成绩的30%。

（2）本项目评估由通用能力、技能评价两个部分组成，评价分值比例分别为30%、70%。

（3）各子项目评估标准、评估分值要求列表操作（参考附录二《药品市场营销技术》课程评估手册项目二）。

项目 2.1 药品市场环境分析

企业市场营销的本质，就是对动态环境的创造型适应。

一、项目任务

（1）要求学生能够评析医药企业所处的营销环境。

（2）要求学生能够使用 SWOT 分析方法，分析企业的机会、威胁、优势、劣势，并根据企业特定背景提出相应对策。

二、技能要求

（1）通过学习药品市场环境分析，使学生掌握环境分析方法，认真分析环境机会与威胁，提出可行性对策，培养学生综合分析问题的能力。

（2）通过分组完成营销环境分析，培养学生与小组内部成员的分工协作、与其他人员沟通协调的能力。

（3）通过药品市场环境分析实训，培养学生分析营销环境机会的基本能力。

三、项目操作流程

工作目标	知识准备	关键点控制	流程图
1. 熟悉影响药品市场营销的宏观环境与微观环境 2. 掌握 SWOT 分析方法	1. 掌握影响药品市场营销的宏观环境、微观环境 2. 掌握 SWOT 分析方法	1. 宏观环境分析 准确分析影响医药企业营销的主要宏观环境因素 2. 微观环境分析 准确分析影响医药企业营销的主要微观环境因素 3. SWOT 分析 正确分析优势、劣势、机会、威胁，并根据上述分析提出对策	宏观环境分析 ↓ 微观环境分析 ↓ SWOT 分析

四、理论指导

（一）研究市场营销环境的意义

环境如水，企业如舟；水能载舟，亦能覆舟。这就要求从事市场营销活动的企业，要经常对营销活动的环境进行分析，把握环境变化的规律和趋势，积极采取相应的措施，主动适应环境的变化，这对于加强和改善企业竞争力、提高企业经营效益、避免经营风险具有重要的意义。

1. 研究市场营销环境是企业市场营销活动的组成部分

开展市场营销活动的人、财、物、信息等要素都来自营销环境，且企业的产品和服务也只有通过营销环境才能实现其价值，市场营销环境制约着市场营销的投入和产出，从而成为市场营销赖以生存和发展的土壤。研究和分析营销环境，能使企业对具体环境中潜在的机会和威胁有一个清醒的认识，只有充分认识环境，才能更好地适应环境，创造和利用有利因素，避免不利因素，使企业立于不败之地。

2. 研究市场营销环境有利于企业发现新的营销机会

新的营销机会可以使企业取得竞争优势和差别利益或扭转所处的不利地位。企业市场营销的潜在机会和潜在威胁同时并存于市场营销环境当中，且可能相互转化。好的机会如没有把握住，优势就可能转化为劣势；同时，威胁也可能转化为有利因素，从而使企业获得新生。这里的关键在于：要善于细致地分析市场营销环境，使企业能充分利用自身的优势，抓住机会，化解威胁，使企业在竞争中求生存，在变化中谋稳定，在经营中创效益，充分把握未来，保证企业快速、健康地成长。

3. 分析和研究市场营销环境是企业市场营销决策科学化的前提

由于营销环境中大部分都是企业所不可控的因素，它们不同程度地影响着企业的发展方向和具体行为，有的因素还直接影响着企业组织结构和内部管理。只有对企业的市场营销环境进行深入调查、整理分类、研究和分析，才能为企业科学正确地作出营销决策提供保证。

> **案例导入**　　　　　　零售市场分析：中成药有优势
>
> 中国医药市场零售药店正处于一种幸福与焦虑的矛盾状态。发展或淘汰的问题，对于供零双方而言已经前所未有地逼近，而这一切还得着眼于药店业绩表现。
>
> 根据中康CMH监测数据，2017年全国零售终端市场总体规模3664亿元（按零售价计算，下同），较2016年的3377亿元增长8.5%，药品总市场规模为2688亿元，增幅为9.9%，其中化学药规模1411亿元，中成药1277亿元，增幅分别为9.0%和10.9%，均高于整个零售终端的平均增长率8.5%。从数据看到，在压力倍增的2017年，中成药仍显现出自身在零售渠道的优势。
>
> 聚焦到OTC市场，2017年零售终端销售额超2亿元的OTC明星单品共有116个，累计销售规模达688.87亿元，占药品总市场规模的25.6%。从产品大类来看，中成药在OTC类别中具有明显的优势，这些畅销OTC单品中，中成药品种68个，占59%；化学药品种48个，占41%。OTC明星单品多为本土品牌，外资品牌只有22个产品销售规模超过2亿元。从增长情况来看，有34个单品出现负增长，其他82个明星单品保持增长。

（二）药品市场营销环境的概念

药品市场营销环境是指影响企业营销活动的一切内、外部因素和条件的总和。它时时刻刻影响和制约着企业的生存和发展。因此，企业在进行营销活动时，必须考察和分析企业所面临的市场营销环境，明确企业营销环境中所蕴含的机会与威胁，以利用机会或规避威胁，主动去适应环境，利用环境条件确保企业更好地生存和发展。

> **市场营销环境的特点**
> - 客观性。
> - 多变性。
> - 关联性。
> - 可利用性。

（三）药品市场营销环境的内容

影响和制约企业营销活动的内、外部环境因素有很多，而且十分复杂。不同的因素对营销活动各个方面的影响也不尽相同，同样的环境因素对不同的企业所产生的影响也会大小不一。根据影响企业市场营销的各种因素与企业的营销活动的密切程度不同，我们把市场营销环境分为微观环境和宏观环境两大类。图2-1表明医药企业运营中相互作用的市场营销环境。内圈表示微观环境，外圈表示宏观环境。

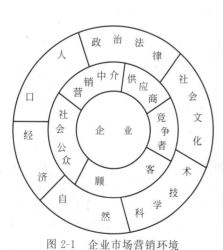

图2-1　企业市场营销环境

1. 药品市场营销微观环境

所谓的药品市场营销微观环境是指与企业紧密相连,直接影响其营销能力的各种参与者。它一般包括两个方面。

(1) 组织内部因素 如自身综合实力、其他部门与营销部门的关系、营销部门在组织中的地位等。

(2) 组织外部因素 主要包括以下几方面内容:供应商、竞争者、营销中介、顾客与社会公众。

2. 药品市场营销宏观环境

所谓药品市场营销宏观环境是指间接影响企业的营销活动的巨大社会力量,主要包括人口环境、经济环境、自然环境、科学技术环境、政治法律环境和社会文化环境。宏观环境通过微观环境因素对企业营销活动或提供机会或造成威胁,因而发生作用,它是企业的不可控因素。

> **经典营销故事**　　　　　森林里的变色蜥蜴
>
> 森林里,住着三只蜥蜴。其中一只看看自己的身体和周围的环境不大一样,便对另外两只说:"我们住在这里太不安全了,要想办法改变环境才可以。"说完,这只蜥蜴就开始大兴土木干了起来。另一只蜥蜴看了说:"这样太麻烦了,环境有时不是我们能够改变的,不如我们另外找个地方去生活。"说完,便拿起包袱走了。第三只蜥蜴也看了看周围,问道:"为什么一定要改变环境来适应我们呢?为什么不改变自己来适应环境呢?"说完,他借着阳光和阴影,慢慢改变自己的肤色。不一会,他就在树干上湮没了。
>
> 启示:任何企业只有适应了不断变化的市场环境才能生存。
>
> (资料来源:广通编著.经典营销故事全集.2005)

(四) SWOT分析法

SWOT是一种分析方法,用来确定企业本身的竞争优势(strength)、竞争劣势(weakness)、机会(opportunity)和威胁(threat),从而将公司的战略与公司内部资源、外部环境有机结合。因此,清楚地确定公司的资源优势和缺陷,了解公司所面临的机会和挑战,对于制定公司未来的发展战略有着至关重要的意义。

> **营销备忘**　　　　　成功应用SWOT分析法的简单规则
>
> ① 进行SWOT分析的时候必须对公司的优势与劣势有客观的认识;
> ② 进行SWOT分析的时候必须区分公司的现状与前景;
> ③ 进行SWOT分析的时候必须考虑全面;
> ④ 进行SWOT分析的时候必须与竞争对手进行比较,比如优于或是劣于你的竞争对手;
> ⑤ 保持SWOT分析法的简洁化,避免复杂化与过度分析。

五、项目组织与实训环境

(一) 项目组织

(1) 全班进行分组,每组7~8人。

(2) 小组成员既可在既定的实训环境下开展市场环境分析活动，也可自行在本项目后的实训课题中选择不同实训课题，进行不同市场环境下的药品市场分析。

(二) 实训环境

1. 校外实训环境

作为非处方药的一大组成部分，感冒治疗药品是我国医药产品推广最成功的范例。而随着非处方药市场走向规范，药品零售市场竞争将进入一个崭新的时期。面对新的市场、新的机遇，众多生产和销售企业在产品研发、市场开拓、营销组合、经营管理等方面将采取何种应对措施？请同学们在市场调查的基础上对感冒药市场的环境进行分析。假定你是某感冒药企业的营销人员，根据你所查该企业的背景资料进行SWOT分析并提出对策。

2. 校内实训环境

(1) 营销实训室。

(2) 教室。

六、项目执行

任务一：宏观环境分析

市场营销的宏观环境是间接影响和制约企业营销活动的各种因素，它们对企业的影响是全面的、共同的，不会因为企业使命不同而有多大差异。宏观环境可能给企业带来机会，也可能带来一定的威胁，是企业必须监测和适应的"不可控制力量"。对此，药品经营企业只能通过调整内部的可控因素，来适应宏观环境的变化发展，从而确保企业持续、健康地发展。宏观环境因素包括以下内容。

1. 政治法律环境分析

政治法律环境主要指制约和影响企业营销活动的政府方针政策、法律制度及公众团体等。在任何社会制度中，企业的营销活动都必须受到政治与法律环境的强制约束，也可以说企业总是在一定的政治法律环境下运行的。

(1) 法律制度分析　法律具体规定了企业竞争和经营等行为的"游戏规则"，它对企业营销活动的影响不容小视。如2000年哈尔滨医药集团采取广告轰炸的营销形式，用11亿元广告费获得了80亿元的销售收入。虽然与销售额增幅不成比例的利润引来诸多质疑，但创出了"哈药"的高知名度。2001年哈药集团仍希望通过加大广告宣传的力度来巩固战果，并将广告投放仍维持在销售额的10%以上的水平。然而，国家税务总局明文规定：企业每年的广告费用应限制在销售额的2%以内，这对意欲掀起营销狂潮的哈药集团无疑是一记重拳。

(2) 政府的方针政策分析　对药品市场影响较大的方针政策包括医疗保险改革；药品生产和流通改革——药品分类管理、药价改革、零售连锁、招标购药；卫生管理体制改革——医药分开核算、医院分支管理、医药分业；WTO承诺等。比如国家颁布实施了相关政策法规对药品实行处方药与非处方药分类管理制度。

> **新经济营销　　新常态下我国医药产业供给侧结构性改革探讨**
>
> 新常态下中国医药产业新动力的形成主要来源于供给侧的技术创新与组织方式变革，具体措施主要在于研究开发创新、放松政府管制、要素配置效率及专利制度供给等方面，实现供给侧与需求端的动态匹配。
>
> 1. 推动技术创新，提高药物创新与仿制药质量
>
> 医药产业以研发创新驱动发展而著称。在产业发展过程中，生产要素和投资对经济增

长的贡献难以持续，医药增长必须转换增长动力，让技术创新引领产业发展。原始创新推动新药研发，工艺创新提高药品质量，全球领先制药企业重视新药研发创新，以规避专利悬崖到期带来的产品风险。技术创新具有较强的溢出效应和扩散效应，可在产业内部实现技术共享，以推动整个产业链升级。

2. 放松医药产业管制，发挥市场资源配置机制

医药产业由于其独特的社会属性，往往受到政府的监管，但行业的良性发展仍需要市场在资源配置过程中发挥主导作用。制药企业是市场活动的参与主体，承担着技术提升和资源配置的职能。作为理性人，企业会自觉寻找市场机会，在进行技术研究开发与创新、创造新药产品满足患者需求的同时，实现自身经济效益的最大化。政府在进行药物监督管理的同时，需要创造有利于技术创新和生产组织方式改善的制度环境，放松和解除医药产业管制，降低进入壁垒，为制药企业创新开辟出更为广阔的空间。

3. 优化市场结构，提高资源配置效率

医药产业高投入、高风险的经济特征决定了其垄断竞争的市场结构。大企业拥有研究开发所需的技术积累、资金支持和人力资源；同时，生产与研究开发需要大规模的固定资产投入，随着企业规模增大，企业生产量和销售量提高，单位产品所承担的平均研发成本和固定成本就越低，企业的研发效益就越好，从而呈现出规模经济效益。生产和研发的规模经济效应有利于提高资源配置效率，减少资源浪费，引导企业走上研发导向的发展道路。

第一，推动行业并购重组，发挥规模效应。鼓励拥有技术、产品和管理优势的医药集团收购兼并中小企业，培育大企业，从而发挥协同生产的规模效应，提高要素生产效率。第二，试点和推广药品上市许可持有人制度，改变低水平重复建设，优化资源配置，为药品持有人提供更加便捷的进入、退出渠道。第三，通过仿制药质量和疗效一致性评价、优先采购等政策导向倒逼行业内企业提升生产质量，实现优胜劣汰，促进行业集中度的提高，优化医药市场结构。

4. 完善专利保护制度，保护投资者收益

药物专利保护制度是药品全生命周期管理的重要手段。制药企业通过专利保护，可以获得新药产品相当长时间内在市场中的独有权，从而提高药物研发创新的投资回报率，补偿创新投资者承担的研发失败风险，进而激励企业家、投资者持续地进行新药创新活动。研究表明，"以蒸汽技术为标志的工业革命之所以首先在英国爆发，并非因为英国有着当时世界上最先进的技术，而是因为有着最先进的私人产权保护制度"，这充分表明产权确立和专利保护对一国技术创新的重要性。

国内医药产业在经过高速增长后，受制于资源使用量和资本边际效应递减的双重约束，在整体增长速度、成长模式和市场结构方面进入新常态，并出现供需错配状态。政府和市场参与者应当从医药产业技术创新和生产组织方式改革两个方面着力，通过推动技术研发、放松医药产业管制、优化市场结构、完善专利保护制度等方式进行供给侧改革，实现医药产业供需再度均衡，实现医药产业创新发展。

(资料来源：中国医药工业杂志.2018，49（09）.)

2. 人口环境分析

人口是构成市场的首要因素，人口的多少直接决定市场的潜在容量。人口越多，市场规模就越大。而人口的年龄结构、地理分布、家庭状况、受教育程度、人口增长速度等特征会

对市场格局产生深刻影响,并直接影响企业的市场营销活动。

(1) 人口数量和增长速度分析　据估计,世界人口每年将以 8000 万～9000 万的速度增长。众多的人口及人口的进一步增长,对企业营销会产生两个方面的影响:一方面是人口增长意味着对商品需求扩大,这是营销人员所希望的;另一方面,人口增长可能导致人均收入下降,限制经济发展,从而使市场吸引力降低。究竟哪一方面影响更大一些,要视产品的具体情况而定。

(2) 人口结构分析　人口结构包括年龄结构、性别结构等。其现状和变动趋势将直接影响消费品市场的商品结构。据统计,老年用药量是儿童用药量的 4 倍。

> **营销视野**　　　　　　　　　　　　**人口结构分析**
>
> (1) 年龄结构　不同年龄的消费者对商品和服务的需求是不一样的。不同年龄结构就形成了具有年龄特色的市场。企业了解不同年龄结构所具有的需求特点,就可以决定企业产品的投向,寻找目标市场。
>
> (2) 性别结构　性别差异会给人们的消费需求带来显著的差别,反映到市场上就会出现男性用品市场和女性用品市场。企业可以针对不同性别的不同需求,生产适销对路的产品,制定有效的营销策略,开发更大的市场。
>
> (3) 教育与职业结构　人口的教育程度与职业不同,对市场需求表现出不同的倾向。随着高等教育规模的扩大,人口的受教育程度普遍提高,收入水平也逐步增加。企业应关注人们对报刊、书籍、电脑这类商品需求的变化。
>
> (4) 家庭结构　家庭是商品购买和消费的基本单位。一个国家或地区的家庭单位的多少以及家庭平均人员的多少,可以直接影响到某些消费品的需求数量。同时,不同类型的家庭往往有不同的消费需求。
>
> (5) 社会结构　依据人口的社会特征划分,主要包括阶段结构、民族结构、文化结构、语言结构、宗教结构、婚姻结构、家庭结构、职业结构、部门结构等。社会经济发展以及社会生产方式决定人口社会结构及其变化;人口社会结构反作用于社会经济发展。人口的社会结构对人口再生产有重大的影响,不同的阶级、民族、文化、宗教、婚姻、家庭、职业和部门,其生育率、死亡率和自然增长率不同,平均寿命也有相应的差异。
>
> (6) 民族结构　我国是一个多民族的国家。民族不同,其文化传统、生活习惯也不相同。具体表现在饮食、居住、服饰、礼仪等方面的消费需求都有自己的风俗习惯。企业营销要重视民族市场的特点,开发适合民族特性、受其欢迎的商品。

(3) 人口地理分布分析　地理分布指人口在不同地区的密集程度。人口的这种地理分布表现在市场上,就是人口的集中程度不同,则市场大小不同;消费习惯不同,则市场需求特性不同。在发达国家除了国家之间、地区之间、城市之间的人口流动外,还有一个突出的现象就是城市人口向农村流动。

在我国,人口的流动主要表现在农村人口向城市或工矿地区流动;内地人口向沿海经济开放地区流动。另外,经商、观光旅游、学习等使人口流动加速。对于人口流入较多的地方而言,一方面由于劳动力增多,就业问题突出,从而加剧行业竞争;另一方面,人口增多也使当地基本需求量增加,消费结构也发生一定的变化,继而给当地企业带来较多的市场份额和营销机会。

3. 经济环境分析

经济环境主要指影响消费者购买力及支出模式的诸因素。社会购买力是指一定时期社会各方面用于购买产品的货币支付能力。它直接或间接地受到消费者收入模式、消费者支出模式、储蓄和信贷等经济因素的影响。因此，在进行经济环境分析时，应着重分析以下内容。

(1) 消费者收入水平的变化　消费者的购买力来自消费者的收入，但消费者并不是把全部收入都用来购买商品或劳务，购买力只是收入的一部分。因此，在研究消费收入时，要注意以下几点。

① 国民生产总值　它是衡量一个国家经济实力与购买力的重要指标。从国民生产总值的增长幅度，可以了解一个国家经济发展的状况和速度。一般来说，工业品的营销与这个指标有关，而消费品的营销则与此关系不大。国民生产总值增长越快，对工业品的需求和购买力就越大，反之，就越小。

② 人均国民收入　这是用国民收入总量除以总人口的比值。这个指标大体反映了一个国家人民生活水平的高低，也在一定程度上决定商品需求的构成。一般来说，人均收入增长，对消费品的需求和购买力就大，反之就小。

③ 个人可支配收入　这是在个人收入中扣除税款和非税性负担后所得余额，它是个人收入中可以用于消费支出或储蓄的部分，它构成实际的购买力。

④ 个人可任意支配收入　这是在个人可支配收入中减去用于维持个人与家庭生存不可缺少的费用（如房租、水电、食物、燃料、衣着等项开支）后剩余的部分。这部分收入是消费需求变化中最活跃的因素，也是企业开展营销活动时所要考虑的主要对象。因为这部分收入主要用于满足人们基本生活需要之外的开支，一般用于购买高档耐用消费品、旅游、储蓄等，它是影响非生活必需品和劳务销售的主要因素。

⑤ 家庭收入　家庭收入的高低会影响很多产品的市场需求。一般来讲，家庭收入高，对消费品需求大，购买力也大；反之，需求小，购买力也小。

(2) 消费者支出模式的变化　随着消费者收入的变化，消费者支出模式会发生相应的变化，进而使一个国家或地区的消费结构发生变化。德国统计学家恩格尔于1857年发现了家庭收入变化与各方面支出变化之间的规律性，其主要内容表述为：随着家庭收入的增加，用于购买食品的支出占家庭收入的比重下降，用于住宅和家务经营方面的支出占家庭收入的比重大体不变，而用于医疗保健、教育、交通、服装、娱乐等方面的支出以及储蓄等占家庭收入的比重会上升，这种趋势就叫恩格尔定律。其中，消费中用于食品方面的比重称之为恩格尔系数，其大小为：

$$恩格尔系数(\%) = \frac{食品支出总额}{家庭或个人消费支出总额} \times 100\%$$

一般说来，恩格尔系数越大，则该国家或地区就相对越贫穷。因此企业营销人员必须注意这种收入与消费支出模式之间的关系。

> **知识拓展——消费支出模式影响因素**
>
> (1) 家庭生命周期的阶段影响　据调查，没有孩子的年轻人家庭，往往把更多的收入用于购买冰箱、电视机、家具、陈设品等耐用消费品上，而有孩子的家庭，则在孩子的娱乐、教育等方面支出较多，而用于购买家庭消费品的支出减少。当孩子长大独立生活后，家庭收支预算又会发生变化，用于保健、旅游、储蓄部分就会增加。
>
> (2) 家庭所在地点的影响　如住在农村与住在城市的消费者相比，前者用于交通方面支出较少，用于住宅方面的支出较多，而后者用于衣食、交通、娱乐方面的支出较多。

（3）消费者储蓄和信贷变化　消费者的支出及购买力不仅受其收入水平的影响，还受消费者储蓄及信贷的影响。在一定时期内，货币收入总量不变，如果储蓄增加，现实购买力便减少；反之，如果用于储蓄的收入减少，现实购买力便增加。

营销视野　　　　　　　　　**消费者信贷**

消费者信贷，就是消费者凭信用先取得商品使用权，然后按期归还贷款，以购买商品。这实际上就是消费者提前支取未来的收入，提前消费。西方国家盛行的消费者信贷主要有：①短期赊销；②购买住宅分期付款；③购买昂贵的消费品分期付款；④信用卡信贷等几类。

信贷消费允许人们购买超过自己现实购买力的商品，从而创造了更多的就业机会、更多的收入以及更多的需求；同时，消费者信贷还是一种经济杠杆，它可以调节积累与消费、供给与需求的矛盾。当市场供大于求时，可以发放消费信贷，刺激需求；当市场供不应求时，必须收缩信贷，适当抑制、减少需求。消费信贷把资金投向需要发展的产业，刺激这些产业的生产，带动相关产业和产品的发展。

我国现阶段的信贷消费还主要是公共事业单位提供的服务信贷，如水、电、煤气费用的交纳，其他方面如教育、住宅建设以及一些商家的信用卡消费正在逐步兴起。

4. 科学技术环境分析

每一种新技术的出现都是一种"创造性的毁灭力量"，会给有些企业带来发展机会，同时也会给有些企业带来危险。

第一，新技术的出现为新产品出现提供机遇。例如，20世纪50年代发酵技术成熟，带动了发酵法生产抗生素和氨基酸的热潮；20世纪60~70年代分离纯化方法和介质的发展，大大促进了蛋白质、多肽和酶类药物的开发与应用；到了20世纪70~80年代，基因工程技术的兴起，使生物技术药物成为当今药物新的重要门类；澄清技术、树脂吸附纯化技术等现代新技术、新方法在中药产业中得到应用，因而催生了速效救心丸、复方丹参滴丸、乌鸡白凤丸等中药新产品的问世；21世纪，微创、干细胞技术的研究也为全球医疗行业带来巨大市场。

第二，新技术的出现有利于增加企业的综合竞争力。技术革命是管理改革或管理革命的动力，它向管理提出了新课题、新要求，又为企业改善经营管理、提高管理效率提供了物质基础。目前移动互联网、AI的应用，对于改善企业经营管理，提高企业经营效益起了很大作用。

新经济营销

2019年中国医药商业协会及社会科学文献出版社共同发布了《药品流通蓝皮书：中国药品流通行业发展报告（2019）》。蓝皮书指出，2019年，随着"三医联动"改革的不断深入，在科技发展和市场变化的驱动下，为迅速适应流通新业态、新模式的变革，有效满足医药卫生体制改革的要求和人民群众日益增长的健康需求，药品零售行业积极向集约化、标准化、信息化方向发展，形成了专业药房、智慧药房等多元化服务模式的发展之路。

近年来，国家大力推进实施"互联网＋医疗健康"战略，带来行业模式的创新与格局的改变，医药电商已经在行业中初具规模，面对市场痛点、线上线下融合需求及消费者网络购物习惯不可逆转这三大要点，医药电商未来仍将高速发展。蓝皮书指出，中国医药行业商业化的成熟，必然是以技术驱动整体运营效率和专业服务能力的提升为前提，受新零售、新技术影响，药品零售企业积极创新零售服务模式，通过信息化、智能化赋能，开展特色经营。推出场景营销、无人售药模式，利用数字化营销管理、支付宝、微信、AI机器人等新理念新技术新产品打造智慧药房，引领零售药店向更加现代化方向发展。

第三，新技术的出现，会影响零售业态的结构和消费者的消费偏好。自动售货机的出现，使销售形式得到改变，这种方式对卖方来说，不需要营业人员，只需少量的工作人员补充商品，回收现金，保养、修理机械；对买方来说，购货不受时间限制，在任何时间都可以买到商品和享受到提供的服务。

5. 自然地理环境分析

社会生产活动是在一定的自然地理条件下进行的，这种自然地理条件就是企业所面对的自然地理环境。

（1）自然环境分析

① 自然资源日益短缺。

② 环境污染日益严重。

"绿水青山就是金山银山"的生动实践

（2）地理环境分析

① 地理位置的优劣直接影响着当地经济发展水平。

② 气候条件作为地理环境的重要组成部分，常常影响产品在市场上的供求状况。就药品来说，由于气候的因素，各地的温度、湿度差异很大，很多在本地区适用的药品往往不能适应外地环境的需要。

6. 社会文化环境分析

社会文化环境通常是指一个国家或地区的传统文化，由价值观念、信仰、风俗习惯、行为方式、社会群体及相互关系等内容所构成。人们所处的社会文化环境对人们的素养、价值观念和行为规范影响非常大，中国有句古话："入境而问禁，入国而问俗，入门而问讳。"了解目标市场消费者的禁忌、习俗、避讳、信仰、伦理等是企业开展市场营销活动的重要前提。不同国家不同地区的人民、不同社会与文化代表着不同的

药品零售行业发展呈现新格局

生活方式，对同一产品可能持有不同的态度，这将直接或间接影响着产品的设计包装、信息传递方法、产品被接受程度等。

任务二：微观环境分析

微观营销环境是直接制约和影响企业营销活动的力量和因素。企业必须对微观营销环境进行分析。分析微观营销环境的目的在于更好地协调企业与这些相关群体的关系，促进企业营销目标的实现。

1. 药品经营企业内部环境分析

（1）药品经营企业内部环境分析的必要性　企业开展营销活动要充分考虑到企业内部的环境力量和因素。企业是组织生产和经营的经济单位，是一个系统组织。企业内部一般设立

计划、技术、采购、生产、营销、质检、财务、后勤等部门。企业内部各职能部门的工作及其相互之间的协调关系，直接影响企业的整个营销活动。

(2) 药品经营企业内部环境分析的内容　任何一个企业的市场营销活动不是企业某个部门的孤立行为，药品市场营销部门也不例外。药品经营企业本身包括市场营销部门、其他职能部门和最高管理层（图2-2）。而药品营销部门在制订和执行市场营销计划时，必须获得企业最高管理层的批准和支持，并与其他部门搞好分工协作。

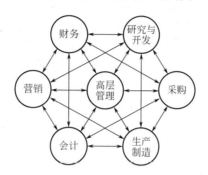

图 2-2　企业的内部环境

首先，要考虑最高管理层的意图。作为企业的领导核心，最高管理层负责制定企业的任务、目标、发展战略及其重大决策。而这些都直接影响到企业的市场营销活动，如果没有高层的协调统一，企业便是一盘散沙。因此，药品营销部门必须在企业发展战略的指导下，制订营销计划并报最高管理层批准后才能实施。

其次，药品营销部门要考虑其他职能部门（如生产制造部门、采购部门、研究与开发部门、财务部门等）的情况，并与之密切协作，完成药品营销计划。以新药品开发为例，营销部门提出开发新药品的计划后，需要得到各部门的支持和配合。研究与开发部门负责新药的组方和工艺设计，采购部门负责原材料的供应等。如果没有采购部门的保障，企业便成了"无米之妇"；如果没有生产制造部门，企业就无法"将米做成熟饭"；如果没有财务部门的资金保障和财务分析、会计核算，企业便会"心中无数"。所以新药品的开发计划能否实现，不仅取决于新药品本身是否有市场，还取决于与各部门的协作是否和谐，能否与企业的其他部门协调配合将直接影响药品营销部门的绩效。所以说，药品营销部门绝不能独立于企业其他部门之外。

> **营销名言**
>
> 　　市场营销是企业的基础，不能把它看作是单独的职能。从营销的最终成果亦即从顾客的观点来看，市场营销就是整个企业。
>
> ——彼得·杜拉克

2. 供应商分析

(1) 供应商分析的必要性　供应商是指对企业进行生产所需而提供特定的原材料、辅助材料、设备、能源、劳务、资金等资源的供货单位。这些资源的变化直接影响到企业产品的产量、质量以及利润，从而影响企业营销计划和营销目标的完成。

(2) 供应商与医药企业的关系　供应商与医药企业的关系是一种生产协作关系，二者配合密切与否对企业营销活动的成果将会产生很大的影响。

> **供应商对企业的影响**
> - 供货的及时性和稳定性。
> - 供货的质量水平。
> - 供货的价格水平。

3. 药品营销中介分析

(1) 药品营销中介分析的必要性　营销中介是指为企业营销活动提供各种服务的企业或部门的总称。营销中介对企业营销产生直接的、重大的影响。只有通过有关营销中介所提供的服务，企业才能把产品顺利地送达到目标消费者手中。营销中介的主要功能是帮助企业推广和分销产品。

(2) 药品营销中介分析的主要对象　药品营销中介是指企业将药品卖到患者手中这一过程中承担对药品的促销、运输、分销和出售职能的各类组织。按其承担的工作划分，药品营销中介主要分为药品中间商、实体分销商（运输企业和仓储企业）、营销服务机构及金融机构几种。

营销备忘　药品营销中介类型

(1) 药品中间商　是指协助医药企业寻找顾客或把产品卖给顾客的公司、企业、个人。药品中间商一般可分为批发商和零售商两类。

(2) 实体分销商　是指协助企业将产品实体运往销售目的地，完成产品空间位置的移动。到达目的地之后，还有一段待售时间，还要协助保管和储存。

(3) 营销服务机构　是指协助企业寻找正确的目标市场并为其促销产品的机构。包括营销调查公司、广告公司、传媒机构和营销咨询公司等。

(4) 金融机构　包括银行、信贷公司、保险公司和其他协助产品交易融资及减低风险的公司。

4. 顾客分析

(1) 顾客分析的必要性　所谓顾客，通常是指用户、消费者或者说就是企业的目标市场，主要包括所有出于直接使用目的而购买企业产品或服务以及为再加工或再销售目的而购买本企业产品或服务的个体和组织。顾客对企业营销的影响程度远远超过前述的环境因素。顾客是市场的主体，任何企业的产品和服务只有得到了顾客的认可才能赢得这个市场，现代营销强调把满足顾客需要作为企业营销管理的核心。

(2) 顾客分析的市场类型　企业与顾客的关系实质上是一种生产与消费的关系，顾客对于企业的重要性在于失去了客户就意味着失去了市场，赢得了顾客就赢得了市场。顾客市场一般可以分为五种（如图2-3所示）。

① 消费者市场　即指为满足个人或家庭需要而购买商品和服务的市场。由于药品的特殊性，导致消费者在购药时

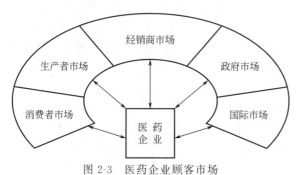

图2-3　医药企业顾客市场

利益聚焦在产品对其健康的益处，因而更注重功效和品牌，并且需求弹性比较小。

② 生产者市场　即指为赚取利润或达到其他目的而购买商品和服务来生产其他产品和服务的市场。

③ 经销商市场　即指为利润而购买商品和服务以转售的市场。由于医药的特殊性，各国对医药经销商的运作、资格等往往都有比较多的限制条件。

④ 政府市场　即指为提供公共服务或将商品与服务转给需要的人而购买商品和服务的政府和非营利机构。

⑤ 国际市场　即指国外买主，包括国外的消费者、生产者、经销商和政府等。

5. 竞争者分析

（1）竞争者分析的必要性　竞争是商品经济的基本特征，只要有商品生产和商品交换就必然有竞争。而市场又是竞争的场所，任何时候都有竞争者存在。竞争者是指与本企业存在利益争夺关系的其他经济主体。企业的竞争者包括正在生产和销售本企业相同产品或服务的企业、潜在的进入者以及替代品生产者和供应商等。

企业竞争对手的状况将直接影响企业营销活动。如竞争对手的营销策略及营销活动的变化就会直接影响企业营销，最为明显的是竞争对手的产品价格、广告宣传、促销手段的变化，以及产品的开发、销售服务的加强都将直接对企业造成威胁。为此，企业在制定营销策略前必须先弄清竞争对手，特别是同行业竞争对手的生产经营状况，做到知己知彼，有效地开展营销活动。

（2）竞争者分析的内容　一般来说，企业在营销活动中需要对竞争对手了解、分析的情况有：

① 竞争企业的数量有多少；

② 竞争企业的规模和能力的大小、强弱；

③ 竞争企业对竞争产品的依赖程度；

④ 竞争企业所采取的营销策略及其对其他企业策略的反应程度；

⑤ 竞争企业能够获取优势的特殊材料来源及供应渠道。

营销备忘　　　　　　　　竞争者类型

1. 愿望竞争者

愿望竞争者是指提供不同产品以满足不同需求的竞争者，如生产药品的厂商可以将生产医疗器械、卫生材料等满足不同需求的厂商作为自己的竞争者。因此，如何使顾客首先购买药品、更多地消费药品是这种竞争的实质所在。

2. 普通竞争者

普通竞争者是指提供能够满足同一种需要的不同产品的竞争者。例如生产青霉素G的厂商可以将生产先锋霉素、头孢氨苄的厂商作为自己的竞争对手。

3. 产品形式竞争者

产品形式竞争者是指生产同种产品但不同规格、型号、式样的竞争者，例如生产青霉素G的公司可能认为所有青霉素生产者都是自己的竞争者。

4. 品牌竞争者

品牌竞争者是指生产相同产品，并且规格、型号、样式也相同的竞争者。例如，生产青霉素G的公司的主要竞争者是所生产的青霉素产品生产价格、规格、剂量、档次相似的一些企业。

6. 社会公众分析

（1）社会公众分析的必要性　社会公众是企业营销活动中与企业营销活动发生关系的各种群体的总称。公众对企业的态度，会对其营销活动产生巨大的影响，它既可以有助于企业树立良好的形象，也可能妨碍企业的形象。所以企业必须处理好与主要公众的关系，争取公众的支持和偏爱，为自己营造和谐、宽松的社会环境。

（2）社会公众分析的对象

① 政府公众　指负责管理企业业务经营活动的有关政府机构。对于药品企业来说有药品监督管理局、环保局、税务局等机构。

② 媒介公众　指那些联系企业与外界的传播媒体，主要指报纸、杂志、广播、电视、网络等。

③ 金融公众　指影响企业融通资金能力的各种金融组织和社会集团，如银行、投资公司等。

④ 群众团体　指各种保护消费者权益组织、环境保护组织及少数民族组织等。

⑤ 地方公众　指企业周围的居民和团体组织。

⑥ 企业内部公众　指企业内部从上到下的组织成员，包括股东、管理人员、职工等。

> **案例链接**
>
> 　　2018年7月15日，国家药品监督管理局发布通告指出，长春长生生物科技有限责任公司冻干人用狂犬病疫苗生产存在记录造假等行为。经查明，长春长生生物科技有限责任公司编造生产记录和产品检验记录，随意变更工艺参数和设备，严重违反了《中华人民共和国药品管理法》《药品生产质量管理规范》有关规定，国家药监局已责令企业停止生产，收回药品GMP证书，召回尚未使用的狂犬病疫苗。2019年11月7日，依照《中华人民共和国企业破产法》规定，裁定宣告长春长生生物科技有限责任公司破产。长春长生生物疫苗案件一经发生，各地迅速做出回应，快速查清查明问题疫苗，立即采取全面停用、就地封存、实施召回等有效措施，保证所使用疫苗安全可靠，确保每一个儿童的人身安全。同时，人民日报、新华社等媒体先后就长春长生生物疫苗案件发表评论，企业不能为了追求利益，把儿童的健康和家庭的幸福当作谋取非法利润的代价，必须以"敬畏生命"为信条，以更严格的生产标准、更规范的经营管理规范企业发展，保住公众对医药企业的信任。

任务三：SWOT分析

SWOT分析法包括分析企业的优势（strength）、劣势（weakness）、机会（opportunity）和威胁（threat）。SWOT分析方法在管理工作中受到广泛重视和普遍应用，原因在于它将内外部环境有机结合起来，把复杂的非结构问题结构化，为群体决策过程中有效沟通创造了条件，有助于识别自身优势、劣势，把握内部机会和威胁，给决策者提供更多的方案。SWOT分析方法一般包括以下四个步骤。

1. 机会与威胁分析（OT）

（1）环境机会分析　公司面临的潜在机会（O）：市场机会是影响公司战略的重大因素。公司管理者应当确认每一个机会，评价每一个机会的成长和利润前景，选取那些可与公司财务和组织资源匹配、使公司获得竞争优势的潜力最大的最佳机会。环境机会分析方法一般采用环境机会分析图，一般考虑的因素见表2-1。

表 2-1　SWOT 分析的一般考虑因素

	潜在外部威胁(T)	潜在外部机会(O)		潜在内部优势(S)	潜在内部劣势(W)
外部环境	市场增长较慢 竞争压力增大 不利的政府政策 新的竞争者进入行业 替代产品销售额正在逐步上升 用户讨价还价能力增强 用户需要与爱好逐步转变 通货膨胀递增及其他	纵向一体化 市场增长迅速 可以增加互补产品 能争取到新的用户群 有进入新市场或市场面的可能 有能力进入更好的企业集团 在同行业中竞争业绩优良 扩展产品线满足用户需要及其他	内部条件	产权技术 成本优势 竞争优势 特殊能力 产品创新 具有规模经济 良好的财务资源 高素质的管理人员 公认的行业领先者 买主的良好印象 适应力强的经营战略 其他	竞争劣势 设备老化 战略方向不同 竞争地位恶化 产品线范围太窄 技术开发滞后 营销水平低于同行业其他企业 管理不善 战略实施的历史记录不佳 不明原因导致的利润率下降 资金拮据 相对于竞争对手的高成本及其他

在环境机会分析图中（图 2-4），纵向是市场吸引力，横向是成功概率，这样就可以将企业的环境机会分为四种类型：在 1 号和 3 号区域中，企业的任务是努力提高获利水平和吸引力；2 号区域中，企业要积极主动去追求市场机会；4 号区域是最微不足道的，企业可以用很少的精力予以关注。

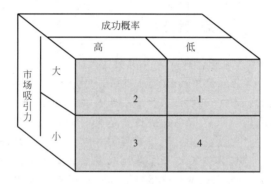

图 2-4　环境机会分析图

> 📁 **营销备忘**　　　　　　　　　　**市场机会类型**
>
> 1. 环境机会与企业机会（公司机会）
> 随着环境的变化而客观形成的各种各样未满足的需求，就是环境机会；环境机会中那些符合企业战略计划的要求，有利于发挥企业优势的可以利用的市场机会，才是企业机会。
>
> 2. 表面的市场机会与潜在的市场机会
> 在市场上，明显没有被满足的现实需求，就是表面的市场机会；现有的产品种类未能满足的或尚未完全为人们意识到的隐而未见的需求，就是潜在的市场机会。表面的市场机会易于为人们发现和识别，同时利用这种机会的企业较多，因而难以取得机会效益。潜在的市场机会虽然不易于为人们发现和识别，但同时抓住和利用这种机会的企业较少，因此机会效益比较高。
>
> 3. 行业性市场机会与边缘性市场机会
> 在企业所处的行业或经营领域中出现的市场机会，称为行业性市场机会；在不同行业

之间的交叉或结合部分再现的市场机会，称为边缘性市场机会。由于自身生产经营条件的限制，企业一般都较为重视行业性市场机会并将其作为寻找和利用的重点，但由于行业内部企业之间的竞争，往往会使机会效益减弱甚至丧失，而企业利用行业外出现的市场机会，通常又会遇到一定的困难或较大的障碍。这种情况，促使一些企业在行业之间的交叉或结合部分寻求较为理想的市场机会。

4. 目前市场机会与未来市场机会

在目前的环境变化中市场上出现的未被满足的需求，称为目前市场机会；在目前的市场上仅仅表现为一部分人的消费意向或少数人的需求，但随着环境的变化和时间的转移，在未来的市场上将发展成为大多数人的消费倾向和大量的需求，称为未来市场机会。企业寻求和正确评价未来市场机会，提前开发产品并在机会到来之时迅速将其推向市场，易于取得领先地位和竞争优势，机会效益较大，但本身也隐含着一定的风险性。

5. 全面市场机会与局部市场机会

在大范围市场上出现的未满足的需要为全面市场机会；在小范围市场上再现的未满足的需要为局部市场机会。前者意味着整个市场环境变化的一种普遍趋势，后者则意味着局部市场环境的变化有别于其他市场部分的特殊发展趋势。

（2）环境威胁分析　危及公司的外部威胁（T）：在公司的外部环境中，总是存在某些对公司的盈利能力和市场地位构成威胁的因素。公司管理者应当及时确认危及公司未来利益的威胁，作出评价并采取相应的战略行动来抵消或减轻它们所产生的影响。

环境威胁分析方法一般采用环境威胁分析图，一般考虑的因素见表2-1。在环境威胁分析图中（图2-5），纵向是威胁的严重程度，横向是威胁出现的概率，这样就可以将企业的威胁情况分为四种类型：在1号和3号区域的环境威胁是企业的重要威胁，但不十分严重；2号区域的环境威胁是企业的主要威胁；4号区域的环境威胁是最轻微的。

> **营销视野　　　　　　　企业对环境威胁的对策**
>
> 1. 转移策略
>
> 转移策略是指当企业面临环境威胁时，通过改变自己受到威胁的产品的现有市场，或者将投资方向转移来避免环境变化对企业的威胁。该策略包括三种转移。
>
> （1）产品转移　即将受到威胁的产品转移到其他市场。
>
> （2）市场转移　即将企业的营销活动转移到新的细分市场上去。
>
> （3）行业转移　即将企业的资源转移到更有利的新行业中去。
>
> 2. 减轻策略
>
> 减轻策略是指当企业面临环境威胁时，力图通过调整、改变自己的营销组合策略，尽量降低环境威胁对企业的负面影响程度。如国际营销企业针对东道国的严格的产品检验标准，对产品进行适应性改进，以便顺利地进入目标市场。
>
> 3. 对抗策略
>
> 对抗策略是指当企业面临环境威胁时，试图通过自己的努力限制或扭转环境中不利因素的发展。对抗策略通常被称为是积极、主动的策略。如通过各种方式促使（或阻止）政府通过某种法令或有关权威组织达成某种协议、努力促使某项政策或协议的形成以用来抵消不利因素的影响。

(3) 环境威胁与机会分析　将图 2-4 和图 2-5 联系到一起进行分析,就得到环境威胁与机会分析图,如图 2-6 所示。

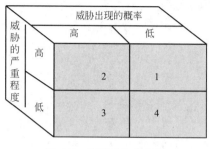
图 2-5　环境威胁分析图

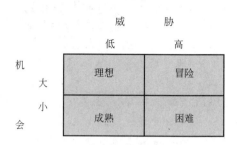
图 2-6　环境威胁与机会分析图

依据企业所面临的环境情况,可以将企业业务分为四种不同类型。
① 理想业务　即高环境机会和低环境威胁的业务。
② 冒险业务　即高环境机会和高环境威胁的业务。
③ 成熟业务　即低环境机会和低环境威胁的业务。
④ 困难业务　即低环境机会和高环境威胁的业务。

2. 优势和劣势分析（SW）

识别环境中有吸引力的机会是一回事,拥有在机会中成功所必需的竞争能力是另一回事。每个企业都要定期检查自己的优势与劣势,根据企业资源组合情况,确认企业的关键能力和关键限制。公司不应去纠正它的所有劣势,也不是对其优势不加利用。主要的问题是公司应研究,它究竟是应只局限在已拥有优势的机会中,还是去获取和发展一些优势以找到更好的机会。

竞争优势（S）是指一个企业超越其竞争对手的能力,或者指公司所特有的能提高公司竞争力的东西。例如,当两个企业处在同一市场或者说它们都有能力向同一顾客群体提供产品和服务时,如果其中一个企业有更高的赢利率或赢利潜力,那么,我们就认为这个企业比另外一个企业更具有竞争优势。竞争优势分析一般考虑的因素见表 2-1。

竞争劣势（W）是指某种公司缺少或做得不好的东西,或指某种会使公司处于劣势的条件。竞争劣势分析一般考虑的因素见表 2-1。

3. 优势、劣势与机会、威胁相组合,形成 SO、ST、WO、WT 策略

将调查得出的各种因素根据轻重缓急或影响程度等排序方式,构造 SWOT 矩阵。在此过程中,将那些对公司发展有直接的、重要的、大量的、迫切的、久远的影响的因素优先排列出来,而将那些间接的、次要的、少许的、不急的、短暂的影响因素排列在后面。

SWOT 分析还可以作为选择和制定战略的一种方法,因为它提供了四种战略,即 SO 战略、WO 战略、ST 战略和 WT 战略,如表 2-2 所示。

(1) SO 战略就是依靠内部优势去抓住外部机会的战略。如一个资源雄厚（内在优势）的企业发现某一国际市场未曾饱和（外在机会）,那么它就应该采取 SO 战略去开拓这一国际市场。

(2) WO 战略是利用外部机会来改进内部弱点的战略。如一个面对计算机服务需求增长的企业（外在机会）,却十分缺乏技术专家（内在劣势）,那么就应该采用 WO 战略培养或聘技术专家,或购入一个高技术的计算机公司。

(3) ST 战略就是利用企业的优势,去避免或减轻外部威胁的打击。如一个企业的销售渠道（内在优势）很多,但是由于各种限制又不允许它经营其他商品（外在威胁）,那么就

表 2-2　SO 战略、WO 战略、ST 战略和 WT 战略表

	内部优势(S) 1.…… 2.…… 3.……	内部劣势(W) 1.…… 2.…… 3.……
外部机会(O) 1.…… 2.…… 3.……	SO 战略 依靠内部优势 利用外部机会	WO 战略 利用外部机会 克服内部劣势
外部威胁(T) 1.…… 2.…… 3.……	ST 战略 依靠内部优势 回避外部威胁	WT 战略 减少内部劣势 回避外部威胁

应该采取 ST 战略，走集中型、多样化的道路。

(4) WT 战略就是直接克服内部弱点和避免外部威胁的战略。如一个商品质量差（内在劣势）、供应渠道不可靠（外在威胁）的企业应该采取 WT 战略，强化企业管理，提高产品质量，稳定供应渠道，或走联合、合并之路以谋生存和发展。

SWOT 方法的基本点，就是企业战略的制定必须使其内部能力（强处和弱点）与外部环境（机遇和威胁）相适应，以获取经营的成功。

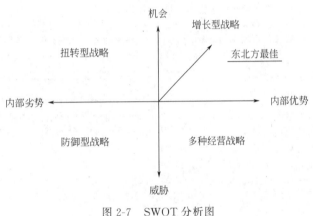

图 2-7　SWOT 分析图

或者用 SWOT 分析图（图 2-7），将刚才的优势和劣势按机会和威胁分析结果在 SWOT 分析图上定位。

4. 对 SO、ST、WO、WT 策略进行甄别和选择，确定企业目前应该采取的具体战略与策略

通过环境研究，认识到外界在变化过程中可能对组织的存在造成什么样的发展机会，同时根据组织自身在资源拥有和利用能力上有何优势和劣势，依此两方面的结合点，就可以制定出指导企业生存和发展方向的战略方案（图 2-7）。

(1) 当企业具有良好的外部机会和有利的内部条件时，可以采取增长型战略来充分掌握环境提供的发展良机。

(2) 当企业面临良好的外部机会，但受到内部劣势的限制时，可采取扭转型战略，设法清除内部不利的条件，以便尽快形成利用环境机会的能力。

(3) 当企业内部存在劣势，外部面临巨大威胁时，可以采用防御型战略，设法避开威胁和消除劣势。

(4) 当企业具有强大的内部实力，但外部环境存在威胁，宜采用多种经营战略，一方面使自己的优势得到更充分地利用，另一方面也使经营的风险得以分散。

✅ 实训范例

科尔尼 SWOT 分析得出战略

外部因素	内部能力	
	优势(strength)	劣势(weakness)
	• 作为国家机关,拥有公众的信任 • 顾客对快递服务的高度亲近感与信任感 • 拥有全国范围的物流网 • 具有众多的人力资源 • 具有创造快递/金融协同效应(synergy)的可能性	• 上门取件相关人力及车辆不足 • 市场及物流专家不足 • 组织、预算、费用等方面的灵活性不足 • 包裹破损的可能性很大 • 追踪查询服务不够完善
机会(opportunities)	SO	WO
• 随着电子商务的普及,对寄件需求增加(年平均增加38%) • 能够确保应对市场开放的事业自由度 • 物流及IT等关键技术的飞跃性的发展	• 以快递网络为基础,积极进入宅送市场 • 进入购物中心(shopping mall)配送市场 • ePOST 活性化 • 开发灵活运用关键技术的多样化的快递服务	• 构成邮寄包裹专门组织 • 通过实物与信息的统一化进行实时追踪(track & trace)及物流控制(comand & control) • 将增值服务及一般服务差别化的价格体系的制订及服务内容再整理
风险(threats)	ST	WT
• 通信技术发展后,对快递的需求可能减少 • 现有宅送企业的设备投资及代理增多 • WTO 快递服务市场开放的压力 • 国外宅送企业进入国内市场	• 灵活运用范围宽广的快递物流网络,树立积极的市场战略 • 通过与全球性的物流企业进行战略联盟 • 提高国外邮件的收益性及服务 • 为了确保企业顾客,树立积极的市场战略	• 根据服务的特性,对包裹详情单与包裹运送网分别运营 • 对已经确定的快递物流运营提高效率(BPR),由此提高市场竞争力

七、项目课时安排

(1) 实训时间:4 课时。

(2) 讲授时间:2 课时。

八、项目考核与评分标准

"药品市场环境分析"的评估分值比重占"药品市场开发技术"评估总分的 25%。具体评估标准见附录二《药品市场营销技术》课程评估手册中项目 2.1 "药品市场环境分析"评估标准。

专业能力评估项目

序号	评估项目 / 评估标准	实训任务是否基本完成; 考评总分 30 分	实训操作是否有突出表现; 考评总分 40 分
6	宏观环境分析	基本完成,得 10 分。没有基本完成酌情扣分	1. 宏观环境分析全面 2. 宏观环境分析正确

序号	评估项目 / 评估标准	实训任务是否基本完成；考评总分 30 分	实训操作是否有突出表现；考评总分 40 分
7	微观环境分析	基本完成，得 10 分。没有基本完成酌情扣分	1. 微观环境分析全面 2. 微观环境分析正确
8	SWOT 分析	基本完成，得 10 分。没有基本完成酌情扣分	1. 正确分析优势、劣势、机会、威胁 2. 能根据上述分析提出对策
	6～8 项自评成绩 Σ70		

九、典型范例

都是 PPA 惹的祸

几年前，"早一粒，晚一粒"的康泰克广告曾是国人耳熟能详的医药广告，而康泰克也因为服用频率低、治疗效果好而成为许多人感冒时的首选药物。可自从 2000 年 11 月 17 日，国家药监局下发《关于立即停止使用和销售所有含有 PPA 的药品制剂的紧急通知》，并将在 11 月 30 日前全面清查生产含 PPA 药品的厂家。一些消费者平时较常用的感冒药"康泰克""康得""感冒灵"等因为含 PPA 成为禁药。

中国国家药品不良反应检测中心 2000 年花了几个月的时间对国内含 PPA 药品的临床试用情况进行统计，再结合一些药品生产厂家提交的用药安全记录，发现服用含 PPA 的药品制剂（主要是感冒药）后已出现严重的不良反应，如过敏、心律失调、高血压、急性肾衰、失眠等症状；在一些急于减轻体重的肥胖者（一般是年轻女性）中，由于盲目加大含 PPA 的减肥药的剂量，还出现了胸痛、恶心、呕吐和剧烈头痛。这表明这类药品制剂存在不安全的问题，要紧急停药。虽然停药涉及一些常用的感冒药，会对生产厂家不利，但市面上可供选择的感冒药还有很多，对患者不会造成太大影响。

11 月 17 日，天津中美史克制药有限公司的电话几乎被打爆了，总机小姐一遍遍跟打电话的媒体记者解释：公司没人，都在紧急开会。仍有不甘心的，电话打进公司办公室，还真有人接听——一位河南的个体运输司机证实：确实没人。这是国家药品监督管理局发布暂停使用和销售含 PPA 的药品制剂通知的第二天。

这次名列"暂停使用"名单的有 15 种药，但大家只记住了康泰克，原因是"早一粒，晚一粒"的广告非常有名。作为向媒体广泛询问的一种回应，中美史克公司 11 月 20 日在北京召开了记者恳谈会，总经理杨伟强先生宣读了该公司的声明，并请消费者暂停服用这两种药品，能否退货，还要依据国家药监局为此事件作的最后论断再定。他们的这两种产品已经进入了停产程序，但他们并没有收到有关康泰克能引起脑卒中的副反应报告。对于自己两种感冒药——康泰克和康得被禁，杨伟强的回答是："中美史克在中国的土地上生活，一切听中国政府的安排。"为方便回答消费者的各种疑问，他们为此专设了一条服务热线。另据分析，康泰克与康得退下的市场份额每年高达 6 亿元。不过，杨伟强豪言："我可以丢了一个产品，但不能丢了一个企业。"这句豪言多少显得悲怆：6 亿元的市场，没了！紧接着，中美史克未来会不会裁员？6 亿元的市场，康泰克差不多占了中国感冒药市场的一半，太大了！生产不含 PPA 感冒药的药厂，同时面临了天降的机会和诱惑。他们的兴奋形成了新的潮流。由于含 PPA 的感冒药被撤下货架，中药感冒药出现热销景象，感冒药品牌从"三国鼎立"又回到了"春秋战国"时代。中美史克"失意"，三九"得意"，三九医药集团的老总赵新先想借此机会做一个得意明星。他在接受央视采访时称："三九有意在感冒药市场大展拳脚。"赵新先的概念是："化学药物的毒害性和对人体的副作用已越来越引起人们的重视。无论在国内还是国外，中药市场前景非常被看好。"三九生产的正是中药感冒药。三九结合中药优势与舆论，不失时机地推出广告用语："关键时刻，表现出色"，颇为引人注目。

也想抓住这次机会的还有一家中美合资企业——上海施贵宝，借此机会大量推出广告，宣称自己的药物不含 PPA。

在这些大牌药厂匆匆推出自己的最新市场营销策略时，一种并不特别引人注意的中药感冒药——板蓝根销量大增，供不应求。2000 年 11 月发生的 PPA 事件后，谁能引领感冒药市场主流，曾被众多业内人士所关注。经过一年多的角逐，感冒药市场重新洗牌，新的主流品牌格局已经形成。调查显示，"白加黑""感康""新康泰克""泰诺""百服宁"等品牌在消费者中的知名度居前列。

本案例，内容生动丰富，易于让学生对市场营销环境这一概念做全面的了解。通过分析案例深刻认识市场营销环境对企业经营活动的影响，并根据市场营销环境的变化制定有效的市场营销战略，趋利避害，扬长避短，适应变化，抓住机会。学会应对突发事件，并通过有效措施化解危机。

〔讨论问题〕

1. 在这个案例中，中美史克公司遇到了什么危机？公司的经营环境发生了哪些变化？
2. 本案例中中美史克公司遇到哪些宏观环境因素变化？公司是否采取了相应的对策？
3. 如果你是中美史克的总经理，在自己的产品被禁而竞争对手大举进犯的情况下，你下一步将采取何种措施？

〔分析本案例所运用的营销理论和方法〕

"市场营销环境分析与对策""SWOT 分析方法""竞争市场与营销策略""公共关系策略"。

〔分析说明〕

企业作为市场经济组织或社会细胞，总是在一定环境条件下开展市场营销活动的，而环境条件是不断变化的，一方面，它给企业造成了新的市场机会；另一方面，又给企业带来某些威胁。因此，市场营销环境对企业生存和发展具有重要意义。企业必须重视对营销环境分析和研究，并根据变化进行战略调整。本案例中，中美史克公司在这场 PPA 风波中的表现，应该说是上乘的，其公开表态很有道理和说服力，易于赢得各方的支持。其实，危机公关并没有太多玄奥，关键在于企业是否敢于承担对社会公众的责任。任何一个企业千万不要忽视社会团体和公众的力量，特别是对于那些处于市场领导地位的企业来说，与社会公众保持良好的沟通，以赢得他们的支持，应该把这当作企业的经营大事来抓。

（资料来源：李文国，王秀娥主编. 市场营销. 上海交通大学出版社，2005.）

项目 2.2 药品市场需求分析与预测

药厂的信用与诚实，

是每一粒药丸最宝贵的成分。

一、项目任务

（1）要求学生掌握市场预测活动规律，提高预测质量。

（2）要求学生在教师的指导下，能够完成某药品市场消费者购买行为分析，并能对未来药品市场需求作出预测。

二、技能要求

（1）通过对药品市场需求分析与预测，帮助学生认识市场容量的分析与预测在市场营销活动中的重要性。

（2）通过分组完成药品市场需求预测，培养学生与小组内部成员的分工协作、与其他人员沟通协调的能力。

（3）通过预测药品市场需求，培养学生分析和预测药品市场需求的基本能力。

三、项目操作流程

工作目标	知识准备	关键点控制	流程图
1. 掌握消费者购买行为分析 2. 掌握市场预测的程序	1. 掌握消费者购买行为模式 2. 掌握主要的预测方法 3. 了解预测的内容 4. 了解定量预测方法	1. 明确预测目标 市场预测人员依据公司营销决策的需要,选定市场预测的目标,明确预测的对象、结果和期限等 2. 收集和整理资料 市场预测人员依据市场预测的需要,收集预测需要的资料 3. 选择预测方法和模型 市场预测人员依据收集资料和预测目标,选择合理的预测方法,建立预测模型 4. 预测分析和修正 市场预测人员对预测结果进行分析,判断预测结果的精确性和可用性 5. 编写预测报告 市场预测人员依据预测结果,编写预测报告	明确预测目标 ↓ 收集和整理资料 ↓ 选择预测方法和模型 ↓ 预测分析和修正 ↓ 编写预测报告

四、理论指导

（一）药品市场预测概述

1. 药品市场预测的含义

药品市场预测是在药品市场调查的基础上,利用一定的方法或技术,测算一定时期内药品市场供求趋势和影响市场营销因素的变化,掌握药品市场变化规律,从而为医药企业的营销决策提供科学的依据。

> **营销备忘** 市场预测产生的历史
>
> 市场预测产生的历史悠久。根据我国《史记》记载,公元前6世纪到公元前5世纪,范蠡在辅佐勾践灭吴复国以后,即弃官经商,19年之中三致千金,成为天下富翁。他的商场建树取决于他懂得市场预测。例如,"论其存余不足,则知贵贱,贵上极则反贱,贱下极则反贵。"这是他根据市场上商品的供求情况来预测商品的价格变化。
>
> 严格地说,市场预测是从19世纪下半叶开始的。一方面,资本主义经济中的市场变化极其复杂,要想获取利润,减少经营风险,就要把握经济周期的变化规律;另一方面,数理经济学对现象数量关系的研究已经逐步深入,各国统计资料的积累也日益丰富,适用于处理经济问题,包括市场预测的统计方法也逐步完善。学术界关于市场预测的里程碑是从奥地利经济学家兼统计学家斯帕拉特·尼曼算起的。他运用指数分析方法研究了金、银、煤、铁、咖啡和棉花的生产情况,有关铁路、航运、电信和国际贸易方面的问题,以及1866~1873年的进出口价值数据。
>
> 预测为决策服务,是为了提高管理的科学水平,减少决策的盲目性,我们需要通过预测来把握经济发展或者未来市场变化的有关动态,减少未来的不确定性,降低决策可能遇到的风险,使决策目标得以顺利实现。

> **药品市场预测的作用**
> - 医药企业经营管理决策的重要前提条件。
> - 医药企业制订生产经营计划的重要依据。
> - 有利于医药企业掌握市场主动权。
> - 有利于医药企业开拓市场，提高市场占有率。
> - 有利于改善经营管理，提高经济效益。

2. 药品市场预测的主要内容

药品市场预测的内容十分丰富。凡是涉及和影响药品市场变化的因素都属于预测的范围。医药企业应该根据企业不同时期面临的各种内外环境和企业经营活动的需要确定预测的内容。从为医药企业进行市场营销决策提供依据的目的出发，药品市场预测的主要内容如下。

（1）市场需求预测　药品市场需求是一种药品在一定的地理区域和一定时期内，在一定的营销环境和营销方案下，由特定的顾客群体愿意购买的总数量构成。

药品市场需求预测包括质与量两个方面。从质的方面考察，市场需求预测要解决"需求什么"的问题；从量的方面考察，市场需求要解决"需求多少"的问题。这方面的预测包括顾客调查与分析预测、市场需求趋势分析预测、消费心理变化趋势分析预测、药品需求量预测、需求潜量和结构预测。

经典营销故事　东鹏饮料如何从 150 亿条数据中洞察先机

早在 2015 年，东鹏饮料的技术团队就开始尝试销售与营销场景中应用"一物一码"技术，这为东鹏饮料带来了丰厚的回报，同时也在信息系统中积累了大量的结构化与非结构化数据，如何让这些数据更好地助力业务发展成为其不断思考的问题。东鹏饮料每年产品出货量高达 30 亿元，5 年积累下来的数据超过 150 亿条，此外还有来自 40 亿人次消费者参与活动所产生的各类信息。想要在如此海量的信息中找到决策者所需的数据，通常需要花费 10 天左右的时间完成数据查询和报表制作，这是非常缺乏效率的。

东鹏饮料每天有数以千计的业务人员在各地通过 SFA（销售能力自动化）工具进行实地巡店，并完成货架陈列的拍照采集，单日产生的图片近 20 万张，而这些图片都需要人工进行审核，以验证终端门店是否按照指引完成了产品陈设。随着终端渠道不断扩张，人工方式已经无法满足企业发展的需求。为了解决这一难题，东鹏饮料选择了大数据智能分析服务，能让业务人员的巡查工作变得更加高效。通过数据清洗和挖掘，东鹏饮料不断跟踪市场动态，从而抢在竞争对手前面占领了更多的市场份额。

（2）药品预测　药品是医药企业经营活动过程的物质基础，经营活动过程是通过药品的流动来实现的。

药品预测主要包括产品组合预测，需求药品的品种、规格、包装、品牌、质量等的预测，药品生命周期预测等。

（3）医药科技发展趋势预测　当前世界科学技术迅猛发展，新技术、新工艺、新材料的推广使用,对企业的药品生产成本、定价等都有着重要影响,并给企业经营带来深刻的影响。

医药科技发展趋势预测主要包括对医药科学技术未来发展的预测、药品生产新工艺的预测、新产品开发与应用预测、新剂型发展预测等。

(4) 竞争预测 在市场经济情况下,竞争对企业影响很大。

药品市场营销的竞争预测主要包括市场竞争主体变化预测,竞争对手的数量、各自的实力变化预测,主要竞争对手的产品、营销组合、经营策略、企业竞争实力的现状及其变化预测,市场竞争态势变化预测,竞争对手对本企业竞争策略的反应及影响程度的预测等。

(5) 价格预测 在正常情况下,价格围绕价值上下波动,是市场波动的主要标志与信息载体。

价格预测包括:价格总水平及通货膨胀、利息、汇率的变化趋势的预测,主要产品价格走势及变化幅度预测,价格政策预测,成本变化预测,价格波动幅度与影响预测,定价策略与方法发展预测,价格心理预测等。

(6) 企业财务预测 企业财务预测就是对未来一定时期内企业经营活动所取得的有效成果和资金消耗这两者进行预测。以最小的物耗,争取最大的经济效益,是每个医药企业所要求达到的共同目标。企业财务预测能为企业经营决策提供财务上的科学依据,对改善企业经营管理,提高经济效益具有重要意义。

预测企业财务的主要指标有商品销售额、劳动生产率、资金占有率及资金周转率、流通费用及流通费用率、利润和利润率、设备利用率等。

(7) 外部环境预测 外部环境预测是影响医药企业经营活动的不可控因素,这些不可控因素经常处于变动之中。环境的变化,可能给企业带来可以利用的市场机会,也可能给企业带来一定的环境威胁。预测、分析、把握经营环境的变化,善于从中发现并抓住有利于企业发展的机会,避开或减轻不利于企业发展的威胁,是企业经营决策的首要问题。

外部环境预测有:经济环境预测、政策措施预测、人口预测、病疫情预测、自然环境预测等。

(二) 药品消费者市场分析的内容

由于市场具有错综复杂的内涵,其涉及的内容又是千头万绪,十分复杂。通常的分析方法是围绕"5W1H",展开消费者市场的分析工作。5W1H 是指:购买者和购买决策者是谁(who)、他(或她)为何购买(why)、在市场上要购买什么(what)、什么时候购买(when)、在哪里购买(where)、如何购买(how)等。这六项内容可以说涵盖了市场营销人员在进行消费者市场分析时所需掌握的全部情况,也是搞好医药企业市场营销的前提和基础。

> **相关链接**
>
> 一家医药企业要生产一种新药,它事先必须经过分析研究,回答以下几个问题:目前市场上最需要什么药品?顾客为什么要购买这种药品?哪一类顾客会选用这种药品?他们在什么情况下(何时、何地、如何)进行购买?如果对这几个问题的分析是正确的,那么对这种药品的市场需求就形成了,消费者的消费心理和购买行为也就摸清楚了。

1. 购买者和决策者

（1）谁是产品的购买者　了解谁是购买者，主要是要求医药企业了解特定药品的购买者情况，如需求总量、消费者年龄构成、收入情况、职业、地区分布、受教育程度等，这是企业研究消费者市场的基础和开始，找准消费者后才能展开有关的进一步研究工作。例如，药品市场的购买者一般是：成人；有一些医学常识，具备一定的药品使用经验；在经济上有一定的来源，可以自主支配药品费用；文化程度较高、医疗保健意识较强的人或工作节奏快的人。

药品
市场分析

（2）购买过程中的决策者是谁　在消费者市场中，消费者的购买活动一般以消费者个人或以家庭为单位，但是购买的决策者，通常不是家庭这个集体，而是家庭中的某一个或几个成员。因此，企业就必须进一步了解各家庭成员在购买决策中所起的作用和影响。掌握这方面的情况，有助于确定营销组合因素的调整，从而有助于进行有效的营销活动。

> **知识拓展**——购买角色
>
> （1）倡议者　首先想到并提出要购买某种药品的人，一般是患者，包括儿童、老人、男性、女性患者在内。
> （2）影响者　对最终的购买决定有直接或间接影响的人，包括家人、朋友、医生、药店店员、广告代言人等。
> （3）决策者　最后决定整个购买意向的人，如买不买，买什么，买多少，怎么买，什么时候买或到哪里买。
> （4）购买者　购买行动的实际执行人。
> （5）使用者　所购药品的最终使用者。

家庭各成员或有关人员对购买决策的影响力，是个非常微妙的问题。有时候，购买药品的决策者似乎是患者本人，但实际上有可能是其家庭成员中的一员施加了决定性的影响，也更有可能是医生。这时，医药企业的产品特性和各种促销方法，就必须尽量符合那些真正具有决定或影响力的顾客的需求。

案例分析　　　　　　　　　儿童药品的决策者分析

儿童药品的消费者是儿童，决策者和购买者一般是父母。家庭中，妻子可能帮助丈夫购买保健品和药品。既然不同的家庭成员对购买商品具有不同的影响力，因此研究不同的家庭特点，了解家庭各成员对购买决策影响力的差异，对市场营销活动是十分必要的。为了研究这些差异就必须从家庭的不同特性来着手。

第一个特性是家庭权威中心所在。由于各种家庭的情况不同，家庭权威就可能不同，赫伯斯特把家庭分成四种不同的类型：（1）家庭从制型——每个家庭成员相对独立地作出各自的购买决定；（2）丈夫至上型——丈夫支配一切，包括购买决策；（3）妻子至上型——家庭购买决策权掌握在妻子手中；（4）共同支配型——药品购买决定由家庭各成员共同协商做出。虽然各种社会里这四种类型的家庭所占比重各不相同，但都会同时存在。随着受教育程度和收入的增加，越来越多的家庭由丈夫支配型转变为共同支配型，这种转变对市场营销有着很深刻的意义。

> 第二个特性是家庭的文化和社会阶层背景。一个家庭的社会地位或主要成员的职业不同，家庭成员的分工和形成的"自我观念"就不同，这也会影响不同家庭成员在购买决策中的地位。
>
> 第三个特性是家庭生命周期。在家庭生命周期的不同阶段，家庭对商品的兴趣和需求会有明显的差别；家庭处于不同阶段，家庭各成员对购买决策的影响力也有明显的区别。
>
> （资料来源：世纪医药网）

2. 为何购买

即消费者的购买目的。消费者自行购买药品的原因有以下几点：治疗不严重的疾病，缓解轻微伤痛，方便、省时、节约费用等。大量消费者表示：自己去药店最主要的原因是得了小毛病，自身能够察觉症状并且判断缓解的方法。所以乐于自我保健、自我药疗，治疗日常小病。患者对自身一些常见的、轻微的小病症进行自我药疗，大大节省了他们去医院排队看病、等待治疗的时间。同时，非处方药的市场销售价格比处方药便宜，因此消费者可以节约费用。

3. 购买什么

药品的包装、外观、说明书、使用方便性、口感、疗效、毒副反应、起效速度、安全性、品牌等，是消费者选择药品时比较注重的内容。在研究消费者购买什么时，除了要回答企业目标顾客最想得到的产品和服务以确定企业的市场营销定位外，更重要的是市场营销人员要掌握企业目标市场中的消费者在购买药品时所关心的是什么、考虑的是什么、担心的又是什么等内容。由于消费者的差异，同一类药品的不同消费者在购买药品时所关心、考虑的内容不可能是一样的，有人关注疗效，有人关心价格，有人关心品牌，也有人注重广告宣传或完全听从医生的建议。这样就可使医药企业在市场营销中很好地把药品的利益与消费者的需要结合起来，解决其根本问题，使需要得到充分满足。

4. 何时购买

通常消费者什么时候生病什么时候购买药品，所以预测某一个消费者何时购买药品是不易的。但从医药市场总体上考察，与其他商品相比，药品更具有季节性。有时在药品营销过程中会因为某些疾病的发生具有时间上或季节上的规律性而产生旺淡季之分。

如一年中，冬春季节就是病症的高发期，例如感冒，因而感冒类药品的销售就会比夏季高出许多。掌握消费者在购买药品时可能存在的时间性规律后，就可以在生产和经营上有一定的提前量，以把握最佳的销售时机，扩大药品销售。一些预防药、常用药，消费者习惯方便时购买、顺便购买，因而医药企业应加强流通渠道管理，使其更贴近消费者、更方便消费者购买。

5. 何处购买

在我国药品消费中最基本的购买地点是两个：一是医院（医疗单位）；二是药店。这不仅是传统习惯，而且是由处方药与非处方药分类管理的要求决定的。表面上看是因为药品销售场所的不同，其实是因为药品种类的不同、国家的政策不同从而导致营销策略也各异，因而企业必须根据所生产经营药品的种类进行相应的调整。

在医院销售的药品一般以处方药为主，由于需要专业知识作后盾，消费者自主消费的情况很少发生，所以以服从型消费为主。消费者在购买时品种、数量等除了由医生说了算外，还要受当地《基本医疗保险目录》的限制。因此，医药企业所要做的工作是一方面力争使本产品进入医保目录中，另一方面做好药品对医院和医生的推广宣传工作，从而达到扩大药品销售的目的。

> **案例分析**　　　　　　　　　OTC 购买地点分析

　　OTC 通常在零售药店出售。由于 OTC 是消费者可以完全自主消费的药品，而且可以利用大众媒体做广告宣传（处方药则不能，只可在药监与卫生部门指定的专业媒体上宣传），所以药品品牌、知名度及广告效应对药品的销售的作用就非常大。医药企业在做 OTC 市场时，可以多采用一些普通消费品做市场时的方法，通过广告宣传和企业公关行为，努力提高企业和产品的知名度和美誉度。同时还需要注意药品的外观、颜色、包装等是否具有很强的吸引力和冲击力。此外，药店所处位置、药品柜台的布置、主要客源的状况、药店销售人员的服务态度和服务质量等，均对药品的销售产生直接的影响。

（资料来源：世纪医药网）

6. 消费者如何购买

　　消费者的购买行为，是指其在具体购买药品时表现出来的心理和行为特征。由于受到购买者的经济收入、受教育程度、专业知识、个性、地点、时间等因素的影响，药品消费者在购买药品时的行为并不是完全一致的。

> **营销备忘**　　　　　　　　　药品购买行为的类型

　　1. 习惯型购买

　　这类消费者要么具备一定的药品知识，要么属于久病成医者，因而往往忠诚于一种或数种老牌、名牌产品，习惯于购买自己熟知的常用的药品，不轻易购买别种同类产品。他们对新产品不敢贸然做出购买决定，属于保守型的购买者。

　　2. 理智型购买

　　这类消费者在实际购买以前，对于自己所要购买的商品持十分慎重的态度。事先都经过较周密的考虑和反复的比较，所以在购买时早已胸有成竹，或者具备相应的医学和药学专业知识，因而不会贸然做出购买行动。

　　3. 经济型购买

　　这类消费者由于经济条件的限制，因而特别重视价格，对药品价格非常敏感，廉价药品对于他们最有吸引力。

　　4. 盲目型购买

　　这类消费者由于缺乏应有的医药学知识，因而不能理智地决定购买计划，往往容易受药品广告、药品的外观、包装、说明书或促销人员的诱导，盲目冲动地购买某种药品。这样的情况经常发生在减肥药品市场和保健品市场中。

　　5. 躲闪型购买

　　这类消费者由于患有一些难以启齿或隐私型疾病，为顾及家人和工作单位，因而经常光顾地下私人诊所或药店，常常会因误诊或滥用药物而耽误病情。他们在购买药品时经常是躲躲闪闪、说话吞吞吐吐，而且是低头疾行。

　　研究消费者购买行为的目的是在营销工作中（特别是药店零售工作中）针对顾客类型采取相应的服务方式。

　　对有备而来者，须业务熟练。

　　对随意浏览者，应顺其自然。

对盲目就新者，应认真负责。
对难于启齿者，应避免尴尬。
对小心谨慎者，要不厌其烦。
对主动咨询者，须热情周到。

（资料来源：世纪医药网）

（三）消费者购买行为概述

研究药品市场消费者购买行为的目的在于掌握消费者行为内在的、本质的联系，预测消费者行为的未来趋势和潜在的需求动向，制定科学合理的市场营销策略，适应和诱导不断变化的消费者购买行为。

1. 消费者购买行为定义

消费者是指购买、使用各种产品与服务的个人或组织。消费者购买行为是指人们为了满足个人、家庭的生活需要或者企业为了满足生产的需要，购买偏好的产品或服务时所表现出来的各种行为。

> **营销小故事**　　　　　　　　　　眼睛盯着顾客
>
> 　　一个老太太买水果，进了第一家，老太太说要买枣子，销售人员立即说我们的枣子有山东的，也有北京的，说这个枣子非常好非常甜。老太太摇摇头，走了。到了第二家，老太太说要买枣，销售员说这枣是河北的，又脆又香又甜，但是老太太还是摇头，没买。这个时候，有一位小伙子来问："阿姨，你到底需要什么样的枣子？"老太太说，因为她的儿媳妇怀孕了，想要的不是甜枣，而是酸枣。于是小伙子明白了，跟她说："我们有一种酸枣，你可以买一点尝一下，同时我们还有一个非常好的产品，营养好，略带酸味，那就是猕猴桃，有澳洲的和新西兰的。"老太太非常高兴，买了猕猴桃和枣子回家。第二天，老太太又来买猕猴桃了，因为她的儿媳妇告诉她，猕猴桃比枣子更好吃。

2. 消费者购买行为模式

消费者的行为受消费者心理活动支配。按照心理学的"刺激—反应"理论，人们行为的动机是一种内在的心理活动过程，像一只黑箱，是一个不可捉摸的神秘过程。客观的刺激经过黑箱（心理活动过程）产生反应，引起行为，只有通过对行为的研究，才能了解心理活动过程。消费者购买行为模式如图2-8所示。

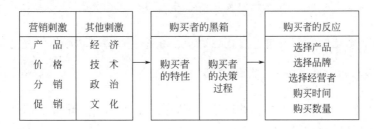

图2-8　消费者购买行为模式

营销刺激是指企业营销活动的各种可控因素，即产品、价格、分销、促销。其他刺激是指消费者所处的环境因素（经济、技术、政治、文化等）的影响。这些刺激通过购买者黑箱产生反应，即购买者行为。

刺激和反应之间的购买者黑箱包括两个部分。第一部分是购买者的特性。购买者特性受到许多因素的影响，并进而影响购买者对刺激的理解和反应，不同特性的购买者对同一种刺激会产生不同的理解和反应。第二部分是购买者的决策过程，它直接影响最后的结果。

消费者购买的特征

- 购买者多而分散。
- 购买量少，多次购买。
- 购买的差异性大。
- 大多属于非专家购买。
- 购买的流动性大。
- 购买的周期性。
- 购买的时代特征。
- 购买的发展性。

3. 影响消费者购买行为的主要因素

消费经济理论认为，购买行为是消费者有支付能力，需求实现的过程，购买力的高低是影响消费者行为的主要因素，但不是唯一因素。影响消费者行为的因素是多种多样、复杂多变的，其中社会、文化、个人和心理因素等方面是影响消费者购买的主要因素。

药品市场
需求分析与预测

（1）文化因素　文化是一个社会精神财富的结晶，其内容包括价值观念、伦理道德、风俗习惯、宗教信仰、语言文字等，它是决定人们需求和行为的基本因素之一。任何人都在一定的社会文化环境中生活，他认识事物的方式、行为准则和价值观念都会区别于不同社会文化环境中的人们。如我国北方人与南方人、沿海人与内地人、城里人与农村人，他们的审美观、爱好、需求产品都有很大的差别。

> **营销备忘**　　　　　　亚文化
>
> （1）民族亚文化群　不同的民族如汉族、回族、维吾尔族等，有其独特的风俗习惯和文化传统。
> （2）宗教亚文化群　不同的宗教信仰如佛教、基督教、伊斯兰教等，有着不同的文化倾向和戒规。
> （3）种族亚文化群　不同种族如黄种人、白种人、黑种人等，有各自不同的文化特点和生活习惯。
> （4）地理亚文化群　各地因自然地理环境、地形气候等的不同，其地方特色和生活方式有很大不同。

研究社会文化对人们生活方式的影响，目的在于了解不同文化群的消费者的购买行为，从而确定和制定相应的营销策略。

（2）社会因素　人既是自然人，更是社会人，这是人的两重性体现。一个人的消费习惯和爱好，并不是天生就有的，往往是在一定的社会里受别人的影响而逐渐形成的。这种直接或间接影响他人消费行为的个人或集团的作用,就是个人行为所受的社会影响。每一个人的行为在很大程度上要受社会背景和社会环境的影响,人类的需求、欲望与行为,决定于他所处的社会地位、文化素养和相关群体的影响。社会因素的影响主要反映在以下方面。

① 相关群体 相关群体是指那些影响人们的看法、意见、兴趣和观念的个人或集体。研究消费者行为可以把相关群体分为两类:参与群体与非所属群体。

a. 参与群体是指消费者置身于其中的群体,具体分为两类:主要群体和次要群体。

(a) 主要群体是指个人经常性受其影响的非正式群体,如家庭、亲密朋友、同事、邻居等。主要群体对消费者的购买行为影响最大,消费者在购买商品前,往往要征求主要群体的意见;购买商品后,往往又要听取主要群体对其购买决定的评价。

(b) 次要群体是指个人并不经常受到其影响的正式群体,如工会、职业协会等。次要群体与消费者个人的接触不频繁,影响也是不经常的。

b. 非所属群体是指消费者置身之外,但对购买有影响作用的群体。有两种情况:一种是期望群体;另一种是游离群体。期望群体是个人希望成为其中一员或与其交往的群体;游离群体是遭到个人拒绝或抵制,极力划清界限的群体。

企业营销应该重视相关群体对消费者购买行为的影响作用;利用相关群体的影响开展营销活动;还要注意不同的商品受相关群体影响的程度不同。商品能见度越强,受相关群体影响越大。商品越特殊、购买频率越低,受相关群体影响越大。对商品越缺乏知识,受相关群体影响越大。

> **营销视野** 药品消费行为中最直接群体影响因素
>
> (1) 医患关系,这种关系在一定程度上也可算作是影响消费者行为的一种群体关系,其影响力是众所周知的。
>
> (2) 一些重慢症患者自发组成的类似"哮喘之家""糖尿病、慢阻肺俱乐部""肾友会"等病人组织更是影响他们行为的群体因素。这些组织会定期举行活动,让那些既受病症折磨又受世俗偏见困扰的人们有机会在一起互相鼓励以提高战胜病魔的勇气、互相交流用药体会、购买特殊药品或器械。他们同病相怜,坐在一起说你说我,现身说法,有时比医生讲得还好。这种组织对成员之间行为影响是绝对不可小视的。一些精明的药品经营者已经在利用这样的组织进行促销活动。他们出资组织、举办活动,宣传有关医学、药学的最新动态,同时进行相关药品、器械的销售。这种更具人性化的营销方式非常受这些患者的欢迎,促销效果非常明显。另外,随着传媒科技的飞速发展,拉近了人们之间的距离,因而间接相关群体的作用会越来越大。

② 社会阶层 社会阶层是指按照一定的社会标准(如收入、财产、文化教育水平、职业和社会地位等),将社会成员划分为不同的社会等级。同一社会阶层的成员通常具有相类似的价值观念、生活方式、物质文化基础和相似的购买行为。不同社会阶层的人,他们的经济状况、价值观念、兴趣爱好、生活方式、消费特点、闲暇活动、接受大众传播媒体等各不相同。这些都会直接影响他们的购买习惯和购买方式。社会阶层的存在与差别,会因社会制度、经济发展水平和历史文化因素的不同而各有其特点。

> **营销视野** 中国社会群体划分
>
> 中国社会科学院《当代中国社会阶层研究报告》中将中国社会群体划分为十个阶层:

国家与社会管理阶层；经理阶层；私营企业主阶层；专业技术人员阶层；办事人员阶层；个体工商户阶层；商业服务人员阶层；产业工人阶层；农业劳动者阶层；城乡无业、失业和半失业人员阶层。

这些不同的阶层在其生活方式、价值观念、消费结构、消费观念和需要商品等方面都有许多明显的差异，他们的购买行为也就显著不同。因此在任何社会中，各种阶层都有其代表性的商品，各种档次、各种类型的产品也均有其相应的市场。市场营销学从销售商品的角度来看待社会阶层，因此确立一个人属于哪一社会阶层，必须综合考察他的职业、个人经济来源、财产和文化程度等。

企业营销要关注本国的社会阶层划分情况，针对不同的社会阶层爱好要求，通过适当的信息传播方式，在适当的地点，运用适当的销售方式，提供适当的产品和服务。

③ 家庭状况　家庭是以婚姻为基础、以血缘为纽带的社会组织的基本细胞，也是消费行为中最基本的群体。家庭是每一个消费者接受影响最早最多的外部环境，消费者的一些基本的价值观念、消费爱好与模式、风俗习惯都直接来自家庭。市场营销学者研究家庭对个人购买行为的影响时，最感兴趣的是家庭结构与规模、家庭经济收入与支出、家庭成员之间的关系与影响等内容。

a. 家庭结构是指家庭的组成模式与规模。家庭结构和规模会影响那些直接以家庭为基本消费单位的商品营销，如电视机、电冰箱、空调等，其尺寸、容量、功率等都受家庭规模、住宅条件等的限制。我国的家庭规模有小型化的发展趋势，三口之家越来越多。另外，在家庭中谁来做购买决策也很重要，日本、韩国等家长制家庭，较偏重长辈意见，而欧美等民主型家庭则偏重子女的意见。由于这两种家庭中决策者的价值观念不同，从而导致购买决策有所不同或完全不同。

b. 家庭生命周期。营销学研究家庭影响时会根据家庭生命周期（不同状态）来分析其购买力的高低和需求商品的差异，因为一个家庭的收入变化和需要商品的重点会随家庭生命周期的变化而变化。

家庭八个不同阶段

（1）独身阶段　年轻、单身、不住在家里。
（2）新婚阶段　年轻、无子女。
（3）满巢期一　年轻夫妻且有6岁以下孩子。
（4）满巢期二　年轻夫妻且有6岁或6岁以上孩子。
（5）满巢期三　年纪较大夫妻且有已能自立的孩子。
（6）空巢阶段一　年纪较大的夫妻，无子女同住，未退休。
（7）空巢阶段二　年老的夫妻，无子女同住，已退休。
（8）寡居阶段　单身老人。

案例分析　　　　　　　　我国医药市场家庭划分

1. 新婚阶段

此阶段包括从刚结婚开始一直到生育后代之前，基本属于青年型家庭。由于没有其他经济负担，加上双方父母会给予一定的经济资助，因此购买力旺盛。因为是成立一个全新家庭，所以需要商品基本是家庭生活中的必需品。根据我国的传统习惯，逢年过节和一些有特殊意义的日子里结婚的人特别多，这是商家销售的黄金时间。此阶段对药品企业而言不存在太多的特殊商机，因此只能按常规的营销策略从事。

2. 哺养子女阶段

此阶段包括从生育、哺育后代开始到子女工作、结婚、独立为止，属于中青型家庭。自从有了小孩，家庭生活的重心由此转移到了后代身上，望子成龙心态使得孩子的成长、教育成为家庭的最大支出项目。整体购买力相对下降，而且需要的商品比较集中在小孩的用品上，从刚开始的衣、食、玩到后来的文化、教育，无一不是父母们乐意购买的商品。等到孩子长大工作，父母又要为其筹措婚姻大事。总之，在这一阶段里，父母的精力透支到了极限、经济压力最大，在消费行为上根本无暇顾及自己太多的需要。

在这一阶段中，对医药企业有利的是儿童药品市场，总体上说每年出生的新生儿越多，其药品市场规模就越大。而且出于年轻父母对独生子女的爱护，加上经济条件普遍改善，因此只要药品效果好、作用快、副作用小、易于让小孩服用，销路绝对看好，价格不是主要问题。此时，生产经营儿童药品的企业的营销战略可以走名牌、高档次、精包装、高价格的路子。

3. 子女独立阶段

此阶段包括所有子女结婚另立门户开始，一直到原来家庭消失的过程，国外称为空巢期和寡居期。这一阶段的特征是，夫妇经济负担减轻，收入一般达到一生的顶峰，住房条件达到最好，也有时间来满足自己的消费需要（如外出旅游等）。但随着年龄的增大，各种疾病也随之而生，看病吃药成为常事，与年轻家庭相比整体消费趋于保守并有很强的针对性。

这一阶段对于医药企业来说是最具吸引力的时期：各种形式的疾病的存在，为其提供许多商机；经济收入的提高、经济条件的改善，消费者能够承受较多的医疗开支；追求生活质量和保健意识的增强，使消费者愿意朝这方面投资（虽然大部分人或大部分情况下是无奈的）。这种不得不买、买得起、愿意买的市场特征，往往使得相应的营销工作要容易得多。当然具体到企业和产品，还是要深入研究中老年消费者的心理、爱好、观念等，制定有效的营销策略，才能谈得上占领这个市场。

c. 家庭成员间的关系。家庭成员之间的关系是亲密还是疏远、是独立还是依赖、是支配还是从属等都会在消费行为中以得到体现。

营销学中特别注意家庭成员中的影响者和决策者角色，因为他们对消费行为的影响是最直接和最彻底的。因而营销人员要结合产品特点和家庭成员的关系，特别是药品促销工作，采用一些能引起消费者联想或情感的方法或词语，以促进产品的销售。常见的方法有利用年轻人要给老年人送礼的习俗、"其实男人（女人）更需要照顾"等。

（3）心理因素 消费者心理是消费者在满足需要活动中的思想意识，它支配着消费者的购买行为。影响消费者购买的心理因素有动机、感受、态度、学习。

① 动机 需要引起动机。需要是人们对于某种事物的要求或欲望。就消费者而言，需要表现为获取各种物质需要和精神需要。马斯洛有"需求五层次"理论，即生理需求、安全需求、社会需求、尊重需求和自我实现的需求。需要产生动机，消费者购买动机是消费者内在需要与外界刺激相结合使主体产生一种动力而形成的。

> 📁 **营销备忘**　　　　　　　　**购买动机的类型**
>
> 　　动机是为了使个人需要满足的一种驱动和冲动。消费者购买动机是指消费者为了满足某种需要，产生购买商品的欲望和意念。购买动机可分为两类。
>
> 　　(1) 生理性购买动机　生理性购买动机指人们因生理需要而产生的购买动机，如饥思食、渴思饮、寒思衣，又称本能动机。包括：维持生命动机；保护生命动机；延续和发展生命的动机。生理动机具有经常性、习惯性和稳定性的特点。
>
> 　　(2) 心理性购买动机　心理性购买动机是指人们由于心理需要而产生的购买动机。根据对人们心理活动的认识，以及对情感、意志等心理活动过程的研究，可将心理动机归纳为以下三类。
>
> 　　① 感情动机　指由于个人的情绪和情感心理方面的因素而引起的购买动机。根据感情不同的侧重点，可以分为三种消费心理倾向：求新、求美、求荣。
>
> 　　② 理智动机　指建立在对商品的客观认识的基础上，经过充分的分析比较后产生的购买动机。理智动机具有客观性、周密性的特点。在购买中表现为求实、求廉、求安全的心理。
>
> 　　③ 惠顾动机　指对特定的商品或特定的商店产生特殊的信任和偏好而形成的习惯重复光顾的购买动机。这种动机具有经常性和习惯性的特点，表现为嗜好心理。

　　人们的购买动机不同，购买行为必然是多样的、多变的。要求企业营销深入细致地分析消费者的各种需求和动机，针对不同的需求层次和购买动机设计不同的产品和服务，制定有效的营销策略，获得营销成功。

　　② 感受　消费者购买如何行动，还要看他对外界刺激物或情境的反应，这就是感受对消费者购买行为的影响。感受指的是人们的感觉和知觉。

　　所谓感觉，就是人们通过感官对外界的刺激物或情境的反应或印象。随着感觉的深入，各种感觉到的信息在头脑中被联系起来进行初步的分析综合，形成对刺激物或情境的整体反应，就是知觉。知觉对消费者的购买决策、购买行为影响较大。在刺激物或情境相同的情况下，消费者有不同的知觉，他们的购买决策、购买行为就截然不同。

　　例如，同样的一种药品，其产品名称、包装外观、广告方式和用语、价格等，有人会给出好的评价，而另一部分人却认为不好，从而直接影响其是否购买。

> ✥ **知识拓展**
>
> 　　消费者知觉是一个有选择的心理过程。包括：①有选择的注意；②有选择的曲解；③有选择的记忆。

　　分析感受对消费者购买影响的目的是要求企业营销掌握这一规律，充分利用企业营销策略，引起消费者的注意，加深消费者的记忆，正确理解广告，影响其购买。

　　③ 态度　态度通常指个人对事物所持有的喜欢与否的评价、情感上的感受和行动倾向。消费者态度对消费者的购买行为有着很大的影响。企业营销人员应该注重对消费者态度的研究。

> **知识拓展**
>
> 消费者态度来源于：与商品的直接接触；受他人直接、间接的影响；家庭教育与个人经历。

消费者态度包含信念、情感和意向，它们对购买行为都有各自的影响作用。

a. 信念：指人们认为确定和真实的事物。在实际生活中，消费者不是根据知识，而常常是根据见解和信任作为他们购买的依据。

b. 情感：指商品和服务在消费者情绪上的反应，如对商品或广告喜欢还是厌恶。情感往往受消费者本人的心理特征与社会规范影响。

c. 意向：指消费者采取某种方式行动的倾向，是倾向于采取购买行动，还是倾向于拒绝购买。消费者态度最终落实在购买的意向上。

> **案例分析** 　　　　　我国医药市场消费者态度
>
> 人们对商品的信念可以建立在不同的基础上：有的信念是建立在"知识"的基础上，例如对于缓释剂可以减少服药次数的信念；有的信念是建立在"见解"的基础上，例如认为长期服用滋补保健品可以延年益寿；有的信念是建立在"信任"的基础上，例如对某种品牌的药品的信赖。大多数消费者往往并非根据"知识"，而是根据自己的"见解"和"信任"决定购买。
>
> 消费者的态度来源：第一是实际使用药品后的亲身体验，如感冒患者服用几种感冒药后，哪些有效、哪些作用不明显就一清二楚了；第二是相关群体的介绍与推荐，除了医生的作用外，日常生活中关系密切的普通人也会对当事人产生影响；第三是媒体、广告的宣传作用，它对药品消费者的影响也越来越大。态度的持久性是指人们一旦对某产品形成态度后，很长时间内不会改变，要想使其转变具有相当大的难度。态度的行动性是指态度对消费者行为的指挥作用：喜爱的就会合作，厌恶的就会排斥。因而医药企业营销工作的重点就是通过各种方式影响、促使消费者建立对本产品的固定喜爱态度以及对本企业的信任，争取消费者的好感。在产品日益丰富、市场竞争日趋激烈的今天，这可谓是医药企业销售工作取得成功的先决条件。
>
> 医药企业如何使得购买者的态度倾向于其产品，做法有两种：一种是保持或改变消费者对其他产品的原有态度，使其转向对企业有利的方面；另一种是先摸清消费者对某些产品的倾向性后再生产出投其所好的产品。前者是非常困难的，企业应倾向于后一种做法，改变产品款式、包装，改进剂型，使其符合消费者的需求。

研究消费者态度的目的在于企业充分利用营销策略，让消费者了解企业的商品，帮助消费者建立对本企业的正确信念，培养对企业商品和服务的情感，让本企业产品和服务尽可能适应消费者的意向，使消费者的态度向着企业的方面转变。

④ 学习　学习是指由于经验引起的个人行为的改变。即消费者在购买和使用商品的实践中，逐步获得和积累经验，并根据经验调整自己购买行为的过程。例如一个不小心将手划破的人，初次使用强生公司的"邦迪"牌创可贴后，如果伤口痊愈等效果令其十分满意（会自动保留感受），使用几次后，良好的效果会进一步"强化"其对创可贴的良好印象。当以后再遇到类似情况，他就会不假思索地去购买使用（选择功能）。

> **营销备忘　　　　　消费者的学习过程**
>
> 学习是通过驱策力、刺激物、提示物、反应和强化的相互影响、相互作用而进行的。"驱策力"是诱发人们行动的内在刺激力量。例如，某消费者重视身份地位，尊重需要就是一种驱策力。这种驱策力被引向某种刺激物——高级名牌西服时，驱策力就变为动机。在动机支配下，消费者需要做出购买名牌西服的反应。但购买行为发生往往取决于周围的"提示物"的刺激，如看了有关电视广告、商品陈列，他就会完成购买。如果穿着很满意的话，他对这一商品的反应就会加强，以后如果再遇到相同诱因时，就会产生相同的反应，即采取购买行为。如反应被反复强化，久之，就成了购买习惯。

企业营销要注重消费者购买行为中"学习"这一因素的作用，通过各种途径给消费者提供信息，如重复广告，目的是达到加强诱因，激发驱策力，将人们的驱策力激发到马上行动的地步。同时，企业商品和提供服务要始终保持优质，消费者才有可能通过学习建立起对企业品牌的偏爱，形成其购买本企业商品的习惯。

（4）个人因素

① 消费者的经济状态　消费者的收入、存款与资产、借贷能力等。

消费者的经济状况会强烈影响消费者的消费水平和消费范围，并决定着消费者的需求层次和购买能力。消费者经济状况较好，就可能产生较高层次的需求，购买较高档次的商品，享受较为高级的消费。相反，消费者经济状况较差，通常只能优先满足衣、食、住、行等基本生活需求。

② 消费者的职业和地位　不同职业的消费者，对于商品的需求与爱好往往不尽一致。一个从事教师职业的消费者，一般会较多地购买书报杂志等文化商品；而对于时装模特儿来说，漂亮的服饰和高档的化妆品则更为需要。消费者的地位不同也影响着其对商品的购买。身在高位的消费者，将会购买能够显示其身份与地位的较高级的商品。

③ 消费者的年龄与性别　消费者对产品的需求会随着年龄的增长而变化，在生命周期的不同阶段，相应需要各种不同的商品。如在幼年期，需要婴儿食品、玩具等；而在老年期，则更多需要保健和延年益寿产品。不同性别的消费者，其购买行为也有很大差异。烟酒类产品较多为男性消费者购买，而女性消费者则喜欢购买时装、首饰和化妆品等。

④ 消费者的性格与自我观念　性格是指一个人特有的心理素质，通常用刚强或懦弱、热情或孤僻、外向或内向等去描述。不同性格的消费者具有不同的购买行为。刚强的消费者在购买中表现出大胆自信，而懦弱的消费者在挑选商品时往往缩手缩脚。

> **案例分析　　　　　给顾客创造购买产品的理由**
>
> 伴随着医药市场的激烈竞争，消费者的消费心理从稚嫩逐渐走向了成熟，消费行为也从盲动变得越来越理性。这里的"理性"并不是说消费者像医生一样正确认识自己的身体和需要，而是要让他购买就必须先从道理上说服他。对于医药企业而言，意味着除了要有知名度宣传外，还要有功效宣传，要从概念上说服他，告诉消费者这些方面很重要，不能像以前那样忽视，这样消费者才会去购买。医药市场的消费者主要有三大类：生病用药、预防用药、保健，因此消费者购买的是对他的身体情况有帮助的产品，比如糖尿病患者肯定就会对降糖方面的药品感兴趣，他不可能对减肥药感兴趣，即使减肥药效果非常好，他也不会买。

医药产品利益点的挖掘是患者购买的首要理由，只有对患者有良好作用的产品，才会有长久的生命力，靠短时间的炒作只能适得其反。

送礼也成为消费者购买医药产品的一大理由，不是给自己买，是给亲戚朋友买，送保健品就是送健康的理念已深入人心，成为节假日医药保健品市场的一大亮点。

很多医药产品的消费者与产品宣传受众不一定相同，比如针对孩子的产品，消费者是孩子，而宣传受众是父母；针对老年痴呆疾病的产品，消费者是老年痴呆患者，而宣传受众只能是儿女，所以情感也是顾客为亲人购买医药产品的理由。

此外，医药产品不仅仅是卖给顾客就结束了，后期的跟踪服务非常重要，是顾客持续购买和介绍新顾客的理由。可以说，谁的服务做得好，谁就能最终取得成功。

启示：医药企业销售产品，不是采用某一项购买理由就能让产品销售红火，需要有效的整合，将顾客的所有购买理由灵活机动地运用，不同时期采用不同的策略，才会使购买理由的效用发挥最大。

4. 消费者购买的类型

根据消费者的购买介入程度和产品品牌差异程度划分的购买类型如表 2-3。

表 2-3 购买行为的四种类型

品牌差异程度	购买介入程度	
	高	低
大	复杂的购买行为	多样性的购买行为
小	减少失调感的购买行为	习惯性的购买行为

（1）复杂的购买行为　如果医药消费者属于高度介入，并且了解现有各医药产品的品牌、质量、品种和规格之间具有显著差异，则会产生复杂的购买行为。复杂的购买行为指医药消费者购买过程完整，要经历大量的信息收集、全面的药品评估、慎重的购买决策和认真的购后评价等各个阶段。

对于复杂的购买行为，营销者应制定策略帮助购买者掌握医药产品知识，运用印刷媒体、电波媒体和销售人员宣传本品牌的优点，发动药店营业员和购买者的亲友影响最终购买决定，简化购买过程。

知识拓展

感冒药，不同品牌之间差异大，某人想购买但对于不同品牌之间的功效、质量、价格等无法判断，贸然购买有极大的风险。他要广泛收集资料，弄清很多问题，解决很多难题，逐步建立对此药品的信念，然后转变成态度，最后才会做出谨慎的购买决定。

（2）减少失调感的购买行为　如果医药消费者属于高度介入，但是并不认为各品牌之间有显著差异，则会产生减少失调感的购买行为。减少失调感的购买行为指消费者并不广泛收集产品信息，并不精心挑选品牌，购买过程迅速而简单，但是在购买以后会认为自己所买药品具有某些缺陷或其他同类药品有更好的效果而产生失调感，怀疑原先购买决策的正确性。

对于这类购买行为，营销者要提供完善的售后服务，通过各种途径经常提供有利于本企业和产品的信息，使顾客相信自己的购买决定是正确的。

> **知识拓展**
>
> 某些药品价格不高，不常被购买。但是消费者看不出或不认为某一价格范围内的不同品牌有什么差别，不需在不同品牌之间精心比较和选择，购买过程迅速，可能会受到与药品质量和功能无关的其他因素的影响，如因价格便宜、销售地点近而决定购买。购买之后会因使用过程中发现产品的缺陷或听到其他同类药品的优点而产生失调感。

（3）习惯性的购买行为　如果医药消费者属于低度介入并认为各品牌之间没有什么显著差异，就会产生习惯性购买行为。习惯性购买行为指医药消费者并未深入收集信息和评估品牌，没有经过信念—态度—行为的过程，只是习惯于购买自己熟悉的品牌，在购买后可能评价也可能不评价产品。

对习惯性购买行为的主要营销策略是：利用价格与销售促进吸引医生试用；开展大量重复性广告加深医药消费者印象；增加购买介入程度和品牌差异。

> **知识拓展**
>
> 在习惯性购买行为中，医药消费者只购买自己熟悉的品牌而较少考虑品牌转换，如果竞争者通过技术进步和产品更新将低度介入的产品转换为高度介入并扩大与同类药品的差距，将促使消费者改变原先的习惯性购买行为，寻求新的品牌。

（4）多样性的购买行为　如果医药消费者属于低度介入并了解现有各医药产品品牌和品种之间具有显著差异，则会产生多样性的购买行为。

5. 消费者购买决策过程

消费者购买决策是指消费者谨慎地评价某一产品、品牌或服务的属性并进行选择、购买能满足某一特定需要的产品的过程。

广义的消费者购买决策是指消费者为了满足某种需求，在一定的购买动机的支配下，在可供选择的两个或者两个以上的购买方案中，经过分析、评价、选择并且实施最佳的购买方案，以及购后评价的活动过程。它是一个系统的决策活动过程，包括需求的确定、购买动机的形成、购买方案的抉择和实施、购后评价等环节。广义的消费者购买决策过程如图2-9所示。

狭义的消费者购买决策过程可以分为五个阶段，即问题确认、信息收集、方案评估、购买决策和购后行为，如图2-10所示。

（1）问题确认　消费者首先要认识到有待满足的需求，如身体有了疾病，才能产生购买药物动机。

医药消费者购买药品，都是为了满足某种需求或解决某种问题，购买行为常发生于以下情况。

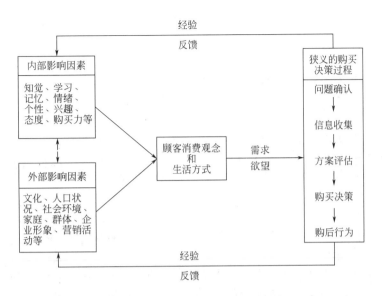

图 2-9　广义的消费者购买决策过程

图 2-10　狭义的消费者购买决策过程

> **相关链接**——药品购买需求产生因素
>
> 消费者自行购买药品的因素可能是疾病发作，身体产生不适的症状；或者疾病多发季节的即将到来，提前预备药品；或者受购药环境影响，比如设在超市、药店的产品展示，医药企业促销活动也会引起非计划购买行为发生。

① 突发性需要　这是医药市场中最常发生的购买行为。对于一个具体的消费者而言，由于疾病的发生引起的情况都是没有规律的，所以对药品的需要上不具备预见性和预期性。只有当有了疾病后，才会产生购买某种药品的需要。比如在 2020 年新型冠状病毒感染的肺炎疫情期间，消费者对口罩的需求极速上升。

② 经常性需要　这种购买行为如发生在个体身上，则是由于患了某种慢性病所以会经常购买某种药品。消费者对这类药品的品牌、效能、价格都非常熟悉，一般不需花时间考虑。对于这种购买行为，医药企业的主要营销工作是：一是保持产品质量、价格和一定的存货水平，对现有顾客进行"强化"工作；二是利用适当的提示物，例如通过广告宣传、营业推广等，吸引潜在顾客对本产品的注意，改变他们原来的购买习惯。

③ 无意识需要　这种需要一是指患者本身已经存在某种病症，但由于一些原因没有引起注意，所以也没有用药的需要；二是某种新药的宣传力度不够，消费者不知道这种药品的存在，所以也就没有购买药品的需要。针对这类情况，医药企业需要做的工作就是提高消费者的健康卫生意识，珍惜生命，其次是进行合理的广告宣传，提高产品知名度，使无意识的需要变成现实的需要。

📱 案例链接

白酒作为我国的传统产品，在很长的一段时间里，基本定位于高端市场，其消费者以中老年为主，而年轻人平时聚会、应酬，更倾向选择啤酒、红酒和洋酒。江小白创始人陶石泉表示，每次朋友聚会大家都要喝上一点白酒，但是太高端的白酒对于年轻人来说消费不起，而廉价的白酒又感觉似乎上不了台面。于是开发一款"年轻化"白酒的想法在陶石泉的心中生了根。

市场需求的多样性给了江小白机会，陶石泉团队将江小白专注于年轻人，根据80、90后的人群特征，提出"我是江小白，生活很简单"的品牌理念，团队基于"一切从消费者出发"的思想，专注研发适合年轻人口感的创新型白酒。柔和的口感，较低的酒精度和醒酒时间快等特点，都符合年轻一代消费群体的需求，并且一改白酒品牌以往形象（"江小白"人物形象：聊漫画、写段子，没有历史包袱的简单男孩），一出现即很快就在行业内打响了自己的名声，引得无数同行争先模仿。江小白迅速成为很多年轻人聚餐的必备品，形成了一种潮流。

启示：顺应互联网经济的发展，江小白在短时间内能成功逆袭，正是在深入了解客户需求的基础上，团队对江小白这款青春小酒的打造颇具用心，以极快的速度占领了年轻化的市场。

（2）信息收集 当医药消费者进行经常性购买时，其需求能很快得到满足。但如果是因突发性需要而购买药品时，由于消费者不具备相应的专业知识，不能完全自我做出用药的判断，这时消费者常见的做法是去医院、诊所或者零售药店，由医生或专业药师提供有关的药品信息。医药企业营销人员最重要的工作之一是要根据药品种类研究消费者的行为以及影响消费者选择的各种信息来源。

📒 营销备忘　　　　　　　医药消费信息来源

（1）个体来源（家庭、朋友、推销员、邻居、同事等）。
（2）商业来源（医院、诊所、零售药店零售商、药品包装、说明书等）。
（3）大众来源（广告宣传、科普教育、药品展览、义诊服务等）。
（4）经验来源（以前用药经验、已有的健康卫生知识等）。

每一种信息来源因病情不同和药品种类的不同，在影响消费者购买决定时的作用也是不尽相同的。一般而言，商业来源和大众来源的信息起宣传和告知的作用，个体来源和经验来源的信息发挥权衡和抉择的作用。医生在消费者用药方面有绝对的权威和指挥权，零售药店和广告宣传对OTC市场影响较大。

（3）方案评估 医药消费者需对已经获得的药品信息进行比较、评价、判断和选择后，才能最后做出购买什么（品牌）、购买多少（数量）的决定。

💻 案例分析　　　　　　OTC消费评估的影响因素

比较评价是一个复杂的过程，在OTC市场上，除了消费者本身因素如病情、经济条件、知识水平、身体状态等，影响判断选择的因素还有如下几个方面。

1. 药品方面

药品方面影响医药消费者判断和选择的内容有药品质量、品牌形象、适应证、药品的疗效、价格、毒副作用、广告宣传等；对药品选择主要看其是否能快速解除痛苦，其可靠性、副作用和价格等方面。

2. 服务方面

药品零售网点的数量、所处位置、零售药店的形象、知名度、店堂布置、POP 广告、销售人员的服务态度和质量等也会影响消费者对药品的需要。

3. 政策制度方面

主要指消费者在医院看病时除由医生影响用药的品种和数量外，国家或地区的医药保险目录也直接影响（限制了）消费者用药的品种和数量。

（4）购买决策　医药消费者经过上述几方面的权衡比较后，才能最后做出购买决定并发生购买行为。购买决定的确定和购买行为的最后发生，除了消费者自己的判断选择外，还受其他因素的影响。

① 他人态度　这是影响购买决定与实际购买的因素之一，消费者行为受很多因素影响，他人的影响是决不能忽视的。这些人包括家庭成员、直接相关群体、医生、药品零售人员等，如果他们的否定态度愈强烈，且与该消费者的关系愈密切，那么消费者的购买意向就愈低或直接取消购买决定和购买行为。

② 风险因素　风险因素也称未知因素，是指消费者的预期与实际之间可能存在的差异。消费者仅有购买意向并不能导致实际购买，购买行为是购买意向与未知因素相互作用的结果。这些风险因素是消费者在购买前竭力想得到证实或解决的，如财务风险、功能风险、生理风险、社会风险、服务风险等。市场营销人员应该了解那些有可能使消费者改变购买决定与行为的因素，并提供降低风险的资料和进行购买帮助的尝试。

（5）购后行为　市场营销学非常重视消费者的购后感觉与再购行为之间的关系，因为消费者的购后评价具有巨大的"反馈"作用，关系到这个产品在市场上的命运。西方许多企业信奉一句名言："最好的广告是满意的顾客"。判断消费者的购后行为有三种理论。

① 预期满意理论　即认为消费者对产品的满意程度，取决于预期希望得到实现的程度。如产品符合消费者的期望，购买后就会比较满意；反之，期望距现实距离越远，消费者的不满就越大。因此，企业对药品的广告宣传要实事求是，不能夸大其词，否则消费者的期望不能兑现，就会产生强烈的不满，进而影响产品和企业的信誉。

② 认识差距理论　即认为消费者购买商品后都会引起程度不同的不满意感。原因是任何产品总有其优点和缺点，消费者购买后往往较多地看到产品的缺点。而别的同类产品越是有吸引力，对所购产品的不满意感就越大。企业除了要向消费者提供货真价实的一流产品外，还要采取积极措施，消除顾客认识上差距和不满意感。

③ 实际差距理论　即药品使用后的实际效果受很多具体因素的影响。前面我们已经做过分析，药效既受药品本身又受患者个体的制约，它不可能与理论上或统计上的有效率完全一致。医药企业市场营销人员的任务是要指导消费者（有时甚至是专业医生）合理正确地评估药效，从而帮助其合理用药。

自检

企业应如何挖掘顾客的潜在需求？

五、项目组织与实训环境

(一) 项目组织

(1) 全班进行分组,每组7~8人,确定组长。

(2) 小组成员既可在既定的实训环境下开展药品市场需求分析活动,也可自行在本项目后的实训课题中选择不同实训课题,进行不同市场环境下的药品市场需求预测。

(二) 实训环境

1. 校外实训环境

根据市场调查及环境分析的结果,请同学们对感冒药市场消费者购买行为进行分析,并对市场未来发展进行预测。

2. 校内实训环境

(1) 营销实训室。

(2) 教室。

六、项目执行

任务一:明确预测目标

预测工作的第一个程序是明确预测目标,即预测什么,通过预测要解决什么问题,进而明确规定预测目标、预测期限和预测目标的数量单位。预测目标要避免空泛,要明确具体,如确定对某一种药品或几种药品销售量的预测,期限是短期,还是中、长期预测。预测目标不同,所需要的资料和采用的方法也会不同。预测目标选准确了,才能提高预测效果。

> **知识拓展** ——市场预测的时间性和准确性要求
>
> 如果是短期预测,允许误差范围要小,而中、长期预测,误差在20%~30%则是允许的。预测的地区范围应是企业的市场活动范围,每次预测要根据管理决策的需要,划定预测的地区范围,过宽过窄都会影响预测的进程。

任务二:收集和整理资料

资料是预测的基础。预测的资料依据就是药品市场调查中直接情报信息和间接情报信息。一个医药企业无论进行何种预测,都必须极其强调可靠的数据资料。应该根据预测的目的和种类去收集资料,包括二手资料和原始资料、数据资料、文字资料等。对所收集到的资料要进行认真的整理和审核,对不完整的和不适用的资料要进行必要的调整,从而保证资料的准确性、系统性、完整性和可比性。此外,对经过整理和审核的资料还要进行初步分析,观察资料结构的性质和各种市场因素间的相互依存关系,如药品价格变动和广告宣传对市场需求的影响等,作为选择适当的预测方法和模型的依据。

任务三:选择预测方法和模型

在预测时,应根据预测目标和占有的信息资料,选择适当的预测方法和预测模型。预测方法不同,预测结果也就不一样。预测方法和预测模型的选择,还要考虑预测费用的多少和对预测精度的要求。按照选定的预测方法所得出的预测结果,一定要尽量接近于客观事物的实际情况。有时还可以把几种预测方法结合起来使用,互相验证和综合分析预测结果。一般来说,对定量预测,可以建立数学模型;对定性预测,可以建立逻辑思维模型。然后选择适当的预测方法进行预测模型计算和估计。

市场预测的方法很多,一些复杂的方法涉及许多专门的技术。对于企业营销管理人员来说,应该了解和掌握的企业预测方法主要有以下几种。

1. 定性预测法

定性预测法也叫经验判断预测法,主要是通过市场调查,采用少量的数据和直观材料,结合人们的经验加以综合分析,做出判断和预测。定性预测的主要优点是:简便、易行、省时、经济,一般不需要先进的计算设备,不需要高深的数学知识准备,易发挥人的主观能动作用。但常带有主观片面性,往往受预测者经验、认识的局限,精确度比较差。适用于对某一事物的发展趋势、优劣程度和发生概率的估计。

(1)购买者意向调查法　购买者意向调查法是指在营销环境和条件既定的情况下,对购买者意向进行调查,从中获得信息,通过综合分析,预测出消费者购买意向的主要变动方向。在满足下面3个条件的情况下,购买者意向调查比较有效。

① 购买者的购买意向是明确清晰的;

② 这种意向会转化为顾客购买行动;

③ 购买者愿意把其意向告诉调查者。

购买意向调查预测一般用抽样调查法来选择调查对象,用询问法作为调查手段。也可采用订货会、座谈会、展销会等形式进行。这种方法的优点是节省人力、物力,方便迅速,但受被调查者的态度和样本选择的代表性等因素的制约。

(2)经验判断法　经验判断法是预测人员根据已掌握的信息资料进行必要的市场调查研究,凭自身的知识和经验,对药品市场未来一定时期的发展趋势做出主观判断。这种方法简单实用,能汇集各方面的意见,但预测结果受预测人员业务知识水平、个性特点、掌握资料的情况以及分析综合能力的影响。

对经验判断法进一步细分又有经理人员评判法和营销人员评判法以及经理和营销人员结合判断法3种方式。医药企业可根据企业的管理方式和预测需要选定。

经验判断法需召集有关的人员进行座谈讨论,广泛交流,集中各自的预测意见,经过分析综合后得出预测结论。由于预测人员考虑问题的角度不尽相同,所以有时要经过概率和权重评价,最终得出结论。

实训范例　　　　　　　　　　　经验判断法范例

对某医药公司中成药销售量的预测。该公司预测估计值如下表所示。

某医药公司中成药销售量预测值估计表

预测人员	最高销售额/万元	概率	最可能销售额/万元	概率	最低销售额/万元	概率	期望预测值/万元
公司经理	250	0.3	140	0.5	80	0.2	161
销售科长	200	0.2	110	0.5	90	0.3	122
批发部主任	200	0.2	100	0.6	75	0.2	115
业务员甲	180	0.2	100	0.6	75	0.2	111
业务员乙	175	0.2	90	0.6	70	0.2	103

> 期望预测值＝∑销售预测值×概率
>
> 假设公司对3~5位预测人员意见的依赖程度是一样的,那么平均预测值为:
> $$(161+122+115+111+103)÷5=122.4(万元)$$
> 如果公司认为公司经理权重为3,销售科长和批发部主任权重都是2,两个业务员分别为1,那么加权平均预测值为:
> $$(161×3+122×2+115×2+111×1+103×1)÷(3+2+2+1+1)=130.1(万元)$$

(3) 专家意见法 专家意见法是指由专家们对未来可能出现的各种趋势做出评价的方法。可以分为专家会议法和德尔菲法。

① 专家会议法 专家会议法是根据市场预测的目的和要求,向一组经过挑选的有关专家提供一定的背景资料,通过会议的形式对预测对象及其背景进行评价,在综合专家分析判断的基础上,对市场趋势做出量的推断。这种方法的优点是:与会专家能畅所欲言,自由辩论,充分讨论,集思广益,从而提高了预测的准确性。但是预测容易受专家个性和心理因素的影响,也容易受权威意见的影响,从而影响预测的科学客观性。

② 德尔菲法 德尔菲法是美国兰德公司于20世纪40年代末提出的。德尔菲法是以匿名的方式,逐轮征求一组专家各自的预测意见,直至专家意见基本趋向一致,最后由主持者进行综合分析,确定市场预测值的方法。这是一种有发展前途的预测方法。

与其他预测方法相比,德尔菲法具有以下几个特点。

a. 匿名性:在整个预测过程中专家之间互不见面,不发生横向联系,主持者与专家之间的联系采取书信方式,背靠背地分头征求意见。专家的预测意见也是以匿名的形式发表。

b. 反馈性:德尔菲法不是一次性作业,而是采取多次逐轮征求意见,每一次征询之后,预测主持者都要将该轮情况进行汇总、整理,作为反馈材料发给每一位专家。

c. 收敛性:整个预测过程避免了专家之间心理上的影响,并通过反复补充资料、交流信息,使各专家的意见趋于一致。

德尔菲法的优点是分别征询意见,既可发挥各位专家的智慧,集思广益,又可避免专家间的相互影响和迷信权威的倾向;而且考虑问题时间充分,准确度高。这是一种权威性预测法,西方国家多采用这种预测方法,也是其药品市场预测中常用的一种方法。

2. 定量预测法

定量预测法又称分析计算预测法,是依据市场调查所得的比较完备的统计资料,运用数学,特别是数理统计方法,建立数学模型,用以预测药品市场未来数量表现的方法的总称。运用定量预测法,一般需要大量的统计资料和先进的计算手段。这种方法的优点是预测结果准确可靠,科学性强;缺点是对不可控因素较多的产品难以进行有效的预测。所以采用定量预测法时,要求所收集的资料完整、准确、详细,预测对象的发展变化趋势要相对比较稳定。常用的定量预测方法有以下几种。

(1) 平均数法

① 算术平均法 算术平均法是把过去各时期的实际数据相加,与时期总数相除,所得的算术平均值即为未来时期的预测值的一种预测方法。其计算公式是:

$$x_n+1=(x_1+x_2+x_3+\cdots+x_n)/N=\sum x_i/N$$

式中,x_n+1表示$N+1$期的预测值;$x_1,x_2,\cdots,x_n$代表各期实际销售额;N表示时间序列的资料期数。

✅ **实训范例**　　　　　　　　　　　算术平均法范例

某市一药店2008年1至6月份，中成药销售额分别为25万元、22万元、20万元、19万元、23万元、19万元。试预测7月份中成药的销售额。

根据算术平均法计算公式计算7月份的预测值为：

$$预测值=(25+22+20+19+23+19)/6=21.3(万元)$$

算术平均法的优点是计算方便。只适用于销售情况平稳、无季节性变化的产品的预测。

② 加权平均法　　为了克服算术平均法的缺点，在预测中给每个观察值以其重要性判断赋予不同的权数，这就有了加权平均法。对于不同时期的实际数给予不同的权数处理后再求平均值，更能反映事物客观规律及未来发展趋势；普遍认为越是近期的数据，越能反映发展趋势，应给予较大的权数。加权平均数的计算公式是：

$$x_n+1=\sum f_i x_i / \sum f_i$$

式中，x_n+1 是 $n+1$ 期的预测值；x_i 是各期的统计数据；f_i 是 i 期数据的权数；$i=1,2,3,\cdots,n$。

✅ **实训范例**　　　　　　　　　　　加权平均法范例

某医药公司近三个月的利润分别为35万元、32万元、38万元，试预测第四个月的利润额。

因为离预测期越近的数据对预测值的影响就越大。所以设第一、二和三月销售额的权数分别是0.25、0.35、0.40，则第四个月的销售预测额为：

$$预测值=(35\times0.25+32\times0.35+38\times0.40)/(0.25+0.35+0.40)=35.15(万元)$$

③ 变动趋势移动平均法　　一般的平均法在预测时，只能适用于预测对象既无长期增长或下降趋势又无周期性形态变动的时间序列，不能消除实际统计资料数据因受到偶然因素的作用和影响而产生的随机波动，而且存在着反映事物变化趋势的滞后现象。这就需要用变动趋势移动平均法进行预测。这种方法的计算公式为：

预测值＝最后一个移动平均值＋(移动期数＋1)|2×最后一个平均移动变动趋势值

该预测模型的思路是：在时间序列的一次移动平均值基础上，考虑时序移动平均值的逐期增（减）量的变动，建立简便直线预测模型。具体预测步骤以下例说明。

例如：某医药公司2020年逐月实际销售额资料如表2-4所示，预测2021年1月的销售额。

首先要选择好移动期数，这里我们分别选择 $N=3$ 和 $N=5$，来说明变动趋势移动平均法的计算过程。

第一步：计算移动平均值，放在 N 个月的中间位置填入相应（3）栏和（6）栏内，如1～3个月的移动平均值为：$(100+120+180)/3=133.3$，放在居中的2月份位置。其余以此类推。

第二步：计算变动趋势值，就是以后期的移动平均值减去前期的移动平均值的差填入第（4）和（7）栏内，如表中3个月移动平均值的变动 $163.3-133.3=30.0$ 填入（4）栏3月份的位置，其余类推。

表 2-4　某医药公司 2020 年逐月实际销售额资料

观察期	实际销售量	3 个月的移动平均			5 个月的移动平均		
		平均值	变动趋势值	平均变动趋势值	平均值	变动趋势值	平均变动趋势值
(1)	(2)	(3)	(4)	(5)	(6)	(7)	(8)
1	100	—	—		—		
2	120	133.3			—		
3	180	163.3	+30.0		160	—	
4	190	193.3	+30.0	+22.3	180	+20	
5	210	200	+6.7	+10.0	190	+10	
6	200	193.3	−6.7	−3.3	190	0	+7.6
7	170	183.3	−10.0	−4.4	194	+4	+4.0
8	180	186.7	+3.4	+4.5	198	+4	+4.4
9	210	206.7	+20.0	+11.1	200	+2	
10	230	216.7	+10.0	+12.2	212	+12	
11	210	223.3	+6.6	3 期			
12	230	2 期					
2021 年	247.7				225.2		

第三步：计算平均移动变动趋势值，填在第（5）栏和第（8）栏的位置，如表中 3 个月为期的平均移动变动趋势值（30.0＋30.0＋6.7）/3＝22.3，填入（5）栏 4 月份的位置，其余类推。

第四步：计算预测值，本例预测值在 N＝3 时，最后一个移动平均值为 223.3，它距离预测期 2021 年 1 月份的间距离为 2 期，即（N＋1）/2 期，由于变动趋势值的变动幅度较大，所以公式中的趋势变动值采用平均趋势值，这里取最后一个平均变动趋势值 12.2，这样 N＝3 的预测值用公式计算为：

2021 年 1 月份的预测值＝223.3＋2×12.2＝247.7（万元）

当 N＝5 时，从表 2-4 中找到预测模型的数据，代入公式，预测值为：

2021 年 1 月份的预测值＝212＋3×4.4＝225.2（万元）

运用这种方法进行预测时，选择 N 对预测精确度十分重要。通常 N 的选择要凭预测者的经验判断决定。一般地讲，当时间序列含有大量随机成分，要想较好反映预测目标发展过程的平均水平，N 宜选择大值；当时间序列随机成分干扰较少，且发展变化过程存在有趋势变动或季节变动倾向时，为对这种变化做出灵敏反应，N 就应该选择小值。另外，还应根据占有资料数据的多少来考虑，数据少，移动期 N 也应相应的小一点。

（2）季节指数预测法　季节指数预测法是以市场季节性周期为特征，计算反映在时间序列资料上呈现出的有季节变动规律的季节指数，并利用季节指数进行预测的一种预测方法。如药品市场上的防暑降温和清热解毒的药品都会呈现季节性的规律变动。下面是季节指数预测法的计算步骤。

例如：某医药公司 2017～2021 年清热降火的中成药分季节的销售资料如表 2-5 和表 2-6 所示。

根据以上资料，要求计算：

① 各季节指数；

表 2-5　某医药公司 2017～2021 年清热降火的中成药分季节的销售资料

年　份	第一季度/万元	第二季度/万元	第三季度/万元	第四季度/万元	合计/万元
2017	182	1144	1728	118	3172
2018	231	1208	1705	134	3278
2019	330	1427	1932	132	3821
2020	220	1302	1872	130	3524
2021	226	1390	1962	133	3711

表 2-6　季节指数计算表

项　目	第一季度/万元	第二季度/万元	第三季度/万元	第四季度/万元	总合计数/万元
历年各季合计数	1189	6471	9199	647	17506
季节指数/%	27.17	147.86	210.19	14.78	400

② 已知 2022 年该中成药的销售量将比 2021 年增长 3%，求各季销售量预测值。

第一步：求历年各季合计数。如第一季合计数＝182＋231＋330＋220＋226＝1189（万元），其余类推。

第二步：求历年总合计数：3172＋3278＋3821＋3524＋3711＝17506（万元）

第三步：求总合计数的季平均数：17506÷4＝4376.5（万元）

第四步：求季节指数。用历年各季合计数除以季平均数。

如第一季度的季节指数＝（1189÷4376.5）×100%＝27.17%，其余类推。

第五步：求出 2022 年的清热降火中成药的预测值。

3711×(1＋3%)＝3822.33（万元）

第六步：求出预测年度的季平均数。3822.33÷4＝955.58（万元）

第七步：求出 2022 年每个季度的销售额预测值。

第一季度预测值＝955.58×27.17%＝259.54（万元）

第二季度预测值＝955.58×147.86%＝1412.92（万元）

第三季度预测值＝955.58×210.19%＝2008.53（万元）

第四季度预测值＝955.58×14.78%＝141.23（万元）

(3) 一元线性回归法　回归预测法是借助回归分析这一数理统计工具进行定量预测的方法。利用预测对象和影响因素之间的因果关系，通过建立回归方程来求预测值。例如保健品需求量与居民收入水平之间存在着明显关联，其规律可以用近似的函数来表示。

回归预测法根据有关因素的多少而分为一元线性回归法、多元线性回归法与非线性回归法等。在药品市场预测的实际工作中，一元线性回归模型较常见。其公式为：

$$y = a + bx$$

式中，y 是因变量，即预测值；x 是自变量，即影响因素；a、b 为回归系数。

一元线性回归预测法，主要是找到一条倾向性的回归直线，使该直线到实际资料各点之间的偏差平方和为最小，最能代表实际各点的变动倾向，以此来了解事物未来的发展趋势，以该直线作为预测的依据。

根据最小二乘法原理，分别对 a、b 求偏导数，并令其偏导数为 0，得方程组：

$$\sum y_i = na + b \sum x_i$$
$$\sum x_i y_i = a \sum x_i + b \sum x_i^2$$

解得：
$$\hat{a} = \frac{\sum y_i}{n} - \hat{b}\frac{\sum x_i}{n}$$

$$\hat{b} = \frac{n\sum x_i y_i - \sum x_i \sum y_i}{n\sum x_i^2 - (\sum x_i)^2}$$

如果 x 自变量是一组等距长期的时间变量，那么我们可以令 $\sum x_i = 0$，即当期数是奇数时，将 $x=0$ 置于数据资料的中间项；当期数是偶数时，将 $x=-1$ 和 $x=1$ 置于数据资料的中间两项。此时，求解 a、b 的公式可以简化为：

$$a = \frac{\sum y_i}{n}$$

$$b = \frac{\sum x_i y_i}{\sum x_i^2}$$

实训范例　　　　　　　　　　一元线性回归法范例

某制药厂 2004~2008 年的销售额分别为 560 万元、620 万元、685 万元、740 万元、800 万元，试用一元线性回归法预测 2009 年的销售额。

本例中 y 代表销售额，x 是时间变量，n 是资料期数。$n=5$ 是奇数，按简化方法计算如下表：

回归系数的计算表　　　　　　　　　　单位：万元

年　份	时序(x)	销售额(y)	xy	x^2
2004	−2	560	−1120	4
2005	−1	620	−620	1
2006	0	685	0	0
2007	1	740	740	1
2008	2	800	1600	4
合计	0	3405	600	10

经计算得：$a = \sum y_i / n = 3405/5 = 681$　　　　$b = \sum x_i y_i / \sum x_i^2 = 600/10 = 60$

回归方程为 $y_i = 681 + 60 x_i$

2009 年的时序应为 3，将 $x_i = 3$ 代入回归方程得：

2009 年的预测值 $y_3 = 681 + 60 \times 3 = 861$（万元）

以上介绍的是观察期数为奇数的方程参数的求法。如果期数为偶数时，应特别注意两点：一是中间二项的时序分别为 $x=-1$，$x=1$，每期之间的间隔为 2，则中间两项的前后两项的时序数 $x=-3$，$x=3$；二是最后预测时，预测时期的时序也要间隔两年一期。这两点是特别易出错的，必须十分注意。

任务四：预测分析和修正

由于市场的发展变化受多种因素影响，通过预测模型预测的结果往往与实际情况有出入，不能直接运用。预测结果的误差愈大，准确性愈小。误差过大，预测结果就会失去实用价值。所以必须事先进行分析评价，把误差控制在最小可能限度内。分析评价时要充分考虑到企业内部、外部的影响因素，分析其对未来发展的影响，并找出出现误差的原因。

无论是定量预测的数学模型,还是定性预测的逻辑思维模型,都是在一定假设性条件下(假设未来类似于过去)进行的,因此,预测得出的数量模型不可能完全准确全面。所以,在进行分析评价之后,要将未考虑到的因素的影响范围和影响程度以及误差原因等作综合分析,以修正调整预测模型得出的预测数量,得出较准确、较完善的预测结果。

任务五:编写预测报告

预测报告应该概括预测研究的主要活动过程,包括预测目标、预测对象及有关因素的分析结论、主要资料和数据,预测方法的选择和模型的建立,以及对预测结论的评估、分析和修正等。

> **知识拓展**——预测报告结果表述形式
>
> 预测结果的报告从结果的表述形式上看,可以分成点值预测和区间预测。点值预测的结果形式上就是一个数值,例如某行业市场潜量预计达到5个亿,就属于点值预测。区间预测不是给出预测对象一个具体的数值,而是给出预测值的一个可能的区间范围和预测结果的可靠程度。例如,95%的置信度下,某企业产品销售额的预测值在5500万元至6500万元之间。

七、项目课时安排

(1) 实训课时:2课时。
(2) 讲授课时:2课时。

八、项目考核与评分标准

"药品市场需求分析与预测"的评估分值比重占"药品市场开发技术"评估总分的15%。具体评估标准见附录二《药品市场营销技术》课程评估手册中项目2.2"药品市场需求分析与预测"评估标准。

专业能力评估项目

序号	评估项目	评估标准	实训任务是否基本完成;考评总分30分	实训操作是否有突出表现;考评总分40分
6	明确预测目标		基本完成,得5分。没有基本完成酌情扣分	预测目标选择正确
7	收集和整理资料		基本完成,得5分。没有基本完成酌情扣分	1. 资料收集准确 2. 资料分析正确
8	选择预测方法和模型		基本完成,得5分。没有基本完成酌情扣分	1. 预测方法选择恰当 2. 预测方法使用正确
9	预测分析和修正		基本完成,得5分。没有基本完成酌情扣分	对预测分析、评价正确
10	编写预测报告		基本完成,得10分。没有基本完成酌情扣分	1. 预测结果正确 2. 预测报告内容完整
	6~10项自评成绩∑70			

九、典型范例

2019年全球医药市场规模预测

项目 2.3　药品市场细分

"定位"被称之为"有史以来最具有改革性的营销观念",实在当之无愧。

一、项目任务

（1）要求学生掌握药品市场细分的方法及因素；有效市场细分的条件；了解药品市场细分的意义。

（2）要求学生在教师的指导下，能够对某一药品市场选取适合的细分因素与方法，进行有效的市场细分。

二、技能要求

（1）通过细分药品市场，帮助学生认识药品市场细分对市场运作、开发的重要作用；通过市场细分，企业易于发现未被满足的消费需求，寻找市场的空白，准确地选择目标市场。

（2）通过分组完成药品市场细分，培养学生与小组内部成员的分工协作、与其他人员沟通协调的能力。

（3）通过细分药品市场，培养学生药品市场细分的基本技能。

三、项目操作流程

工作目标	知识准备	关键点控制	流程图
1. 掌握药品市场细分的因素 2. 掌握药品市场细分的方法 3. 掌握药品市场细分的程序	1. 掌握药品市场细分的因素 2. 掌握药品市场细分的方法 3. 掌握有效市场细分的条件 4. 了解药品市场细分的含义	1. 确定药品市场范围 企业以客户需求为中心，划定公司产品的市场范围 2. 药品市场需求调查 企业针对地理环境、风俗文化、收入水平等影响客户购买的因素进行市场调研 3. 潜在客户需求分析 企业对影响客户需求的各项因素进行分析评价，明确客户需求的异同 4. 药品市场细分 企业已知客户的共同需要进行市场细分	确定药品市场范围 ↓ 药品市场需求调查 ↓ 潜在客户需求分析 ↓ 药品市场细分

四、理论指导

（一）药品市场细分概述

1. 药品市场细分的定义

市场细分的概念是美国市场学家温德尔·史密斯（Wendell R. Smith）于20世纪50年代中期提出来的。药品市场细分是指按照消费者对药品的需求、购买行为、习惯等的差异性，把一个总体市场划分成若干个具有共同特征的子市场的过程。分属于同一药品细分市场的消费者，他们的需要和欲望极为相似；分属于不同细分市场的消费者，对同一产品的需要和欲望存在着明显的差别。

> **案例导入　　细分市场　捕捉机会——品牌咽喉药营销特点和消费取向分析**
>
> 　　咽喉用药是继胃药、感冒药后百姓消费最多的药品种类之一。笼统地讲，消费者购买利咽产品的目的都是解决咽喉不适，但在做进一步分析时可发现，咽喉不适的人群，其产品购买目的大致可分为两种。一种是非疾病式的，如烟酒过度和用嗓过度等，一般症状较轻，可选择药品，也可选择食品或保健食品。因此，他们倾向于购买保健型的咽喉药。另一种是疾病式的，如因感冒、咽喉炎所引起的咽喉不适，这种情况一般症状较重，消费者多选用治疗型的药品。各大制药企业正是利用这种消费者需求的差异，纷纷推出咽喉药类产品。后起之秀在进入市场时多采用细分市场的方式，来瓜分老三甲没有渗透的领域。最典型的是亿利甘草良咽，它通过翔实的市场调查，准确地切入到一个全新的烟民市场，并以其特有的营销策略——针对"吸烟引起的喉部不适"，曾一度进入同类产品的前五名；桂龙药业的慢咽舒宁则是从疗效方面切入，依靠大规模的广告投放带来了市场份额的不断攀升；华素片经过对产品内涵的进一步提炼和包装改进后，明确提出"可以消炎的口含片"，立即引起了消费者的共鸣，取得了不错的销售效果。
>
> （资料来源：刘达霖．中国医药报）

2. 药品市场细分的实质

药品市场细分的前提条件是消费者需求的差异性，即异质市场的存在。这里必须指出的是，细分市场不是根据药品品种、系列来进行的，而是从药品消费者的角度进行划分的。

从需求的角度可以将市场分为同质市场和异质市场。同质市场是指消费者对某种商品的需求和对企业的营销策略的反应是一致的，如日常生活中的普通食盐市场，药品中某些原料药市场都属于这一类。既然消费者的需求是相同的，企业就没有区分的必要。异质市场是指消费者对某种商品的需求和对企业的营销策略的反应差异明显，且不易改变。如药品市场中，有的消费者习惯用中药，有的习惯用西药。也正是这种消费者需求的差异性才使药品市场细分成为可能，同时也才有必要。

> **★ 新经济营销　　同质市场与异质市场转换**
>
> 　　同质市场与异质市场不是绝对的和一成不变的，随着科技的进步、社会消费水平的提高以及价值观念的改变，一些同质市场也在向异质市场转化，如食盐市场中也出现了加钙盐、加碘盐等满足不同顾客需求的产品。如果只承认需求的差异性，细分同样无法进行。因为这样企业就要面对每个个体消费者，分别满足他们的需求，进行一对一的营销，事实上这是很难做到的，也是没有必要的。因此市场细分的实质是求大同存小异即异中求同的过程。

（二）药品市场细分的作用

在制订战略性的市场营销计划时，企业的基本任务是发现和了解它的市场机会（包括调查营销环境、分析消费者行为及进行市场细分），并选择目标市场，然后再制订与执行一个有效的营销方案。在这一过程中我们可以看到，市场细分在整个市场营销过程中发挥着承上启下的作用，是营销的一个关键环节。药品市场细分的作用具体表现在以下几个方面。

1. 有利于药品生产和药品经营企业发现市场机会，开拓新市场

通过药品市场细分，企业可以对每一个药品细分市场的购买潜力、满足程度、竞争情况等进行分析对比，可以了解到不同消费群体的需求情况，发现尚未满足或没有被充分满足的消费需求，并根据竞争者的市场占有情况来分析市场未被充分满足的程度，探索出有利于本企业的市场机会，使企业及时根据本企业的条件编制新产品开拓计划，掌握产品更新换代的主动权，开拓新市场，夺取优势市场的地位。这一作用在中小型药品生产和经营企业中尤为突出。通过市场细分，他们可以发现那些被大型企业所忽视且尚未满足或没有被充分满足的消费需求，拾遗补阙，以便在激烈的市场竞争中占有一席之地。

> **案例分析**　草珊瑚"摩音"系列养喉含片全面占领细分市场
>
> 还记得那个熟悉的草珊瑚含片么？作为国人心中不变的经典，草珊瑚含片是几代中国人的共同回忆，每当嗓子不舒服总要来上一片才放心。2016年，随着清咽含片市场的飞速发展，草珊瑚含片也在不断推陈出新，在保留原有经典单品的同时推出了"草珊瑚*摩音系列养喉含片"，并在一年半的时间内斩获过亿销量。
>
> 草珊瑚*摩音系列养喉含片共分为7种，分别是草珊瑚含片、草珊瑚薄荷含片、枇杷金银花含片、甘草罗汉果乌梅青果含片、金银花糖、胖大海糖、罗汉果糖，每一种含片均为详细的细分适应证，基本涵盖了白领、教师等各类易用嗓过度的人群，以及不同原因造成的咽喉不适。之所以推出包含7种不同功能的"草珊瑚*摩音系列养喉含片"，正是基于中医药的辨证施治、对症用药的理论基础，针对慢性咽炎、咽喉肿痛、声音嘶哑、炎症上火、用嗓过度、雾霾天气、急性咽喉不适等多种情况，从"对因养喉、专业护嗓"角度出发，专业解决不同原因引发的咽喉不适，彻底颠覆一颗喉片治百病的历史，使其功效更精准，方便消费者的不同需求。
>
> （来源：39健康网）

2. 有利于药品生产和药品经营企业规划市场营销方案

（1）帮助药品生产和药品经营企业确立准确的产品概念及产品定位　企业在药品市场细分的基础上，较为清楚地了解了消费者的需求及他们所追求的利益，可以有针对性地开发产品，并用消费者可以理解的语言表述出来，形成更准确的产品概念；同时，将这种概念通过各种营销传播手段传递给消费者，使消费者正确地理解本企业的产品能为消费者带来的、区别于竞争对手的利益，这就是产品定位。

（2）帮助药品生产和药品经营企业制定产品、价格、促销及分销渠道策略　细分后的子市场是由具有相同或相似的需求、购买行为、购买习惯的消费者组成的。通过市场细分，企业可以更好地了解子市场中的消费者能够并愿意付出的价格；获取该类药品的铺货渠道，如有的消费者习惯在药店买药，而有的消费者习惯在医院由医生开药；企业也可以从中了解不同的促销手段对他们的影响,并以此作为企业制定各种营销策略的依据。

3. 有利于企业及时应对市场变化,调整营销策略

在较小的细分市场即子市场上开展营销活动,增强了市场调研的针对性,市场信息反馈快,企业易于掌握市场需求的变化,并迅速准确地调整营销策略,取得市场主动权。

> **案例分析**　　　　　　　　　**特定人群饮用水的市场细分**
>
> 特定人群饮用水是饮用水市场细分的重点,根据人群不同,推出不同的包装饮用水是水企发力的目标。目前针对孕妇、儿童等人群就有专门的包装饮用水出现了,将来还会有婴儿水、奶粉冲泡水、泡茶水、女士专用水等不同种类满足不同人群需求的水出现。农夫山泉就推出了婴幼儿专用饮用水,已经在引领着饮用水市场的细分。
>
> 婴幼儿是家中的宝,消费者舍不得自己吃喝也得舍得孩子们吃喝,所以尽管婴幼儿水的价格是普通饮用水的几倍,仍然有巨大的市场。随着我国二胎政策的开放,婴儿水增长速度十分显著,远超普通饮用水的增速,很多水企也在进入这个市场,比如天地精华、汉水硒谷等品牌,都推出了自己的婴幼儿、孕妇专用水。饮用水市场是当下乃至今后最火的饮料市场,水企能否在这个市场中分得一杯羹,就看水企是否能抓住这个市场未来的巨大商机,做好自己企业的战略规划。
>
> （来源：中国营销传播网）

4. 有利于企业合理有效地分配人力、物力、财力资源,减少资源的浪费

任何一个企业的人力、物力、资金都是有限的。在市场细分基础上的营销,可以使企业扬长避短,有的放矢,将有限的资源用在最适当的地方,发挥最大的效用。

5. 有利于企业更好地满足消费者的用药需求

现代市场营销学的核心就是满足消费者的需求。通过药品市场细分,企业才能更准确地了解不同细分市场中消费者的用药需求,并有针对性地去满足。当市场中越来越多的企业奉行市场细分策略时,产品就会日益多样化,消费者的需求就会得到更好的满足。

6. 有利于企业对未来业绩的预测

细分后的子市场范围更为明确,需求的特点也更易为企业所掌握,因此企业可以更准确地预测市场的规模及其变化,有利于企业预测未来的经营业绩。

（三）市场细分的原则

1. 细分市场之间的异质原则和细分市场内的同质原则

细分市场之间的异质原则是指不同细分市场的消费者的需求应具有差异性,对同一市场营销组合方案,不同细分市场会有不同的反应。一方面,如果不同细分市场顾客对产品需求差异不大,行为上的同质性远大于其异质性,此时,企业就不必对市场进行细分。另一方面,对于细分出来的市场,企业应当分别制订出独立的营销方案。如果无法制订出这样的方案,或其中某几个细分市场对是否采用不同的营销方案不会有大的差异性反应,也就不必进行市场细分。

细分市场内的同质原则是指在同一细分市场中消费者的需求应是相同或相似的,对同一市场营销组合方案,会有相同或相似的反应。如果同一细分市场中的消费者的需求存在较大的差异,或对同一市场营销组合方案有不同的反应,说明这一细分市场的细分程度不够,还应进一步细分。

2. 细分市场可衡量原则

细分市场可衡量原则是指细分后的市场应是可以识别和衡量的，亦即细分出来的市场不仅范围明确，而且对其容量大小也能大致做出判断。首先要确定据以细分市场的变量应是可以识别的；其次，对细分后的市场规模、市场容量应是可以计算、衡量的。否则细分的市场将会因无法界定和度量而难以把握，市场细分也就失去了意义。

3. 细分市场足够大原则

细分市场足够大原则是指细分出来的市场，其容量或规模要大到足以使企业获利并具有发展的潜力。这里所说的市场容量不是单纯的市场中消费者的人数，而是指需要并有购买力的消费者群体。这就要求企业在进行市场细分时，必须考虑细分市场上顾客的数量，以及他们的购买能力和购买产品的频率。如果细分市场的规模过小，市场容量太小，细分工作烦琐，成本耗费大，获利小，就不值得去细分。

4. 细分市场可开发性原则

细分市场可开发性原则是指细分后的子市场是企业能够而且有优势进入、并能对其施加影响的。

> **营销视野　　　　细分市场的可开发性**
>
> （1）企业在一定成本内能达到细分市场的要求。这对企业来说，就是市场进入壁垒的高低。企业应有能满足细分市场的相应的人力、物力、财力资源。
>
> （2）有关药品的信息能够通过一定媒体顺利传递给该市场的大多数消费者。被确定的细分市场的消费者能有效地理解企业的产品概念；企业在一定时期内有可能将药品通过一定的分销渠道运送到该市场。

5. 细分市场稳定性原则

细分市场稳定性原则是指细分市场的特征应在一定时期内保持相对的稳定。因为在细分过程中，调查分析本身都需要一定时间，没有一段稳定期，这个细分的市场也就没有意义了。同时，市场调查及开发新产品、调整营销策略都会给企业带来成本的增长，过于频繁的市场变化会影响企业的经济效益。

五、项目组织与实训环境

（一）项目组织

（1）全班进行分组，每组7~8人，确定一名组长。

（2）小组成员根据前面章节调查与预测结果对感冒药市场进行细分。

（二）实训环境

1. 校外实训环境

作为非处方药的一大组成部分，感冒治疗药品是我国医药产品推广最成功的范例，也是药品市场中率先进行细分的。请同学们根据范例一感冒药市场需求调查的结果，对感冒药市场进行有效的细分。

2. 校内实训环境

（1）营销实训室。

（2）教室。

六、项目执行

> **营销视野**　　**市场细分程序**
>
> 市场细分程序可通过如下例子看出：一家航空公司对从未乘过飞机的人很感兴趣（细分标准是顾客的体验）。而从未乘过飞机的人又可以细分为害怕飞机的人，对乘飞机无所谓的人以及对乘飞机持肯定态度的人（细分标准是态度）。在持肯定态度的人中，又包括高收入有能力乘飞机的人（细分标准是态度）。于是这家航空公司就把力量集中在开拓那些对乘飞机持肯定态度，只是还没有乘过飞机的高收入群体。

任务一：确定药品市场范围

公司应明确自己在某行业中的产品市场范围，并以此作为制定市场开拓战略的依据。

> **知识拓展**
>
> 产品市场范围应以顾客的需求，而不是产品本身特性来确定。例如，某一房地产公司打算在乡间建造一幢简朴的住宅，若只考虑产品特征，该公司可能认为这幢住宅的出租对象是低收入顾客，但从市场需求角度看，高收入者也可能是这幢住宅的潜在顾客。因为高收入者在住腻了高楼大厦之后，恰恰可能向往乡间的清静，从而可能成为这种住宅的顾客。

任务二：药品市场需求调查

企业可从地理、人口、心理等方面列出影响产品市场需求和顾客购买行为的因素进行市场调研；依据具体的感冒药市场状况选择合适的市场细分标准。

药品市场细分的前提是消费者需求的差异性，产生这些差异的因素就是进行药品市场细分的依据，也称为药品市场细分的标准或药品市场细分的变量。由于引起消费者需求差异的因素是多样的，因此市场细分也包含许多变量，不同的行业，不同的产品，不同的企业都各有不同，没有严格统一的标准。药品市场细分的依据一般有以下几种。

1. 消费者地理因素细分

消费者地理因素细分是根据药品消费者工作或居住位置进行细分的方法。俗话说一方水土养育一方人，由于地域环境、自然气候、文化传统、风俗习惯和经济发展水平等因素的影响，处在同一地理环境下的消费者的需求与偏好往往具有相似性，购买行为、习惯、对企业采取的营销策略与措施的反应也有相似性。

（1）地区　根据地理位置将市场细分为东北、华北、华东、中南、西北、西南等。我国幅员辽阔，不同地区的药品消费者差异较大。如华中地区经济发展水平较高，且消费者保健意识强，因此很多保健品都选择先在华中市场上市。

（2）城市与农村　城市与农村市场在用药的习惯、用药常识、购买能力等方面都存在明显的差异。如一般农村市场药品消费者受教育程度较低、收入较低，因此其在购买药品过程中会更关注价格也更易受到他人的影响。乡村振兴、人口老龄化等因素促进了乡镇健康服务需求的增长，而随着国家对贫困人口的消除，乡村慢病医疗服务成了亟待提高的要素。

（3）气候　由于气候的差异，疾病的发生情况有很大的不同。如鼻炎为寒冷气候条件下的多发病。

(4) 人口密度　人口密度与市场规模直接相关，这一变量对一般常用的OTC和药品经营企业的市场细分较有意义。

(5) 人口的地区间流动　这一因素既影响了药品需求的总量，又改变了需求结构。对于人口流入较多的地区，不但会引起用药需求总量的增长，同时外来人口通常没有医疗保险，因而直接在药店中购药的较多。地理因素是一种静态因素，易于识别，是细分市场应给予考虑的重要因素。但处于同一地理位置的消费者的需求仍会有很大差异。比如，在我国的一些大城市，如北京、上海，流动人口逾千万，这些流动人口本身就构成了一个很大的市场，很显然，这一市场有许多不同于常住人口市场的需求特点。所以，简单地以某一地理特征区分市场，不一定能真实地反映消费者的需求共性与差异，企业在选择目标市场时，还需结合其他细分变量予以综合考虑。

2. 消费者人口与社会经济因素细分

人是市场营销活动的最终对象，也是造成市场需求差异的本质性的动因。人口统计变量比较容易衡量，有关数据相对容易获取，因此，企业经常以它作为市场细分的依据。

> ★ 新经济营销　　**OTC药品的人口细分变量**
>
> 由于药品的特殊性，药品市场细分的人口因素既包括消费者的特征也包括医生的特征。一般OTC的细分以消费者为中心，处方药的细分以医生为中心。尽管OTC药品无需医生处方即可购买，但是OTC药品毕竟是用来治病救人的，由于药品知识的专业性较强，而且不是一种普及性知识，所以消费者在购买和使用时，会十分关注专业人士如医生、药剂师等人的意见。
>
> 据美国Scott-Levin医疗保健咨询公司的一份调查，约有50%的病人根据医生的建议使用OTC。医生处方中的OTC药品对病人以后自己选择OTC用药时也有着重大影响。因此对OTC药品的市场细分也应考虑医生的因素。

(1) 年龄　由于生理、审美、生活方式、价值观、社会角色、社会活动等方面存在差异，不同年龄的消费者必然会有不同的需求特点。一方面，不同年龄段的疾病发生情况有很大差异，如高血压、骨质疏松为中老年人的多发病，而在青年人中较少见；另一方面，不同年龄段的消费者的社会经历、价值观等都不同，其对药品的选择也有很大的差异，如老年人购买药品时通常以经济、方便为首选条件，他们有充裕的时间反复挑选；而年轻人具有时尚、不在意价格、易受广告影响、易产生购买冲动的消费特点。

(2) 性别　由于生理上的差别，男性与女性在产品需求与偏好上有很大不同，如减肥产品通常都是针对女性消费者的需求设计的。

(3) 购买者的收入　收入是引起需求差异的一个直接而重要的因素，因为只有既有购买欲望又有购买力的人才能构成一种药品的市场，而购买力在很大程度上是由收入所决定的。消费者收入水平直接影响市场的大小和消费者的支出模式。如高收入者对保健品的需求会多于低收入者。

(4) 购买者的支付方式　随着我国医疗体制改革，公费医疗已被逐步取消，然而医疗保险制度还不完善，购买者有的是现金支付方式，有的是医保支付方式。因为医保支付既会受到医疗保险用药范围的限制，又会受到渠道限制，其购买行为与现金支付者会有所不同。

(5) 购买者受教育程度　购买者受教育程度不同，其价值观、文化素养、知识水平不同,会影响他们对药品种类的选择和购买行为。受教育程度较高的人获取药品知识的能力较强,自我保健意识也较强,因此其购买行为会相对较为理性,受教育程度较低的人其购买行为受他人和广告的影响较大。

人口和社会经济因素还包括职业、民族、宗教风俗等,但这些因素对药品需求的影响不大。

3. 消费者心理因素细分

(1) 购买者及处方者的个性　个性是指一个人比较稳定的心理倾向与心理特征,它会导致一个人对其所处环境做出相对一致和持续不断的反应。通常,个性会通过自信、自主、支配、顺从、保守、适应等性格特征表现出来。如个性保守者通常不愿做新的尝试,很难接受新药。

(2) 态度　态度是指一个人对某些事物或观念长期持有的好与坏的认识上的评价、情感上的感受和行动上的倾向。

> **知识拓展**
>
> 根据人对药品的需求及治疗作用所持态度不同可以分为踏实者、寻求权威者、怀疑论者和抑郁者。踏实者追求方便、有效的药品;寻求权威者更相信医生的处方;怀疑论者对药品的效果有所置疑,很少用药;抑郁者极关注自己的健康,稍有症状即找医生或自行购药。

(3) 购买动机　人的行为是受动机支配的。有的购买者的目的是治疗,有的是保健,而有的是馈赠。脑白金就是针对馈赠市场,提出了"送礼只送脑白金"的广告。

4. 消费者购买行为细分

根据购买者对产品的了解程度、态度、使用情况及反应等将他们划分成不同的群体,叫行为细分。行为变数能更直接地反映消费者的需求差异,因而成为市场细分的最佳起点。

(1) 购买者和处方者的品牌偏好程度　有些购买者和处方者经常变换品牌,也有一些购买者和处方者则在较长时期内专注于某一或少数几个品牌。对有品牌偏好的购买者和处方者推广新药是很困难的。

(2) 购买的决策权　由于药品的特殊性,购买者本身很大程度上并没有决策权,而医生才是真正的决策者,这尤其表现在处方药的购买和使用上。对于OTC,除了医生会影响购买者的行为外,营业员也是很重要的影响人。据一个中老年疾病药物的调查显示:在所研究的抽样城市中,在药店购药的人自主决定型占25%,店员推荐型占21%。

(3) 患者和处方者的使用频率。

(4) 购买渠道　购买渠道是指根据患者获取药品的渠道细分。可以分医院购买、药店购买及OTC的网上购买等。

(5) 利益　按购买者所追求的不同利益,将其归入各群体。如有的购买者追求经济实惠(低价),有的追求使用方便(剂型)。

5. 消费者病程细分

(1) 症状细分　对于某个疾病,如果会呈现多种症状,医生在治疗疾病中,一方面可能考虑是否彻底治愈该疾病,一方面可能要考虑消除不适症状。当某类疾病治疗中,症状治疗与治愈疾病同等重要或前者比后者更重要，或者某药品在治愈疾病上的优势不大，而在症状消除上有较好的效果，则在细分时可以选择症状细分变量，根据药品自身的治疗优势，重点瞄准一个或几个症状作为市场。

知识拓展

感冒属于常见疾病，一般属于轻症，由于该病表现为较多的不适症状，比如头疼、发热、流涕、咳嗽、嗜睡等，因而治疗感冒与消除症状对消费者而言同等重要。比如康泰克宣传诉求为解决鼻塞、流涕、打喷嚏，白加黑为解决头痛、白天嗜睡症状，芬必得为解决关节疼痛，念慈庵、潘高寿为解决咳嗽，百服宁为解决发热等。

（2）疗程细分 疾病的治疗过程，因疾病的类型不同而有所不同，可以分为轻症和重症、急性病和慢性病等。而治疗模式可以是彻底治疗，或者是先维持不发展，再考虑治愈，或者是控制并发症及生命特征等。因此可以根据疾病的治疗过程进行细分，并运用病理学和药理学的理论和实验数据，把该过程分为若干个阶段，根据药品本身的治疗优势和有关药理指标，找准该药品在整个疗程中的哪一段有着较大的优势，或者选择最具吸引力的疗程阶段，或者改变既有疗程治疗模式，选择合适的目标市场进行定位和诉求。这种细分工具特别适合处方药营销策划，对于OTC也有很大的适用空间。

案例分析

洛赛克挑战之路

阿斯利康公司于1989年开发出来了抑酸能力很强的、世界上第一个质子泵抑制剂洛赛克（奥美拉唑），试图挑战王者之位。在20世纪90年代，治疗消化性溃疡的用药常规疗程是递增法，即先改变生活方式及应用抗酸剂→无效则改用H_2受体拮抗剂（善胃得）→仍无效时使用洛赛克。当然，这种用药模式对洛赛克来说并不是最佳选择。

阿斯利康公司的产品经理则提出了一个新的治疗模式递减法，把上述箭头逆转：开始就使用高剂量的洛赛克→症状好转后采用常规的推荐剂量→最后再考虑使用善胃得。一下子把洛赛克从疗程的末端调整到前端，占据了关键制高点。为了支持该治疗模式，阿斯利康公司进行了多项研究，证实该模式无论是在治愈率还是在整体治疗价格上都比递增法模式要优越，同时还设计出新的"质子泵实验"的治疗实验来作为药物的诊断方法。

通过疗程细分改变了原有的治疗模式，并组合了其他一些有效的营销手段，洛赛克成功地打败了善胃得，一举成为全球处方药销售冠军。

（3）用药地位细分 对于医生的用药而言，他基本上都是用多种药（两种以上）进行组合来治疗某类疾病，那么里面就有主药和辅药之分。从药理学的角度来说，根据用药目的，可以把药物作用分为对因治疗和对症治疗。对因治疗的目的在于消除原发致病因素，即治本；而对症治疗的目的在于消除或减轻疾病症状，即治标，在很多情况下也是必不可少的。为了便于理解，我们可以把对因治疗的药物称为主药，把对症治疗的药物称为辅药。在使用用药地位的细分变量时，就可以根据药品在治疗过程中所处的作用及功效特点，进行细分选择。

> **案例分析**　　　　　　　　**六味地黄丸用药地位细分**
>
> 　　传统古方中药六味地黄丸虽然为广大中老年消费者所熟知，但消费者对六味地黄丸的了解仅停留在浅层次的补肾、治腰痛的基础上，并不太清楚该药在疾病治疗中的辅助功效。很多时候，出于本能和趋利性，医药企业并不希望把自己的药品定位于"辅药"，更倾向于"主药"，哪怕事实上并不如此。
>
> 　　仲景六味地黄丸则运用了用药地位的细分变量，从消费者的心理需求出发，把自身定位为"辅药第一品牌"，突出自身对多种疾病治疗中的辅助功效，从正宗（医圣张仲景）、道地（拥有天然药库）、疗效（好药材带来好药效）三方面给予理论支持，成功地区隔了自己和市场上300多家企业生产的同质化六味地黄丸，取得了较好的市场效果。

任务三：潜在客户需求分析

依据任务二的分析结果，企业对影响客户需求的各项因素进行分析评价，明确客户需求的异同，确定市场细分的标准。

任务四：药品市场细分

企业已知客户的共同需要，选择合适的市场细分方法，进行有效的市场细分。

下面介绍几种市场细分的方法。

1. 单一变量细分法

单一变量细分法就是根据影响消费者需求的某一个重要因素进行市场细分。如根据年龄这一变量可以将感冒药市场分为成人与儿童两个市场，护彤就是专门针对儿童感冒药市场的。早期的红桃K根据地域将补血产品市场分为农村市场和城市市场，并专门针对农村市场。

2. 多个变量综合细分法

多个变量综合细分法就是根据影响消费者需求的两种或两种以上的因素进行市场细分。比如，针对高血压药物市场，可按年龄及病情程度将市场细分为青年患者的轻、中、重度高血压，中年患者的轻、中、重度高血压，老年患者的轻、中、重度高血压9个细分市场。

采用多个变量综合细分法，当使用的变量增加时，细分市场的数量会按几何级数增加，这会给细分市场的选择带来困难，同时也不必要，因此很多企业采用了系列变量细分法。

3. 系列变量细分法

系列变量细分法就是根据企业经营的特点并按照影响消费者需求的诸因素，由粗到细地进行市场细分。这种方法可使目标市场更加明确而具体，有利于企业更好地制定相应的市场营销策略。我们以某一减肥药的市场细分为例，如图2-11所示。

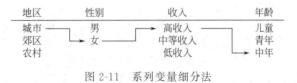

图2-11　系列变量细分法

七、项目课时安排

（1）实训时间：2课时。

（2）讲授时间：2课时。

八、项目考核与评分标准

"药品市场细分"的评估分值比重占"药品市场开发技术"评估总分的15%。具体评估标准见附录二《药品市场营销技术》课程评估手册中项目2.3"药品市场细分"评估标准。

专业能力评估项目

序号	评估项目	评估标准	实训任务是否基本完成；考评总分30分	实训操作是否有突出表现；考评总分40分
6	确定药品市场范围		基本完成,得10分。没有基本完成酌情扣分	药品市场范围明确
7	药品市场需求调查		基本完成,得5分。没有基本完成酌情扣分	1.细分标准的完整性 2.细分标准的正确性
8	潜在客户需求分析		基本完成,得5分。没有基本完成酌情扣分	客户需求异同性分析的正确性
9	药品市场细分		基本完成,得10分。没有基本完成酌情扣分	1. 市场细分方法的正确选择 2. 市场细分的有效性
6～9项自评成绩∑70				

九、典型范例

资生堂细分"岁月"

日本的化妆品，首推资生堂。近年来，它连续名列日本各化妆品公司榜首。资生堂之所以长盛不衰，与其独具特色的营销策略密不可分。

独创品牌分生策略

与一般化妆品公司不同，资生堂对其公司品牌的管理采取所谓品牌分生策略。该公司以主要品牌为准，对每一品牌设立一个独立的子公司。这样，每个子公司可以针对这一品牌目标顾客的不同情况，制定独立的产品价格、促销策略；同时，公司内部品牌与品牌之间，子公司与子公司之间也要进行激烈竞争。例如，二十世纪九十年代初，该公司推出了以年龄在二十岁左右、购买能力较低、对知名品牌敬而远之、对默默无闻的品牌能自主选择的女性为目标顾客，推出"ettusais"系列化妆品。该品牌的营销管理就比较特别。他们在东京银座一楼专卖"ettusais"系列品的商店中，陈列的品种达30多种，顾客可以当场试用，且价格也较低。考虑到目标顾客的思想行为特点，他们在"ettusais"系列化妆品包装上一律不写资生堂的名字，让人不易觉察这是大名鼎鼎的资生堂产品。通常，一般店铺中，顾客一上门，售货员就会做一大串说明，而资生堂ettusais店则规定，除非顾客主动询问，售货员绝不能对其进行干扰，而应为这些年轻女性创造一种能完全独立自主挑选的购物气氛。

体贴不同岁月的脸

二十世纪八十年代以前，资生堂实行的是一种不对顾客进行细分的大众营销策略，即希望自己的每种化妆品对所有的顾客都适用。八十年代中期，资生堂因此遭到重大挫折，市场占有率下降。一九八七年，公司经过认真反省以后，决定由原来的无差异的大众营销转向个别营销，即对不同顾客采取不同营销策略，资生堂提出的口号便是："体贴不同岁月的脸"。他们对不同年龄阶段的顾客提供不同品牌的化妆品。为十几岁少女提供的是RECIENTE系列，二十岁左右的是ettusais，四五十岁的中年妇女则有长生不老E-LIXIR，五十岁以上的妇女则可以用防止肌肤老化的资生堂返老还童RIVITAL系列。

资生堂不像一般的化妆品公司那样，对零售商有较大的依赖，它有自己独立的销售渠道。为配合产品销售，资生堂又推行了"品牌店铺"策略，即结合各品牌的具体情况，在每一专卖店（柜）中只集中销售一种或几种品牌。例如在学校、游乐场、电影院附近年轻人较多的地方，设立RECIENTE系列专卖店，在老年人出入较多的地方则设立RIVITAL专卖店。为使其对市场的细分达到最彻底的程度，资生堂制定的战略是，未来旗下的每一家店铺只出售一种品牌的资生堂产品。

CL 店构想

资生堂还对化妆品市场进行了调查和研究,发现一般消费者不仅需要化妆品公司提供高质量的产品,更需要他们提供高水平的美容咨询服务,于是提出了 CL 店构想。资生堂强调其旗下各专卖店(柜)的销售人员必须有较强的咨询能力(couseling 即 CL),能把化妆品店变成美容咨询室,为入店顾客提供各种咨询服务。为此,资生堂积极对其员工进行培训,目标是使每个销售人员都成为"美容专家"。每年资生堂要举行六期美容 CL 的研讨会,以传授商店美容咨询的秘诀。

战略营销管理

资生堂是日本最早进行战略营销管理的企业之一,内部有专门的战略营销研究机构——资生堂营销战略室。这个研究室的主要任务便是对资生堂的外部营销环境、行业竞争态势做出判断,制定中长期的企业营销策略,并负责实施这些战略。此外,资生堂还在日本全国各地聘请了 35 位高级营销顾问,每年在资生堂总部集中几次,研讨国内外化妆品市场动向,检讨资生堂在战略管理中的问题。技高一筹的战略营销管理使资生堂在激烈的市场竞争中始终能领先一步。

项目 2.4 目标市场选择

> 当你在做交易时,首先考虑的不应该是赚取金钱,
> 而是要获得人心。

一、项目任务

(1)要求学生掌握目标市场策略、细分市场的评价;熟悉进入细分市场的模式、影响目标市场策略的因素。

(2)要求学生在教师的指导下,能够在市场细分的基础上选择合适的目标市场及目标市场策略。

二、技能要求

(1)通过学习目标市场现状,使学生掌握细分市场评估方法,熟悉细分市场进入模式和正确选择目标市场营销策略,培养学生综合分析问题的能力。

(2)通过分组完成目标市场选择,培养学生与小组内部成员的分工协作、与其他人沟通协调的能力。

(3)通过目标市场选择实训,培养学生目标市场选择和目标市场策略制定的基本能力。

三、项目操作流程

工作目标	知识准备	关键点控制	流程图
1. 掌握如何对细分市场进行评价 2. 掌握为目标市场选择合适的策略	1. 掌握评估细分市场的方法 2. 掌握目标市场策略含义、特点及使用条件 3. 熟悉影响目标市场策略的因素	1. 评估药品细分市场 企业根据各个细分市场的市场潜力、竞争状况、本企业资源条件等多种因素进行药品细分市场评估 2. 目标市场模式的选择 企业依据市场不同特性,决定为哪个或哪几个细分市场服务 3. 选定目标市场 在对目标市场评估、比较的基础上,选定目标市场	评估药品细分市场 ↓ 目标市场模式的选择 ↓ 选定目标市场

四、理论指导

著名的市场营销学者麦卡锡提出了应当把消费者看作一个特定的群体,称为目标市场。通过市场细分,有利于明确目标市场,通过市场营销策略的应用,有利于满足目标市场的需要。所谓目标市场是指企业根据自身的经营条件所确定的营销活动所要满足的需求,即决定进入的市场。

在制定市场营销策略时，企业必须在复杂的市场中发现何处最适合销售它的产品，购买人是谁，购买者的地域分布、需求爱好以及购买行为的特征是什么。有了明确的目标市场也就明确了企业所服务的对象，企业才能有针对性地制定一系列措施和策略。它是制定营销战略的首要内容和基本出发点，企业的一切营销活动都是围绕目标市场展开的。

一般来说，目标市场的选择都是与市场细分相联系的。市场细分是目标市场选择的前提条件和基础，选择目标市场是市场细分的目的。

> **经典营销故事**　　　　　　农夫与商人
>
> 法国人从莫斯科撤走以后，农夫和商人在街上寻找财物。他们发现了一大堆未被烧焦的羊毛，两个人就各分了一半捆在自己的背上。
>
> 归途中，他们又发现了一些布匹，农夫将身上沉重的羊毛扔掉，选些自己扛得动的较好的布匹，贪婪的商人将农夫所丢下的羊毛和剩余的布匹统统捡起来，重负让他气喘吁吁、缓慢前行。
>
> 走了不远，他们又发现了一些银质的餐具，农夫将布匹扔掉，拣了些较好的银器背上，商人却因沉重的羊毛和布匹压得他无法弯腰而作罢。
>
> 突降大雨，饥寒交迫的商人身上的羊毛和布匹被雨水淋湿了，他踉跄地摔倒在泥泞当中；而农夫却一身轻松地迎着凉爽的雨回家了，他变卖了银餐具，生活富足起来。
>
> 启示：没有一个人可以获得所有财富，适当的放弃可以获得更大的市场。
>
> （资料来源：杨保军. 影响世界的100个营销寓言. 广东经济出版社）

五、项目组织与实训环境

（一）项目组织

（1）全班进行分组，每组7～8人，确定一名组长。

（2）小组成员根据前一项目市场细分的结果，选择目标市场及策略。

（二）实训环境

1. 校外实训环境

前面的章节我们对感冒药市场进行了分析与预测，并对其进行了细分。假设你是某感冒药企业的营销人员，根据你所收集的该企业的背景资料，在SWOT分析基础上选择目标市场并为其选择合适的目标市场策略。

2. 校内实训环境

（1）营销实训室。

（2）教室。

六、项目执行

任务一：评估药品细分市场

对于一个企业而言，由于其资源条件的限制，并不一定有能力进入细分市场中的每一个子市场，也不是所有的子市场都有吸引力，这就要求我们首先对细分后的子市场进行评估，根据细分市场的市场潜力、竞争状况、企业资源条件等多种因素决定把哪一个或哪几个细分市场作为目标市场。一般而言，企业考虑进入的目标市场，应符合以下标准或条件。

1. 有一定的规模和发展潜力

企业进入某一市场是期望能够有利可图，如果市场规模狭小或者趋于萎缩状态，企业进入后难以获得发展，此时，应审慎考虑，不宜轻易进入。当然，企业也不宜以市场吸引力作为唯一取舍，特别是应力求避免"多数谬误"，即与竞争企业遵循同一思维逻辑，将规模最大、吸引力最大的市场作为目标市场。

> **相关链接**
>
> 大家共同争夺同一个顾客群的结果是，造成过度竞争和社会资源的无端浪费，同时使消费者的一些本应得到满足的需求遭受冷落和忽视。现在国内很多企业动辄将城市尤其是大中城市作为其首选市场，而对小城镇和农村市场不屑一顾，很可能就步入了"多数谬误"的误区，如果转换一下思维角度，一些目前经营尚不理想的企业说不定会出现"柳暗花明"的局面。

2. 细分市场的吸引力

细分市场可能具备理想的规模和发展特征，然而从赢利的观点来看，它未必有吸引力。波特认为有5种力量决定整个市场或其中任何一个细分市场的长期的内在吸引力。这5个群体是：同行业竞争者、潜在的新参加的竞争者、替代产品、购买者和供应商。他们具有如下5种威胁性。

（1）细分市场内激烈竞争的威胁　如果某个细分市场已经有了众多的、强大的或者竞争意识强烈的竞争者，那么该细分市场就会失去吸引力。如果出现该细分市场处于稳定或者衰退，生产能力不断大幅度扩大，固定成本过高，撤出市场的壁垒过高，竞争者投资很大，那么情况就会更糟。这些情况常常会导致价格战、广告争夺战，公司要参与竞争就必须付出高昂的代价。

（2）新竞争者的威胁　如果某个细分市场可能吸引会增加新的生产能力和大量资源并争夺市场份额的新的竞争者，那么该细分市场就会没有吸引力。

> **营销备忘**　　　　　　　　　　　　**行业壁垒**
>
> 新竞争者威胁的关键问题是新的竞争者能否轻易地进入这个细分市场。
>
> 如果新的竞争者进入这个细分市场时遇到森严的壁垒，并且遭受到细分市场内原来公司的强烈报复，他们便很难进入。保护细分市场的壁垒越低，原来占领细分市场的公司的报复心理越弱，这个细分市场就越缺乏吸引力。某个细分市场的吸引力随其进退难易的程度而有所区别。根据行业利润的观点，最有吸引力的细分市场应该是进入的壁垒高、退出的壁垒低。在这样的细分市场里，新的公司很难打入，但经营不善的公司可以安然撤退。
>
> 如果细分市场进入和退出的壁垒都高，那里的利润潜量就大，但也往往伴随较大的风险，因为经营不善的公司难以撤退，必须坚持到底。
>
> 如果细分市场进入和退出的壁垒都较低，公司便可以进退自如，然而获得的报酬虽然稳定，但不高。最坏的情况是进入细分市场的壁垒较低，而退出的壁垒却很高。于是在经济良好时，大家蜂拥而入，但在经济萧条时，却很难退出。其结果是大家都生产能力过剩，收入下降。

（3）替代产品的威胁　如果某个细分市场存在着替代产品或者有潜在的替代产品，那么该细分市场就失去吸引力。替代产品会限制细分市场内价格和利润的增长。公司应密切注意替代产品的价格趋向。如果在这些替代产品行业中技术有所发展，或者竞争日趋激烈，这个细分市场的价格和利润就可能会下降。

营销案例

荣昌肛泰——又一个全营销的典范

全营销是指从产品设计之初就开始营销策划的营销方式，否则称之为半营销。荣昌肛泰以消费者需求出发，将营销策划贯穿于营销的全过程，是全营销的典范。

荣昌肛泰上市前，市面上已有痔疮宁栓、马应龙痔疮膏、化痔丸、槐角丸等肛门直接给药的产品，但荣昌制药在进行消费者调研后发现：栓剂用药后易产生便意感而被排泄掉，膏、栓用药后，药物也常随大便被排泄掉，致使药物不持久，患者不能得到持续治疗，也导致药物的浪费。同时，栓剂、膏剂用药不方便，只能晚上在家用药，白天痛得不行，也只能忍着，有的患者都不能坐着办公，只能站着。患者特别希望有一种药，痛了就可以用，随发随治疗。

为了满足患者治疗的需求，荣昌制药研发了肛泰，于1994年上市。它根据中医脐疗原理，采用透皮吸引技术，贴肚脐治疗痔疮，避免了栓剂、膏剂肛门直接给药的弊端——容易被排泄而产生药物浪费。一天贴一片，24小时持续有效地治疗。它用药方便——随时随地可用药，在痔疮发作时，将药片往肚脐上一贴即可。不需忍痛回家用药。

这一方便好用的新剂型成了荣昌肛泰的最大卖点，也是当年市场上的一大亮点。简简单单的六个字："贴肚脐，治痔疮"，再加上幽默的电视广告、国内首创系列漫画广告配该谐风趣的打油诗以及贴满了大江南北的卫生间不干胶公益广告，给当年痔疮市场带来了革命性、颠覆性的变化，迅速赢得消费者的好感，取得上市一年就销售上亿的好业绩。

（资料来源：中国医药营销联盟）

（4）购买者讨价还价能力加强的威胁　如果某个细分市场中购买者的讨价还价能力很强或正在加强，该细分市场就没有吸引力。购买者便会设法压低价格，对产品质量和服务提出更高的要求，并且使竞争者互相斗争，所有这些都会使销售商的利润受到损失。如果购买者比较集中或者有组织，或者该产品在购买者的成本中占较大比重，或者产品无法实行差别化，或者顾客的转换成本较低，或者由于购买者的利益较低而对价格敏感，或者顾客能够向后实行联合，购买者的讨价还价能力就会加强。销售商为了保护自己，可选择议价能力最弱或者转换销售商能力最弱的购买者。较好的防卫方法是提供顾客无法拒绝的优质产品供应市场。

（5）供应商讨价还价能力加强的威胁　如果公司的供应商——原材料和设备供应商、公用事业、银行、公会等，能够提价或者降低产品和服务的质量，或减少供应数量，那么该公司所在的细分市场就会没有吸引力。如果供应商集中或有组织，或者替代产品少，或者供应的产品是重要的投入要素，或转换成本高，或者供应商可以向前实行联合，那么供应商的讨价还价能力就会较强大。因此，与供应商建立良好的关系和开拓多种供应渠道才是防御上策。

3. 符合企业目标和能力

某些细分市场虽然有较大的吸引力，但不能推动企业实现发展目标，甚至分散企业的精力，使之无法完成其主要目标，这样的市场应考虑放弃。此外，还应考虑企业的资源条件是

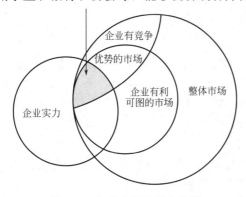

图2-12　细分市场吸引力分析

否适合在某一细分市场经营。只有选择那些企业有条件进入、能充分发挥其资源优势的市场作为目标市场,企业才会立于不败之地(图 2-12)。

案例分析

巨人集团在"脑黄金"饮誉大江南北,占领保健品市场半壁江山后,看到房地产市场一片繁荣,转而进军房地产市场,在广东繁华地段斥巨资买下一片土地,要建造一座亚洲最高的摩天大楼,但只建到 16 层,因集团缺乏房地产管理经验,资金难以为继,拖欠银行巨资而破产。

任务二:目标市场模式的选择

公司在对不同细分市场评估后,就必须对进入哪些市场和为多少个细分市场服务作出决策。公司可考虑可能的目标市场模式,一共可采用五种模式(图 2-13)。

目标市场选择

1. 密集单一型市场

密集单一型市场指用单一的产品占领一个细分市场,企业的产品和服务对象都集中于一个细分市场。这种模式可以使企业更了解该细分市场的需要,进行专业化的市场营销,同时竞争者通常较少。但这种模式的风险较大,一旦这一细分市场不景气或有强大的竞争者出现,都会使公司陷入困境。由于这些原因,许多公司宁愿在若干个细分市场分散营销。

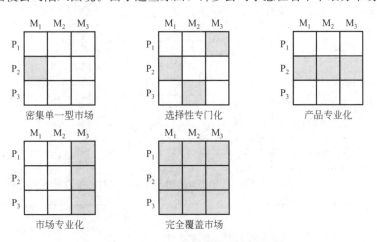

图 2-13 五种目标市场选择模式

相关链接

大众汽车公司集中经营小汽车市场;理查德·D. 伊尔文公司集中经营经济商业教科书市场。公司通过密集营销,更加了解本细分市场的需要,并树立了声誉,因此可在该细分市场建立稳固的市场地位。同时,公司通过生产、销售和促销的专业化分工,也获得了许多经济效益。如果细分市场补缺得当,公司的投资便可获得高报酬。

2. 产品专业化

产品专业化是指企业集中生产一种产品,并向各类顾客销售这种产品。采用这种模式的企业通常使用相似的产品，不同的品牌。这种模式有利于企业在某类产品方面树立良好的形象。但同样也存在潜在的风险，当同类产品中出现全新的替代产品时，企业会面临巨大的冲击。

3. 市场专业化

企业生产不同的产品满足特定顾客群体的需要，即面对同一市场生产不同的产品。采用这种模式，企业专门为特定的顾客群体服务，可与这一群体建立长期稳定的关系，并树立良好的形象。

4. 选择性专门化

企业在市场细分的基础上，选择进入若干细分市场，针对每个不同的细分市场提供不同的产品与服务。通常企业所选择的这些细分市场之间很少存在联系。用这种模式可以分摊企业的风险，一个细分市场的失败也不会影响企业的整体利益。但要求企业有较强的资源及营销能力。在采用这种模式时应避免贪多的毛病，不是选择目标市场越多越好，因为这样会分散公司的资源。它们的共同特点应是有吸引力并符合公司的要求。

5. 完全覆盖市场

完全覆盖市场是指企业用各种产品满足各种顾客群体的需求，也就是说企业所面对的是一个整体市场。既可以采用差异化营销，也可以采用无差异营销来达到这一目标。只有大公司才能采用这种模式。例如像国际商用机器公司（计算机市场）、通用汽车公司（汽车市场）和可口可乐公司（饮料市场）。

任务三：选定目标市场

企业选择进入目标市场的模式不同，目标市场的确定范围不同，所采用的营销策略也就不同。企业可供选择的目标市场策略有3种：无差异策略、差异化策略和集中性策略（图2-14）。

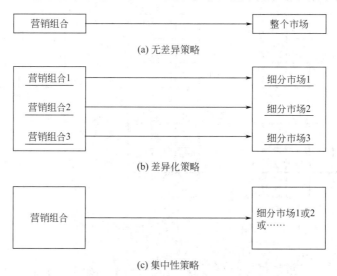

图 2-14　企业进入目标市场的三种策略

1. 无差异策略

（1）无差异策略的含义　无差异策略是指企业把一个产品的整体市场看作是目标市场，只向市场推出单一产品，采用一种市场营销组合（图2-14）。

采用无差异策略的企业是把一个市场看作一个整体，它是将整个市场作为自己的目标市场。之所以在这个市场中只投放一个产品，只采用一种市场营销组合方式，是因为企业认为整个市场需求是相同的，或者即使需求有差异但也可以忽略不计。

（2）无差异策略的优缺点　无差异策略的主要优点是其成本的经济性。以单一品种满足整体市场，生产批量较大，可以实现规模生产，降低单位产品的生产成本；单一品种可以减少储存量，节约存货成本；单一的促销方案可以节省促销费用；单一的渠道可以节省渠道成本；不进行市场细分还可以减少市场调研、新产品研制、制定市场营销组合策略的人、财、物等方面的投入。其次，无差异策略可以使消费者建立起超级品牌的印象。

无差异策略的缺点也很明显。首先，随着经济的发展和消费者收入的提高，消费者需求的差异性日益明显，个性化需求时代已经到来，而无差异策略恰恰忽略了这种差异性；其次，如果同一市场中众多的企业采用这一策略，就会加剧整体市场的竞争，造成两败俱伤；再者，采用这一策略的企业反应能力和适应能力较差，当其他企业提供有特色、有针对性的产品时，企业容易在竞争中失利。

（3）无差异策略适用范围　无差异策略主要适用于具有广泛需求和大批量需求，公司也能够大量生产、大量销售的产品。药品中的原料药即具有这样的特点，可以采用这一策略。只有这样，无差异策略的优点即成本的经济性才能体现出来。

实例解析

> 早期的可口可乐公司是世界上奉行这一策略最成功的代表。20世纪60年代之前，可口可乐公司只生产一种6.5盎司包装的可乐，在全世界采用统一的广告宣传和促销手段，并成功地占领了世界绝大部分软饮料市场。

但正是基于无差异策略的缺点很明显，所以很少有企业采用这一策略，即使偶尔用用也限于在短时间内，而且只有具有实力的大公司才能采用。当市场条件发生变化，如有新的竞争者出现时，很多公司又不得不放弃这一策略。可口可乐公司在遭遇百事可乐的强大竞争攻势时，就放弃了这一策略，开始实行差异化的营销策略。

2. 差异化策略

（1）差异化策略的含义　差异化策略是指企业在市场细分的基础上，选择若干细分市场作为自己的目标市场，并针对每个细分市场生产不同的产品，采取不同的市场营销策略。采用这种策略的企业一般都具有多品种、小批量、多规格、多渠道、多种价格和多种广告形式的营销组合等特点，以满足不同细分市场的需求。

（2）差异化策略优缺点　差异化策略的优点表现在以下几个方面。第一，有针对性的产品和市场营销组合可以更好地满足消费者的需求，同时有利于企业扩大销售总量，提高市场占有率。第二，可以降低企业的经营风险。由于细分市场之间的关联性不大，一个产品市场的失败不会威胁到整个企业的利益。第三，有特色的产品及其营销策略可以提高企业的竞争力。第四，一个企业在多个细分市场取得良好的效益后，可以提升公司的知名度，有利于企业对新产品的推广。

差异化策略的不足之处主要体现在两个方面：一是增加营销成本，由于产品品种多，管理和存货成本将增加；由于公司必须针对不同的细分市场发展独立的营销计划，会增加企业在市场调研、促销和渠道管理等方面的营销成本。二是可能使企业的资源配置不能有效集中，顾此失彼，甚至在企业内部出现彼此争夺资源的现象，使拳头产品难以形成优势。

（3）差异化策略适用范围　随着生产力的发展，生产规模的扩大，企业之间的竞争日益激烈；同时人们收入水平的不断提高，消费者的需求日益多样化，差异化策略被越来越多的企业所接受和采用。宝洁公司是奉行这一策略的成功代表。然而并不是所有的公司都适宜采用。采用这一策略的企业通常要求有较雄厚的人力、物力、财力资源，有较高的技术水平、设计能力及高水平的经营管理人员。

> **营销案例**　江中食疗推出"液体版江中健胃消食片"，轻松养生再无负担
>
> 　　很多人对于江中食疗并不陌生，"江中"品牌家喻户晓，郭冬临代言的江中健胃消食片的广告也深入人心，那句"家中常备健胃消食片"的广告语更是给很多人留下了深刻印象，而"江中"也凭借50年来的口碑和疗效逐渐成为消费者心目中的"胃专家"。
> 　　2019年，江中食疗推出的健消轻饮正是"液体版江中健胃消食片"，是江中食疗经过多年临床观察试验和详尽调研中国人饮食生活结构后研发出的经典配方，可以有效减轻肠胃压力，缓解积食、胃动力不足等症状，能够帮助人们健胃消食，让胃可以更好消化，让人吃得没负担。另外，"液体版江中健胃消食片"健消轻饮对于餐前食欲不振、脘腹胀气等症状也有很好的疗效。餐前喝健消轻饮可以开胃、理气增进食欲；而餐后积食、腹胀、胃酸喝健消轻饮则可以消食、加速消化、提升胃动力。除此之外，日常饮用健消轻饮还可以解辛辣、解油腻、去火、加快新陈代谢，让人能够安心饮食，吃得更舒心。
> 　　一般来说，大多数饮料中都会或多或少含有糖分，而糖分对于人体有一定的危害，糖分导致的衰老、氧化、加重身体负担等现象让越来越多的人开始控制糖的摄入量。健消轻饮使用纯天然甜味剂——赤藓糖醇，0糖、0卡路里、0脂肪让养生更无负担，这也让健消轻饮成为更多注重身体保养、瘦身、健身人群的选择。时下，越来越多消费者在选择食品饮料的同时会更注重产品的功效，而健消轻饮在保持产品轻甜酸口味的同时还有效帮助消费者缓解饮食压力，给消费者更好的饮食疗效，这是健消轻饮能够在消费者群体中拥有高口碑的重要原因。相信未来江中食疗还会推出更多让消费者满意的养生产品。
> 　　启示：这是差异化入市的案例，用饮料的方式推广健胃消食的产品，达到养生的目的。
>
> （资料来源：实况网）

3. 集中性策略

（1）集中性策略的含义　集中性策略是指企业选择一个或少数几个细分市场作为目标市场，为该市场提供高度专业化的产品和营销。

集中性策略与无差异策略的不同点在于：无差异策略是以整体市场为目标市场，而集中性策略不是面对整体市场，也不是把力量分散到广大市场上，而是集中企业的营销优势，把有限的资源集中在一个或少数几个细分市场上，实行专业化的生产和销售，以充分满足这些细分市场的需求。采用集中性策略的企业，其目的不是要追求在大市场上小的市场占有率，而是为了在一个小市场上取得较高的、甚至是支配地位的市场占有率。

（2）集中性策略的优缺点　集中性策略的优点首先是可以集中企业的优势，充分利用有限的资源，占领那些被其他企业所忽略的市场，以避开激烈的市场竞争。其次，专业化的生产和销售可以使这一特定市场的需求得到最大限度的满足，并在特定的领域建立企业和产品的高知名度。再次，高度专业化满足了特定的需求，使这一市场的客户愿意付出溢价，保证了企业的利润水平。

集中性策略的局限性体现在两个方面：一是市场区域相对较小，企业发展受到限制。二是潜伏着较大的经营风险，一旦目标市场突然发生变化，如消费者趣味发生转移，或强大竞争对手的进入，或新的更有吸引力的替代品的出现，都可能使企业因没有回旋余地而陷入困境。

（3）集中性策略的适用范围　大小企业都可以采用集中性策略，尤其适用于资源有限的小企业。采用这一策略，小企业可以避开与大企业的正面竞争，选择那些大企业未注意或不

愿进入的市场，往往更易获得成功。然而在选用这一策略时应注意的是：进入市场前应进行充分的市场调查，以保证企业经营方向的正确；同时，所进入的市场应有足够的规模利润和增长潜力，能最大限度地降低经营风险。

> **营销备忘** 　　　　　　　　　影响目标市场策略选择的因素
>
> 1. 企业实力
>
> 　　企业实力是指企业的设备、技术、资金管理和营销能力的综合反映。一般来说，实力雄厚、生产能力和技术能力较强、资源丰富的企业可以根据自身的情况和经营目标考虑选择无差异策略或集中性策略。反之，实力不强的小企业，无力兼顾更多的市场，最好选择集中性策略。
>
> 2. 产品自身的特点
>
> 　　产品自身的特点主要是指产品的同质化特点。产品本身的同质化现象，其性能特点、型号等是否存在差异性。有些产品之间不存在差别，即使存在差别，但客户一般不重视或不加以区分，那么它们的竞争就主要集中在价格和服务上。这些产品一般都是未经过加工的初级产品，如钢铁、大米、食盐等，原料药和中药材也属这一类。对于这类产品，采用差异化策略或集中性策略是不必要的，通常宜选择无差异策略。然而大部分产品在性能和品质等方面的差异较大，一般加工类产品都属于这一类。如制剂类产品可以有不同的剂型。对于这类产品，一方面客户的选择余地较大，另一方面生产者竞争面较广，竞争的形式也较为复杂。为了应对竞争，企业宜采用差异化策略或集中性策略。
>
> 3. 市场差异性
>
> 　　市场差异性是指不同细分市场中客户的需求及对企业的营销刺激的反应是否具有明显的差异。如市场的差异性较大，无差异策略是无法满足所有客户的需求的，企业宜选择差异化策略或集中性策略。反之，市场的差异性较小，差异化策略或集中性策略都会浪费资源，影响效率，因此宜选择无差异性策略。
>
> 4. 产品生命周期
>
> 　　这里所说的产品生命周期指的是产品的市场生命周期。处在不同的市场生命周期阶段，产品的竞争、销售等特点都是不同的。在导入期及成长期前期，同类产品的竞争者较少，企业也通常没有进行多品种开发和生产的能力，宜选择无差异策略。一旦进入成长期后期和成熟期，竞争日益激烈，为使本企业的产品区别于竞争者，确立自己的竞争优势，应采用差异化策略或集中性策略。当产品步入衰退期时，市场需求量逐渐减少，企业不宜再进行大规模生产，更不能将资源再分散于多个市场份额小的细分市场，宜采用集中性策略。
>
> 5. 市场供求趋势
>
> 　　当产品在一定时期内供不应求时，消费者没有选择的余地，需求即使有差别也可以忽略不计，可以采用无差异策略以降低成本。当供过于求时，企业宜采用差异化策略或集中性策略。但任何产品供不应求的卖方市场状态通常都是暂时的和相对的，最终都会向买方市场转化。
>
> 6. 竞争对手的策略
>
> 　　任何企业在市场中都要面对竞争者，竞争对手的策略会直接影响到企业策略的选择。当竞争对手采用无差异策略时，企业宜选择差异化策略或集中性策略，以区别于竞争对手的细分。

七、项目课时安排

（1）实训时间：2 课时。
（2）讲授时间：2 课时。

八、项目考核与评分标准

"目标市场选择"的评估分值比重占"药品市场开发技术"评估总分的 15%。具体评估标准见附录二《药品市场营销技术》课程评估手册中项目 2.4 "目标市场选择"评估标准。

专业能力评估项目

序号	评估标准/评估项目	实训任务是否基本完成：考评总分 30 分	实训操作是否有突出表现：考评总分 40 分
6	评估药品细分市场	基本完成，得 10 分。没有基本完成酌情扣分	1. 市场吸引力分析正确 2. 企业优势分析正确
7	目标市场模式的选择	基本完成，得 10 分。没有基本完成酌情扣分	目标市场的模式选择适合企业条件
8	选定目标市场	基本完成，得 10 分。没有基本完成酌情扣分	1. 影响目标市场策略的因素考虑全面 2. 目标市场策略选择正确
	第 6～8 项自评成绩 ∑70		

九、典型范例

在这个产品过剩的时代，消费者的可选择性众多，但消费者的心智空间是有限的，个性化消费崛起。如何在竞争愈加白热化的当下，参透母婴家庭的分化，满足消费者的个性化需求，是乳企需要重视的。未来奶粉品牌的增长逻辑主要体现在两方面：一方面是品类细分，消费者对于低价不再敏感，品牌口碑、产品质量、功能性等成为重要的参考因素；另一方面是渠道细分，日益丰富的细分维度要求奶粉企业构建起品牌护城河。

消费者需求多元化，产品细分化趋势愈加明显

随着 90、95 后母婴消费人群的消费习惯、育儿观念变化，高品质、绿色健康的奶粉在市场上更受欢迎，他们更注重孩子科学健康的全方位成长。而另一方面新生儿数量逐年减少，奶粉行业竞争加剧，寻求增量市场是大势所趋。目前奶粉行业细分化趋势明显，其中有机奶粉、羊奶粉、特殊婴幼儿配方奶粉、高端科学配方奶粉等细分品类潜力巨大，发展迅猛。

① 有机奶粉

尼尔森数据显示，2018 年有机奶粉的市场份额增长了 46.8%，而 2018 年有机奶粉的增速达到近 50%，预计有机奶粉的市场规模将在两到三年内达到 100 亿元。各大乳企不断在有机奶粉上寻找竞争优势，而效果也是显著的。如澳优 2019 上半年财报中显示，澳优有机配方奶粉销售额同比增长了 52.3%；健合高端有机奶粉品牌 Healthy Times 也实现了上半年 42.7% 的涨幅。

② 羊奶粉

羊奶粉的市场占比也是不容小觑的，目前中国羊奶粉消费正以 30% 的增速发展，预计明年羊奶粉市场规模会突破 100 亿，发展空间巨大。雅士利、飞鹤、圣元、澳优等乳企纷纷发力羊奶粉品类这一细分领域，撕开一个市场增量的口子。如澳优上半年财报中显示，佳贝艾特羊奶粉销售收入约人民币 13.19 亿元，同比增长 45.3%；陕西红星美羚乳业去年营收 3.14 亿，其中配方羊奶粉占业绩的主要部分。未来羊奶粉的市场增量仍会稳步上升，后发优势明显。

③ 特殊婴儿配方奶粉

近年来，研究婴儿特配粉成了一些实力雄厚、有医药背景的品牌进入特殊人群细分领域的切入口。比如外资品牌雅培、美赞臣、惠氏推出的婴儿特配仍占据大部分市场份额，本土奶粉品牌圣元的优博敏佳、优博安能，贝因美无乳糖配方相继面世，但特配粉行业门槛较高，其功能性决定了对应小众患病群体，未来发展规模或保持稳定。

④ 高端科学配方奶粉

随着人们消费观念的改变和收入水平的提升，高端科学配方奶粉也是迎合市场需求、消费心理的产物，例如新西兰品牌a2，以差异性奶源与A2蛋白质属性打破了同质化的奶粉品类。据2018年数据显示，A2中文标签婴配奶粉销量增长82.6%；飞鹤、伊利、君乐宝在奶粉配方研发上亦有建树，让人们看到了国产奶粉企业的重塑和成长。

奶粉企业发展之路上，更加重视细分化的品类研发，这也反映了消费者对低价产品需求弱化，对高品质产品、更具功能性的产品需求激增的现象，企业要在同质化竞争中突围出来，紧抓消费者需求，加强生产研发，多方面提升产品力是关键。

渠道多样性，不同渠道需要不同的打法

母婴产业仍然是渠道驱动型产业，品牌商与渠道是合作共赢的关系，目前来讲整个行业正朝着全渠道发展。从销售渠道来看，现在中国母婴消费渠道是多元化发展的，消费者购买行为呈现差异化，精准细分是主流。

就奶粉而言，线下母婴渠道以专业度高、消费者黏性强等优势仍占据主要份额，而线上电商渠道以时效性强等优势也增长迅猛。线上渠道主要有天猫、京东等综合电商平台，亦有蜜芽、贝贝等垂直电商平台，亲宝宝、妈妈帮这类的社区服务型产业也深受用户喜爱和欢迎。

受大环境的影响，母婴产业各个渠道的消费情况、消费者画像是有差异性的，从母婴用户的分布来看，三四线城市的母婴消费人群占46.6%的比例，而一线城市的母婴消费比重较低，反映出大城市中生育意愿不强的事实。

对于乳企而言，在消费结构升级及科学育儿观念的推动下，产品细分、渠道细分、区域细分才能在激烈竞争中取得优势。有业内人士曾表示，"细分市场能够满足不同消费者的个性需求和痛点需求，同时还要考虑各个渠道的利益，建立分层管理体系，形成市场销售立体攻势，跟更多的客户进行更加个性化的服务和合作"。

中国地大物博，产品的长足发展要建立在因地制宜的基础上，对于母婴产业来讲也是如此。奶粉品牌用单一的打法下沉市场可能会碰壁，由于各个省份的终端渠道情况不同，有的省份连锁终端很强，更适合产品直供，而有的省份直供难度大，需要通过代理分销进行区域覆盖。下沉市场的力度和边界也要根据不同地区的具体情况来定，如人口大省河南，本省的人口流动趋势是在升级的，年轻人都在县城或市区结婚买房，乡镇的新生儿数量很少，因此奶粉品牌就要把握在这个省份的渠道下沉边界。沿海地区由于特殊的地理环境，海淘的方式更加方便快捷，进口奶粉的受欢迎程度高，而像江浙沪地区，电商崛起较早，消费者的购买习惯也受其影响。因此上游奶粉企业就要针对区域的差异化，在销售策略渠道开发方面更加细分化。

未来产业将面临新一轮淘汰升级，母婴消费市场朝着精细化方向发展，一二线城市与三四线城市消费者观念的差距在缩小，奶粉品牌的营销策略和发展规划要更加多元化。

（来源：搜狐网）

项目2.5 药品市场定位

少说一点产品的诞生过程，

多说一些它能为客户做什么。

一、项目任务

（1）要求学生掌握市场定位的步骤；掌握企业差异化的方向；熟悉有效定位的条件；了解定位的含义；掌握产品定位战略的内容；掌握价格定位战略的内容。

（2）要求学生在教师的指导下，能够根据特定的背景资料对企业进行定位，选择合适的定位策略。

二、技能要求

（1）通过学习药品市场定位，使学生掌握市场定位方法，认识到市场定位在药品市场开发中的重要作用，同时培养学生综合分析问题的能力。

（2）通过分组完成药品市场定位，培养学生与小组内部成员的分工协作、与其他人员沟通协调的能力。

（3）通过药品市场定位实训，使学生具有药品市场定位的基本技能。

三、项目操作流程

工作目标	知识准备	关键点控制	流程图
1. 掌握市场定位的步骤 2. 掌握定位战略 3. 掌握产品定位战略 4. 掌握价格定位战略	1. 掌握药品市场定位的步骤 2. 掌握产品定位内容 3. 掌握价格定位内容	1. 明确优势并选择适当的竞争优势 明确企业的优势，确定企业的核心竞争优势 2. 目标市场初步定位 选择相对的竞争优势和定位战略 3. 内部分析与定位 对产品的性能、产品的包装、产品组合、企业的品牌属性进行分析与定位 4. 产品定位 对产品定位的详细描述 5. 价格定位 企业依据竞争对手的产品信息、市场状况，针对企业自身的资源状况和产品的优劣势确定企业价格定位	明确优势并选择适当的竞争优势 ↓ 目标市场初步定位 ↓ 内部分析与定位 ↓ 产品定位 ↓ 价格定位

四、理论指导

企业一旦选定了自己的目标市场，并确定了目标市场策略，也就明确了自己所服务的对象及所要面对的竞争对手。如何在众多的竞争对手中突出自己的个性和特色，使自己在竞争中处在有利的位置，是每一个企业都要面临的问题。市场定位就是解决这一问题的。

> **案例导入**　　　　　　　江中健胃消食片定位
>
> 在发现助消化药市场存在巨大的空白后，研究人员立即与江中药业的销售人员、主力经销商进行详细访谈，主要从产品、渠道等方面论证江中健胃消食片能否占据这个市场空白；同时，为了避开与吗丁啉（助消化药、胃药）的直接竞争，向无人防御、且市场容量巨大的消化酶、地方品牌夺取市场。另外，根据企业提供的资料，江中健胃消食片的现有消费群主要集中在儿童与中老年，他们购买主要是用来解决日常生活中多发的"胃胀""食欲不振"症状。显然，定位在"日常助消化用药"完全吻合这些现有顾客的认识和需求，并能巩固江中健胃消食片原有的市场份额。
>
> （资料来源：百度文库）
>
> 启示：江中找到竞争对手的弱点，成功地进行独一无二的定位，突破销售瓶颈，2010年江中健胃消食片的销售额突破15亿元，持续6年均为国内OTC药品单品销量冠军！

（一）药品市场定位的概述

1. 药品市场定位的含义

药品市场定位是指企业根据竞争者现有药品在市场上所处的位置，针对购买者与医生对药品的特征或属性的重视程度，塑造本企业药品与众不同的个性，并把这种个性传达给购买者和医生，以确定本企业药品在市场上的位置。

> **知识拓展**

市场定位是在20世纪70年代由美国营销学家艾·里斯和杰克特劳特提出的,其含义是指企业根据竞争者现有产品在市场上所处的位置,针对顾客对该类产品某些特征或属性的重视程度,为本企业产品塑造与众不同的、给人印象鲜明的形象,并将这种形象生动地传递给顾客,从而使该产品在市场上确定适当的位置。

市场定位并不是你对一件产品本身做些什么,而是你在潜在消费者的心目中做些什么。市场定位的实质是使本企业与其他企业严格区分开来,使顾客明显感觉和认识到这种差别,从而在顾客心目中占有特殊的位置。

> **市场定位类型**
> - 现有产品的再定位。
> - 潜在产品的预定位。

2. 市场定位的核心——差异化

(1) **使用者差异化** 通过使用者定位,要使客户群体有这样的印象:这种药品是专门为他们定制的,因而最能满足他们的需求。如脑白金就突出宣传为中老年专用。

(2) **附加利益差异化** 任何消费者购买产品都不是购买产品本身,而是购买产品能为其带来的利益。购买药品所追求的核心利益是健康,但同时也有附加利益,如服用方便等。丁桂儿脐贴采用的就是利益定位,它除了宣传其功能外,突出强调可以不打针、不吃药、方便儿童使用,为患者带来方便的利益。

(3) **质量和价格差异化** 质量和价格一般是消费者最关注的两个因素,因此宣传高质低价是很多企业采用的方式。

(4) **药品的类别差异化** 是指根据药品的性能功效划归的类别,以突出自己鲜明的特征。如为突出治疗作用,一些药品突出宣传自己是"药品",而不是"保健品"。

(5) **药品的用途差异化** 是指根据药品的适应证来突出自身的特色。以往我国的许多制药企业在宣传自己的产品时,总是以"包治百病"的面目出现,过度宣传会让患者有"包治百病并不能真正治病"的感觉。

> **案例分析** 汤臣倍健"取自全球、健康全家"

作为膳食营养补充剂的中国领先品牌"汤臣倍健",在面临国外知名品牌进入的潜在威胁、国内品牌价格战的激烈竞争、产品的严重同质化等问题困扰,迫切需要对现状进行具体分析,进行差异化,以获得合理的市场定位,培育知名品牌,创建健康良好的品牌形象。汤臣倍健始终秉承理念,从高质量、高价格、高性能、高品质进行高档定位,从世界各地精选优质原料,打造高品质的膳食营养补充剂,定位为"取自全球、健康全家"。作为膳食营养补充剂非直销领域第一品牌,截至2014年,汤臣倍健从国外采购原料的比例已达80%以上。据公司称,公司的原料众多,且大比例为进口采购,原料产地遍及全球23个国家,汤臣倍健与全球顶尖的原料供应商建立了良好的合作关系,如新西兰恒天然、德国科宁和巴斯夫、帝斯曼等。至今,其数十种主要原料和辅料来自新西兰、挪威、德国、美国、法国、日本、泰国等国家和地区,比如,天然维生素E源自德国,乳清蛋白粉源自新西兰，胶原蛋白、角鲨烯源自日本，针叶樱桃和蜂胶源自巴西。除了主要原料外，大量的辅料亦精选自世界各地，如荷兰的植脂末、日本的水溶性膳食纤维、英国的结晶果糖、法国的结晶山梨醇、马来西亚的可可粉以及源自美国和德国的各种维生素。

(资料来源：百度文库)

启示：汤臣倍健打造高品质的膳食营养补充剂，定位为"取自全球、健康全家"，区别于其他保健品，探寻全球天然营养精华，制造高品质营养健康产品，为人类带来健康。

(6) 企业形象差异化　患者和医生所关注的属性往往不是单一的，因此很多企业将以上的多种因素结合起来，使患者觉得本企业的药品具有多重特性和多种功能。如高钙片的定位宣传：含钙量高（质量）；一天一片，方便（附加利益）；效果不错（核心利益）；还实惠（价格）。

企业可以依据表2-7进行市场定位差异性分析。

表2-7　市场定位差异性分析表

产品名称：　　　　　　　　　　　　　　　　　产品种类：

对比项目	本公司产品	竞争对手产品	差异描述
质量			
价格			
知名度			
售后服务			
使用方便性			
公司信誉			
销售方式			
外观设计			
广告投放数量及方式			
主要目标市场消费者			
结论			签名： 日期：

3. 市场定位的原则

药品市场定位的宗旨是要寻求使患者和医生认同的特色，要想准确、合适地定位，就要找到我们可以定位的方向，即树立自身特色的角度。

市场定位的原则：①使用者定位；②利益定位；③质量和价格定位；④药品的类别定位；⑤药品的用途定位；⑥竞争定位。

案例分析

"七喜"汽水的定位是"非可乐"，强调它是不含咖啡因的饮料，与可乐类饮料不同。"泰宁诺"止痛药的定位是"非阿司匹林的止痛药"，显示药物成分与以往的止痛药有本质的差异。一件仿皮皮衣与一件真正的水貂皮衣的市场定位自然不会一样。

事实上，许多企业进行市场定位依据的原则往往不止一个，而是多个原则同时使用。因为要体现企业及其产品的形象，市场定位必须是多维度的、多侧面的。

> **市场定位的有效性**
> - 重要性：企业所突出的特色应是客户所关注的。
> - 独特性：这种定位应是区别于竞争对手的，与众不同的。
> - 难以替代性：这种定位应是竞争对手难以模仿的。
> - 可传达性：这种定位应易于传递给客户并被客户正确理解。
> - 可接近性：客户有购买这种产品的能力。
> - 可盈利性：企业通过这种定位能获取预期的利润。

（二）产品定位概述

在当前市场中，有很多人对产品定位与市场定位不加区别，认为两者是同一个概念，其实两者还是有一定区别的，具体说来，目标市场定位（简称市场定位），是指企业对目标消费者或目标消费者市场的选择；而产品定位，是指企业对用什么样的产品来满足目标消费者或目标消费市场的需求。从理论上讲，应该先进行市场定位，然后才进行产品定位。

产品定位是对目标市场的选择与企业产品结合的过程，也即是将市场定位企业化、产品化的工作。在了解产品定位策略前，应先理解产品策略内容，具体内容概述如下。

> **经典营销故事　　　　　云南白药创可贴"含药"**
>
> 　　邦迪自进入中国市场很快占领创可贴市场，横扫国内止血产品生产厂家，成为中国市场的长期霸主，甚至挤掉了当初中国的小创伤护理市场的占据者——云南白药散剂，使其一度在各大城市的药店都鲜见踪迹。云南白药创可贴打破常规，构建自己的竞争优势，针对邦迪创可贴是一块应急小胶布，并不是严格意义上药的状况，进行产品差异定位，"胶布加点白药"，将"含药"作为突破点，其核心差异立刻显现出来。
>
> （资料来源：百度文库）

1. 整体产品概念

整体产品是指能够满足人们需要的任何东西，既包括有形的实体，也包括无形的服务。产品种类十分丰富，从住房、书籍、药品到音乐会、律师咨询意见、家居装修服务、教育活动等都是产品。整体产品由3个层次组成，即核心产品层、形式产品层、附加产品层，如图2-15所示。

（1）核心产品层　指产品的使用价值，即满足顾客需要的产品基本效用。它是产品最基本和最实质性的内容，也是顾客需求的中心内容。产品若没有使用价值，包装再精致，形式再新颖，服务再周到，也无存在的价值，顾客也不会购买它。如某顾客到药店去买某种药品，不单纯是为了购买某种剂型、某种包装的药品，而是为了解除某种疾病的痛苦，恢复身体健康等。

（2）形式产品层　指产品呈现在市场上的具体形态，是产品的实体性，一般通过产品的外观、质量特色、保障、品牌等表现出来。为满足消费者心理上和精神上的某种要求，一个精明的营销者决不会忽略产品形式的塑造。如安降片为黄色药片，每12粒为1板，每盒2

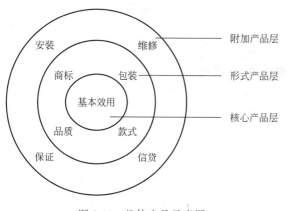

图 2-15 整体产品示意图

板,每件 500 盒,有效期 3 年等。形式产品受生产技术所制约,随着社会消费水平的不断提高,消费者对形式产品的要求也随之提高,人们对药品的形状、质量、品牌包装等形式产品的要求也越来越高,这些都不同程度地影响着药品的销售,影响着人们对药品的评价。

(3) 附加产品层 指人们购买有形产品时所获得的一系列附加利益和服务,包括送货、保证、使用产品的免费教学、解答疑难问题的免费电话等。顾客的需求能否得到满足,不仅取决于药品的生产和流通过程,还包括药品的使用过程。药品的服务对医药企业而言,并不是可有可无的,而是药品功能的延伸和销售的继续,并将成为今后医药企业间竞争的一个关键内容,医药企业应把服务当成整体产品的一个重要组成部分,而不能看成企业的额外负担。能向顾客提供完善周到的服务,才有可能成为市场上的优胜者。

2. 产品生命周期理论

> **产品的市场生命周期与产品的使用寿命周期区别**
>
> 产品的市场生命周期:指一种产品从开发出来投放市场开始,到被市场淘汰为止的整个阶段。也是产品交换价值的消失过程,即产品的经济寿命。如没有特别说明,本书所指的产品生命周期含义即指产品的市场生命周期。
>
> 产品的使用寿命周期:指一种产品的有效使用时间,即产品使用价值的消失过程,指产品的自然生命或使用寿命。

(1) 产品生命周期的四个阶段 根据产品市场销售变化的规律,一个完整的产品生命周期一般包括 4 个阶段:导入期、成长期、成熟期、衰退期。

① 导入期 产品刚进入市场,销售量缓慢增长时期。由于导入费用高,所以这个时期还没出现利润。

② 成长期 市场快速接受和利润快速增长时期。

③ 成熟期 销售量增长速度减缓,但这时销售量最大,为了在竞争中保护产品,企业营销支出增加,利润因此平稳或略有下降。

④ 衰退期 销售量和利润大幅度下降。

产品的生命周期曲线如图 2-16 所示。但需注意这是一个典型的完整的产品生命周期曲线,并非所有的产品都有这种产品生命周期曲线。有些产品刚一进入市场,由于种种原因很快就夭折了,它的产品生命周期曲线如图 2-17(a);另有一些产品经过市场重新定位又焕发了新的生命力,它的产品生命周期曲线如图 2-17(b);还有一些产品进入市场,很快达到销售高峰,又迅速衰退,它的产品生命周期曲线如图 2-17(c) 所示。

(2) 医药产品生命周期不同阶段的营销策略 根据医药产品生命周期各阶段的不同特点,医药企业应有针对性地采取不同的营销策略。

① 导入期(介绍期)的营销策略

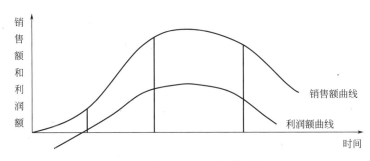

图 2-16 典型产品生命周期曲线

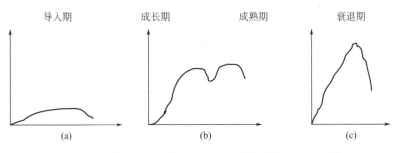

图 2-17 特殊产品生命周期曲线

> **营销备忘** 　　　　　　　　**导入期特点**
>
> （1）销售量低，生产量小　由于药品刚刚问世，知名度低，市场尚未接受该药品，医生和患者不了解，大多数顾客不愿放弃或改变自己以往的消费行为，有处方权的大部分医生也不愿意轻易改变自己的处方习惯，导致销售量低，生产量小。
>
> （2）成本高，利润低　生产量小，单位产品制造费用高，加之开辟营销渠道及宣传费用大，使企业成本高，利润低，甚至出现亏损。许多新产品在这个阶段夭折，风险较大。
>
> （3）市场竞争尚未形成　竞争者处于观望状态，尚未加入。

这一时期营销策略主要是从价格高低和促销费用高低上进行组合，有以下四种可供选择（表 2-8）。

表 2-8　导入期可选择的营销策略

价格水平	促销水平	
	高	低
高	快速-掠取策略	缓慢-掠取策略
低	快速-渗透策略	缓慢-渗透策略

a. 快速-掠取策略（高价高促销策略）：也称双高策略，是指企业以高价格和高促销费用推出新产品。（适用条件：药品有较大的需求潜力，目标顾客求新心理强，急于购买新药品，企业面临潜在竞争者的威胁，需要及早树立品牌形象。如：高技术的药品。）

b. 缓慢-掠取策略（高价低促销策略）：也称高低策略，是指企业以高价格低促销费用推出某种新产品。（适用条件：市场规模较小，药品已有一定的知名度，目标顾客愿意支付高价，潜在竞争的威胁不大。如：垄断性的专用设备、进口名药。）

c. 快速-渗透策略（低价高促销策略）：也称低高策略，是指用较低的价格和较高的促销费用推出新产品。（适用条件：市场容量相当大，潜在消费者对药品不了解，且对价格十分敏感，潜在竞争较为激烈。如：成本较低、市场竞争激烈的药品。）

　　d. 缓慢-渗透策略（低价低促销策略）：也称双低策略，是指企业用低价格低促销费用推出某种新产品。（适用条件：市场容量很大，市场上该产品的知名度较高，市场对价格十分敏感，存在某些潜在的竞争者，但威胁不大。如：低值药品。）

　　② 成长期阶段的营销策略

> 📁 **营销备忘**　　　　　　　　**成长期的特点**
>
> 　　(1) 销售量迅速上升　消费者对新药品已经熟悉，销售量迅速增加。
> 　　(2) 成本下降　产品已定型，技术工艺比较成熟，大批生产能力形成，产量扩大，分摊到单位产品上的制造成本和销售费用降低，成本下降。
> 　　(3) 利润上升迅速　生产成本下降，促销费用减少，销量上升，结果使企业利润上升很快。
> 　　(4) 竞争者加入，市场竞争激烈　竞争者看到新产品试销成功，有利可图，大批竞争者相继加入，仿制品出现，市场竞争加剧。
> 　　(5) 建立了比较理想的营销渠道。

　　a. 产品策略：根据消费者需求和其他市场信息，一方面要提高产品质量，完善产品性能，提高产品自身的竞争实力；另一方面改进产品式样及包装等，努力发展产品的新剂型、新型号等，从而增强产品的竞争力和适应性。例如，哈尔滨制药六厂所生产的"新盖中盖"为满足不同消费者的需求，在口服液的基础上增加了片剂。

　　b. 价格策略：企业应根据生产成本和市场价格的变动趋势，分析竞争者的价格策略，保持原价或适当调整价格，以保持产品的声誉和吸引更多的购买者。

> ✅ **实训范例**
>
> 　　沈阳三生医药有限公司降低其拳头产品——促红细胞生成素的价格，此举迎合了政府及大众希望遏制高昂药品价格的呼声，一方面垄断了价格敏感型顾客的市场空间，另一方面也受到政府、媒体的欢迎，是一种非常好的企业形象宣传方式。

　　c. 渠道策略：企业应巩固原有的营销渠道，积极开辟新的销售渠道，加强销售网点的联系，开拓新的市场领域，促进市场份额的提高。如中美史克公司的"泰胃美"从医院处方药销售转变为到药店的非处方药销售，扩大了市场占有率。

　　d. 促销策略：在继续做好促销宣传工作的基础上，工作的重心应从建立产品知名度转移到树立产品形象上，主要目标是建立顾客的品牌偏好，争取新的顾客。

　　③ 成熟期阶段的营销策略

> 📁 **营销备忘**　　　　　　　　**成熟期的特点**
>
> 　　(1) 销售量趋向平疲　由于产品普及率高，市场需求减少，销售增长速度缓慢，随着市场需求饱和，销售增长率甚至下降趋势。
> 　　(2) 利润逐步下降　由于销售增长率减慢，生产能力过剩，市场竞争更为激烈，价格开始下降，企业的利润也随之减少。

成熟期是企业获取利润的黄金阶段,因此,这一阶段的主要任务是集中一切力量,尽可能延长产品的成熟期,为企业带来更多的利益,积累更多的资金。

a. 调整市场策略:通过开发产品的新用途和寻找新用户来扩大产品的销售量。

b. 改进产品策略:通过提高产品的质量,增加产品的使用功能,改进产品的款式、包装,提供新的服务等来吸引消费者。

c. 调整营销组合策略:努力通过改进营销组合的一个或几个要素刺激销售。

④ 衰退期阶段的特点与营销策略

营销备忘　　　　　　　衰退期的特点

(1) 销售量急剧下降　市场上出现了性能、规格、品种改进的新产品替代老产品,顾客的兴趣已经转移,销售量迅速下降。

(2) 利润迅速下降　由于销售量下降,生产量减少,而成本上升,致使利润下降。

销售衰退的原因很多,包括技术的进步,新产品的替代,消费者用药习惯的改变,竞争的加剧,疗效不佳,产品的副作用被发现、认知或重视等。当产品进入衰退期时,企业可采取以下策略:维持策略、集中策略、收缩策略、重振策略、放弃策略。

在这一时期,企业可根据该产品在市场上尚有一定的需求,一方面在维持或减少生产经营的同时,另一方面采取办法,延长其生命周期。

案例分享　　　　　　　感冒药退市

2018年11月30日,国家药监局发布《关于停止生产销售使用特酚伪麻片和特洛伪麻胶囊的公告》(2018年第92号)。国家药监局表示,根据《中华人民共和国药品管理法》第四十二条和《中华人民共和国药品管理法实施条例》第四十一条规定,经组织再评价,认为:特酚伪麻片和特洛伪麻胶囊存在心脏毒性不良反应,使用风险大于获益,决定自即日起停止特酚伪麻片和特洛伪麻胶囊在我国的生产、销售和使用,撤销相关药品批准证明文件。

(资料来源:搜狐网)

3. 产品组合策略

很少有企业只经营单一品种产品,但也不可能经营所有产品。为了充分利用企业资源,抓住市场机会,规避风险和威胁,就需合理确定产品种类、数量及组合方式。如何将多个产品合理组织起来,这就是产品组合问题。

产品组合策略

(1) 产品项目、产品线、产品组合

① 产品项目　指企业产品目录上列出的每一个产品。即产品线中不同型号、号码、规格、大小、价格的产品。

② 产品线　指密切相关的满足同类需求的一组产品项目。一个企业可生产经营一条或几条不同的产品线。

③ 产品组合　指一个企业生产经营的全部产品的有机构成和量的比例关系。它由若干条产品线组成,每条产品线又由许多产品项目构成。产品线和产品项目如何组合,要适应产

品消费对象的需要，与企业的目标市场和市场营销策略有着密切关系。

> ✓ **实训范例**
>
> 　　某药厂有4条生产线：片剂、胶囊、冲剂、搽剂。其中，片剂产品线包括安降片、复方胃友胃溶薄膜片、复方胃友糖衣片3个产品项目；胶囊产品线包括头孢氨苄胶囊、复方必消瘀胶囊、酮基布洛芬胶囊、感冒灵胶囊、环丙沙星胶囊5个产品项目；冲剂产品线包括头孢氨苄颗粒剂、小儿速效感冒冲剂、活性钙冲剂3个产品项目；搽剂产品线有肤施乐1个产品项目。

　　(2) 产品组合的四个变化要素　　宽度、长度、深度、密度（关联性、一致性）。

　　① 宽度　　指企业产品组合中包含的产品线的数量，又称广度。产品线越多，说明该企业产品组合的宽度越宽，二者呈正比，同时也反映一个企业市场服务面的宽窄程度和承担投资风险的能力。产品组合宽度的宽窄各有利弊和不同的适用条件。

产品定位——
生物医药产品分类

　　② 长度　　指一个企业的产品项目总数。通常，每一产品线中包括多个产品项目，企业各产品线的产品项目总数就是企业产品组合长度。（当特指某条产品线上包含的产品项目的数量时，长度等于深度。）

　　③ 深度　　一条产品线上包含的产品项目越多，说明产品组合的深度越深。它反映一个企业在同类细分市场中满足顾客不同需求的程度，可计算平均深度。（平均深度＝产品组合中产品项目总数/产品线总数，即长度/宽度）

　　④ 密度　　指每条产品线之间在最终用途、生产条件、销售渠道以及其他方面相互关联的程度，也称为关联度。其关联程度越密切，说明企业各产品线之间越具有一致性；反之，则缺乏一致性。产品组合的关联度强，可以使企业充分发挥某一方面的优势，提高企业在某一地区或某一行业的声誉。但企业在整个市场上的影响就有一定的局限性。产品组合的关联度弱，可以使企业在更广泛的市场范围内发挥其影响力，要求企业必须具有雄厚的多种多样的资源和技术力量、完善的组织结构和管理体系。

　　(3) 产品组合策略　　产品组合策略是指企业根据自己的营销目标对产品组合的宽度、长度、深度、密度进行的最优组合决策。产品组合应考虑企业资源、市场需求状况、竞争条件等因素。产品组合策略共有六大类型。

　　① 全线全面型　　指企业着眼于所有细分市场，提供其所需要的一切产品和服务的产品组合策略。狭义全线全面型产品组合策略指提供某一行业所需的全部产品，产品组合关联度很强。如某药厂向市场提供各种各样的药品，来满足不同消费者对不同药品的需要。广义全线全面型产品组合策略指尽可能增加产品组合的广度和深度，而不受产品间关联度的约束，力图满足整个市场的需要。

产品组合策略
（产品线定位）

　　② 市场专业型　　指企业向某个专业市场（某类顾客）提供其所需要的各种产品的产品组合策略。如某医疗器械厂专门为各大医院生产各种医疗器械。采用这种策略是强调产品组合的宽度和关联度，而产品组合的深度一般较浅。

　　③ 产品线专业型　　指企业专注于生产和经营某一类产品，并将其推销给各类顾客的产品组合策略。如某企业生产各种抗生素类药品，可以满足各类不同消费者的需求。采用这种

策略是强调产品组合的深度和关联度，而产品组合的宽度一般较小。

④ 有限产品线专业型　指企业根据自己的专长集中生产和经营有限的甚至是单一的产品线，以适应有限的或单一的消费者需求的产品组合策略。如某医疗器械企业只生产和经营各种轮椅，来满足一部分残疾人和老年人的需求。

⑤ 特殊产品线专业型　指企业根据某些顾客的特殊需要专门生产经营某一种特殊产品的组合策略。如某企业专门为有听力障碍者生产各种助听器。由于产品特殊，市场容量小，竞争威胁小，有利于企业利用自己的专长树立产品形象，长期占领市场。但难以扩大经营，一般适合于小型企业。

⑥ 特别专业型　指企业凭借其特殊的条件，如凭借其拥有的知识产权或特许经营权，排斥竞争者涉足，独霸市场的产品组合策略。如基因药品的生产。

4. 品牌概述

（1）品牌的定义

① 品名　是指商品的一般通用名称。如药品、医疗器械。

② 品牌　美国市场营销协会（AMA）给品牌定义为："品牌是一种名称、术语、标记、符号或设计，或者是它们的组合，其目的是识别某个销售者或某销售者群体的产品或服务，并使之同竞争对手的产品和服务区别开来。"可见品牌是一个包括品牌名称、品牌标志和商标的总名词，具有广泛的意义。

营销备忘　　　　　　　　品牌含义

1. 品牌名称

品牌中可以用语言称呼的部分。如"三九""白云山""同仁堂"等。

2. 品牌标志

品牌中可以识别、认知，但不能用语言称呼的部分。包括符号、设计、颜色、印字等。如上海延安制药厂的万象牌保健钙标签上的大象图案。

3. 商标

经过商标注册获得专用权，受到法律保护的品牌或品牌的某一部分就称为商标。未经注册的品牌不是商标，不受法律保护。

营销备忘　　　　　　　　辨析品牌与商标

相同点：两者都是用以识别不同生产经营者的不同种类、不同品质产品的商业名称及其标志。

不同点：品牌是市场概念，实质上是品牌使用者对顾客在产品特征、服务和利益等方面的承诺。商标是法律概念，它是已获得专用权并受法律保护的品牌或者品牌的一部分。

联系：产品的品牌与商标可以相同，也可以不同，商标须办理注册，而品牌无须办理注册，品牌经过注册后就成为商标。大家公认的好品牌，就是名牌。

（2）成功品牌的条件　成功品牌即名牌。指有很高知名度、信誉度、美誉度、高市场占有率、高利润率的商标。品牌要成为名牌必须具备以下条件。

① 具备适应市场需求的属性。

② 产品要有自己的个性特色　"学我神者生，似我形者死"，这句话深刻地告诉我们完全

模仿他人的东西是没有出路的。只有在吸取他人长处的基础上，加以创新，创造出自己独特的风格，才大有作为。产品的特色是产品的通行证，有利于消费者对产品识别并产生偏爱。

③ 产品具有一定的质量水准　名牌产品是以品质优良为首要条件的。

④ 产品要取一个好听的名字　日本学者山上定也指出："现在销售商品的条件是什么？一是命名，二是宣传，三是经营，四是战术。"把命名列为畅销的第一条件。他还说一个能够表明产品特征和使用方法的命名往往能够左右该产品能否畅销的大局。

⑤ 产品要进行宣传　成功品牌离不开宣传，酒香不怕巷子深的观念已经不能适应现代市场经济的发展。通过宣传可以加深消费者的品牌印象，激发消费者的购买欲望。

⑥ 注意品牌的文化内涵　注意品牌的文化内涵，也是创名牌的关键。经验表明，品牌的文化内涵越丰富，越与人们的活动、思想、情感有关，就越能存之久远，也越有魅力。从世界范围看，成功品牌一般都具有或强烈或隐含的能为消费者所认同的文化内涵。如感康片的"关心另一半，感冒岂能传染给他""感冒没了，心更近了"的情感诉求就很有文化内涵。

品牌在市场营销中的作用

- 代表产品一定特色和质量特征。
- 便于顾客选购。
- 有利于产品的广告宣传和推销。
- 有利于维护生产者和经营者的利益。品牌一经注册就受法律保护，从而保护了企业的利益。
- 充当竞争工具，与竞争对手同台竞技时具有攻击性作用。

（三）价格定位概述

价格定位就是营销者把产品、服务的价格定在一个什么样的水平上，这个水平是与竞争者相比较而言的。企业的价格定位并不是一成不变的，在不同的营销环境下，在产品的生命周期的不同阶段上，在企业发展的不同历史阶段，价格定位可以灵活变化。

药品价格

1. 价格定位的依据

药品价格定位要考虑构成药品价格的因素和影响药品价格高低的因素，所以，我们先来研究这两个问题。

（1）构成药品价格的因素　药品价格通常由四部分构成，即生产成本、流通费用、国家税金、企业利润。

① 生产成本　指生产某种药品所耗费的物质资料的货币价值和支付给劳动者的报酬。在构成价格的各因素中，生产成本是最主要的因素，是制订价格的基础。

② 流通费用　指商品从生产领域到消费领域转移过程中所发生的劳动耗费的货币表现，包括企业的经营管理费用、利息、运杂费和损耗等。在其他因素不变的情况下，流通费用增加，价格提高；流通费用减少，价格就降低。

③ 国家税金　税金是国家按规定的税率征收的货币。企业应交纳的税种，按其与药品价格的关系分为价外税和价内税。价外税如所得税，是直接由企业利润负担的，企业不能把这些税再加入药品价格中转嫁给消费者。价内税如增值税，可加入到药品价格中去，随药品出售而转嫁出去。可见价内税率的高低与产品价格呈正比。

④ 企业利润　是指企业在一定会计期间的经营成果。由营业利润、投资净收益和营业

外收支净额三部分构成。它是企业生产经营中追求的最终目标。

药品价格构成的4个因素是互相联系和制约的，其中任何一个因素发生变化，都会引起价格的变化。

(2) 影响药品价格高低的因素

① 外部因素　包括国家政策、医药市场状况和消费者行为。

a. 国家政策：国家通过制定方针政策来影响医药商品价格，目的是平衡供求，指导消费。因此定价时首先要考虑国家政策。

抗癌药纳医保、大降价

> **营销视野**　　其他国家政府是如何控制药品价格
>
> 世界主要国家的药品价格管理模式可以分为四类。
>
> 第一类：对药品直接定价
>
> 又分为两种：一种是依据药品生产成本及疗效、安全性等因素直接定价。采用这种方法的主要有意大利、西班牙、法国、日本、瑞士、澳大利亚、印度、罗马尼亚、巴西等国家。其特点是价格干预程度很深，企业自主权很小。另一种是按照周边国家的市场实际价格水平，计算平均价格后直接定价。采用这种方法的主要有荷兰、加拿大等。这些国家药品一般依赖进口，本国药品生产数量很少，因此采用这一方法。
>
> 第二类：制订参考价格
>
> 以同一疗效组中某种药品的价格为该组每种药品报销的参考价，超过此价格的部分需由病人自付。采用这一定价方法的国家有德国、瑞典、丹麦、新西兰、哥伦比亚等。这种方法考虑了同类药品的质量差别问题，给消费者更多的选择权，生产企业也有一定的定价自由，可以根据市场需求情况和产品自身特点，在报销价格之上寻找一个比较合理的价格定位。
>
> 第三类：通过控制药品生产利润水平间接控制药品价格
>
> 此方法主要为英国所采用。这种方法的特点是便于政府进行管理；缺点是如果利润率控制过严，不利于鼓励药品生产者的积极性。
>
> 第四类：不直接制订药品价格
>
> 代表国家是美国。美国的完备的医疗保险体制是其实行这一制度的重要保证。药品价格虽然不由政府进行控制，实质上由私人保险机构代替了政府的职能，对药品价格进行干预。这种方式，虽然增加了患者支付负担，但同时大大鼓励了生产企业研究开发新药的积极性。美国的创新药在研产品数量遥遥领先，据2015年统计数据，美国在研产品数量占全球的48.7%，遥遥领先于其他国家。
>
> （资料来源：www.nbdpc.gov.cn）

b. 医药市场状况：这其中有三个方面的状况。

一是供求状况。供大于求引起价格下降；供不应求引起价格上升。价格下降，引起供给量减少或需求量增加；价格上升，会引起供给量增加或需求量减少。所以医药企业定价时务必考察该产品的市场供求状况。

二是需求的价格弹性。指需求量对价格变动的反映程度，是需求量变动的百分比与价格变动的百分比的比值，用公式表示如下：

$$需求的价格弹性 = \frac{需求量变动的百分比}{价格变动的百分比}$$

> **营销视野**
>
> **需求的价格弹性系数**
>
> 由于价格变化和需求量变化的方向是相反的,因而需求的价格弹性系数是一个负数,在利用系数来分析时用绝对值来表示。根据需求规律,在其他条件不变的情况下,价格的升降会引起需求的减少或增加,但不同种类的医药商品价格的变动对需求量的影响程度是不同的。
>
> 需求的价格弹性>1的药品,价格弹性强,价格稍有变化,需求量会发生很大变化,需求量对价格的变动非常敏感,如名贵药材。
>
> 需求的价格弹性<1的药品,价格弹性弱,即价格的较大变化只会使需求量发生较小的变化,需求量对价格的变动不敏感,如医疗器械。
>
> 需求的价格弹性=1的药品,价格变动的幅度与需求量变动的幅度完全相同。
>
> 基于上述情况,企业在给某种药品定价时,必须考虑该种药品的需求价格弹性属于哪种类型。一般来说,对于需求价格弹性强的药品采用价格降低的方法是有利的。通过薄利多销,可使销售总收入增加,争取更大利润。对于需求价格弹性弱的药品,较高的定价是有利的。对于需求价格弹性一般的药品,选择平均价格,同时可将其他市场营销措施作为提高盈利率的主要手段。

三是市场竞争。按竞争程度不同分为完全竞争、完全垄断、不完全竞争3种。

ⓐ 完全竞争:在完全竞争市场上,存在着许多买者和卖者,所有卖者都生产同质商品,且每个卖者的商品供给量都只占市场供给总量的极小份额,任何一个卖者和买者都不能单独左右该种商品的市场价格,都只是价格的接受者。在完全竞争市场上企业不能抬高商品的价格,否则,它的商品就卖不出去。降低价格也没有必要,因为按通行的市场价格它可以卖出自己的商品。因此,卖者只能按照由市场供求关系决定的市场价格来出售商品,即只能采取随行就市的灵活的定价策略。

ⓑ 完全垄断:在一个行业中某种产品的生产和经营完全由一个卖主独家控制,且这种产品的专业性强,无替代品,可在国家法律和政策允许的范围内随意定价。

ⓒ 不完全竞争:介于完全竞争和完全垄断之间。又可分为垄断竞争和寡头垄断两种。垄断竞争是指市场上有两个以上卖主,少数卖主在一定时间内居于优越地位,各企业之间提供的产品及服务存在着差异,每个卖主都能控制其产品的价格,从而成为价格的决定者。寡头垄断是指在一个行业中只有几家大企业(大卖主),他们所生产和销售的产品在该行业中占很大比重,各企业相互依存,相互制约。产品的价格不是通过实质供求决定,而是通过企业之间的协议和默契来决定,任何一个企业都不会轻易调价。该行业中的中小企业只能服从寡头们的领袖价格,别无选择。

c. 消费者行为:消费者行为尤其是心理行为对价格的影响,主要表现在人们对商品的期望价格上。实际价格高于或低于期望价格,消费者都会拒绝购买。一般来说,对于必需品,如一般治疗用药,人们的期望价格较低,对名特优保健品期望价格较高。

② 内部因素 包括产品的生产成本、企业目标和其他因素。

a. 生产成本:是企业定价的基础和核心。

b. 企业目标:企业目标又包括以下内容。

ⓐ 维护生存为目标:可以制订较低价格,但只能是一种暂时目标。

ⓑ 最大利润为目标:短期内可以靠高价、高利来实现,但长期来说并不现实。

ⓒ 提高市场占有率为目标:如果企业的产品需求弹性强且生产成本可随着销售量增长

而降低，可通过制订较低的价格来实现此目标。

ⓓ 产品质量领先为目标：可通过制订较高的价格来实现。

ⓔ 适应竞争为目标：可以高于、低于或等于竞争者的价格定价。

③ 其他因素　具体有以下几种。

a. 药品：考虑药品的各种特性，如质量、信誉、生命周期、流行性竞争地位等。

b. 分销渠道：考虑中间商的利润来定价。

c. 促销费用的多少。

2. 药品价格定价方法

（1）成本导向定价法　这是一种以成本为依据的定价方法。它以药品成本为基础，加上预期的利润即为药品的基本价格。它一般包括四种具体方法。

① 成本加成定价法　所谓成本加成定价法是指按照单位成本加上一定百分比的加成来制订产品销售价格。加成的含义就是一定比率的利润。其计算公式：

$$单位产品价格 = 单位产品成本 \times (1 + 成本加成率)$$

> **实训范例**
>
> 某一药品企业生产某种产品的固定成本为20万元，变动成本为10万元，企业期望达到相对于成本的利润率为15%，预计销售量为1万件，则该产品的售价是：
>
> $$单位产品成本 = \frac{总成本}{销量} = \frac{200000 + 100000}{10000} = 30 \text{（元）}$$
>
> $$单位产品价格 = 30 \times (1 + 15\%) = 34.5 \text{（元）}$$

② 目标利润定价法　目标利润定价法即根据估计的总销售收入和估计的销售量制订价格的方法。其计算公式：

$$单位产品价格 = \frac{单位总成本 + 目标总利润}{预计销售量}$$

> **实训范例**
>
> 某医药企业生产某种产品的总成本为50万元，预计销售量为2万件，企业计划实现的目标利润为10万元，则该种产品的售价是：
>
> $$单位产品价格 = \frac{500000 + 100000}{20000} = 30 \text{（元）}$$

目标利润定价法的优点是可以保证实现既定的目标利润。但是，由于利用预计销售量来确定价格，而价格恰恰是影响销售量的重要因素，所以采用此种方法计算出来的价格，不一定能保证预计销售量的实现。因此，目标利润定价法一般只适用于产品市场占有率很高或具有垄断性质的企业。

③ 盈亏平衡定价法　即企业以总成本和总销售收入保持平衡为定价原则。当总销售收入等于总成本时，利润为0，企业不盈也不亏，收支平衡。这种方法在市场不景气的情况下采用比较合适，因为保本经营总比停业的损失要小，而且企业有较灵活的回旋余地。其计算公式：

$$保本价格 = \frac{企业固定成本}{预计销售量} + 产品单位变动成本$$

> **实训范例**
>
> 某医药企业的固定成本为 15 万元，单位产品的变动成本为每盒 20 元，如果预计销售量为 5000 盒，则该产品的售价是：
>
> 单位产品保本价格 $=\dfrac{150000}{5000}+20=30+20=50$（元），即当每盒价格定在 50 元时，企业不亏不盈。

盈亏平衡定价法的优点是计算简便，可使企业明确在不亏不盈时的产品价格和产品的最低销售量。缺点是要先预测产品销售量，销售量预测不准，价格就定不准。这种方法较多地适用于工业企业定价。

④ 边际贡献定价法　该定价法又称变动成本定价法。所谓边际贡献，即预计的销售收入减去变动成本后的收益，也就是企业只计算变动成本，不计算固定成本，而以预期的边际贡献来适当补偿固定成本的方法。其计算公式：

$$单位产品销售价格=\dfrac{总的变动成本+边际贡献}{总销售量}$$

> **实训范例**
>
> 某医药企业的固定成本为 20 万元，单位产品的变动成本为每盒 40 元，预计销售量为 5000 盒，如果企业计划的边际贡献为 10 万元，则该产品的售价为：
>
> $$单位产品销售价格=\dfrac{40\times 5000+100000}{5000}=60（元）$$

如果边际贡献不能完全补偿固定成本，企业就会出现一定程度的亏损；如果边际贡献能全部补偿固定成本，则企业不盈不亏；如果边际贡献大于固定成本时，企业就可赢利了。边际贡献定价法比较灵活，适用于市场供过于求、卖方竞争激烈的市场环境。

(2) 需求导向定价法　根据市场需求状况和消费者对药品的感觉差异来确定价格的方法。需求导向定价法主要包括认知价值定价法、需求差异定价法和反向定价法。

① 认知价值定价法　所谓认知价值定价法就是根据消费者对药品价值的认知和理解程度来制订价格的一种方法。认知价值定价法的关键是企业对消费者认知和理解的价格有正确的估计。企业如果过高地估计认知价值，便会定出偏高的价格；如果过低地估计认知价值，则会定出偏低的价格。为了准确地把握消费者的认知价值，企业必须进行市场调查和研究，了解消费者的需求偏好，判定消费者对药品的认知价值，制订药品的初始价格，正确处理认知价值、价格、可变成本三者之间的关系。

② 需求差异定价法　指药品价格的确定以需求为依据，首先强调适应消费者需求的不同特性，而将成本补偿只放在次要的地位。即厂商将同一药品对不同消费者制订不同的价格，其好处是可以使企业定价最大限度地符合市场需求，促进销售，有利于企业获取最佳的经济效益。例如：某药品定价，凡购买 10 件药品以下的 100 元/件，购买 10~30 件的 9.5 折，购买 30 件以上的 9 折。

③ 反向定价法　也称"感受价值定价法""理解价值定价法"。反向定价法是指企业依据消费者能够接受的药品最终销售价格计算自己从事经营的成本和利润后，逆向推算出药品中间商的批发价和生产企业的出厂价。这种定价方法主要不是考虑药品成本，而重点考虑需求状况。价格能反映市场需求情况，有利于加强与中间商的良好关系，保证中间商的正常利

润，使药品迅速向市场渗透，并可根据市场供求情况及时调整，定价比较灵活。

（3）竞争导向定价法　是以市场上竞争对手的同类药品价格为定价依据的一种定价方法。对一些市场竞争十分激烈的药品，其价格的制订，不能依据成本和需求，只能以竞争对手的价格水平为基础定价。采用这种方法制订的价格可以与竞争者的价格完全相同，也可以高于或低于竞争者价格。这种方法的特点是：只要竞争者价格不变，即使自己的成本或需求有所变化，价格也不变；而一旦竞争者价格有了变动，即使自己的成本或需求并未发生变化，也要随之调整价格。

> **营销备忘** 　　　　　竞争导向定价法
>
> 1. 随行就市定价法
> 其也称流行水准定价法，是指企业按照行业的平均现行价格水平来制订价格的方法。在以下情况下往往采取这种定价方法：①成本难以估算；②企业有意与同行和平共处；③如果另行定价，很难了解购买者和竞争者对本企业价格的反应。
> 采用随行就市定价法的优点是：①容易为消费者所接受，因为平均价格水平在人们观念中常被认为是"合理价格"；②可以为企业带来合理、适度的赢利；③可以避免挑起同行业竞争者之间的价格大战，造成两败俱伤。
>
> 2. 投标定价法
> 即当企业为药品集中采购投标时，对竞争对手的报价进行预测，在此基础上制订自己价格的一种定价法。
> 企业参加投标的竞争是为了中标，因此它的报价应低于竞争者的报价，但为了保证企业的利润，企业的报价又要尽可能地高于成本。一般来说，报价高，利润大，但中标机会小；反之，报价低，虽然中标机会大，但利润小。因此企业必须同时考虑生产成本、目标利润和中标概率，以确定投标的最佳报价。
>
> 3. 主动竞争定价法
> 定价企业不是追随竞争者的价格，而是根据本企业产品的实际情况和竞争对手的产品差异状况来确定价格。采用这种定价方法的前提是企业的产品有自己的特色和优势，在消费者心目中有独特的形象。

五、项目组织与实训环境

（一）项目组织

（1）全班进行分组，每组 7~8 人，确定一名组长。

（2）小组成员既可在既定的实训环境下开展药品市场定位活动，也可自行在本项目后的实训课题中选择不同实训课题，进行不同市场环境下的药品市场定位。

（二）实训环境

1. 校外实训环境

作为非处方药的一大组成部分，感冒治疗药品是我国医药产品推广最成功的范例，但随着非处方药市场走向规范，药品零售市场竞争将进入一个崭新的时期。面对新的市场、新的机遇，众多生产和销售企业在产品研发、市场开拓、营销组合、经营管理等方面将采取何种应对措施？请同学们根据上个项目设计的调查问卷实施调查，回收问卷资料。

2. 校内实训环境

（1）营销实训室。

（2）教室。

六、项目执行

任务一：明确优势并选择适当的竞争优势

这是市场定位的基础。这一方面的工作包括：首先明确企业自身资源的可能优势；其次明确企业在满足目标市场需求方面的可能优势以及与竞争者相比的比较优势。因此企业应该做好以下相应的分析工作。

1. 分析顾客对企业产品的评价

也就是要研究顾客究竟需要什么样的产品，最关心产品的什么特点，哪些产品要素是顾客购买决策的主要影响因素。分析顾客最重视的产品特点，对企业市场定位十分关键。

2. 分析自身的资源特点

一方面企业资源是有限的，只能重点集中于某些方面，使企业可以在明确顾客需求的前提下充分发挥资源的优势；另一方面，要注意企业资源与其他竞争者资源的比较优势。

3. 分析企业的竞争优势

通常企业的竞争优势表现在两方面：成本优势和产品差别化优势。成本优势使企业能够以比竞争者低廉的价格销售相同质量的产品，或以相同的价格水平销售更高质量水平的产品。产品差别化优势是指产品独具特色的功能和利益与顾客需求相适应的优势，即企业能向市场提供的在质量、功能、品种、规格、外观等方面与竞争者相比能够更好地满足顾客需求的能力。为实现此目标，企业首先必须进行规范的市场研究，切实了解目标市场需求特点以及这些需求被满足的程度。一个企业能否比竞争者更深入、更全面地了解顾客，这是能否取得竞争优势、实现产品差别化的关键。

4. 分析竞争者的优势和劣势

对同行业进行分析，确定本企业的竞争对手，分析竞争对手是如何定位的，他们的竞争优势与劣势何在，其营销策略及特色是什么。可以从以下三个方面评估竞争者：一是竞争者的业务经营情况，譬如，估测其近三年的销售额、利润率、市场份额、投资收益率等；二是评价竞争者的核心营销能力，主要包括产品质量和服务质量的水平等；三是评估竞争者的财务能力，包括获利能力、资金周转能力、偿还债务能力等。

任务二：目标市场初步定位

竞争优势表明企业能够胜过竞争对手的能力。这种能力既可以是现有的，也可以是潜在的。选择竞争优势实际上就是一个企业与竞争者各方面实力相比较的过程。比较的指标应是一个完整的体系，只有这样，才能准确地选择相对竞争优势。通常的方法是分析、比较企业与竞争者在经营管理、技术开发、采购、生产、市场营销、财务和产品七个方面究竟哪些是强项，哪些是弱项。借此选出最适合本企业的优势项目，以初步确定企业在目标市场上所处的位置。

定位策略也是一种竞争策略。市场中的现有产品在顾客心中都有一个位置。如辉瑞公司的伟哥（万艾可）是世界上最有影响的抗ED药，同仁堂中药是百年老字号等。这些产品占据了同类产品中首位的位置，其他竞争者很难进入，竞争者一般会采用以下策略。

1. 避强定位

避开强有力的竞争对手，将自己的产品定位于另一个市场。如华素片避开强势竞争对手，定位为"快治人口"，定位在迅速治疗口腔疾病的口腔含片（口腔类用药）。

优点：避强定位策略能使企业较快地在市场上站稳脚跟。并能在消费者或用户中树立形象，风险小。

缺点：避强往往意味着企业必须放弃某个最佳的市场位置，很可能使企业处于最差的市场位置。

2. 迎头定位

与市场上最强的竞争对手正面竞争，进入与其相同的市场。如：999感冒灵的市场定位在独特的"中西结合治疗方式"，在PPA事件时，999感冒灵更是直接怼中美史克，"中西结合不含PPA"。

优点：竞争过程中往往相当惹人注目，甚至产生所谓轰动效应，企业及其产品可以较快地为消费者或用户所了解，易于达到树立市场形象的目的。

缺点：具有较大的风险性。

3. 重新定位

企业调整原有的市场定位，进行二次定位。

4. 共享定位

也称"高级俱乐部"战略。企业把自己划分到某"高级俱乐部"，其含义是：俱乐部的成员都是最佳的，我也是最佳的。如宣称自己是三大公司之一。通常市场中最大的公司是不会提出这种概念的。

任务三：内部分析与定位

对产品的性能、产品的外观与包装、产品在产品线中的地位、企业的品牌等进行分析与定位。

【第一步】产品的功能属性定位。

解决产品主要是满足消费者什么样的需求，对消费者来说其主要的产品属性是什么。

【第二步】产品的产品线定位。

解决产品在整个企业产品线中的地位，本类产品需要什么样的产品线，即解决产品线的宽度与长度的问题。同时企业应依据主要产品所处的生命周期，及时调整产品组合方式，使其总是处于最佳状态。调整时有以下几种策略可供选择。

（1）扩大产品组合策略　指扩大产品组合的宽度和长度，即增加产品线和产品项目，增加品种，扩大经营范围。

① 垂直多样化策略　指不增加产品线，只增加产品线的长度，向产品线的深度发展的策略。又可分为3种。

a. 向上延伸：在只定位于生产经营低档产品的产品线中增加高档产品项目。原因是高档产品销售形势好、利润高，目的是发展成生产经营高、低档产品俱全的企业，从而更好地为顾客服务。有两个特点：一是顾客可能不相信企业能生产高档产品，竞争者也可能反过来进入低档品市场，以进行反击；二是企业尚需培训人员为高档商品市场服务。

b. 向下延伸：在定位于只生产经营高档产品的产品线中增加低档产品项目。原因是高档商品市场增长缓慢或遇到激烈的竞争，利用高档商品的声誉吸引低档商品需求者，目的是扩大市场范围或是填补市场空缺。缺点是可能会损坏高档产品声誉，给企业经营带来风险。

c. 双向延伸：在只定位于生产经营中档产品的产品线中增加高、低档产品项目。目的是开拓新市场，获取更大的利润。

② 水平多样化策略　指增加产品线的数量，拓展宽度。可分为两种：a. 相关系列多样化策略，即根据关联性原则增加相关的产品线；b. 无关联多样化策略，即增加产品线时，不考虑关联性原则，增加与原产品线无关的产品，开拓新市场，创造新需求。

(2) 缩减产品组合策略　指缩小产品组合的宽度和长度，即减少产品线或产品项目的数量。当企业生产经营原产品的内外环境发生变化，企业应及时剔除那些获利很小甚至不获利的产品线或产品项目，集中精力发展有优势的产品，提高经济效益。

(3) 产品差异化策略　即通过市场调研活动，收集顾客需求信息和竞争对手的产品信息，对企业产品在质量、性能、用途、特点和剂型上重新定位，采取与竞争对手有明显不同特色的产品策略，改进老产品的结构，增加产品新的功能、规格和式样，引起顾客的浓厚兴趣，以期增强企业的竞争优势，从而为企业创造更多的利润。

【第三步】产品的外观及包装定位。

指产品的外观与包装的设计风格、规格等。

> **营销备忘**　　　　　　　　　包装概念
>
> 包装指盛装产品的容器或外部包装物。包装有三个层次。
> (1) 内包装　用于盛装产品的直接容器，如盛装药片的瓶子、注射剂瓶等。
> (2) 中层包装　用于保护和销售商品的包装，如容纳并保护药瓶、针剂瓶的小纸盒。
> (3) 外包装　用于储存和运输商品的包装，多为较大的纸板箱。运输包装必须标明各种标示，如识别标示、指示标示、警示标示等。

常见的药品包装定位的方法有以下几种。

(1) 类似包装策略　指企业生产的各种产品，在包装外形上使用大致相同的材料、式样、图案、颜色和其他共有特征的包装，使消费者很容易联想到是同一企业的产品，国际上的大药厂和中外合资制药厂常采用这种策略。

(2) 组合（系列）包装策略　将相互关联的产品配套组合，装在同一包装物内，如家庭常用的急救箱。

(3) 再使用包装策略　原包装的用品用完后，包装容器可再作他用的包装策略，如止咳糖浆、蜂蜜容器可当茶杯使用。

(4) 等级包装策略　①按产品的质量档次来决定产品的包装。即高档品采用精美包装，以突出其优质优价的形象；低档品采用简单包装，以突出其经济实用的形象。②按顾客购买目的不同采用不同包装。如为了馈赠亲友，则包装应精致漂亮，如只为自用则包装可以简朴些。

(5) 不同容量包装策略　根据药品的性质，顾客购买力大小和顾客使用、购买习惯，设计多种不同大小的包装，以便于购买、促进销售的包装策略。如10片装的小袋药片适合消费者用，100片、1000片装的大瓶可供医院使用。

(6) 改变包装策略　指企业采用新的包装技术、包装材料、包装设计等对原有产品包装加以改进的一种包装策略。如粉剂药品的袋式包装改为胶囊包装。

【第四步】产品卖点定位。

产品卖点定位即提炼出产品 USP。

USP 即独特的销售主张，找出产品独具的特点，然后以足够强大的声音说出来，而且要不断地强调。

基本要点：向消费者或客户表达一个主张，必须让其明白，购买自己的产品可以获得什么具体的利益；所强调的主张必须是竞争对手做不到的或无法提供的，必须说出其独特之处，强调人无我有的唯一性；所强调的主张必须是强有力的，必须集中在某一个点上，以达到打动、吸引别人购买产品的目的。

【第五步】 产品的基本营销策略定位。

即确定产品的基本策略——做市场领先者、挑战者、跟随者还是补缺者?

(1) 市场领先者　市场领先者是指其产品在行业同类产品的市场上市场占有率最高的企业。一般而言,在绝大多数行业中都有一个被公认的市场领先者。市场领先者的总体战略如下。

① 扩大市场需求量　处于市场主导地位的领先企业,其营销战略首先是扩大总市场,即增加总体产品需求数量。通常可以运用三条途径。

a. 发现新的用户:通过发现新用户来扩大市场需求量,其产品必须具有能够吸引新的使用者,增加购买者数量的竞争潜力。

b. 开辟产品的新用途:通过开辟产品的新用途扩大市场需求量。领先企业往往最有能力根据市场需求动态,为自己的产品寻找和开辟新的用途。

c. 增加用户的使用量:通过说服产品使用者增加使用量也是扩大市场需求量的有效途径。说服产品的使用者增加使用量的办法有许多,但最常用的是:促使消费者在更多的场合使用该产品;增加使用产品的频率;增加每次消费的使用量。

② 保持现有市场份额　当市场领先者不准备或不具备条件组织或发起进攻时,至少也应使用防御力量,坚守重要的市场阵地。防御战略的目标是使市场领先者在某些事关企业领导地位的重大机会或威胁中采取最佳的战略决策。

营销备忘　　　　　　　　　**六种防御战略**

1. 阵地防御

市场领先者在其现有的市场周围建造一些牢固的防卫工事。以各种有效战略、战术防止竞争对手侵入自己的市场阵地。这是一种静态的、被动的防御,阵地防御是最基本的防御形式。

2. 侧翼防御

市场领先者建立一些作为防御的辅助性基地,对挑战者的侧翼进攻要准确判断,改变营销战略战术,用以保卫自己较弱的侧翼,防止竞争对手乘虚而入。

3. 先发制人防御

在竞争对手尚未动作之前,先主动攻击,并挫败竞争对手,在竞争中掌握主动地位。具体做法是当某一竞争者的市场占有率达到对本企业可能形成威胁的某一危险高度时,就主动出击,对它发动攻击,必要时还需采取连续不断的正面攻击。

4. 反攻防御

面对竞争对手发动的降价或促销攻势,主动反攻入侵者的主要市场阵地。可实行正面回击战略,也可以向进攻者实行"侧翼包抄"或"钳形攻势",以切断进攻者的后路。

5. 运动防御

市场领先者把自己的势力范围扩展到新的领域中去,而这些新扩展的领域可能成为未来防御和进攻的中心。

6. 收缩防御

市场领先者逐步放弃某些对企业不重要的、疲软的市场,把力量集中用于主要的、能获取较高收益的市场。

---

③ 提高市场占有率　市场领先者实施这一战略是设法通过提高企业的市场占有率来增加收益、保持自身成长和市场主导地位。

(2) 市场挑战者　市场挑战者是指那些对于市场领先者来说在行业中处于第二、第三和以后位次的企业。如美国汽车市场的福特公司、软饮料市场的百事可乐公司等企业。处于次要地位的企业如果选择"挑战"战略，向市场领先者进行挑战，首先必须确定自己的策略目标和挑战对象，然后选择适当的进攻策略。常见的进攻策略如下。

① 正面进攻　市场挑战者集中优势兵力向竞争对手的主要市场阵地正面发动进攻，即进攻竞争对手的强项而不是它的弱点。采用此战略需要进攻者必须在提供的产品（或劳务）、广告、价格等主要方面大大超过竞争对手，才有可能成功，否则采取这种进攻战略必定失败。为了确保正面进攻的成功，进攻者需要有超过竞争对手的实力优势。

② 侧翼进攻　市场挑战者集中优势力量攻击竞争对手的弱点。此战略进攻者可采取"声东击西"的做法，佯攻正面，实际攻击侧面或背面，使竞争对手措手不及。具体可采取两种策略。

　a. 地理性侧翼进攻：在某一地理范围内针对竞争者力量薄弱的地区市场发动进攻。

　b. 细分性侧翼进攻：寻找还未被领先企业覆盖的商品和服务的细分市场迅速填空补缺。

③ 围堵进攻　市场挑战者开展全方位、大规模的进攻策略。市场挑战者必须拥有优于竞争对手的资源，能向市场提供比竞争对手更多的质量更优、价格更低廉的产品，并确信围堵计划的完成足以能成功时，可采用围堵进攻策略。例如，日本精工公司对美国手表市场的进攻就是采用围堵进攻战略成功的范例。

④ 迂回进攻　市场挑战者完全避开竞争对手现有的市场阵地而迂回进攻。具体做法有三种：实行产品多角化经营，发展某些与现有产品具有不同关联度的产品；实行市场多角化经营，把现有产品打入新市场；发展新技术产品、取代技术落后的产品。

⑤ 游击进攻　以小型的、间断性的进攻干扰对方，使竞争对手的士气衰落，不断削弱其力量。向较大竞争对手市场的某些角落发动游击式的促销或价格攻势，逐渐削弱对手的实力。游击进攻战略的特点是不能依仗每一个别战役的结果决出战局的最终胜负。

(3) 市场跟随者　市场跟随者是指安于次要地位，不热衷于挑战的企业。在大多数情况下，企业更愿意采用市场跟随者战略。市场跟随者战略可分为以下类型。

① 紧密跟随　战略突出"仿效"和"低调"。跟随企业在各个细分市场和市场营销组合，尽可能仿效领先者。以至于有时会使人感到这种跟随者好像是挑战者，但是它从不激进地冒犯领先者的领地，在刺激市场方面保持"低调"，避免与领先者发生直接冲突。有些甚至被看成是靠拾取主导者的残余谋生的寄生者。

② 距离跟随　战略突出在"合适地保持距离"。跟随企业在市场的主要方面，如目标市场、产品创新与开发、价格水平和分销渠道等方面都追随领先者，但仍与领先者保持若干差异，以形成明显的距离。对领先者既不构成威胁，又因跟随者各自占有很小的市场份额而使领先者免受独占之指责。采取距离跟随策略的企业，可以通过兼并同行业中的一些小企业而发展自己的实力。

③ 选择跟随　战略突出在选择"追随和创新并举"。跟随者在某些方面紧跟领先者，而在另一些方面又别出心裁。这类企业不是盲目跟随，而是择优跟随，在对自己有明显利益时追随领先者，在跟随的同时还不断地发挥自己的创造性，但一般不与领先者进行直接竞争。采取这类战略的跟随者之中有些可能发展成为挑战者。

(4) 市场补缺者　市场补缺又称市场补白，是指选择某一特定较小之区隔市场为目标，提供专业化的服务，并以此为经营战略的企业。市场补缺者的战略如下。

① 市场补缺者的主要战略是专业化市场营销。

> **营销备忘** **专业化市场营销**
>
> ① 专门致力于为某类最终用户服务的最终用户专业化；
> ② 专门致力于分销渠道中的某些层面的垂直层面专业化；
> ③ 专门为那些被大企业忽略的小客户服务的顾客规模专业化；
> ④ 只对一个或几个主要客户服务的特定顾客专业化；
> ⑤ 专为国内外某一地区或地点服务的地理区域专业化；
> ⑥ 只生产一大类产品的某一种产品或产品线专业化；
> ⑦ 专门按客户订单生产预订的产品的客户订单专业化；
> ⑧ 专门生产经营某种质量和价格的产品的质量和价格专业化；
> ⑨ 专门提供某一种或几种其他企业没有的服务项目专业化；
> ⑩ 专门服务于某一类分销渠道的分销渠道专业化。

② 创造补缺市场、扩大补缺市场、保护补缺市场　企业不断开发适合特殊消费者的产品，这样就开辟了无数的补缺市场。每当开辟出这样的特殊市场后，针对产品生命周期阶段的特点扩大产品组合，以扩大市场占有率，达到扩大补缺市场的目的。最后，如果有新的竞争者参与时，应保住其在该市场的领先地位，保护补缺市场。作为补缺者选择市场补缺基点时，多重补缺基点比单一补缺基点更能增加保险系数，分散风险。因此，企业通常选择多个补缺基点，以确保企业的生存和发展。

总之，只要善于经营，随时关注市场上被大企业忽略的细小部分，通过专业化经营，精心服务于顾客，小企业总有机会获利。

【第六步】产品的品牌属性定位。

主要审视产品的品牌属性是否与企业的母品牌属性存在冲突，如果冲突，如何解决或调整。

常见的品牌定位策略如下。

(1) 制造商或经销商的品牌策略

① 制造商品牌策略　制造商使用本企业自己的品牌。
② 经销商品牌策略　制造商决定使用中间商的品牌。
③ 制造商品牌和中间商品牌混合使用策略。
④ 制造商使用其他制造同类产品企业的品牌策略。

(2) 群体或个别品牌策略

① 群体（统一）品牌策略　企业的全部产品统一使用一个品牌，如三九集团生产的各种药品全部采用"999"品牌。
② 个别品牌策略　企业对不同产品分别使用不同品牌。
③ 系列化（分类）品牌策略　企业把一种知名度较高的产品品牌作为系列产品的品牌名。实际是个别品牌变成同一类产品的群体牌子。

(3) 多品牌策略　在同一个产品品类中有意识使用多个品牌的品牌战略，目的在于深度细分市场，充分占领多种品类需求。可帮助公司产品占领更多的分销商货架，有助于建立侧翼品牌以防止价格战冲击主品牌，但这意味着更高的成本，单个品牌市场份额也较小，并有可能造成公司品牌间的内部竞争。

(4) 创新商标策略

① 突变　舍弃原有商标而采用全新商标。

② 渐变　逐渐改变原有商标，使新商标与旧商标在图案、符号、造型上很相近，形象上一脉相通。

任务四：产品定位

通过任务一到三的分析与思考，最终得到产品定位的详细描述，为产品开发和产品营销策略的制定提供依据（表2-9）。

表2-9　企业产品定位记录表

编号：　　　　　　　　　　名称：　　　　　　　　　　　　年　　月　　日

产品名称	定位描述	定位时间	审核人	备注
产品一				
产品二				
产品三				
……				

任务五：价格定位

药品价格定位的方法有多种，不同的定价法反映着企业不同的定价指导思想和企业目标。因此，选择正确的方法，有利于企业正确地制订价格，为实现企业的营销目标服务。常见的药品价格定位的方式如下。

1. 药品组合定价

当企业同时生产多种药品时，定价着眼于整个药品组合的利润实现最大化，而不是单个药品，加之各种药品之间存在需求和成本上的联系，有时还存在替代竞争关系，所以实际定价的难度相当大。具体有以下几种。

（1）药品分组定价　将同类药品分为价格不同的数组，每组药品制订一个统一的价格。不同组的药品成本有差异，但成本差与价差并不一致，所以，对特效药可采取高价策略，为企业赚取高利润；对常用药可采取低价策略，吸引更多顾客购买增加销售量。

（2）互补药品定价　适用于必须和主要药品一起使用的药品。可以对主要药品定价较低，而将互补药品定价较高，靠消耗量大的后者赚钱。

> **营销分析**　　　　　　　　　　**阿司匹林**
>
> 阿司匹林具有解热镇痛的作用，具有抗炎、抗风湿的作用，可治疗轻度、中度的牙痛、头痛、神经痛、肌肉痛，也可以用于感冒流感等发烧疾病的退热，而且阿司匹林对于血小板凝聚是有抑制作用的，能够防止血栓的形成，是心脑血管疾病防治的基础用药。某药品企业在生产阿司匹林时，做了不同剂型，既有普通口服片，也有缓释片（缓慢释放、吸收慢、对肠胃刺激小、价格相对高些），分别定不同的价格。
>
> （资料来源：百度文库）
>
> 启示：该案例运用了药品组合定价策略，每组药品统一定价，满足患者的不同需求。

2. 新药定价策略

新药的定价对于其能否顺利进入市场、占领市场，给企业带来预期效益有很大关系。一般来讲，新药定价有以下3种策略。

（1）撇脂定价策略　"撇脂"的原意是指把浮在牛奶上面那层最好的奶油撇出来。撇脂定价策略又称高价厚利策略，就是在新产品上市初期，把产品的价格定得很高，以便在短期内获取最大利润。

> **营销备忘** 撇脂定价策略
>
> 撇脂定价策略的主要优点是：①在投入期制订远远高于成本的价格，可以在短期内收回新产品的开发费用，并获取较高的利润；②由于上市初期定价很高，当产品进入成熟期，大量竞争者涌入市场时，可以主动降价，提高自身的竞争能力；③新产品初上市时，竞争者尚未进入，利用消费者求新、求异的心理，高价会使人们产生"这种商品是高档商品"的印象，从而增强产品的市场吸引力。
>
> 撇脂定价策略的主要缺点是：①因价高利大，在短期内会招来大量竞争者涌入市场，从而加快价格下降速度；②在新产品尚未建立起信誉时，高价策略不利于市场的开发与扩大。
>
> 撇脂定价策略一般适用于市场上没有任何类似的替代品、需求价格弹性小、市场生命周期短的产品。

（2）渗透定价策略　渗透定价策略又称薄利多销策略，是指企业将其新产品的价格定得相对较低，以吸引大量顾客，提高市场占有率。

> **营销备忘** 渗透定价策略
>
> 渗透定价策略的主要优点是：①在产品进入市场初期，实行低价策略可以迎合消费者求实、求廉的心理，从而刺激消费，扩大销售量，迅速占领市场；②低价薄利使竞争者感到无利可图，故可以有效地阻止竞争对手的加入，有利于控制市场。其主要缺点是投资回收期限较长。
>
> 渗透定价策略适宜于弹性大、潜在市场广的药品。

（3）温和定价策略　温和定价就是为新上市的产品确定一个适中的价格，使消费者比较满意，生产者也能获得适当的利润。该策略兼顾生产者和消费者利益，使两者均能满意，故又称满意定价策略。

温和定价策略既可避免高价带来的竞争风险，又可防止低价带来的损失。其不足之处是有可能造成高不成、低不就的状况，对消费者缺少吸引力，难以在短期内打开销路。

温和定价策略适用于产销形势比较稳定的产品。

3. 心理定价策略

心理定价策略即根据顾客的不同心理，采用不同定价技巧的策略。常见的心理定价策略有以下 5 种。

（1）尾数定价策略　尾数定价策略又称非整数定价策略，即企业给商品定一个接近整数，以零头尾数结尾的价格。如把某种价值接近 6 元的药品定价为 5.9 元。尾数定价，一方面给人以便宜感，迎合了消费者的求廉心理；另一方面可使消费者觉得企业定价认真、准确、合理，对企业定价产生信任感。一般情况下，需求价格弹性较强的商品宜采用这种策略。

（2）整数定价策略　整数定价策略也称方便定价策略，是指企业给商品定价时取一个整数。这种定价策略一般适用于较为贵重的商品，如高档保健品、礼品等。消费者购买这类商品时，常把价格看作是质量的标志，因此，企业把基础价格定为整数，不仅能够迎合消费者价高质优的心理，而且能使消费者在心理上产生一种高档消费的满足感。

（3）声望定价策略　声望定价策略即根据企业或品牌在消费者心目中所享有的声誉和威望，制订高于其他同类产品的价格。消费者购买名牌产品不仅仅是为了消费，主要是为了显示他们的身份和地位，因此，名牌产品价格定得过低，反而不能满足消费者心理的需求。声望定价最适宜于药品、化妆品、医疗服务等质量不易鉴别的产品。

（4）习惯定价策略　习惯定价策略即按照消费者习惯的价格制订价格。经常性重复购买的商品，尤其是日用消费品的价格，往往易于在消费者心目中形成一种习惯性标准。企业给这类产品定价时，要尽量顺应消费者已经习惯了的价格，不能轻易改变，否则会引起他们的不满。即使生产成本大幅度提高或发生了通货膨胀，也不宜提价。但在这种情况下，企业可以采用改变包装或改变商品内在成分的办法以变相提价，如一种中成药变化前是每盒10包装，变化后不妨改为每盒8包装；也可以在生产新的花色品种或改进包装装潢后再重新定价。

（5）促销定价策略　促销定价策略是指零售商为了招揽顾客，特意将某几种药品以非常低的价格出售，以此吸引顾客，促进全部药品的销售。

七、项目课时安排

（1）实训时间：3课时。

（2）讲授时间：3课时。

八、项目考核与评分标准

"药品市场定位"的评估分值比重占"药品市场开发技术"评估总分的30%。具体评估标准见附录二《药品市场营销技术》课程评估手册中项目2.5"药品市场定位"评估标准。

专业能力评估项目

序号	评估项目	评估标准	实训任务是否基本完成；考评总分30分	实训操作是否有突出表现；考评总分40分
6	明确优势并选择适当的竞争优势		基本完成,得6分。没有基本完成酌情扣分	1.消费者关注的特性描述准确 2.竞争者的定位描述准确 3.企业自身优势分析准确
7	目标市场初步定位		基本完成,得6分。没有基本完成酌情扣分	1.选择的是企业的核心竞争优势 2.定位策略选择正确
8	内部分析与定位		基本完成,得6分。没有基本完成酌情扣分	对产品的性能、产品的包装、产品组合、企业的品牌属性进行正确分析与定位
9	产品定位		基本完成,得6分。没有基本完成酌情扣分	对产品定位进行详细的描述
10	价格定位		基本完成,得6分。没有基本完成酌情扣分	企业的价格定位准确
	6～10项自评成绩Σ70			

九、典型范例

××霉素定位策划方案

一、市场分析

××霉素属于大环内酯类抗生素，抗菌谱广，临床上主要用于呼吸道感染及淋球菌、衣原体、支原体导致的生殖器感染、软组织感染等。从市场的角度来看，××霉素的上市面临着众多的困难和阻力。

（1）一般性抗感染用药市场已被广谱抗菌的老牌抗生素如青霉素类等牢牢占领，无论是医院还是零售终端，氨苄青霉素、羟氨苄青霉素始终都是治疗常规感染的首选。这些药品最初是通过医院销售的优势而带动零售的，受医生权威推荐的影响，这一类药品品牌在消费者心中留下了根深蒂固的印象。要改变消费者的观点，需要一定的时间。作为要求在短期内成功上市的××霉素来讲，不宜在这一细分市场上与上述老牌品种硬拼。

（2）治疗深度感染和交叉感染的市场又被作用强劲的头孢菌素类抗生素如头孢拉定、头孢氨苄等品种所占领，这些品种因作用明显，已成抗生素中的王牌。而且，由于竞争的激烈和成本的下降，头孢菌素类抗生素的价格一路下滑。新药品如进入这一细分市场，必定利润微薄而导致投入与产出不相称。因此，××霉素也不宜定位于这一市场。

（3）用于治疗呼吸道感染和软组织感染是××霉素的主要功能之一，而这一细分市场又被众多的其他大环内酯类抗生素如乙酰螺旋霉素、麦迪霉素等所占领，并且价格不高，利润相对较低。显然××霉素进入这一市场也是很不合适的。

由此看来，面对已经瓜分得七零八落的市场，××霉素只能独辟蹊径，找出市场的薄弱点和空缺点，强势进入，才能在激烈的市场竞争中突出重围，获得成功。

二、市场定位

为确保策划的科学性和市场推广的万无一失，我们对抗生素药品的临床趋势及在OTC市场的状况进行了一次全面的调查。精心设计的问卷很快被回收，通过归类和数据处理，来自医生、店员和消费者方面的调查结果在证明了上述分析准确的同时，我们得到了一个意外的收获：在抗生素的细分市场上，专用于治疗性传播疾病的抗生素非常少，在国内形成品牌的几乎没有，但是这一细分市场却具有非常大的市场潜力。××霉素恰恰对淋球菌、支原体、衣原体等导致性传播疾病的病原微生物有较强杀灭作用。经过讨论，我们决定将××霉素定位为一个专用于治疗性传播疾病的抗生素药品。

受传统观念的影响，一些中成药、西药如果兼有治性病的功效时，往往在说明书上"犹抱琵琶半遮面"地附加一句：也可用于泌尿系感染。但是，由于很多消费者医学知识有限，根本就不明白泌尿系统感染包括哪些病，有何症状。针对治疗性传播疾病这一细分市场的现状，经过一番论证，我们在决定××霉素的广告诉求时从加强与患者的有效沟通出发，选择了"明线"的方式，即既打破传统，又顾及消费者的面子。于是，在坚持以药理学为依据，集中力量突破重点的战略目标下，将××霉素的广告诉求定位为：强效杀菌，淋病克星。

【项目结构图】

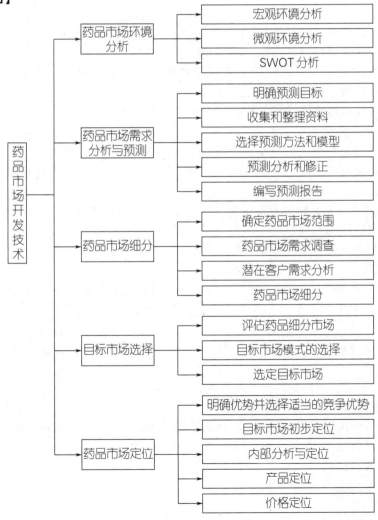

【实训课题】

实训 1：医院市场开发

一、实训目的
熟悉医院进药程序和关键环节，掌握医院市场开发的技巧。

二、实训要求
(1) 掌握医院市场开发的步骤。
(2) 将学生分成若干组，每组 7~10 人，按操作步骤具体实施医药市场开发工作。
(3) 根据实训背景资料制订医药市场开发计划书。

三、实训内容

(一) 实训背景
你是某医药公司代表，拟向某医院推销公司产品。经理要求你依据医药调查的结果，制订医药市场开发计划书。

(二) 操作步骤

【第一步】 确定医药市场开发目标。
根据对该医院长期调研，将本公司产品成功打入某某医院。

【第二步】 医药进药程序和关键环节调查。

(1) 经了解，该院在三八节有一次街头义诊活动，公司拟向参加义诊医务人员提供矿泉水或饮料，以拉近与医务人员的距离。

(2) 接近该院药事委员会权威专家内科杨主任方案。

① 杨主任个人情况

a. 从医院护士、医院附近商铺、邻居等处了解到杨主任名叫杨剑波，48岁，男，妻子是市一中教师，女儿正上高一，学习成绩一般，特别英语不好。杨主任性格温和，为人正义，医疗水平高。

b. 从医院网址、专业期刊等查知杨主任主要从事心内科方面的研究，发表关于高血压治疗方面的论文多篇。

c. 本人无宗教信仰，正打算加入九三学社，富有同情心。

② 实施接近

a. 综合各方面考虑，决定派专业知识好、英语基础好的业务员小张接近杨主任。

b. 时间：下个月 14 日杨主任参加全省心血管病用药研讨会期间。

c. 切入点有三点：共同探讨高血压用药方面问题，引起共同话题；目前医改热点，特别是药价虚高等问题讨论；其女儿英语不好，如有可能，主动提出当其女儿的家教老师。

【第三步】 制订促成药剂科接受药品计划。

(1) 药剂科一般出于以下原因接受药品。
① 认可，可利用上市会、研讨会、拜访、第三者介绍、演示、试用等途径。
② 药事委员会通过。
③ 院领导批示。
④ 知名专家力荐。
⑤ 利润高。

⑥ 与业务员感情深。
⑦ 个人利益。
⑧ 家人、朋友、商业伙伴帮助。
（2）本产品特别要利用好第①点、第⑤点、第⑦点。

【第四步】 实施计划。
依据制订医药市场开发计划，进行模拟操作，并在执行过程中进行评估方案和调整方案。

四、实训评估标准

实训课题从实训分工、具体实施到计划书的撰写，主要由学生小组自己负责。教师在实训中起到指导作用，课题结束时，进行实训交流，师生共同评价工作成果。

考核内容：是否按时完成实训课题，有无明显缺陷，在调查中有无创新，全组成员参与情况等。

实训 2：OTC 终端市场开发

一、实训目的

熟悉 OTC 终端市场开发的步骤，掌握 OTC 终端市场开发的一般技巧。

二、实训要求

（1）认识到 OTC 终端市场开发的重要性，掌握 OTC 终端市场开发的步骤。
（2）将学生分成若干组，每组 7~10 人，按操作步骤具体实施调查。
（3）根据背景资料制订 OTC 终端市场开发计划书。

三、实训内容

（一）实训背景

假如你是某 OTC 产品的一名营销人员，拟向某零售药店推销公司产品。经理要求你依据市场调查的结果，制订 OTC 终端市场开发计划书。

（二）操作步骤

【第一步】 确定医药市场开发目标。
根据对某 OTC 产品的终端市场调研结果，将本公司产品成功打入某某零售药店。

【第二步】 某药品的终端市场调查。

（1）拜访药店的目的如下。

① 看户外　看户外广告有没有，若没有应及时补上。
② 勤问候　向营业员问候，不时带点小礼品便于感情沟通，同时询问本企业产品的销售情况和竞争对手的销售情况以及营业员对本企业的意见、建议。
③ 查户内　检查户内广告的产品摆放，及时调整，以达到最佳状态。
④ 快记录　把询问的各种情况作如实记录，若跟营业员的关系很好，可当面做好记录，否则离店后立即做好记录。
⑤ 提要求　针对实际问题，提出我方要求，尽量达到目的。
⑥ 礼貌离开。

（2）建立目标药店基本档案卡，参考格式如下。

药店客户档案

药店编号		法定代表人	
药店名称		地址	
类别(性质)		联系人	
销售范围		电话	
拜访频率		手机	
2017年销售额		2018年销售额	
竞争品销量及其构成			
门店数及其构成			
客户等级评价			

【第三步】 制订拜访计划。

如为了加强某产品的推介力度,主要拜访营业员,拜访计划主要包括以下内容。

(1) 出发前准备如下。

① 检查你的外表。

② 检查客户资料。

③ 准备材料,如销售手册、宣传画、样品、图片等。

(2) 检查户外广告、宣传品。

(3) 进店向营业员打招呼。

(4) 店内产品的情况如下。

① 陈列情况。

② POP情况。

③ 产品清洁。

④ 清晰价格牌。

(5) 了解库存。

(6) 作销售访问。

① 根据1.5倍原则提出订货量建议。

② 回答异议。

③ 介绍促销计划,收集市场和竞争者信息。

(7) 确定订货量和时间。

(8) 向客户致谢和确认下次拜访时间。

【第四步】 实施计划。

学生每组按要求进行药店调查,拟出药店客户档案卡,并根据教师安排的药品和拜访目的(如拜访经理推介新品种、拜访一般营业员加强已有产品的销售力度、拜访财务人员以收货款等)写出拜访计划,实地拜访,最后全班总结,由各小组谈感受。

四、实训指导

如何有效拜访药店

抓住了终端,就等于抓住了市场,这是众多医药企业近年来所形成的共识。"三九""太极""联邦"这些医药巨子斥巨资以进军零售市场,大办零售药店,便是很好的例证。在众多的市场大军来抢占零售终端这块蛋糕时,药店里上到经理,下到柜台营业员,对那些每日众多的、频繁出入药店店堂的终端工作人员,司空见惯,爱理不理;终端工作人员遭白眼、冷遇、吃闭门羹是常有的事。因此,很多终端工作人员觉得终端工作无从下手。其实,只要我们找准了切入点,将终端工作的第一环节——拜访这一工作做好了,其他的业务工作自然就水到渠成,顺理成章了。下面,就如何有效地开展药店拜访工作谈几点看法。

1. 开门见山,直抒来意

一进店堂,就将此次拜访的目的向对方说明。比如向对方介绍自己是哪个药品的生产厂家(代理商);是来谈铺货事宜,还是来查销量;需要药店提供哪些方面的配合和支持等。并表明你合作的诚意。如果没有这一番道明来意的介绍,药店则很可能将我们当成一名寻常的消费者,而尽其百般周到的服务。当他们为推荐药品、介绍功效、提醒禁忌事项等而大费口舌时,我们如果再突然来一句"我是某某厂家的,不是来买药……",营业员则有一种强烈的被欺骗感,马上就会产生反感情绪。这时,要想顺利开展下一步工作肯定就难了。

2. 突出自我,赢得注目

有时,我们一而再再而三地踏入同一药店时,却很少有人知道我们是哪个厂家的,叫什么名字,在做哪些品种的业务。此时,我们必须想办法突出自己,引起药店的关注。

首先,不要吝啬名片。每次去药店时,给相关人员发放一张名片。发放名片时,可以出奇制胜。比如,将名片的反面朝上,先以经营的品种来吸引药店工作人员,因为药店真正关心的不是谁在与之交往,而是与之交往的人能给他们什么样的赢利品种。将名片发放一次、二次、三次,直至药店工作人员记住你的名字和你正在做的品种为止。

其次,在发放产品目录或其他宣传资料时,在一显眼处写出自己的姓名、联系电话,并以不同色彩的笔迹标出,并对药店工作人员强调说:只要您拨打这个电话,"这个人"随时都可以为您服务。

再次,以已操作成功的代理品种的名牌效应引起关注。某某做得这么成功,就是我公司独家代理的。

最后,表现出与店堂经理等关键人物的关系非常之好。如当着营业员的面与经理称兄道弟、开玩笑等。经理的好朋友,店员肯定不敢轻易得罪。

3. 投其所好,群分类聚

我们踏入药店营销时,常常会碰到这样一种情况,店员不耐烦、态度生硬地对我们说:"我现在没空,我正忙着呢!你下次再来吧。"店员说这些话时,一般有两种情形:一是他正在接待其他顾客;二是他正在与其他同事进行娱乐活动,如打牌、打麻将、看足球赛或是聊某一热门话题。当然,第一种情形之下,我们必须耐心等待,并找准时机帮店员做点什么,如当消费者购买行为举棋不定、犹豫不决时,我们可以在一旁帮店员推介;在第二种情形下,我们可以加入他们的谈话,以独到的见解,引起共鸣,或者是将我们随身携带的小礼品,如扑克牌等送给他们,作为娱乐的工具。这时,我们要有能与之融为一体、打成一片的姿态;要有无所不知、知无不尽的见识。

4. 明辨身份,找准对象

如果我们多次拜访了同一家药店,却收效甚微,要进的货总是谈不妥,我们就要反思是否找对人了。这就是要处理好我们平时所强调的"握手"与"拥抱"的关系,搞清谁是药店经理、柜长、财务主管、一般营业员、厂家促销员。不同事宜找不同职位(职务)的人。比如,要药店接收新品种,必须找经理;要结款,必须找财务主管;而要加大产品的推介力度,最好是找一线的营业员了。

5. 宣传优势,诱之以利

商人重"利",这个"利"字,我们可以简单地把它理解为"好处",只要能给药店带来某一种好处,我们一定能为药店所接受。这就要求我们必须有较强的介绍技巧,能将公司品种齐全、价格适中、服务周到、质量可靠、经营规范等能给药店带来暂时的或长远的利益的"好处"——向药店数落出来,让他感觉到与我公司做生意,既放心又舒心。优势宣传时,我们可以采取 F（特色、卖点）B（利益）I（冲击、诱导）原则。

6. 以点带面，各个击破

药店员工在业务过程中一般都是统一口径、一致对外，这时我们要想击破这一道"统一战线"较难。所以，我们必须找一个重点突破对象。比如，找一个年纪稍长在药店较有威信的人，根据他的喜好，开展相应的行动，与之建立"私交"，如给他正在上学的孩子送一书包，送一本复习试题资料，然后再用这个人在药店里的威信、口碑、推介来感染说服药店里其他的人，以达到进药、收款、促销的目的。

7. 四勤一体，适时跟进

药店的拜访工作是一场概率战，很少有一次成功的，也不可能一蹴而就、一劳永逸，我们无须害怕失败，要发扬四千精神，走千山万水、吃千辛万苦、说千言万语、想千方百计，每天多跑一家药店，每家药店多去一次，每次多聊几句、多听几句、多看几眼，看产品的陈列包装，有无缺货现象，听药店的要求、建议和市场反馈信息，把后续工作做细做好，这与"刀不磨，要生锈"的道理是一样的。

五、实训评估标准

实训课题从实训分工、具体实施到计划书的撰写，主要由学生小组自己负责。教师在实训中起到指导作用，课题结束时，进行实训交流，师生共同评价工作成果。

考核内容：是否按时完成实训课题，有无明显缺陷，在调查中有无创新，全组成员参与情况等。

实训 3：销售预测

一、实训目的

了解销售预测的前期准备工作，学会分析影响成功销售的关键因素，掌握销售预测的程序与方法。

二、实训要求

（1）认识到销售预测的重要性，掌握销售预测的步骤。

（2）将学生分成若干组，每组 7~10 人，按操作步骤具体实施调查。

（3）根据预测分析资料整理分析后撰写预测分析报告。

三、实训内容

（一）实训背景

假如你是某药厂的一名营销人员，现为了制订 2021 年市场策划方案，需要预测 2021 年市场销售总额。经理要求你用一元线性回归法预测 2021 年的销售额。

（二）操作步骤

【第一步】 明确销售预测的目标。

销售预测目标一般包括三个方面：一是预测对象，即对什么产品进行销售预测；二是时间，即是对未来三年或五年作中长期预测，还是对下一季度作季度预测等；三是提出预测的精确度要求。

你的预测目标是：对 2021 年销售总额进行预测，预测精确度要求一般。

【第二步】 调查收集该企业产品销售有关的消息资料。

（1）药厂的相关资料收集　2015~2019 年该企业的实际销售额分别为 560 万元、620 万元、685 万元、747 万元、800 万元；该企业的中长期销售计划。

（2）主要竞争者方面的信息资料　他们与本公司相对竞争优势和劣势；他们最近一段时

间的销售情况。

（3）政府在相关法规和政策方面的新变化。

【第三步】 整理和分析资料。

一方面，对影响公司销售的各种内外因素进行分析，弄清它们对公司的销售是起到促进作用还是制约作用；另一方面，将过去的销售资料按照时间的先后顺序排列起来，然后分析其变化规律。

【第四步】 选择预测方法，建立预测模型，进行预测。

【第五步】 撰写该厂 2021 年销售总额预测分析报告，并向经理汇报预测结果及其依据。

四、实训评估标准

实训课题从实训分工、具体实施预测到预测分析报告的撰写，主要由学生小组自己负责。教师在实训中起到指导作用，课题结束时，进行实训交流，师生共同评价工作成果。

考核内容：是否按时完成实训课题，有无明显缺陷，在调查中有无创新，全组成员参与情况等。

项目三
药品市场渠道设计技术

工作流程

项目 3.1　制订渠道设计方案

项目 3.2　渠道成员选择

项目 3.3　渠道管理方案设计

> 营销渠道不仅仅能服务于市场，也能创造市场。
> ——菲利浦·科特勒

【项目目标】

（1）通过本项目训练学习，使学生能更好地理解渠道设计、开发和管理方法，较全面地掌握渠道设计和维护技能，要求学生具备参与制订渠道开发、选择和管理的总体方案的能力。

（2）要求学生将所学的"渠道设计技术""渠道管理技术"运用于渠道开发策划活动，在实践运用中理解渠道专业知识，提高药品市场渠道管理能力。

（3）要求学生完成"制订渠道设计方案""渠道成员选择""渠道管理方案设计"3项技能实训，最后以小组为单位完成"感冒药渠道设计与管理"和"药品招商"实训，并以小组为单位进行成果汇报和展示。

【技能要求】

（1）达到能设计完整营销渠道的水平。

（2）通过设计和成果汇报、展示，培养学生合理采用建议完善营销渠道设计的能力。

【工作流程】

工作目标	知识准备	关键点控制	流程图
1. 较全面地掌握渠道设计和维护技能 2. 要求学生具备参与制订渠道开发、选择和管理的总体方案的能力	1. 渠道类型和优缺点 2. 渠道开发的流程 3. 渠道管理和维护的做法	1. 制订渠道设计方案 根据渠道类型和优缺点、渠道开发目标等选择合适产品的销售渠道 2. 渠道成员选择 通过选择合适的中间商来完成渠道的有效开发 3. 渠道管理方案设计 根据渠道目标编制渠道管理方案，协助解决渠道问题，评估并改进渠道管理	制订渠道设计方案 ↓ 渠道成员选择 ↓ 渠道管理方案设计

【项目评估】

（1）本项目占课程总成绩的15%。

（2）本项目评估由通用能力、技能评价两个部分组成，评价分值比例分别为30%、70%。

（3）各子项目评估标准、评估分值要求列表操作（参考附录二《药品市场营销技术》课程评估手册项目三）。

项目3.1　制订渠道设计方案

设计一个渠道系统包括四个步骤：分析顾客需要，确定渠道设立目标，制订渠道选择方案，渠道选择方案评估。

一、项目任务

（1）要求学生把分销策略理论应用于营销实践，联系项目实训背景，设计具体的渠道设计方案。

（2）要求学生依据分销策略要求，根据市场需求状况，分析竞争对手的分销策略，选择最佳的分销渠道，确定渠道设计目的，制订渠道选择方案和评估渠道方案。

二、技能要求

（1）通过学习制订渠道设计方案，使学生掌握渠道设计方法，认真分析客户需要，设计渠道方案，培养学生综合分析问题的能力。

（2）通过分组完成渠道设计方案，培养学生与小组内部成员的分工协作、与其他人员沟通协调的能力。

（3）通过制订渠道设计方案实训，培养学生设计渠道设计方案的基本技能。

三、项目操作流程

工作目标	知识准备	关键点控制	流程图
1. 具备参与制订渠道开发、选择和管理的总体方案的能力 2. 确保产品通过渠道迅速抵达终端，实现企业的营销目标	1. 熟悉分销渠道的类型 2. 掌握分销渠道的选择方法	1. 分析客户需要 通过调查了解目标客户"喜欢买什么""在哪里买""何时买"等，为渠道设计提供必要的信息 2. 确定渠道设计目标 渠道设计目标因产品的特性而异 3. 制订渠道选择方案 具体内容包括中间商的类型、中间商的数量、每个加入成员的条件及其相互责任等 4. 渠道选择方案评估 评估内容包括渠道成本、渠道控制、渠道与营销目的的符合程度等	分析客户需要 ↓ 确定渠道设计目标 ↓ 制订渠道选择方案 ↓ 渠道选择方案评估

四、理论指导

（一）分销渠道概述

1. 分销渠道的定义

分销渠道指药品从生产者向消费者转移过程中经过的通道。渠道的起点是生产者，终点是消费者，中间环节由一系列的市场中介机构或个人组成。狭义的渠道仅指各类批发商和零售商。广义的渠道除包括狭义的含义外还包括协助提供药品储存、运输等物流服务的辅助企业（运输公司、仓库），促成资金流的银行、保险公司等商业服务机构，以及促成销售的广告公司、销售调研公司、咨询公司等销售服务机构。在"互联网＋"时代下，医药电商的蓬勃发展催生了自营医药B2C、平台医药B2C、医药O2O三大医药电商模式，电商平台已成为医药流通新生态的渠道主体之一，推动着互联网与医药产业深度融合。

【案例导入】   **"奇正消痛贴"渠道设计**

——打造自主市场渠道，展现三级网络优势

一直以来贴膏类产品的市场很小，其实市场中贴膏类产品竞争也波澜不惊。近年来，市场中运作比较好的就属"奇正消痛贴"，其业绩非常突出。在目前的医药市场竞争环境下，能够在市场中占有较好的销售业绩，并且这几年还在不断上升，其中的原委值得探析，现就奇正牌消痛贴的分销渠道做些分析。

奇正消痛贴膏刚刚进入市场初期，通过一些经销商招商的办法，进行市场初级阶段的尝试运作。由于货物买卖的经销权在经销商，企业自己无法进行市场大规模的启动与良性运作。由于看不到市场的发展方向，奇正消痛贴开始寻找自主的市场渠道与营销网络。

从渠道上，奇正消痛贴充分发挥其产品特色，依据产品属于国家中药保护品种，跻身于国家医保产品目录，从而打开了市场，在立足医保这个比较大的项目后，进一步开拓市场份额，向各级医疗体系进军，使渠道销售更加多元化。许多经销商都非常愿意做奇正牌消痛贴膏，终端渠道的销售有了非常强大的保证。

传统营销中的渠道网络展现优势的同时，奇正消痛贴不断根据市场的发展进行调整。OTC市场是近几年在我国快速发展的营销渠道之一，其中的销售份额也在急剧上升，奇正看清市场发展机会，花大力气打造一支自己的终端营销队伍，使其运作在网络的构架上更加趋于完善。

目前奇正消痛贴的营销自主网络已经分布三级市场营销网络，多种渠道构架也已经完成，从省级到地市级、到乡镇级均有其销售网点，为其销售的增长奠定了广泛的基础，也为销售的最终突破有了保障。

启示：奇正消痛贴在渠道的运作上面，以点带面，以局部市场与重点市场为突破口，在战略与战术上都采用稳重的做法，先从消费使用开始，与销售点合理配合，细心介绍与定点推广，从一场经销商招商开始，稳固网络，然后集中优势加以推广，主要以外部终端的促销与医院、医保的共同作用，做好销售的疗效验证，使市场稳定上升。

2. 分销渠道的特点

（1）分销渠道反映某一特定商品价值实现的过程和商品实体的转移过程。分销渠道一端连接生产，另一端连接消费，是从生产领域到消费领域的完整的商品流通过程。在这个过程中，主要包含两种运动：一是商品价值形式的运动（商品所有权的转移，即商流）；二是商品实体的运动（即物流）。

商流是指医药产品从生产领域向消费领域转移过程中的一系列买卖交易活动（图3-1）。在这一活动中，实现的是产品所有权由一个成员到另一个成员的转移。如原材料所有权从供应商转移到制造商，产品所有权由制造商向经销商，最终向顾客转移。所有权的转移是医药产品交易的中心。

图3-1 商流

物流是指医药产品从生产领域向消费领域转移过程中的一系列产品实体运动（图3-2）。它包括产品实体的储存、运输，也包括与之相关的产品包装、装卸、加工等活动。物流活动从实质上保证了医药产品由生产领域向消费领域的安全转移。在互联网环境下，物流有了更丰富的含义。电商平台医药配送超越了医药零售的层面，增加了医药企业和终端客户的接触点，提升了用户体验。

图3-2 物流

（2）分销渠道的主体是参与商品流通过程的商人，如中间商和代理中间商。

分销渠道的职能

① 调研　调研是指收集、制订计划和进行交换所必需的信息。
② 促销　促销是指进行关于所供产品的说服性沟通。
③ 接洽　接洽是指寻找潜在购买者并进行有效的沟通。

④ 配合　配合是指所供产品符合购买者需要，包括制造、装配、包装等活动。
⑤ 谈判　谈判是指为了转移所供货物的所有权，而就其价格及有关条件达成最后协议。
⑥ 物流　物流是指从事产品的运输，储存，配送。
⑦ 融资　融资是指为补偿分销成本而取得并支付相关资金。
⑧ 风险承担　风险承担是指承担与渠道工作有关的全部风险。

（3）商品从生产者流向消费者的过程中，商品所有权至少转移一次。大多数情况下，生产者必须经过一系列中介机构转卖或代理转卖产品。所有权转移的次数越多，商品的分销渠道就越长；反之，则分销渠道越短。

（4）在分销渠道中，与商品所有权转移直接或间接相关的，还有一系列流通辅助形式，如货币流、信息流、促销流等，它们发挥着相当重要的协调和辅助作用。

货币流是指医药产品从生产领域向消费领域转移的交易活动中所发生的货币活动（图3-3）。它与所有权流的方向相反，即由顾客将货款支付给中间商，再由中间商扣除佣金或差价后支付给生产者，一般要以银行或其他金融机构作为中介。

图 3-3　货币流

信息流是指医药产品从生产领域向消费领域转移过程中所发生的一切信息的收集、传递和处理活动（图3-4）。它既包括生产者向中间商、顾客的信息传递，也包括中间商及其顾客向生产者所进行的信息传递。所以信息流的传递是双向的。

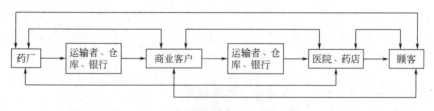

图 3-4　信息流

促销流是指医药产品从生产领域向消费领域转移过程中，生产者通过广告公司或其他宣传媒体向中间商及其顾客所进行的一切促销活动（图3-5）。它主要通过广告、宣传、销售推广和公共关系等促销手段，影响消费者的购买行为，促进销售。

图 3-5　促销流

（二）分销渠道的类型
1. 根据分销渠道中是否有中间商分类
根据分销渠道中是否有中间商，可分为直接渠道和间接渠道。
直接渠道是指生产企业直接将药品销售给消费者或用户，没有经过任何中间商的渠道。这是原料药销售的主要渠道。

> **营销备忘**　　　　　　　　**直接渠道的优缺点**
>
> 优点：
> (1) 厂家能快速而且具体地了解顾客的需要，及时作出相应的市场营销决策；
> (2) 便于全面周到地为顾客提供服务，并防止假冒伪劣药品对企业的影响；
> (3) 可减少流通费用，减少流通时间，提高市场竞争力。
>
> 缺点：
> (1) 厂家除了组织生产外，还要把一部分资源投入到流通领域，自设机构销售药品，会降低生产规模；
> (2) 由于厂家不可能在各个地方设置销售机构，因此，销售范围和数量受到限制；
> (3) 厂家承担销售中的全部风险，如库存费用、货款回笼等，可能影响资金周转。

间接渠道是指药品从生产企业到消费者手中经过若干中间商的渠道，是药品市场上占主导地位的渠道类型。间接渠道又可根据中间环节的多少分为长渠道和短渠道。短渠道是指经过一个中间环节的渠道。长渠道是指经过两个或两个以上的中间环节的渠道。长、短渠道是相对而言的。

间接渠道还可根据每一中间环节上使用的中间商的数量多少分为宽渠道和窄渠道。窄渠道是指每一中间环节上只使用一个中间商的渠道。宽渠道是指每一中间环节上使用两个或两个以上的中间商的渠道。宽、窄渠道也是相对而言的。

> **营销备忘**　　　　　　　　**间接渠道的优缺点**
>
> 优点：
> (1) 利用众多企业外资源，在广泛的市场空间中进行药品分销，既可减少药厂对流通领域的投入，又可扩大药品的销售；
> (2) 中间商可帮助厂家融资，并承担部分分销职能，分担市场风险。
>
> 缺点：
> (1) 由于增加了中间环节，从而增加了流通费用；
> (2) 使厂家管理和控制销售渠道、向顾客提供服务变得困难；
> (3) 产销信息沟通不便。

2. 根据使用分销渠道的多少分类

根据使用分销渠道的多少，渠道可分为单渠道和多渠道。
单渠道是指只选择一条分销渠道的渠道。
多渠道是指同时选择多条分销渠道的渠道。

> **经典营销故事**　　　　　　　　**创新渠道**
>
> 某饮品公司在去年开发出一种灌装凉茶饮料，在渠道设计时，考虑到现在饮料市场竞争过于激烈，在凉茶市场又有王老吉这样的强势品牌。如果走大卖场等传统终端渠道，公司几乎没有什么竞争优势可言。因而笔者建议其避开传统终端渠道，不走大卖场，而走专业线——星级宾馆。经常出差的朋友都知道一般星级宾馆的房间里都会有冰箱，存放不同

饮料，客人饮用后退房时一起结算。笔者做过调查，这一渠道的竞争要相对小得多，除了少数几个碳酸饮料和矿泉水品牌外，凉茶几乎是空白，有市场空白就存在市场机会，而且还会大大地降低市场费用（只要做好宾馆采购部门的攻关、维护和利用好宾馆现有的宣传资源——吧台陈列、台位号、房间客户指南等，而无须投入巨大的市场宣传费用和进场费）。通过渠道创新，该企业很好地避免了市场的激烈竞争，并取得了较好的业绩。

启示：饮品公司通过改变传统的终端营销模式——大卖场，选取凉茶在宾馆的市场空白点，果断出击，通过渠道创新，取得了很好的业绩。

（资料来源：广通编著.经典营销故事全集.2005）

3. 根据渠道成员相互联系的紧密程度分类

根据渠道成员相互联系的紧密程度不同，可分为传统渠道和渠道系统。

营销备忘　　　　常见的药品销售渠道比较

销售渠道	药厂→商业	药厂→商业→医院、药店	药厂→商业→医院、药店→顾客
销售策略	纯商业	直销	品牌推广
方式	卖货、收款全部交给商业	企业推广，商业供货	企业直接与医院、药店交易
优点	省事、费用低	有品牌，物流通畅	毛利高，物流通畅
缺点	利润低，极易陷入三角债，对产品不负责任	高素质队伍，高投入，成本较大	市场覆盖率低，销售管理难度大
结果	让利让市场，份额不易扩大	让利不让市场，可赢得较大市场份额	不让利、不让市场，市场份额较小
企业	中小企业	大中型企业	大企业
品种	OTC、处方药	处方药	OTC

（1）传统渠道　由独立的生产者、批发商、零售商和消费者组成的分销渠道。渠道的每一成员都是独立的，他们各自为政，各行其是，都为追求其自身利益最大化而与其他成员展开短期合作或激烈竞争，即使为此牺牲整个渠道系统的全面长远利益也在所不惜。没有一个渠道成员能完全或基本控制其他成员。因此，随着科技进步和社会经济的发展，传统渠道面临严峻挑战，正在被淘汰。

（2）渠道系统　指在传统渠道中渠道成员采取不同程度的联合经营或一体化经营而形成的分销渠道。在这种渠道中，各层次的成员之间形成一种更密切的联系。渠道系统可以细分为以下4种。

① 垂直营销渠道系统　指生产商、批发商、零售商联合组成的统一体。该系统成员或属于同一家公司，或以某一品牌或专利特许权为纽带相互连接，或以足够强大而相互认可的管理方式相互合作，是实行专业化管理与集中性控制的一个网络。它能控制渠道成员的行为，消除由于独立成员追求各自目标而引起的冲突，各成员通过规模经济提高讨价还价的能力和减少重复服务而获得效益。在互联网环境下，垂直营销系统具有强大的渠道优势，通过专业化、品牌化、数字化战略方针，进而打造成为医药健康O2O垂直电商平台，实现更广泛的销售。

> **营销备忘　　　　　　　垂直营销系统的 3 个分类**
>
> 　　公司式垂直营销系统：指由同一所有权下的生产和分销部门组成，通常由一家公司拥有，统一管理一系列工厂、批发机构和零售机构，控制渠道的若干层次甚至整个销售渠道。其又可分为两种：一是由大型工业公司拥有和管理的以工业为龙头的工商一体化经营方式；二是大型零售商拥有和管理的以商业为龙头的商工一体化经营方式。我国近几年来发展起来的医药集团公司如上海医药股份有限公司就是一例。
>
> 　　管理式垂直营销渠道系统：指由一家实力强、声誉好、管理先进、影响力大的企业把不同所有权的生产者和分销商联合起来的营销渠道系统。系统以某一大企业为核心，周围拥有若干小卫星企业，大企业支持小企业，小企业服从大企业的指挥，如华北制药集团即是此模式。
>
> 　　合同式或契约式垂直营销渠道系统：指不同层次的独立的生产商和中间商为了获得单独经营达不到的经济效益而以合同为基础建立的联营系统；又称增值伙伴关系。联合体不是独立法人，而各成员是独立法人。具体有批发商倡办的自愿连锁药店、售商合作组织和特许经营组织等。

　　② 水平营销渠道系统　指同一环节企业间联合起来的分销渠道系统。分为暂时的松散型联合和长期的固定型联合，也可共建一家新公司合作新业务。松散型联合体往往是为共同开发一个市场机会，各有关企业联合起来共同策划和实施分销渠道；固定型联合体要建立同时为各有关企业开展分销活动的销售公司。

　　③ 多渠道营销渠道系统　指对同一或不同的细分市场采取多渠道进入的营销系统。其包括两种：一种是生产商通过两条以上的竞争性分销渠道销售同一商标的药品，通常会导致不同渠道间的激烈竞争，带来疏远原有渠道的危险；另一种是生产商通过多条分销渠道销售不同商标的差异性药品，这比使用单一渠道更具市场渗透力。

　　④ 网络营销系统　这是一种新兴的销售渠道系统，也是对传统商业销售运作的一次革命。生产或经营企业通过互联网发布商品及服务信息，接受消费者和用户的网上订单，然后由自己的配送中心或直接由制造商邮寄或送货上门。它有两种模式：一种是企业之间的交易，称为 B2B 方式，它是一个将买方、卖方及中介机构如银行之间的信息交换和交易行为集合到一起的电子运作方式，这种方式交易的金额大，有严格的电子票据和凭证交换关系；另一种是企业与消费者之间的交易，称为 B2C 方式，消费者利用电子钱包可以在瞬间完成购物活动，足不出户就能买到世界上任何地方的药品。这种销售过程彻底改变了传统的面对面交易和一手交钱一手交货的购物方式，缩短了产、供、销与消费者之间的距离，加快了资金、商品的流动，是一种便捷的、很有效的、保密性好的、安全可靠的营销系统。现在有许多企业已自建或合作多平台矩阵、多渠道传播构建消费者品牌，构建互联网医药和新零售数字化解决方案，包括 AI、CRM、大数据等能力，实现精准营销。

★ 新经济营销　　　　　渠道设计常见误区

一、做生不如做熟

　　A 企业是一个中型制药企业，少数几个产品达到千万元销售的级别，同时该企业还开发了不少新产品。A 企业多年来在医药市场摸爬滚打，和不少地区的医药商业公司有着多年合作关系，无论开发何种新产品，首先选择的都是原来合作过的一级经销商。按理说经销商应该重视 A 企业的所有产品，但结果往往是老产品能够维持规模，新产品始终无法上量。

【诊断】每一个渠道成员对与之合作的每一个产品和每一个企业都有相应的定位，由于经销商特定的运营模式只适合做某类和某些类产品，以及经销商对于企业提供的产品侧重点不同，经销商赋予每个产品的资源不同，导致产品发展的均衡度存在极大差异。

二、渠道太扁平

B 企业凭着大无畏的精神强力开拓市场，新产品从无到有，通过与上千家经销商合作，产品销量终于过了千万元级别，却始终无法逾越亿元大关。

【诊断】首先，渠道设计过于扁平化，过多的经销商均摊了产品的市场份额，产品无法得到经销商更多的重视，同时也无法整合经销商更多的资源（资金、人力、配送、宣传等）；其次，渠道成员之间存在不少相同的覆盖网络，势必导致成员间为争夺下游客户发生各种渠道问题，如窜货；最后，企业管理成本也居高不下，如物流、渠道客户管理、商务人力成本等。

三、铺货无处不在

C 企业惊叹于一些产品成功的铺货率，如金嗓子不仅在药店铺货，在一些卖香烟的杂货店都能看到。然而，自己产品铺货的实施情况却无法与预期达成一致，其中上和高端产品无差别铺货后，产品表面销售额短期提升了，随之而来却是大量应收账款、呆死账或退货。

【诊断】不少企业为了快速增加销售额，受制于渠道扁平化理论的限制，在渠道环节上并未拉长，而终端网点纯销量的提升又依赖于品牌传播和终端网点促销的力度，因此，在短期而言，更多的是关注铺货率的提升，即尽量扩大铺货终端网点的数量，短期提升产品销售额。终端网点受制于商圈属性，有效消费人群并非从一而终，而不同消费人群的药品需求又截然不同，有些终端即使进货，但滞销后即打击了渠道成员对产品的信心，同时为企业营销工作带来极大的管理成本，最终影响了产品的品牌力。

五、项目组织与实训环境

（一）项目组织

（1）全班进行分组，每组 7~8 人，确定组长。

（2）小组成员既可在既定的实训环境下开展渠道设计活动，也可自行在本项目后的实训课题选择不同实训课题，制订不同市场环境下的渠道设计方案。

（二）实训环境

1. 校外实训环境

渠道策略是 4P 营销理论中的一个重要组成部分，在市场竞争趋向白热化的当今时代，渠道对于企业产品的营销至关重要，所以有人宣称得渠道者得天下。大量的中小企业将新产品导入市场时，由于产品没有知名度更没有品牌影响力，采用常规策略产品难以很快打开市场。制定差异化的渠道策略不仅可以顺利度过生存期使产品推广进入良性发展轨道上，而且可以避免一开始就和同行中的强势品牌正面交锋。

随着药品经营市场面临多项医改措施的逐步落实、竞争日益激烈，加上将允许外资进入的形式下，药品营销渠道策略必须不断进行调整，才能适者生存。请同学们以此背景为依据，为产品制订渠道设计方案。

2. 校内实训环境

（1）营销沙盘实训室。

（2）教室。

六、项目执行

制订一个渠道设计方案的操作流程包括分析客户需要、确定渠道设计目标、制订渠道选择方案、渠道选择方案评估。以上流程内容按执行顺序编为任务一至四。

任务一：分析客户需要

设计营销渠道的时候，营销人员必须对目标客户进行调查，收集各类渠道信息。通过对这些信息进行分析处理，确定目标客户"喜欢买什么""在哪里买""何时买"等。

> **营销视野** 　　渠道可以提供的 5 种服务
>
> （1）批量大小　是指渠道允许顾客一次购买的单位数量。
> （2）等候时间　等候时间是顾客等待收到货物的平均时间。顾客一般喜欢快速交货渠道。
> （3）空间便利　是渠道为顾客购买产品提供的方便程度。
> （4）产品品种　是渠道提供的商品花色品种的宽度。一般来说，顾客喜欢较宽的花色品种，因为这使得实际上满足顾客需要的机会更多。如一站式采购的超市。
> （5）服务支持　是渠道提供的附加服务（信贷、交货、安装、修理）。
> 注意：渠道的设计者要了解提供更多的服务意味着渠道成本的增加和对顾客的高价。事实上有许多消费者更愿意接受较低水平的服务而带来的低价格。

任务二：确定渠道设计目标

设计营销渠道需要达到以下三个方面的目标：市场覆盖率、渠道控制度以及渠道灵活性。

1. 市场覆盖率

市场覆盖率是由市场性质与企业的市场定位所决定的。市场覆盖率按照从低密度的覆盖到高密度的覆盖可以分为独家分销、选择分销和密集分销三种类别。

（1）密集分销　是指制药企业在某一地区尽可能地通过多家合适的批发商、零售商推销其产品的分销模式。

（2）选择分销　是指制药企业在某一地区只通过为数不多的、经过精心挑选的中间商来推销其产品的分销模式。这种模式适用于一切药品，尤其是特殊药品最适合采用。

（3）独家分销　是指制药企业在某一地区仅选择一家中间商推销其产品的分销模式。这种模式一般制药企业和分销商通过合同的形式，规定经销商不得经营制药企业竞争对手的产品，经销商的单位回报率较高。制药企业通过独家分销可以控制经销商的业务经营，调动其经营积极性，从而占领市场。

2. 渠道控制度

渠道控制度就是指企业需要保持对渠道中间商销售行为进行控制的程度高低或大小。为了实现企业的经营目标，生产商需要经常控制渠道中间商以促使其更加努力地销售产品或提高服务质量。但事实上，渠道中间商则不然，渠道中间商更多地希望控制生产商以保证稳定的供货、产品质量的改善以及供货价格的降低等。生产商与渠道中间商之间为了各自的利润所产生的这种"博弈"，促使生产商需要对渠道中间商采取一定的控制措施，以降低或减少企业的经营风险。

3. 渠道灵活性

渠道灵活性又称为渠道的可伸缩性，是指企业营销渠道结构易于变化的难易程度。渠道灵活性对于新产品的市场尤为重要。在过去的几年时间内，中国 IT 市场营销渠道结构迅速发展变化的事实很好地说明了这一点。每种渠道都有自己的优势和劣势。销售人员可以处理复杂的商品交易，但费用高昂。使用互联网很便宜，但无法处理复杂的商品交易。中间商可以创造销售额，但是公司失去了直接联系顾客的机会。

> **小知识**——市场覆盖率和渠道控制度成反比关系
>
> 生产商的企业在大多数情况下只能在一定的市场覆盖率下去追求最大的渠道控制度或在一定的渠道控制度下去追求最大的市场覆盖率。道理很简单，独家分销，对于企业来说，是最容易控制渠道销售行为的，但却只能是较小的市场覆盖率；而密集分销，对于渠道中间商的控制则存在较大的困难，但却能达到较高的市场覆盖率。由此看来，作为生产商的企业，必须在市场覆盖率和渠道控制度这种"鱼"和"熊掌"之间有所取舍，试图两者兼得的想法不是很切合实际的。

任务三：制订渠道选择方案

企业要在市场营销上取得成功，就要在把握市场环境变化的基础上，正确选择产品的销售渠道。在确定了营销渠道目标之后，就可以展开备选渠道方案的设计。

1. 策划和选择销售渠道选择策略

所谓销售渠道的选择是指生产厂家对所需中间商的数目和种类的决策。可供选择的策略主要有三种。

（1）普遍性策略　这是指生产厂家广泛利用中间商经营自己的产品。采用这一策略的批发商往往需要承担一部分零售商的广告经营费用，以刺激零售商的大批量购买。此种策略能使该品牌广泛显露，迅速占领市场。但由于中间商同时经销众多厂家的产品，生产厂家难以控制渠道，一般要独家担负广告促销费用。

> **小知识**——普遍性策略适用范围
>
> 普遍性策略适用于人们生活中所必需的消费品，如购买频率较高的糖果、饼干、牙膏、洗衣粉、火柴等日用品和食品，以及工业品中经常需要补充的商品和具有高度统一标准的商品，如润滑油、小工具等。

（2）专营性策略　指生产者只选择某一中间商经销其产品，通常由生产者和中间商双方签订合同，规定这家中间商不能再代销其他竞争性商品。特殊品尤其是名牌产品的制造商多采用这种策略。此种策略通常用于销售高档特殊商品或技术、服务性强的商品。厂家在销售、储运、促销和服务等方面能提供优良的经销条件，使中间商有大利可图；中间商也能全力为厂家推销商品，促进销售，顺利实现厂家的营销目标。但此策略由于具有排他性，产销双方依赖性太强，一旦中间商经营失误，厂家的损失较大，甚至使厂家失去某一目标市场。

> **营销备忘** 　　　　　　　　**专营性策略的特点**
>
> 　　专营性策略的优点如下。
> 　　① 销售成本低　在广告和其他方面能够得到零售商店的配合，同时能够简化销售、运输、结算手续，最大限度地降低销售费用。
> 　　② 合作关系稳定　专营性策略对双方都具有较强的约束力，同时双方的经济利益比较一致，能更好地相互支持与合作，使合作关系比较稳定。
> 　　专营性策略的缺点如下。
> 　　① 市场覆盖面窄　专营性策略要求经销商在一个市场只能选择一个合作伙伴，是一种排他性的销售方式。经销商的销售量受到合作伙伴经营能力的严格限制，不利于扩大产品的销售范围。
> 　　② 风险大　采用专营性策略的经销商完全依赖其合作伙伴在客源市场上进行产品销售。如果后者经营失误，前者就可能蒙受一定的经济损失。

　　（3）选择性策略　这是生产厂家从愿意合作的众多中间商中选择条件好的批发商和零售商经销产品。它介于普遍性策略与专营性策略之间，适用于各种产品，但相对高档选购品或精选特殊品更为适宜。采用此种策略，厂家能取得比普遍性策略更好的效益，其风险则小于专营性策略。

> **小知识**——选择性策略的适用范围
>
> 　　选择性策略适用于所有产品，生产者采用也最多，尤其是对顾客在购买时需比较后才能决定购买的产品更为适宜。有些产品在采用普遍性策略后，为了降低费用，提高利润，往往淘汰一部分作用小、效率低的中间商，采用选择性策略。

2. 策划和选择销售渠道要考虑的因素

（1）药品特性

① 药品的理化性质　价格低、体积大的药品，需要搬运次数少、运输距离短的渠道来分销。

② 药品价格　价格高的药品，宜采用短渠道，尽量减少流通环节，降低流通费用；反之，则应采用较长和较宽的分销渠道，以方便消费者的购买。

③ 药品的通用性　常用药品由于销量大、使用面积广，分销渠道一般较长较宽；反之，一些特效药如抗癌药的分销渠道一般较短较窄。

④ 药品所处的生命周期阶段　产品处于不同的生命周期阶段，其分销渠道的要求也不同。处于投入期的药品，由于推广比较困难，经销商往往不愿经销，企业不得不自己销售或采用短而窄的渠道；处于成长期或成熟期的药品，则可采用长而宽的分销渠道。

（2）市场特性

① 药品的适用范围　如果药品适用范围广、市场分布区域宽，企业无法自销，应采用较长较宽的渠道；反之，则可采用短渠道。

② 市场顾客集中程度　如果市场顾客集中或有区域消费特性，可采用短渠道，以在保证渠道功能的前提下降低渠道成本；如果市场顾客比较分散，则应选择长而宽的渠道，以更多地发挥中间商的功能，推广企业的产品。

③ 销售批量和频率　销售批量大的药品可采用短渠道；销售批量小，交易次数频繁的药品，则应采用较长和较宽的渠道。

④ 市场形势的变化　市场繁荣，需求旺盛时，企业应拓宽分销渠道；经济不景气，市场萧条时，则应减少中间环节，收缩分销渠道。

(3) 竞争特性　生产者分销渠道的选择，应考虑到竞争对手的分销渠道设计和运行状况，并结合本企业药品的特点，有目的地选择与竞争对手相同或不同的分销渠道。

(4) 顾客特性　生产企业在选择分销渠道时，还应充分考虑消费者的分布状况和顾客的购买频率、购买数量以及对促销手段的敏感程度等因素。当某一市场的顾客数量多、购买力大时，企业应利用有较多中间商的长渠道；反之，则使用短渠道。

(5) 企业特性

① 企业的规模和声誉　企业的规模大、声誉高、资金雄厚、销售力量强，具有强有力的管理销售业务能力和丰富的经验，在渠道的选择上主动权就大，一般会采用比较短的分销渠道或者自己建立销售机构。如果企业规模小，品牌的知名度低，就应当依赖中间商的分销能力来销售商品。

② 企业的营销经验和能力　营销经验丰富、营销能力强的企业，可以采用较短的分销渠道；反之，则应依靠中间商来销售。

③ 企业的财务能力　财务能力差的企业，一般都采用"佣金制"的分销渠道，利用能够并且愿意承担部分储存、运输、融资职能的中间商销售产品。

④ 企业控制渠道的愿望　企业控制分销渠道的愿望有强弱之分，如果企业希望控制分销渠道，以便控制商品的价格和进行统一的促销，维护市场的有序性，就可以选择短渠道；有的企业无意于控制分销渠道，就可以采用长渠道。

(6) 中间商特性　设计分销渠道时，还需考虑中间商的特性。一般来说，中间商在执行运输、广告、储存、接纳顾客等方面，以及在信用条件、退货特权、人员培训、送货频率、营销方案策划等方面，都有不同的特点和要求。

(7) 相关政策、法律法规　有些药品的分销渠道还受国家或地方的相关政策、法律法规限制。如由国家或主管部门实行严格控制的精神类药品，其分销渠道有明确的规定和限制。

3. 策划和选择最佳的渠道设计方案

具体内容包括确定分销渠道的长度和分销商的级次、确定分销渠道的宽度、评估中间商、确定渠道成员的责任等。

(1) 确定分销渠道的长度和分销商的级次　企业在对影响分销渠道的各因素进行综合分析的基础上，首先应确定分销渠道的类型，是直接渠道还是间接渠道，是长渠道还是短渠道，如果是长渠道还应明确分几级分销。

(2) 确定分销渠道的宽度　企业在确定分销渠道的长度后，应确定分销渠道的宽度，即同级中间商数目的多少，根据具体情况可考虑选择密集分销、选择分销、独家分销等形式。

(3) 评估中间商　中间商的选择是否合理，对制药企业的产品进入市场、占领市场、巩固市场和培育市场有着关键性的作用。而中间商的选择是否合理又完全依赖于对每一个相关中间商的评估。在评估中间商时应认真分析中间商的服务对象、地理位置、经营范围、销售能力、服务水平、储存能力、运输能力、财务状况、信誉及管理水平、合作诚意等方面。

(4) 确定渠道成员的责任　生产商和中间商需要在每一个渠道成员的条件和责任上达成协议。他们应当在价格政策、销售条件、区域权利和各自应执行的具体义务方面协商一致。生产商应该为中间商制订价格目录和公平的折扣体系，必须划定每一个渠道成员的销售区域、审慎安排新中间商的市场位置。在制定服务与责任条款时，必须谨慎行事，尤其是在确定特许经销商和独家经销商时更应考虑企业的现状、未来等各方面的因素。

> **实训范例**
>
> 针对城市白领消费者群体中出现的减肥、健身愿望，某厂开发出一种室内跑步机，并获得了国家专利。为了在全国推销本产品，市场营销经理这样设计一个渠道。
> （1）在全国各省均建立一个经销站，由该站与本厂签订专卖合约，借以明确界定省级经销站的权利和责任。
> （2）各省经销站有权设计本省内销售网络方案，规定销售价格，选择销售能力强、信誉好的零售商作为成员，共同开展适合当地特点的促销活动。

任务四：渠道选择方案评估

企业在完成分销渠道方案的策略确定后，还应该对各种可供选择的渠道进行评估，对各种分销渠道进行分析比较，从各种可供选择的方案中遴选最佳的、有利于实现企业长远目标的分销渠道。

1. 渠道选择方案评估方法

在选择出一个最为适合的渠道设计方案之前，首先需要对已有的营销渠道设计方案进行评估并比较。财务法（financial approach）和交易成本分析法（transaction cost analysis，TCA）是两个具有数理知识支持的常用评估方法。不过，众多渠道精英的营销实战的经验显示，财务法和交易成本分析法用的并不多，取而代之，用的较为广泛的反而是经验法。

> **营销备忘**
>
> 经验法
>
> 所谓经验法，就是指依照营销实战中积累的管理上的经验来判断并选择营销渠道设计方案的一种方法。尽管经验法在精确度方面存在较大的不足，但是在现实营销实战中依然广为使用。经验法在营销实战中，又细分如下三种方法。
>
> 1. 直接的定性判断法
>
> 在进行营销渠道方案的选择实战中，这种定性的方法是最粗糙但同时却是最常用的方法。
>
> 使用这种方法时，根据比较重要的决策因素对渠道结构选择的渠道变量进行评估、比较。这些决策因素可能包括短期或长期的成本以及利润、渠道控制度、渠道灵活度以及企业发展总体规划等。
>
> 2. 权重因素记分法
>
> 这种方法最早由美国著名营销学家菲利浦·科特勒提出。权重因素记分法是一种更为精确的选择渠道结构的直接定性判断法。这种方法在选择渠道结构的判断过程中更加结构化和定量化。权重因素记分法包括如下五个基本步骤：①明确地列举渠道选择的决策因素；②以百分比形式标注每个决策因素的权重，以反映它们的相关重要性；③每个渠道选择以每个决策因素按1~10的顺序打分；④通过权重（a）与因素分数（b）相乘计算出每个渠道选择的总权重因素总分；⑤将备选的渠道结构总分排序，获得最高分的渠道选择方案即为最适合的选择。
>
> 3. 分销成本法
>
> 该方法可以估算不同的营销渠道的成本及收益，并通过这些数字的对比找出成本低收益大的渠道结构作为最适合的选择。

2. 渠道选择方案评估内容

评估主要从经济性、可控性、适应性3个方面进行。

(1) 经济性　企业设计分销渠道的首要目的是追求利润。这就必然要考虑以下两点：在销售成本相同的情况下，选择能使销售量达到最大的分销渠道；在销售量相同的情况下，选择销售成本最低的分销渠道。一般情况下，制造商自行推销的成本比利用中间商推销的成本高，但是当销售量超过一定规模时，利用中间商的成本会越来越高。因此，规模较小的企业或在销售量比较少的市场上销售的大企业，应当利用中间商来销售；当销售量达到一定水平时，企业则应自行设立分销机构。通过以上分析我们发现，企业应随着销售量的变化而不断调整分销渠道的设立方法。

(2) 可控性　由于中间商一般独立于制造商而存在，它可能同时代理很多相同或相近的产品，为多家制造商服务，不可能一切行动完全听命于某一家制造商，表现出一定程度的不可控制性。为此，制造商必须根据自己营销目标的需要，充分考虑分销渠道的可控性。中间商在理解和执行制造商的促销方案、维系与顾客的关系、了解产品的技术细节等方面可能无法达到自销的标准要求，企业应预计到分销渠道的这种不可控性，采用相关的方法和手段回避、减少其可能给企业带来的风险。企业自销对渠道的控制能力最强，但由于企业推销在一定的规模限度内费用较高，市场覆盖面较窄，所以不可能完全自销。企业可以通过对中间商的培训、沟通、明确权利与义务关系、建立特许经销商或特约代理商等手段来加强对分销渠道的控制。

(3) 适应性　当一种分销模式或一条分销渠道建立后，就意味着制造商与中间商、中间商与中间商之间存在了一定区域一定时间上的关系，不能随意调整和更改。而市场是不断变化的，企业在选择分销渠道时，应考虑渠道的适应性。一方面是地区适应性，在某一地区设立分销渠道应综合考察该地区的市场竞争状况、消费水平等；另一方面是时间上的适应性，每一个渠道方案都会随着时间的延长而失去某些功能，某些原有的渠道成员间的承诺无法实现，渠道方案随之失去弹性。所以，在制订渠道方案时应注意签订合同的时间。

七、项目课时安排

(1) 实训时间：2课时。
(2) 讲授时间：2课时。

八、项目考核与评分标准

"制订渠道设计方案"设计的评估分值比重占"药品市场渠道设计技术"评估总分的40%。具体评估标准见附录二《药品市场营销技术》课程评估手册中项目3.1"制订渠道设计方案"评估标准。

专业能力评估项目

序号	评估项目	评估标准 实训任务是否基本完成； 考评总分30分	实训操作是否有突出表现； 考评总分40分
6	分析客户需要	基本完成，得7分。没有基本完成酌情扣分	通过调查了解目标客户购买信息
7	确定渠道设计目标	基本完成，得7分。没有基本完成酌情扣分	设立合理的渠道目标
8	制订渠道选择方案	基本完成，得8分。没有基本完成酌情扣分	1.考虑中间商的类型、每个加入成员的条件及其相互责任等 2.确定合理中间商的数量
9	渠道选择方案评估	基本完成，得8分。没有基本完成酌情扣分	渠道选择方案符合经济性、可控性和适应性
	6～9项自评成绩Σ70		

九、典型范例

营销渠道设计的限制因素及案例分析

营销活动的核心是使产品或服务被使用或消费,从而为组织带来经济利益。而营销渠道正是促使产品或服务顺利地被使用或消费的一整套相互依存的组织。因此营销渠道决策是组织面临的最重要的决策,其所选择的渠道将直接影响所有其他营销决策。一个成功的科学的营销渠道能够更快、更有效地推动商品广泛地进入目标市场,为生产商及中间商带来极大的现实及长远收益。

因此,营销渠道的设计应充分考虑各种限制性因素,制订出适合组织产品或服务特性的营销渠道,促使组织营销目标的实现。

1. 营销渠道设计的限制因素
(1) 考虑产品或服务的不同特性,如产品概念、定价、目标人群、使用方法等。
(2) 考虑现有渠道的特性,如进入成本、发展性、商业信誉、专业性等。
(3) 考虑销售地区的经济环境,如人均收入、景气指数等。
(4) 考虑组织的营销规划,如销售预算。

2. 渠道设计案例

以海南伊人生物技术有限公司生产的"伊人净"在上海地区销售渠道为例,结合上述因素分析如下。

(1) 伊人净的产品特性和顾客需要分析 伊人净是泡沫型妇科护理产品,剂型新颖,使用方便,但与传统的洗液类护理产品不同,首次使用需要适当指导,因此以柜台销售为好;且产品诉求为解决女性妇科问题,渠道应尽量考虑其专业性,如药店和医院。

(2) 上海地区健康相关产品的中间商类型分析 药品、食品、保健品和消毒制品统称为健康相关产品,目前主要的销售渠道为药店、商场、超市(含大卖场)和便利店。其中药店多为柜台销售且营业员有一定的医学知识,资信好,进入成本低,分布面广。商场、超市和大卖场近几年来蓬勃发展,在零售中处于主导地位,销量大,但进入成本高,结款困难且多为自选式销售,无法与消费者进行良好的沟通。便利店因营业面积小而以成熟产品为主。

(3) 未来两年渠道变化趋势分析 目前各大上市公司和外资对中国医药零售业垂涎欲滴,医药零售企业也在不断地变革,加之医改改革使大量的药店成为医保药房,药店在健康相关产品的零售地位将会不断地提高,其进入门槛也会越来越高,比起日渐成熟的超市大卖场而言发展潜力巨大。

(4) 伊人公司的营销目标 随着上海经济的快速发展,收入的不断提高,人们的观念也在不断地更新,对新产品更易于接受。伊人公司希望产品能够快速进入市场,成为女性日用生活的必需品,像感冒药一样随处可购买,从而改变中国女性传统的清水清洗和洗液清洗的习惯。最终,像卫生巾取代卫生纸一样成为女性妇科护理市场的主导产品。

(5) 伊人净上海地区的渠道设计方案 根据以上分析,伊人公司在上海建立了如下的渠道策略。

分步完善渠道结构,优先发展传统国营医药渠道,在有限的广告中指定仅在药店销售,保证经销商的合理利润。在产品成熟后发展常规渠道。渠道结构如下。

第一年度:公司→区级医药公司→药店和医院(连锁药店)→消费者
第二年度及以后:公司→区级医药公司→药店和医院(商场和超市连锁便利店)→消费者

案例评价:伊人公司的渠道结构体现了健康相关产品应有的专业特性,有效克服了产品进入市场时在使用指导上的困难,同时又以较低的代价达到了广泛的铺货。因第一年度的渠道选择上的指定性(仅在药店销售),使得现有渠道对公司产品有良好的印象,从而有利于后继产品的快速上市。医药在价格上的稳定性,也使公司在产品价格上易于控制,保证其他区域的招商顺利进行。

项目3.2 渠道成员选择

营销渠道是企业的第三利润源。

一、项目任务

(1) 要求学生把渠道管理理论应用于营销实践,联系项目实训背景,正确选择渠道成员。

(2) 要求学生能运用企业渠道设计方案,开发新的渠道成员,并负责审核其资格,负责渠道成员的联络、考评、筛选、淘汰和更新。

二、技能要求

(1) 通过学习渠道成员选择,使学生掌握渠道成员选择的方法,培养学生综合分析问题的能力。

(2) 通过分组完成渠道成员选择,培养学生与小组内部成员的分工协作、与其他人员沟通协调的能力。

(3) 通过渠道成员选择实训,培养学生渠道管理的基本技能。

三、项目操作流程

工作目标	知识准备	关键点控制	流程图
能够有步骤地开发渠道成员,保证渠道成员符合公司渠道开发战略	1. 渠道成员的选择原则 2. 评估渠道成员的要点	1. 寻找合适的渠道成员 借助合适的渠道寻找、搜集渠道成员的相关资料 2. 对照选择标准作出判断 中间商选择原则:包括经商年数、经营的其他产品、成长和盈利记录等 3. 评价中间商 定期组织对渠道成员的评价,内容包括销售配额完成情况、平均存货水平、向客户交货时间等	寻找合适的渠道成员 ↓ 对照选择标准作出判断 ↓ 评价中间商

四、理论指导

中间商是社会分工和商品经济发展的产物。随着经济的日益发展和繁荣,中间商的作用越来越突出。

(一) 中间商的概念

中间商指处在分销渠道中间环节的市场中介机构或个人。即进行药品批发和零售或代理的专业公司,是联系药品生产企业和患者的中间环节。

为什么要选择中间商?请看图3-6、图3-7。

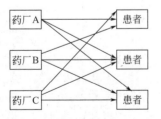

图 3-6 没有中间商的销售路径

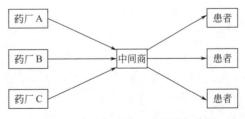

图 3-7 中间商建立后的销售路径

从图3-6、图3-7中可以看出,没有中间商时3个药厂的药品要到3位患者手中,需要9条路径;如果有中间商只需3条,大大降低了药厂的销售成本。所以,药厂在药品销售中都要选择合适的中间商即商业客户。

> **营销备忘** 选择中间商的基本原则
>
> 1. 商业信誉
> (1) 是否代理过形象出众的药品。
> (2) 其他商务代表对该公司的评价。
> (3) 在当地的势力和地位。
> (4) 当地其他商业客户对它的看法。
> 2. 资信状况
> 如年销售回款额、应收款数量、给生产企业的回款期限、会计师事务所有关的审计报告、银行信誉级别等。
> 3. 销售网络
> 销售网络即商业辐射能力。
> 4. 社会背景
> 社会背景是指中间商资源的外延。

(二) 中间商的类型

按其是否拥有药品所有权,分为经销商和居间批发商。经销商指通过购买,拥有药品所有权,要承担风险,包括商人批发商、生产者或零售商自设的销售机构、其他批发商及零售商。居间批发商指不拥有药品所有权,只促成交易实现,基本上没有风险,包括代理商、经纪商、委托商等。按其在流通中的作用、地位不同,中间商可分为批发商和零售商。

1. 批发商

批发商指从事将药品销售给为了转售而购买的人的各种活动的组织或个人。

(1) 商人批发商　是独立经营者,又称独立批发商,对其经营的药品拥有所有权,是批发商中最主要的部分,占 50%～60%。可分为完全服务批发商和有限服务批发商两种。前者提供全套服务,持有存货,有固定的销售人员,提供信贷以及协助管理等;后者提供有限的服务,比如有现购自运批发商、承销批发商(不存货)、托售批发商、邮购批发商等。

(2) 居间批发商　对经营的药品没有所有权,只为买卖双方提供交易服务,帮助转移药品所有权,收取一定佣金或服务手续费。包括代理商、经纪商等。

代理商指接受生产者或顾客委托,从事药品交易获得一定佣金或服务手续费的企业或个人。包括生产代理商、销售代理商、采购代理商。

> **营销备忘** 代理商的类型
>
> 生产代理商指受生产者委托,签订销货协议,在一定区域内负责代销生产企业药品,收取一定佣金的中间商;代理商不需有资金,不设仓库,由顾客直接向生产商提货或由生产商发货,也不必承担任何风险,类似于生产者的推销员;生产者可以委托若干个企业代理商在不同地区为其推销产品,企业也可自己参加销售活动;代理商也可同时为几个生产企业代理非竞争性的相互关联的药品。
>
> 销售代理商,是一种独立的中间商,受生产者委托全权负责独家代理生产者的全部药品;销售范围不受地区限制,拥有一定的售价决定权;生产企业不能直接进行销售活动,同一时期生产者只能委托一个代理商,代理商也不能代销其他企业的药品;对

生产企业承担较多的义务,在销售协议中一般会规定一定时期内的推销数量,并为生产企业提供市场调查预测的情报,负责进行商品宣传促销等活动;设有仓库,负责储运和实物销售。

采购代理商是顾客的代理人,与顾客有长期的合作关系。

经纪商是指没有现货,没有药品所有权,只是受人之托拿着样品或药品说明书替买主找卖主,替卖主找买主的人或组织。其作用是为买卖双方牵线搭桥,协助买卖双方进行谈判,交易成功后向雇佣方收取佣金;不持有库存,不参与融资,也不承担风险;他与任何买卖双方都没有一个固定的关系。

(3) 生产商或零售商的自营销售机构　有分销部和办事处两种。分销部有存货,其形式如同商人批发商,只不过隶属关系不同;办事处没有存货,是企业的驻外代办机构,有些零售商设立采购办事处,主要办理本公司的采购业务,也兼作批发业务,功能与经纪商和代理商相似。

2. 零售商

药品零售是指将药品和随药品而提供的服务直接出售给最终消费者,从而实现药品和服务价值的一种商业活动。目前我国医药零售行业市场现状与发展趋势如下:

(1) 我国医药零售行业市场现状

① 药品零售终端销量持续增长,零售药店占比提升　终端调查数据显示,2021年我国三大终端药品销售额为17747亿元,同比增长8.0%。其中,公立医院终端市场份额占比为63.5%,零售药店占比26.9%,公立基层医疗占比9.6%。如果加入未统计的"民营医院、私人诊所、村卫生室",则目前中国药品终端总销售额超过两万亿元,占2021年7.8万亿元全国卫生总费用的26%左右(药占比)。零售药店受益于消费升级和处方外流(处方外流是指医院把处方单对外开放,患者可以凭借处方单去院外的零售药店购买处方药),终端销售总量和所占市场份额持续提升。

② 中国零售药店有望成为第一终端,市场规模超万亿　我国零售药店目前是第二终端,数据显示,其药品销售规模约4800亿元,其中处方药销售规模约1600亿,处方药零售渠道占比从2018年的12%提升至2020年的15%,而美日处方药药店渠道占比接近50%,中国零售药店市场空间广阔。

③ 政策鼓励零售药店行业头部集中、多元化发展　2021年10月28日,国家商务部发布《关于"十四五"时期促进药品流通行业高质量发展的指导意见》,指出到2025年,培育形成5~10家超过500亿元的专业化、多元化药品零售连锁企业,药品零售百强企业年销售额占药品零售市场总额65%以上,药品零售连锁率要接近70%。

(2) 我国医药零售行业发展趋势　目前医药零售还是以线下药店销售为主,线下药店发展趋势如下:

① 零售药店区域扩张趋势　聚焦下沉与发展加盟。目前局部地区药店趋于饱和,同时药品集中带量采购降低药价,致使客流量下滑和新店盈利周期拉长。龙头连锁药店的门店拓展思路转变为聚焦下沉与发展加盟。与此同时,药店的异地扩张放慢脚步,甚至有药品连锁企业主动采取收缩战略,推动发展加盟商等新业态,降低投资风险,提高盈利确定性。

② 零售药店开店类型发展趋势　加大医院周边门店和社区门店建设。随着零售药店告别高客流、高毛利时代,同时还需面对电商行业高速发展所带来的冲击,零售药店需在运营上进行"精耕细作",充分发挥线下实体药店优势。连锁药店企业需要逐渐重视社区店和院

边店建设,积极拥抱新零售(O2O为主),建立以患者为中心的线上线下全方位和全流程精益运营和服务模式,提升单店盈利能力。

③ 零售药店品类结构趋势　药占比提升,多元化蓄势待发。长期来看,随着药占比逐步提升和实体药店规模增速的趋缓,多元化品类趋势也将显现,如创新药、保健品、中药、药妆、门店诊疗服务等。

④ 线上药品零售发展趋势　新冠疫情催化网上药店高速发展,积累健康流量、技术和配送资源。在低基数和新零售趋势下,网上药店药品销售规模增速显著快于实体药店。从药品结构来说,网上药店药品结构以化药和处方药为主,处方药线上化趋势显现。其中网上药店OTC药品稳健成长,品牌力和品类成熟度是主要核心矛盾。

零售商是指将药品直接销售给最终消费者的组织或个人。零售商有以下3种类型。

(1) 药店零售,即有店铺的零售。

(2) 无店铺零售。如直销、邮购、电话订购、电视营销、网络营销、自动售货、购货服务等。

(3) 零售组织,即医药连锁经营店。

★ 新经济营销　　买药也有了"自动售货机"

有了病痛,您不用满大街地找药房,也许下楼就能从自动售药机里买到自己需要的药品。从今天起,一种新型便民的自动售药机已经在杭州的机场、车站、风景区、宾馆、办公楼等处设置。

这种自动售药机操作简单方便,它采用超大触摸显示器,使用图片、动画、影音等多媒体形式提供药品图片、药品使用说明书,方便顾客根据电脑屏幕提示,对症下药,选择相关药品。

市民在自动售药机上购药,既可用现金支付,也可用银行卡或电子钱包(杭州市民卡)支付,还可即时取得包含药品批号等信息的交易凭证或发票。

自动售药机可储存16大类130~150种药品。为保证用药安全,自动售药机集成了最新的语音技术,市民如有用药和健康问题,随时可以通过自动售药机上的语音系统向执业药师进行咨询,使用非处方药更健康更安全。

甲类非处方药品,则设备保证必须在经过执业药师的咨询确认后,才能实现销售,使顾客用得安全、放心。

此外,在杭州出现的自动售药机,还具有远程温湿度控制和智能定位补货功能。管理中心能实时通过无线网络监控到每台自动售药机内部的温湿度情况,保证药品存储环境的安全,确保药品质量。而通过扫描每个药品的条形码,指示灯将会提示补货人员正确的药品补货轨道,确保了药品出货安全。

(资料来源:中国品牌总网)

营销备忘　　零售组织的3个类型

直营连锁:是指由公司直接经营的连锁店,公司和企业属同一企业所有,控制力强,但效率低。

特许加盟:是指由总部指导、传授加盟店各项经营的技术经验并收取一定比例的权利金及指导费的契约关系的连锁店，效率高，但加盟店的风险高。

自愿加盟：是指自愿加入连锁系统的连锁店，这种药店原已存在，并不是由连锁公司辅导创立的，药品所有权属于加盟主所有，而运作技术及药店品牌归总部所有，自愿加盟店风险小，公司对它控制力弱。

五、项目组织与实训环境

（一）项目组织

(1) 全班进行分组，每组7～8人，

(2) 以本项目后的实训课题二作为实训项目。

（二）实训环境

1. 校外实训环境

为了实现企业的市场营销目标，各企业都必须招募合格的中间商来从事渠道分销活动。各中间商从而成为企业产品分销渠道的一个成员。不同的企业，其招募能力也不相同，有些企业可以毫不费劲地找到特定的商店加入其渠道之中，而有些企业必须费尽心思才能招到期望数量的中间商。但不论生产者在招募中间商方面容易还是困难，他们都必须决定哪些特性可体现出中间商的优劣。他们需要评估中间商经营时间的长短、增长记录、偿还能力、合作意愿及其声望。如果中间商准备给予某家百货公司独家经销权，则生产者需评估该商店的位置，未来的发展潜力及经常光顾的顾客类型。生产者还必须定期评估中间商的绩效是否已达到某些标准。如果中间商绩效低于标准，则应考虑造成的原因及补救的方法。生产者有时必须容忍这些令人不满的绩效，因为若断绝与该中间商关系或以其他中间商取代可能造成更严重的后果。但若对该中间商的使用存在其他有利方案时，生产者应对中间商达到某种水平有时限，否则就要将其从渠道中剔除。

2. 校内实训环境

(1) 营销沙盘实训室。

(2) 教室。

六、项目执行

选择合适的中间商包括以下三个步骤：寻找合适的渠道成员、对照选择标准作出判断、评价中间商。以上流程内容按执行顺序编为任务一至三。

任务一：寻找合适的渠道成员

寻找的途径：地区销售组织、商业渠道、中间商咨询、顾客、广告、商业展览等。我们通过渠道开发进度表（表3-1）来确定此任务。

表 3-1 渠道开发进度表

序号	开发步骤	进度日期					
1	寻找新客户资料						
2	取得初步联系						
3	初步拜访						
4	产生意向						
5	报价						
6	渠道主管审核						
7	渠道经理审核						
8	进行具体沟通						
9	签订合同						

任务二：对照选择标准作出判断

在寻找到了足够的渠道成员后，就要根据中间商的选择原则来审核这些渠道成员。

1. 中间商的市场范围

首先，要考虑中间商的经营范围与药品的预计销售地区是否一致，如果中间商的经营范围不包括该地区，则未必是个好选择。

其次，中间商的销售目标群体是否也是生产商所瞄准的潜在顾客，这一点非常重要。因为生产商都希望中间商能打入自己已确定的目标市场，并最终说服顾客购买自己的药品。

2. 中间商的地域优势

选择批发商要考虑它所处的位置是否有利于药品的批量储存与运输，选择零售商要考虑是否是顾客流量最大的地点。

3. 中间商的产品策略

中间商承销的药品种类及其组合情况是中间商产品政策的具体体现。选择中间商时，要看其有多少条产品线，还要看经销的各种药品是否是竞争药品，一般应避免选择经销竞争性药品的中间商，避免产生内部竞争，影响营销效益。但是如果本企业的药品的竞争优势明显，就可以选择经销竞争性药品的中间商。

4. 中间商的销售经验

一般规模大、知名度高的药厂往往选中对销售某种药品具有专门经验的中间商，虽然促销费用较高，但能很快打开销路。

5. 中间商的财务与信用状况

如年销售回款额、应收款数量、给生产企业的回款期限、会计师事务所有关的审计报告、银行信誉级别等。应选择那些财务与信用状况较好的中间商。

我们通过渠道成员登记表（表3-2）来明确此任务的内容。

表3-2 渠道成员登记表

经销商编号		经销商全称	
主要客户群			
主要销售区域			
渠道销售经验			
店面地点			
财务资信			

营销备忘　　　　　　　　选择分销商的方法

1. 销售量分析法

销售量分析法是通过实地考察有关分销商的顾客流量和销售情况，并分析其近年来销售额水平及变化趋势。在此基础上，对有关分销商实际能够承担的分销能力，尤其是可能达到的销售量水平进行估计和评价，以控制铺货量。

2. 强制评分法

对拟作为合作伙伴的每个分销商，就其从事药品分销的能力和条件进行评分。由于各个分销商之间存在分销优势与劣势的差异，因而每个项目的得分会有所区别，而不同项目（因素）对分销渠道功能建设的影响程度不同，所以可以对不同项目分别赋予不同的权数，然后计算每个中间商的总得分，从得分较高者中择优选择。

3. 销售费用分析法

利用分销商进行销售是有成本的，主要包括市场开拓费用，给分销商的价格优惠，由于货款延迟支付而带来的收益损失，合同谈判和监督的费用。而这些费用构成了总销售费用，它实际上会减少药厂的净收益，降低利用有关分销渠道的价值。具体有总销售费用比较法、单位销售费用比较法和费用效率分析法三种方法。

任务三：评价中间商

不同的医药企业招募能力不同，有些企业能轻易地找到特定的医药分销商，而有的企业比较困难。在经销商的选择上，制药企业必须结合自身综合因素以及拥有的资源来进行分析决策，企业自身的综合实力，营销战略，产品线的长度、宽度、深度、密度以及相容度，产品的定位，目标客户群体等各方面都应考虑周全，找到最适合自己的经销商。同时定期组织对渠道成员的评价，内容包括基本资料、资信情况、人员情况等。可以通过渠道成员评价表来评估（表3-3）。

表3-3 渠道成员评价表

经销商编号							
基本资料	公司全称				公司成立时间		
	联系电话		传真		电子邮件		
	营业地址					邮编	
	收货地址					联系人	
资信情况	上级主管部门				税号		
	开户行				账号		
	经营性质		注册资金		固定资产		
	流动资金				可用资金		
	销售配额完成情况		平均存货水平		向客户交货时间		
	对损坏和遗失商品的处理			与公司促销和培训计划的合作情况			
人员情况	公司法人		性别	身份证号		联系电话	
	总经理姓名		性别	身份证号		联系电话	
	主要联系人		性别	身份证号		联系电话	
	公司总人数			管理人员数		财务人员数	
	销售人员数			技术人员数		服务人员数	
	主营产品占营业额比例						
	经营方式	行业销售（ ）		个人市场零售（ ）		批发（ ）	其他（ ）

七、项目课时安排

（1）实训时间：2课时。

（2）讲授时间：2课时。

八、项目考核与评分标准

"渠道成员选择"实践的评估分值比重占"药品市场渠道设计技术"评估总分的30%。具体评估标准见附录二《药品市场营销技术》课程评估手册中项目3.2"渠道成员选择"评估标准。

专业能力评估项目

序号	评估项目 评估标准	实训任务是否基本完成；考评总分30分	实训操作是否有突出表现；考评总分40分
6	寻找合适的渠道成员	基本完成,得10分。没有基本完成酌情扣分	1.通过合适的渠道寻找 2.成本控制
7	对照选择标准作出判断	基本完成,得10分。没有基本完成酌情扣分	1.列出最重要标准 2.适合所销售的产品
8	评价中间商	基本完成,得10分。没有基本完成酌情扣分	1.基本资料 2.资信状况 3.人员情况
	6～8项自评成绩∑70		

九、典型范例

××药厂选择零售商方案

甲药厂是一家生产治疗骨质增生的药品壮骨关节丸的中型企业,决定在某市选择一家零售商,经考察,A、B两家零售商的情况如下。

零售商	顾客流量/(人/天)	销售额/(万元/日)	年销售额/万元	分担市场开拓费用/%	销售折让/%	货款结算方式
A	380	1.8	648	5	6	商业汇票
B	290	1.6	576	8	5	现金

请用销售量分析法和销售费用分析法分别为甲厂从两家候选单位中选择一家中间商。

用销售量分析法则应该选择A。因为A的顾客流量、日销售额、年销售额都高于B,并且预计年销售额变动趋势呈上升趋势,所以选择A。

用销售费用分析法则应该选择B。因为B分担的市场开拓费用比A高,销售折让比A低,货款回收率高于A,所以选择B。

提示：选择分销商的方法不止一种,分销商的情况也很复杂多变,在选择的时候要综合考虑,做出取舍。

项目3.3 渠道管理方案设计

中间商不属于由制造商所铸成的锁链中被雇佣的一个环节,
而是一个独立的市场,并成为一大群顾客的购买的焦点。

一、项目任务

（1）要求学生能根据渠道设计的目标,为实现营销目标制订一个渠道管理方案。

（2）要求学生在教师的指导下,能够完成本次渠道管理方案的制订工作,标准必须明确以便于执行。渠道管理方案部分采用表格的形式,便于操作和掌握。

二、技能要求

（1）通过学习渠道管理方案设计,使学生掌握渠道管理的方法,培养学生综合分析问题的能力。

（2）通过分组完成渠道管理方案,培养学生与小组内部成员的分工协作、与其他人员沟通协调的能力。

（3）通过设计渠道管理方案实训,培养学生渠道管理的基本技能。

三、项目操作流程

工作目标	知识准备	关键点控制	流程图
1. 使渠道成员能达到渠道设计的目标 2. 激励方案得到执行	1. 渠道的合作、竞争与冲突 2. 激励渠道成员在决策管理中的位置 3. 渠道控制的程序和类型	1. 设立渠道管理目标 执行渠道成员培训等工作 2. 编制渠道管理方案 对渠道成员提供持续的支持 3. 评估并改进渠道管理方案 协助解决渠道成员营销活动中的问题	设立渠道管理目标 ↓ 编制渠道管理方案 ↓ 评估并改进渠道管理方案

四、理论指导

（一）渠道管理决策

1. 选择渠道成员

参见项目 3.2 中"五、项目组织与实训环境"的内容。

> **经典营销故事　　　　长尾猴、斑马和狮子的故事**
>
> 长尾猴和斑马一起合作狩猎。长尾猴爬得高望得远，容易发现目标。斑马跑得快，能够及时捕获猎物。有一天，斑马和长尾猴闹了别扭，于是愤愤不平地想："猴子这家伙太狡猾了，专门挑轻巧的活儿干，却总是让我卖苦力。"
>
> 于是斑马离开了长尾猴，去找狮子做搭档。斑马认为，他们可以一起奔跑，谁也不会偷懒。没想到，有了收获后，狮子把猎物分成三份，对他说："因为我是万兽之王，所以要第一份；我帮你狩猎，所以我要第二份；如果你还不快逃走，第三份就会成为使你丧命的原因。"
>
> 启示：选择跟谁合作，实在是一个关系到生存智慧的大问题，营销中间商选择便是如此。
>
> （资料来源：广通编著. 经典营销故事全集. 2005）

2. 激励渠道成员

中间商需要激励以尽其职，使他们加入渠道的因素和条件已构成部分的激励因素，但尚需生产者不断地督导与鼓励。生产者在处理与经销商的关系时，往往采取不同的方式，主要有合作、合伙、分销规划三种。分销规划是指建立一套有计划、专业化管理的垂直市场营销系统，把制造商及经销商的需要结合起来。制造商在市场营销部门下成立一个专门的部门，即分销关系规划处，主要工作为确认经销商的需要，制订交易计划及方案，以帮助经销商能以最适当的方式经营。

3. 评估渠道成员

如果生产者及渠道成员能事先就绩效及制裁标准达成协议，则可避免许多失误。并且生产者经常以制订销售配额来代替其对当期绩效的期望。在某些情况下，这些配额仅供参考，而在另一些情况下，它却代表严格的标准。有些生产者在销售结束后，引出各中间商的销售量并加以评分，这种做法是希望激励那些名列榜尾的中间商为了自尊而努力上进，而使名列前茅的中间商为了荣誉而保持其良好表现。

> **巩固练习**——渠道的管理功能
>
> 渠道管理决策和营销目标的联系对于渠道的管理起到什么作用？

(二) 药品渠道冲突管理

1. 渠道冲突概述

分销渠道是由渠道成员组成的劳动分工系统，各渠道成员因参与不同的流程而互相依赖并彼此合作：制造商负责产品生产和全国性促销，经销商和零售商负责分销和地区性的促销。这种相互依赖源于各成员对资源的需求不仅是资金，还有专业技能和市场准入权等；而各自独立的渠道成员基于自身利益出发，又力图获得最大自主权，于是冲突就不可避免地产生了。

2. 冲突的表现类型

按照渠道成员关系，可以把渠道冲突分为三类：水平渠道冲突、垂直渠道冲突和多渠道冲突。

(1) 水平渠道冲突　是指处于同一渠道层次的各企业之间的冲突。对于这种冲突，渠道领导者有责任制定正确得力的政策，使渠道冲突的信息能反馈到最高管理层，并迅速果断地采取行动，以缓和或消除这些冲突，否则它将损害渠道的形象和向心力。

(2) 垂直渠道冲突　是指不同渠道层次的企业之间的利益冲突，它比水平渠道冲突更为常见。如通用汽车公司曾因增加服务、降低价格和强化广告而和它的经销商发生冲突。有些垂直渠道冲突不一定有害，反而有益，所以问题不在于如何去压制它，而在于如何因势利导，使大家受惠。渠道领导者应为其渠道系统确立一系列目标，并强化系统内的管理职能，以增强渠道成员的信任感，消除彼此间的冲突。

(3) 多渠道冲突　是指制造商建立了两个或两个以上的分销渠道，并互相向同一市场出售其产品或服务时发生竞争。过去大多数制药公司只通过医院渠道进入市场，随着OTC市场的蓬勃发展，越来越多的公司增加了对药店渠道的重视和投入，增加了产品的市场份额，但也导致了渠道之间的冲突，例如药店都集中在医院周围，以价格优势与医院竞争、争夺目标客户群体。

> **营销备忘**　　　　　　　　**产生渠道冲突的原因**
>
> (1) 目标差异　每个渠道成员都有着不同的个体目标，有各自的主张和要求，从而产生个体目标与渠道整体目标的差异，引起冲突。
>
> (2) 销售区域的归属差异　渠道成员对销售区域不同的界定造成渠道内冲突，解决的办法是精确合理地划分销售区域，让每个经销商都能在区域内有发展空间。
>
> (3) 技术的差异　渠道成员对技术的理解、掌握和运用情况不尽相同。
>
> (4) 对现实理解的差异　对现实状况的不同理解也会导致冲突产生。由于各成员获取信息的数量和质量不同，先前的经验不同，对同一种情况会有不同的判断和预测，造成对彼此行为的错误理解而产生冲突，加强和改善成员间的信息沟通有助于促进彼此的观点协调一致。
>
> 冲突的影响：换个角度而言，渠道冲突证明了产品有较高的市场覆盖率，完全没有渠道冲突的产品，其市场开拓一定是不完全的，网络覆盖必然存在空白。适度的渠道冲突还有利于激发经销商的竞争，增加渠道的活力，活跃产品市场；但恶性渠道冲突对渠道体系具极大的破坏性，会降低企业控制力和经销商的忠诚度。因而如何避免和化解恶性冲突是分销渠道管理中非常关键的部分。

（三）分销渠道的控制

1. 渠道控制的定义

渠道控制是一个渠道成员对另一个渠道成员的行为与决策变量成功施加影响的过程。渠道控制的本质是对渠道成员（组织）的行为进行控制，同时它也是一种跨组织控制、相互控制（或交叉控制）和结果导向的行为过程。渠道控制根植于相互依赖的渠道关系中，因而它与渠道关系中的诸多变量存在着千丝万缕的联系。

> **营销备忘　　　　　　　　渠道控制的主要形式**
>
> （1）激励　如给予渠道成员较大的利润幅度和各种促销津贴，给予渠道成员在某一地域经销某些产品的权力，或无偿给予销售设备等。激励必须针对受控制的渠道成员的真正需要。
>
> （2）强制　它包括制裁和处罚等手段，如减少渠道成员的产品利润幅度、撤销过去所答应的奖励措施、减少供货量或采购量等。
>
> （3）利用专门知识　渠道领袖拥有能帮助渠道成员提高经营能力的专门知识，利用这些专门知识，可促使渠道成员的业务行为与自己的期望相一致。
>
> （4）利用权威性　渠道中的一个成员具有很高的市场声誉，其他成员会自觉地依附和服从它。因此，渠道中实力强的大企业常被其他成员看成是当然的领袖，但这种形式施加的影响范围是比较小的。

2. 渠道控制的类型

（1）制造商对渠道的控制　大制造商常被看成是潜在的渠道领袖。他们的渠道控制力量源自他们的巨大财力，他们能保持高度的产品研究和开发势头，通过大规模促销来建立他们的企业声誉，他们拥有现代化的信息沟通手段，他们所具有的强大的激励和强制力量，能在渠道中对他们的产品做有力的控制。在有些情况下，小制造商也能在渠道网络内具有潜在控制力量，最常见的是小制造商保有优良的、独特的产品，他就能在渠道中对其产品进行控制。

（2）批发商对渠道的控制　批发商控制渠道的一种有效形式是自愿连锁，即由众多小零售商以契约的形式建立一个以某一批发商为渠道领袖的纵向营销系统。批发商控制渠道的另一种方法是发展自己的中间商品牌，但限于产品差异性较小、有需求并经常购买的产品，同时应以较低的批发价作为控制手段。

（3）零售商对渠道的控制　大零售商通过激励、强制、专业知识和权威性等手段控制渠道。另外，他们利用其他控制手段如选择供货的制造商，运用大规模广告宣传和营业推广来发展和巩固消费者的惠顾动机，建立中间商品牌和中间商标签来加强销售，从而使制造商依赖他们。

五、项目组织与实训环境

（一）项目组织

（1）全班进行分组，每组7～8人。

（2）根据典型范例"长虹彩电渠道冲突的原因和解决冲突的办法"，对长虹彩电的渠道进行评估以及提出对策。

（二）实训环境

1. 校外实训环境

为了实现企业的市场营销目标，公司需要仔细地计划它们的分销商和经销商，并执行之。中间商可以被看成是公司的最终用户。

2. 校内实训环境

（1）营销沙盘实训室。

（2）教室。

六、项目执行

渠道合作是市场营销观念下的必然产物，这种合作有利于各企业更好地满足目标市场的需求，为了能够顺利实现企业的市场营销目标，需要对渠道成员进行管理，包括了设立渠道管理目标、编制渠道管理方案、评估并改进渠道管理方案。以上管理内容按执行顺序编为任务一至三。

任务一：设立渠道管理目标

进行渠道管理是为了实现企业的渠道目标，进而实现企业的营销目标。渠道目标是推广产品、获得市场、赢得竞争、赢得顾客好评、树立企业形象，还是得到专业中间商支持？目标不同采取的管理方式不同。设立目标时一定要紧密结合渠道目标。

任务二：编制渠道管理方案

根据设定的目标，我们来编制渠道管理方案。渠道管理方案的主要内容如下。

1. 渠道成员的培训

> 💡 **渠道成员培训案例**
>
> 　　微软公司要求第三方的服务工程师要学完一系列的课程并参加资格证书考试。那些通过考试的人通常称为微软受证专家，他们利用这个称号来开展业务。
> 　　福特汽车公司通过它的以卫星为基础的福特之星网络向它的 6000 多个经销点发送训练程序和技术信息，每一个经销商的服务工程人员坐在会议桌旁观看监视器中正在播放的内容，其中一名教师正在向他们解释一些程序，如如何修理车载电子设备，并向他们提问和回答问题。

医药企业对渠道成员进行培训的目的在于增强医药分销商对本企业的信任度，提高其营销水平，扩大本企业产品的销售，提升销售业绩，建立与医药分销商稳定、持久的战略伙伴关系。围绕这一目标，医药企业对医药分销商的培训内容主要包括以下几个方面：企业形象宣传、产品知识培训、销售政策培训、营销理念培训等。

一般，培训形式有内部培训和外部培训两种：内部培训包括企业销售人员拜访洽谈、集中演示、会议交流等；外部培训通常是由企业委托专业培训公司来进行，例如财务管理培训、销售技巧培训等，用以不断提升经销素质和内部管理水平。

2. 渠道成员的激励

（1）渠道激励概述　　美国哈佛大学的心理学教授威廉·詹姆士在《行为管理学》一书中认为，合同关系仅仅能使人的潜力发挥到 20%～30%，而如果受到充分激励，其潜能可发挥至 80%～90%，这是因为激励活动可以调动人的积极性。中间商作为重要的渠道成员之一,他销售商品的积极性主要来自哪里呢？一般来讲,制造商必须了解中间商的需求,并有效地调动他们销货积极性。

中间商的需求

①好销的产品；②优惠的价格；③丰厚的利润回报；④一定量的前期铺货；⑤广告支持；⑥业务人员指导；⑦销售技巧方面的培训；⑧及时的供货；⑨特殊的补贴和返利；⑩优厚的付款条件等。

（2）渠道激励的内容

① 对总代理、总经销商进行促销激励

a. 年销售目标奖励：厂家事先设定一个销售目标,如果客户在规定的时间内达到了这个目标,则按事先的约定给予奖励。为兼顾不同客户的经销能力,可分设不同等级的销售目标,其奖励额度也逐渐递增,使中间商向更高销售目标冲刺。

奖励形式

①扣率形式；②学习机会奖励；③实用工具的奖励,如货车、电脑、管理软件、人员培训等,则是一个帮助其提高竞争力的更具价值的支持。

b. 阶段性促销奖励：为了提高某一段时间内的销量或特定目标,厂家也会开展阶段性的促销奖励。如在销售淡季期间为刺激批发商进货,给予一定的优惠奖励；或在销售旺季来临之前采取这种促销,以得到最大的市场份额。

② 对二级批发商进行促销激励 有实力的厂家除了对一级批发商设计了促销奖励外,还对二级批发商进行短期的阶段性促销,以加速产品的流通和分销能力。

实训范例

"百威"啤酒公司在上海市场曾与其二级批发商签订奖励合约,凡在规定时间内达到销量目标并拥有50家固定的零售客户,即可获得相应价值的奖品,这一策略使其产品以较快的速度铺到了终端售点。

为避免阶段性促销可能带来的混乱,应尽量将奖励考核依据立足于"实际销货量",在活动开始之前对各批发商的库存量进行盘点,再加上活动期间的进货量,最终减去活动结束时留存的库存量,以此计算出该客户活动期间的实际销量。

实训范例

某一啤酒批发商活动前盘点存货为100箱,活动期间进货300箱,活动结束后盘点留存50箱,则他在活动期间实际销售了350箱。但有时该法并不能解决客户"转移"商品的行为,他们可能会以低价将产品抛售到未开展促销的市场上——窜货,这将直接导致价格混乱,厂家必须重视这个日趋严重的问题。

③ 对终端售点进行促销激励 除了要鼓励批发商的经销积极性外,还应该激励零售商,

增加他们进货、销货的积极性。如提供一定数额的产品进场费、货架费、堆箱陈列费、POP张贴费、人员促销费、店庆赞助、年终返利、商店DM的赞助等。

为了吸引消费者的注意，还应借助于售点服务人员、营业员的主动推荐和推销，以达成并扩大消费者的购买数量。

> **案例分析**　　　　　　　"虎"牌啤酒针对营业人员促销
>
> "虎"牌啤酒针对酒店服务人员的促销奖励活动，只要服务人员向消费者推荐售卖了"虎"牌啤酒后，可凭收集的瓶盖向虎牌公司兑换奖品。如12个瓶盖可换价值5元的超市购物券一张，"瓶盖愈多，收获愈丰富"。用啤酒瓶盖换礼品的方法并非"虎"牌啤酒的首创，只不过，"虎"牌啤酒提供的礼品是变相等于现金的购物券，这倒是颇受酒店服务人员的欢迎。而且，本例中的兑换率并不低，一个瓶盖相当于0.42元的价值（当时，竞争品牌多为0.25～0.30元/个瓶盖）。对酒店服务小姐进行兑换瓶盖的奖励活动举行之后，众多厂家竞相效仿。目前，"瓶盖换物"已成为各啤酒厂家常年的销售补贴项目。但是，类似的奖励活动，其最大的弊端是促销一停，销售即降。

另外，有计划地把促销产品直接分配到各个零售店，一方面可将货源直接落实到终端售点，另一方面可以造成数量有限的促销气氛，也不失为一个策略性的措施。人为地制造了促销装产品供货比较紧张的气氛，奇货可居的心理将驱使零售商重视厂家举行的推广活动。而且，通过销售人员将促销、铺货数量直接落实到各零售店，不但使厂家促销运作直接得以贯彻，还能有效地掌控促销投入和产出的效果，这将比通过批发商推广更为有利。

④ 激励渠道成员配合开展对消费者的促销活动　如果不做针对消费者的促销，厂家在渠道投入力度再大恐怕也难有成效，渠道成员会要求厂家多做广告，甚至以广告的投放量作为标准来衡量是否经销你的产品。这实际上给新品牌的市场导入带来了很大的困难。

不少大型零售商场对缺乏知名度的品牌并不欢迎，即使肯付进场费也未必同意进货。工商之间交易谈判耗时冗长，甚至会打乱厂家原定的上市计划，使其处于极为被动的局面。

事实上，除非厂家的竞争对手不是很强大，而且自己有足够的营销费用能摆脱中间商开展直销，否则厂家针对消费者的促销活动仍需要得到渠道成员的配合。

> **渠道激励的基本原则**
> - 具体问题具体分析（因时因地因企业而异）的原则。
> - 物质激励与精神激励相结合（两手都要硬）的原则。
> - 成员愿望与渠道目标相一致（目标一致性）的原则。
> - 激励的重点性与全面性相结合（兼顾公平）的原则。
> - 激励的及时性与长期性相结合（持续发展）的原则。
> - 激励的投入与产出相匹配（效益性）的原则。

3. 协助解决渠道问题

最常见的是渠道冲突问题。解决渠道冲突有以下几种方法。

（1）目标管理　当企业面临对手竞争时，树立超级目标是团结渠道各成员的根本。超级目标是指渠道成员共同努力，以达到单个所不能实现的目标，其内容包括渠道生存、市场份额、高品质和顾客满意。从根本上讲，超级目标是单个公司不能承担，只能通过合作实现的目标。一般只有当渠道一直受到威胁时，共同实现超级目标才会有助于冲突的解决，才有建立超级目标的必要。

> **知识拓展**——垂直渠道冲突处理方法
>
> 　　一种有效地处理垂直渠道冲突的方法是在两个或两个以上的渠道层次上实行人员互换。比如，让制造商的一些销售主管去部分经销商处工作一段时间，有些经销商负责人可以在制造商制定有关经销商政策的领域内工作。经过互换人员，可以提供一个设身处地为对方考虑问题的位置，便于在确定共同目标的基础上处理一些垂直渠道冲突。

（2）沟通　通过劝说来解决冲突其实就是在利用领导力。从本质上说，劝说是为存在冲突的渠道成员提供沟通机会，强调通过劝说来影响其行为而非信息共享，也是为了减少有关职能分工引起的冲突。既然大家已通过超级目标结成利益共同体，劝说可帮助成员解决有关各自的领域、功能和对顾客的不同理解的问题。劝说的重要性在于使各成员履行自己曾经作出的关于超级目标的承诺。

（3）协商谈判　谈判的目标在于停止成员间的冲突。妥协也许会避免冲突爆发，但不能解决导致冲突的根本原因。只要压力继续存在，终究会导致冲突产生。其实，谈判是渠道成员讨价还价的一个方法。在谈判过程中，每个成员会放弃一些东西，从而避免冲突的发生，但利用谈判或劝说要看成员的沟通能力。事实上，用上述方法解决冲突时，需要每一位成员形成一个独立的战略方法以确保能解决问题。

（4）诉讼　冲突有时要通过政府来解决，诉诸法律也是借助外力来解决问题的方法。对于这种方法的采用也意味着渠道中的领导力不起作用，即通过谈判、劝说等途径已没有效果。

（5）退出　解决冲突的最后一种方法就是退出该营销渠道。事实上，退出某一营销渠道是解决冲突的普遍方法。一个企图退出渠道的企业应该要么为自己留条后路，要么愿意改变其根本不能实现的业务目标。

若一个公司想继续从事原行业，必须有其他可供选择的渠道。对于该公司而言，可供选择的渠道成本至少不应比现在大，或者它愿意花更大的成本避免现有矛盾。当水平渠道冲突或垂直渠道冲突处在不可调和的情况下时，退出是一种可取的办法。从现有渠道中退出可能意味着中断与某个或某些渠道成员的合同关系。

任务三：评估并改进渠道管理方案

以表3-4的内容来衡量并改进渠道管理方案。通过定期评估检查渠道管理目标的执行情况，及时发现问题，找出差距，进行修正或改进，保证渠道畅通和充满活力。如果符合企业发展战略规划且完全满足眼下营销渠道目标的要求，则用不着急于对现有营销渠道进行调整。只有当前的营销渠道不符合企业发展战略规划或无法满足眼下的营销渠道目标要求的情况下，才有必要考虑对现有营销渠道进行调整。否则，草率地对企业营销渠道系统进行的任何调整，都可能给企业发展带来灾难性的打击。

表 3-4　评估渠道管理方案表

客户	对策					
	推动的影响力	同竞争对手间的关系	本公司负责人员	强化对策	时间表	备注
总经理						
相关负责人						
财务经理						
其他人员						

七、项目课时安排

（1）实训时间：1课时。
（2）讲授时间：1课时。

八、项目考核与评分标准

"渠道管理方案设计"评估分值比重占"药品市场渠道设计技术"评估总分的30%。具体评估标准见附录二《药品市场营销技术》课程评估手册中项目3.3"渠道管理方案设计"评估标准。

专业能力评估项目

序号	评估项目 / 评估标准	实训任务是否基本完成；考评总分30分	实训操作是否有突出表现；考评总分40分
6	设立渠道管理目标	基本完成,得10分。没有基本完成酌情扣分	渠道目标与营销目标一致性
7	编制渠道管理方案	基本完成,得10分。没有基本完成酌情扣分	1.渠道培训 2.渠道激励 3.协助解决渠道问题
8	评估并改进渠道管理方案	基本完成,得10分。没有基本完成酌情扣分	1.体现持续性 2.紧扣评估项目
	6～8项自评成绩∑70		

九、典型范例

凉茶业后时代来临　王老吉品牌与加多宝渠道对决

一、企业背景

加多宝集团：加多宝集团是一家以香港为基地的大型专业饮料生产及销售企业，旗下产品包括红色罐装王老吉、茶饮料系列。

广药集团：广州医药集团有限公司以中西成药制造和销售为主营，超亿元的重点产品包括王老吉药业的绿色盒装王老吉凉茶等。

二、案例内容

2012年5月9日，仲裁380多天的王老吉商标案裁决结果出来，广药胜诉如愿收回红罐王老吉。从加多宝集团收回红罐王老吉生产经营权的广州医药集团，迅速对王老吉品牌发展做了一个新规划：仍以凉茶为主，以其他关联性强的品类为辅，重新打造王老吉。同时广药在广州召开"王老吉凉茶发展战略新闻发布会"，并公布了上述核心信息。"王老吉品牌的销售额5年内做到300亿元。"广药市场策划部部长陈志钊如此称。在后"王老吉"时代，凉茶行业仍将以加多宝和广药王老吉的竞争为主，从过往的"红绿之争"演变为王老吉与加多宝之间的竞争，这种竞争亦被业界称为王老吉的品牌和加多宝的渠道的对决。

"我们将以最快的速度推出新的红罐王老吉，预计6月初可上市。"陈志钊表示，在发展路径上，广药会首先做好王老吉的产品经营，以凉茶为主，以其他关联性比较强的品类为辅，通过产品经营、资本运营和虚拟创盈的手段做大王老吉。北京圣雄品牌营销机构总经理邹文武接受《第一财经日报》记者采访时认为，尽管加多宝拥有红罐的外观专利，但广药推出红罐在法律上不会构成侵权，只要图案的专利没有侵犯就不会构成侵权。不过，饮料新品在6月上市不是一个好时机，邹文武认为，这个时候通常竞争对手早已对渠道和终端市场进行布局，因此他预计广药王老吉今年的销售额增量不会太多，新推出的红罐王老吉能做到10个亿的销售额都算不错。而在今年销售额上，陈志钊昨天也指出，考虑到今年红罐推出的时间已经比较迟，而且短期内在产能组织上也要一定时间，因此整个王老吉品牌和品类的销售预计能达到几十亿的规模已属乐观。运营绿盒王老吉的王老吉药业副总经理贺庆则强调说，绿盒王老吉今年的销售额能达到25亿元，整个王老吉的销售额要上到几十亿不是问题。

加多宝"终端拦截"。广药红罐王老吉上市后，之前的"红绿之争"彻底演变为广药与加多宝之间的市场份额之争。王老吉有品牌力，加多宝有渠道力。邹文武透露加多宝目前已经覆盖了国内80%的饮料渠道和终端，并且加快了压货。"广药王老吉在渠道上的挑战比较大。"压货是快消品竞争的一种手段，通过向经销商压货占领大量的库存，以达到阻击竞争对手的目的。邹文武透露，一直以来，加多宝能把王老吉品牌做大的原因，就在于其拥有的强大的"渠道力"，通过渠道压货和买断终端的方式对竞争对手进行拦截。有快消品业内人士认为，一般酒水和快消品在渠道和终端上都是签署排他性协议，而加多宝的渠道政策一向如此，并且能给渠道和终端比较多的费用支持，在加多宝已经覆盖的核心渠道及终端，其他品牌很难再进去。

不过，也有分析师认为，快消品是市场化竞争，在王老吉强大的品牌力之下，加多宝的渠道拦截不一定有效，因为经销商本身也会选择上游。广药欲打进渠道与加多宝PK，则意味着要投入巨大的资源。陈志钊说，收回红罐经营权之后，广药就已经认识到存在各种各样的挑战与困难，并且已经做好了准备。广药称，实际上从裁决公布之后到现在已有很多渠道方面的经销商与其洽谈合作，目前正在快速组建快消品团队，把产品尽快投入到市场，以满足消费者对王老吉产品的期待。运营绿盒王老吉的王老吉药业以后将同样负责运营红罐王老吉，其副总经理贺庆透露，在全国60多万个商超、便利店终端网络上，目前绿盒王老吉已覆盖20多万个终端，绿盒王老吉良好的渠道网络资源也为以后的红罐王老吉所用，在广告和渠道费用上已准备了大量的资源。

点评：由此案例可见，渠道对公司营销业绩有重大影响，渠道之争是最终的实力之争。

【项目结构图】

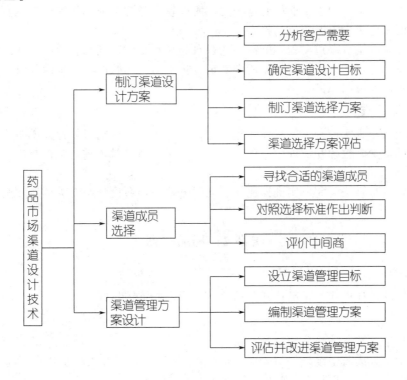

【实训课题】

实训 1：羚羊感冒药分销渠道设计

一、实训目的

营销活动的核心是使产品或服务被使用或消费，从而为组织带来经济利益。而营销渠道正是促使产品或服务顺利地被使用或消费的一整套相互依存的组织。因此营销渠道决策是组织面临的最重要的决策，其所选择的渠道将直接影响所有其他营销决策。一个成功的科学的营销渠道能够更快、更有效地推动商品广泛地进入目标市场，为生产商及中间商带来极大的现实及长远收益。通过实训掌握渠道设计步骤及渠道管理的方法。

二、实训要求

（1）了解直接和间接销售渠道的优缺点，为甲药厂的"羚羊感冒胶囊"分别设计一条直接（线上）和间接销售渠道。

（2）进行渠道设计时应考虑：感冒药的产品概念、定价、目标人群、使用方法；现有渠道的特性，如进入成本、发展性、商业信誉、专业性等；考虑销售地区的经济环境，如人均收入、景气指数等；考虑组织的营销规划，如销售预算等。

（3）写出完整的有说服力的理由，完成渠道设计方案。

（4）将学生分成若干组，每组 8 人，分工合作。

三、实训内容

甲药厂是生产"羚羊感冒胶囊"的企业，"羚羊感冒胶囊"的规格为丸 $0.1g×12$ 粒/盒，600 盒/件，服用后无特殊服务的要求，价格适中，有效期 3 年，运输中不易损坏、流失或腐烂变质，而且该药品处于成熟期。市场形势比较乐观，整个经济形势景气，目标市场的顾客数量较多但地点分散，且购买批量小，购买频数高。企业的资本实力一般，计划提高企业技术开发与生产能力，增强企业核心竞争力，所以较多考虑增强和发展同批发商、零售商的合作关系，而相应减少流通领域的投入。

企业选择哪种销售渠道类型，既有一些来自药品本身、市场和企业的硬性约束因素，也有相当大的灵活选择的余地。请根据所学知识分析甲药厂的状况，分别为其设计一条直接和间接销售渠道，并说明原因。

四、项目评估标准

实训课题从确定实训分工、具体实施设计一条直接和间接销售渠道并说明原因，主要由学生小组自己负责。教师在实训中起到指导作用，课题结束时，进行实训交流，师生共同评价工作成果。

考核内容：是否按时完成实训课题，有无明显缺陷，在设计中有无创新，全组成员参与情况等。

实训 2：药品招商

一、实训目的

掌握具体的选择方法，正确选择分销商，实现企业营销目标。

二、实训要求

（1）从理论上掌握选择分销商的方法。

（2）将学生分成若干组，每组 4 人，1 人代表甲药厂，另 3 人分别代表不同的分销商。

（3）甲药厂的代表向3个分销商介绍本企业的情况，3个分销商分别向甲药厂介绍自己的情况。

（4）甲药厂经过综合考虑3个分销商的地理位置、经营规模、顾客流量、在患者心中的声望、合作精神、信息沟通及货款结算等，最后选择一家分销商为其销售。

（5）写出完整的有说服力的实训报告。

三、实训内容

甲药厂决定在某市采用精选的一阶营销渠道模式（即药厂直接将药品销售给零售药店，再由零售药店销售给患者）。经考察后，初选出3家比较合适的候选单位。甲药厂希望零售药店有理想的地理位置，有一定的经营规模，前来光顾的顾客流量较大，在患者心中有较高声望，与厂家关系融洽，主动进行信息沟通及货款结算，信誉好。各个候选单位在各个方面都有一定优势，但又不能十全十美，各有不足。于是，甲药厂采用强制打分法对各个候选单位进行打分评价，结果如表3-5。

表3-5　三家候选经销商打分评价结果

评价项目	重要性系数（系数）	候选人1		候选人2		候选人3	
		打分	加权分	打分	加权分	打分	加权分
地理位置	0.2	80	16	85	17	70	14
经营规模	0.15	85	12.75	70	10.5	80	12
顾客流量	0.15	90	13.5	90	13.5	85	12.75
市场声望	0.1	85	8.5	75	7.5	80	8
合作精神	0.15	75	11.25	80	12	90	13.5
信息沟通	0.05	75	3.75	80	4	60	3
货款结算	0.2	60	12	65	13	75	15
总分	1	550	77.75	545	77.5	540	78.25

根据上表各栏分数，为药厂选择一家经销商。

提示：此法主要适用于在一个较小地区的市场上，为了建立精选的分销通路网络而选择理想的零售药店或者选择独家经销商时使用。

四、项目评估标准

实训课题从实训分工、到分销商选择评估判断，主要由学生小组根据相关资料进行分析。教师在实训中起到指导作用，课题结束时，进行实训交流，师生共同评价工作成果。

考核内容：是否按时完成实训课题，有无明显缺陷，能否按照参照标准进行条件对比，选择是否合理，全组成员参与情况等。

项目四
药品市场促销技术

工作流程

项目 4.1　药品促销方案设计

项目 4.2　消费者的营业推广

项目 4.3　药品营销公共关系

> 推销的要点不是推销商品，而是推销自己。
> ——乔·吉拉德

【项目目标】

（1）通过本项目的训练学习，使学生能更好地理解"药品促销技术""营业推广""药品营销公共关系"理论，较全面地掌握药品市场营销促销技能，提高各项通用能力，实现课程教学目标。

（2）要求学生将所学的"药品促销技术""营业推广""药品营销公共关系"运用于市场营销实践活动，在实践运用中理解营销促销专业知识，掌握药品市场营销促销技能。

（3）要求学生完成"药品促销方案设计""消费者的营业推广""药品营销公共关系"3项药品市场促销技能实训，最后以小组为单位完成药品市场促销方案和公共关系方案，并以小组为单位进行成果汇报和展示。

【技能要求】

（1）提高学生对市场促销策略重要性的认识。

（2）通过设计和撰写药品市场促销方案，培养学生市场促销技能和综合分析问题的能力。

（3）药品市场促销是企业营销岗位最重要、最基础的业务工作，掌握药品市场促销技能，能够帮助学生将来更好地胜任医药企业的营销工作。

【项目流程】

工作目标	知识准备	关键点控制	流程图
1. 较全面地掌握药品营销促销技能 2. 要求学生具备参与制订促销、营业推广和公共关系方案的能力	1. 掌握药品促销策略的基本理论 2. 掌握药品营销公共关系的基本理论	1. 药品促销方案设计 市场营销人员根据公司工作的需要，编制合理的促销方案 2. 消费者的营业推广 市场营销人员依据企业促销的目标，设计合理的针对消费者的营业推广方案 3. 药品营销公共关系 市场营销人员根据企业营销目标，制订药品营销公共关系方案	药品促销方案设计 ↓ 消费者的营业推广 ↓ 药品营销公共关系

【项目评估】

（1）本项目是课程考核的重点，该项目评估占课程总成绩的20%。

（2）本项目评估由通用能力、技能评价两个部分组成，评价分值比例分别为30%、70%。

（3）各子项目评估标准、评估分值要求列表操作（参考附录二《药品市场营销技术》课程评估手册项目四）。

项目 4.1　药品促销方案设计

在你成功地把自己推销给别人之前，
你必须百分之百地把自己推销给自己。

一、项目任务

(1) 要求学生把促销策略理论运用于营销实践,联系有关项目或资料,为某一药品设计促销方案。

(2) 要求学生根据促销策划要求,从满足消费者需求出发,对某一药品开展促销活动的"时间""目标""主题""活动""宣传""预算""进度"等内容进行合理设计。

二、技能要求

(1) 通过学习制订药品促销方案,使学生掌握促销方案制订方法,培养学生综合分析问题的能力。

(2) 通过分组完成药品促销方案,培养学生与小组内部成员的分工协作、与其他人员沟通协调的能力。

(3) 通过制订药品促销方案实训,培养学生药品促销方案制订的基本技能。

三、项目操作流程

工作目标	知识准备	关键点控制	流程图
1. 编制的促销计划合理、可行 2. 促销计划符合总体营销战略	1. 掌握促销预算编制的方法 2. 熟悉促销计划编制的步骤	1. 确定促销目标 市场部根据市场竞争的激烈程度及竞争对手的竞争策略,组织相关人员确定促销目的 2. 明确促销时间 市场部根据企业的促销目的,确定促销活动的时间 3. 确定费用预算 市场部根据促销费用的历史使用情况、竞争对手的相关信息以及媒体费用变化的数据等资料确定促销的总体预算,并报营销总监、总经理审批 4. 编制促销方案 市场部人员分析历史促销活动效果及竞争对手的促销策略,并结合企业年度销售目标,初步拟定促销方案,报营销总监、总经理审批	确定促销目标 ↓ 明确促销时间 ↓ 确定费用预算 ↓ 编制促销方案

四、理论指导

(一) 药品促销的概述

1. 药品促销的概念

医药促销是指医药企业通过人员推销和非人员方式将医药产品或所提供的服务以及医药企业的信息与潜在顾客进行信息沟通,引发并刺激对医药企业及医药产品或所提供的服务产生兴趣、好感与信任,进而作出购买决策的一系列活动的总称。

【案例导入】 "阿乐"的成长

巧妙定位

"立普妥"通用名"阿托伐他汀"是他汀类药物全新的第三代产品,代表了他汀类药物的最高水平,目前全球处方药销售排名第一,也是辉瑞在全球全力推广的产品。其营销策略集中在向医生进行功能诉求的学术推广上,着重强调产品的特点和疗效。

而"阿乐"是红惠生物制药有限公司(以下简称红惠)在"立普妥"的行政保护到来之前,通过艰难研发,在国内上市的唯一被批准的仿制品。学术和企业实力上没有优势,红惠公司给"阿乐"确定了"中国的阿托伐他汀"的市场定位,巧妙借用了"立普妥"的影响力。其诉求点是:"阿乐"是中国制造的、更适合中国国情的、更能为中国百姓所接受的阿托伐他汀。

占领高端

处方药营销，尤其是科技含量高、机理复杂的处方药，无论是跨国公司还是国内企业都离不开学术推广。这需要国内公司拿出自信和勇气，尤其是在产品上市初期，是需要彰显产品品质的时候。

"阿乐"上市后，一系列临床试验、学术推广活动相继展开："阿乐"与"立普妥"生物等效试验研究；在上海协作组九家大医院开展的"阿乐"与"舒降之"对比试验，北京六家三甲医院参与的"阿乐"临床观察试验；血脂教育专家在全国20个城市巡回演讲；全国230名心内科医生赴海外学习……这些活动占用了红惠公司大量的资源，但同时也为做大、做强、做长"阿乐"打下了坚实的基础，为"阿乐"占领高端市场开了个好头。

长短结合

在学术推广达到一定深度后，营销重点就该是配合长线，开展那些能唤起医生兴趣、吸引医生眼球的短、平、快的活动。长短结合，既有高端的品牌效应，又照顾到终端的客户利益。在围绕市场定位的前提下，红惠公司开展的会议营销做得比较巧妙。

学术会议是处方药生产企业实施营销战略推广的好机会，红惠避开跨国公司的锋芒，侧面出击，以较低的成本，在大型学术会议上实施文化营销，最终达到推广产品的目的。

2004年10月16日，被业内人士称为是心血管领域的"学术盛宴"——"第15届长城国际心脏病学会议暨美国心脏病学院2004心脏病学进展研讨会"在北京召开；10月28日，"第八次全国心血管病学术会议"在沈阳开幕。两次会议的参会人员几乎囊括了全国心血管领域的精英，各大、中型医院心血管科室负责人几乎都参加了会议，使得这两次会议成了心血管药物开展学术营销的良机。

外资和合资企业在大会中组织专题学术研讨，甚至投入巨资召开卫星会议进行专题研讨和学术推广。而资金实力和学术内涵略逊一筹的红惠避实就虚，在两场会议开幕的当天晚上举办"'阿乐'之夜"晚会，为与会专家、医生献上精心策划、具有浓郁民族特色的精彩文艺演出。

红惠人说："在产品营销中以理服人固然重要，但以情感却更能打动人心，这可能就是文化营销的精髓。"通过喜闻乐见的民族音乐歌舞节目，引起共鸣，激发民族情结，使产品更具亲和力，红惠人力图以最快的速度、最经济的手段，让医生知道阿托伐他汀类产品中还有"阿乐"；并且"阿乐"更实惠，有更好的性价比。

一个心血管领域的处方药产品，一个心血管领域中市场尚未成熟的处方药产品，在药品降价、药品招标采购、仿制药激增、朝阳行业也遭遇寒流的2004年，实现了86%的增长。"阿乐，中国的阿托伐他汀。"随着"阿乐"在临床上的普遍应用，心血管专业医生在记住了"阿乐"这个产品的同时也对这句话耳熟能详。

（资料来源：金顿吧——中国医药营销文库）

药品促销的作用
- 传递信息，引导消费。
- 扩大需求，促进成交。
- 突出特点，稳定销售。

---

2. 药品促销组合

药品促销包括人员推销和非人员推销两大类。在非人员推销中，又有广告、营业推广、公共关系等多种形式。促销组合是把人员推销、广告、营业推广、公共关系等具体形式有机地结合起来,综合运用,形成一个整体的促销策略。每种促销形式各有其优缺点(表 4-1),它只能适用于一定的市场环境,但又相辅相成,营销人员必须根据产品的特点和营销目标,灵活选择和运用各种促销形式,使促销效率最高而促销费用最低。

表 4-1 各种促销方式的比较

促销方式	优点	缺点
广告	传播面广,速度快;形象生动,信息艺术化,吸引力强;可选择多种媒体;可重复使用	说服力较小;购买行为滞后;信息量有限
人员推销	信息双向沟通,能及时反馈;信息传递的针对性较强;尤其适用于某些贵重品和特殊产品	成本高;受推销人员素质的制约;接触面太窄
营业推广	刺激快,吸引力大;在改变消费行为方面非常有效;与其他促销工具有很好的协同作用	只能短期刺激;可能使顾客有顾虑和怀疑;可能损坏品牌形象;竞争对手容易模仿
公共关系	可提高企业知名度、美誉度和信赖度;可信度高;绝对成本低	见效较慢;难以取得媒体的合作;效果难以控制

促销组合受多种因素的影响,这些因素如下。

(1)促销目的　企业的促销目的不同,促销组合也不同。例如,以提高市场占有率为目的的促销活动和以提高企业形象为目的的促销活动,其促销组合的编配和运用是不同的。因此,促销组合必须做到有的放矢。

五种促销
形式的比较

(2)产品性质　产品性质不同,促销组合便也不同。如强心苷类处方药广告效果便不是很佳,所以更多的是使用人员推销手段进行促销;而非处方药主要是通过广告作为促销手段。营业推广及公关宣传,无论是对生活消费品和工业生产资料一般都属于次要的促销手段。根据产品性质,各种促销手段的应用比重见图 4-1。

图 4-1 各种促销手段的应用比重

(3)产品所处的生命周期　产品市场生命周期的不同阶段,促销的重点目标不同,故而需具体区别对待。促销组合大致情况见表 4-2。

表 4-2 产品市场生命周期不同阶段的促销组合

产品市场生命周期	促销重点目标	促销主要方式
介绍期	认识了解产品	通知性广告,人员推销
成长期		
成熟期	增进兴趣与偏爱	提示性广告,辅以公共关系
衰退期	促成信任、购买	营业推广为主,辅以广告等

项目 4.1　药品促销方案设计

(4) 市场特点　不同的市场情况要采用不同的促销策略。

① 市场地理范围的大小　向小规模本地市场进行促销，应采用人员推销为主；但在全国性市场、国际市场进行促销，应多采用广告和文字宣传。

② 市场类型　针对不同的市场类型采用不同的促销组合。如非处方药主要以广告、营销推广为主，处方药主要以人员推销为主。

③ 市场上潜在顾客的数量　市场上潜在顾客多的，应主要采用广告宣传的方法；反之，潜在顾客少，使用人员推销可能较好。

(5) 促销预算　企业用于促销的财力是有限的，不同的企业、不同的产品使用的营销组合策略不同，其促销预算应有所不同。

3. 药品促销的两个基本策略

(1) 推动策略　推动策略是指用人员推销手段，把产品推进到目标市场的一种策略。即生产者将产品积极推到批发商手上，批发商又积极地将产品推向零售商，零售商再将产品推向消费者。这些推进过程可通过人员推销来实现（图4-2）。

图4-2　推动策略示意图

(2) 拉引策略　拉引策略是指企业用非人员促销方式，特别是用广告宣传的方式，刺激消费者的需求和购买欲望的策略。即企业针对最后消费者进行广告宣传活动，以此来引起消费者注意，刺激消费者的需求。如果广告宣传做得有效，消费者就会向零售商要求购买该产品，零售商会向批发商要求进购该产品，批发商又会向生产者要求购买该产品（图4-3）。

图4-3　拉引策略示意图

案例分析　　京东大药房——有趣的"健康与关爱"

从催泪广告到暖心微电影，医药类广告在近几年里，无一例外地选择了最能与消费者拉近关系的情感路线。而作为一直备受瞩目的京东健康，在此基础上通过对生活细致入微的观察，以及对消费者行为习惯的调查分析，选择将"健康与关爱"建立联系，联结消费者情感的同时，又与单一温情的传播调性完美区隔，形成独特营销角度，并将其浓缩于一支只有38s时长的Video之内。

将"健康与关爱"的情感做强关联，已经成为京东健康品牌宣传最核心的推广策略，无论是已经结束的七夕营销、还是正在如火如荼进行的上海健康节，甚至是在随后的传播之中，我们都有理由相信，京东健康品牌将在一次次成功的品牌输出的同时，完成一场又一场漂亮、有力且高效的营销胜仗。

（资料来源：广告门）

启示：成功的广告，可以树立品牌和促进商品销售。

（二）药品广告

1. 广告的概念

广告是广告主付出一定的费用，通过特定的媒体传播商品或劳务的信息，以促销商品或服务为主要目的的一种信息传播手段。

> **小知识——广告理解**
>
> ①广告的对象是广大消费者，形式是大众传播，而非个人传播行为，这是有别于人员推销的地方。②广告的手段是通过特定的媒体来进行的，对租用的媒体要支付一定的费用。③广告的内容是传播商品或劳务方面的经济信息。④广告的目的是促销商品或劳务，以取得利润。

2. 广告的种类

（1）按广告主的直接目的分类，可分为：商品广告和企业形象广告。

（2）按广告的范围分类，可分为：全国性广告、区域性广告和地方性广告。

（3）按广告的内容分类，可分为：开拓性广告、竞争性广告、引导性广告、强化性广告和声势性广告。

> **经典案例　　注入互联网基因的马应龙痔疮膏**
>
> 作为一家有400多年的历史的传统药企，马应龙在市调中发现，品牌在新一代年轻消费者当中的影响力偏弱了一点。所以，马应龙选择了互联网平台，加强和年轻群体的交流和沟通。自四年前涉足病毒视频等领域开始，一直效果颇佳。而在2013年，马应龙与老伙伴万合天宜再度发力，连续推出了创意广告《屁股欢乐颂》，幽默科普类节目《P大点事》，以及微电影《老斗士》，以迅雷不及掩耳之势夺取观众的视线，带来了一场别开生面的医药营销新媒体大联动。其中，创意广告《屁股欢乐颂》经新浪微博等平台传播后，迅速获得了超百万的点击量。该条微博本身还被李开复、中国传媒大学副校长丁俊杰等业内人士转发，被誉为"医药新媒体广告标杆"。
>
> 在互联网时代，广告获得成功的前提之一，是迎合你的消费者。这种思路起源于互联网的一大特点，即权威被逐步消解。而传统药企，恰恰乐于在营销推广中扮演权威的角色。不同于日常消费品，用户在医药方面缺乏相关专业知识。而且，医药关系到身家性命，稍有不慎即能致残致死，因此消费者在购买的时候十分慎重。鉴于这两点原因，消费者与商家之间形成了一道"知识鸿沟"，为药企提供了大做文章的空间。他们或提供实验场景，或者派出专家提供证言，用一堆堆的专业名词去"轰炸"消费者。这样的做法在电视时代，依靠"脑白金"式的广告投放，或可起到一定效果，但进入互联网时代，医药讯息渐次透明，狂轰滥炸究竟能有多少效果，只有天知道。
>
> 毕竟，传播过程中，广告讯息是附在主要讯息之上被消费者接受的。消费者在看电视或者上网的时候，娱乐、学习、交流等活动占据了心智的大部分，在心理上形成了一个引力场。想让他们从这个引力场里脱身出来，接受医学专家的"再教育"？实在是异想天开。随着80后、90后逐步走上社会，他们开始成为医药产品的主力消费者。相对于他们的前辈，这些年轻人更有活力，也更有主见。他们更加自我，他们不盲信权威。面对这样的一

群人，药企在营销推广的时候，必须放下自己的架子，和他们平等地、一对一地进行对话，了解他们的喜好。

根据CNNIC等权威机构发布的最新报告，从应用层面来看，我国网络用户逐渐习惯于在互联网上参与网游、视频等娱乐行为，此外，手机应用也逐渐从碎片化的阅读、通信等相对简单的应用向黏度较大、时长较长的视频、商务类应用发展。既然消费者花在网上的大块时间是用来娱乐，那么广告主就可以攀附或者制造相关内容，用贴片广告、网络视频等消费者能够接受的方式来谈话。但国内药企多故步自封、气势凌人，像马应龙一样了解消费者拥抱新媒体的企业在未来一段时间内能否出现仍是未知之数。

（资料来源：广告门）

（4）按广告的传播媒介分类：这种分类法样式繁多，几乎所有作为宣传载体的媒介，都被商家所利用。按其主要传播媒介可以分为以下几类。

① 印刷品广告　包括报纸广告、杂志广告、电话簿广告、画册广告等。

② 邮寄广告　即采用邮寄的方式向消费者传达产品信息，推销商品，宣传企业，它主要有销售函件、宣传画册、商品目录和说明书、明信片、挂历、邮寄小礼品等广告形式。

③ 户外广告　主要有路牌广告、交通广告、招贴广告、霓虹灯广告、气球广告、传单等。

④ 电子媒体广告　包括电视广告、电台和广播广告、电影广告、互联网广告、电子显示屏幕广告以及幻灯片、扩音机、影碟录像广告等。

⑤ POP广告　即售点广告，如柜台广告、货架陈列广告、模特广告、圆柱广告以及在购物场所内的传单、彩旗、招贴画等（POP广告是专设在售货点现场的广告，目的是弥补一般媒体广告的不足，以强化零售终端对消费者的影响力）。

⑥ 其他广告　比如表演广告、馈赠广告、赞助广告、体育广告、购物袋和手提包广告、雨伞广告等。

常用广告媒体的特性见表4-3。

表4-3　广告媒体的特性

媒体	优点	缺点
电视	形象逼真,感染力强 高接触度,可重复播放 收视率高,深入千家万户 表现手法丰富多彩,艺术性强	成本高 播放时间短,广告印象不深 播放节目多,容易分散对广告的注意力 广告靶向性弱
报纸	可信度高 宣传面广,读者众多 费用低廉,制作方便 时效性强	寿命短 传阅者少 登载内容多,分散对广告的注意力 单调呆板,不够精美,创新形式有限制
广播	费用低 覆盖面广,传播快 制作简便,通俗易懂 灵活多样,生动活泼	听众分散 创新形式受限制 有声无形,印象不深 转瞬即逝,难以记忆和存查
杂志	专业性强,针对性强 发行量大,宣传面广 可以反复阅读、反复接触 印刷精美,引人注目	发行周期长,时效性差 篇幅小,广告运用受限制 专业性强的杂志接触面窄 登载内容精彩,分散对广告的注意力

3. 广告策略

（1）广告媒介策略

① 非处方药广告媒介策略　广告媒介选择的恰当与否，直接关系到广告的效果。在选择广告媒介时要求在一定的预算条件下，达到一定的覆盖面和影响力，要分析相对价格，做到用最低的广告费用达到最好的广告效果。

> **营销视野**　**正确选择非处方药广告媒介的考虑因素**
>
> 1. 非处方药的特点
>
> 大部分的非处方药终端既是受众又是广大的消费者（类似于一般消费品），据调查，35%的人的购买决策来自广告介绍，功效相同或相近的OTC药品，其中有广告与无广告的销量比为5:1，在我国具有高普及率的电视正符合OTC药品广告受众广泛这一特点，因此很多OTC产品一般首选电视媒介发布广告。药品消费者对非常复杂的非处方药的信息接受是通过药师、药店店员及广告等途径，其中药师、药店店员对消费者的影响占有绝对重要的地位，可以选择药店中陈列的POP这一媒介。
>
> 2. 媒介传播的范围和影响力
>
> 不同的广告媒介，有不同的传播范围和影响对象。如中小企业可以选择有明确的营销群体和价格优势，灵活适应市场变化的省级卫视做广告。
>
> 3. 广告费用支出
>
> 不同的广告媒介，费用是不同的，同一类型的广告要依据自身的财力来合理地选择广告媒介。

② 处方药广告媒介策略　处方药主要在医药专业媒介上做广告，广告的对象主要是医生或职业药师，信息源是医药企业，受众绝大多数是医药专业人员，消费终端是广大的药品消费者，药品消费者对处方药的信息接受主要是通过医生或职业药师等中介。

我国目前有5万多种药品是处方药，同类品种繁多，如何使自己产品的广告有效果呢？首先就是要选择适当的医药专业媒介，在选择广告媒介时要熟悉备选媒介的特点和相关属性，如媒介受众的构成及媒介习惯、媒介成本、适用性、灵活性、地域特性、传播效果、广告时段、竞争者所采用的媒介等。然后根据广告的具体形式、内容及要求等加以综合考虑和权衡。

（2）药品广告定位策略　在信息和广告泛滥时代，人们唯一能够记住的或许就是单一的信息广告，它给消费者一个轻松"接纳"信息的机会，有利于信息注意度的形成；同时，也向消费者提供了"唯一选择"。

> **实训范例**　**999感冒类不止治疗感冒的"暖心"定位**
>
> 药品品种繁多，同类产品种类也多样，要使产品获得竞争优势，就要树立产品的独特个性，即找准产品在市场竞争中的位置，在目标消费者中树立该产品的稳固印象。每年感恩节，999感冒灵的走心短片总能成功看哭无数人，2017年的《有人在偷偷爱着你》讲述了陌生人之间的善意，2019年的《更懂你的小英雄》讲述了孩子带给父母的暖心故事。999近年来的广告总是能抓住人与人之间这种联系的动人之处，用平凡的故事让品牌变得更有温度，感冒灵不仅仅可以治愈寒冷带来的感冒，更能温暖人心，倡导了人与人相处的关爱和品牌理念，做到真正以用户为中心，为大众传递正能量。

药品广告定位常用的方法如下。

① 品质定位　在广告诉求中突出该产品良好的具体品质,以求在同质的同类产品竞争中突出个性。

② 功效定位　在广告诉求中突出该产品的特殊功效,显示其在同类药品中的区别和优势。

> **实训范例**　　　　　　　　　　　**仲景六味地黄丸品质定位**
>
> 仲景六味地黄丸强调其现代化的中药加工工艺,八百里伏牛山天然药库造就的仲景六味虽是传统中药,但效果远远高于常规产品,对常见老年性顽固疾病有着相当良好的辅助治疗作用。在广告传播上,以报纸作为市场初期广告投放的首选媒体,在试点城市两大主流报纸上以专版形式设立"仲景六味健康园地",主要从六味与人自身关系的科普角度讲述,从正宗、道地、疗效3方面来潜移默化地树立仲景六味优质优价的高品质形象。同时,在电台开设20分钟"仲景健康之声"专题节目,完全从中医渊源的角度探讨讲述六味与现代人息息相关的各种问题,仲景六味与同类产品的差异体现等。通过系统化的灌输,人们对仲景六味正宗、道地、疗效的特性有了深刻的认识和了解,对仲景"药材好,药才好"的品质定位有了高度的认同。

> **实训范例**　　　　　　　　　　　**"白加黑"功效定位**
>
> 感冒药市场同类药品甚多,市场已呈高度同质化状态,而且无论中、西成药,都难于做出实质性的突破。康泰克、感康、三九等"大腕"级产品凭借着强大的广告攻势,才各自占领一块地盘。而盖天力这家实力并不很雄厚的药厂,竟在短短半年里就登上了行业第二品牌的地位,关键在于其功效定位,"白加黑"确定了干脆简练的广告口号:"治疗感冒,黑白分明",所有广告传播的核心信息是"白天服白片,不瞌睡;晚上服黑片,睡得香"。产品名称和广告信息都在清晰地传达产品功效。

③ 市场定位　在广告诉求中将产品宣传的对象定在最有利的目标市场上,以形成集中的广告攻势。

> **实训范例**　　　　　　　　　　　**"千金药业"精准市场定位**
>
> 2012年,千金药业进行换装,从原本的76片装改成108片装。为了提升品牌形象并且达到广告片的整体曝光,千金药业通过迅雷看看同步剧场冠名的LOGO加入,让更多的人看到千金药业的品牌LOGO,同时根据千金片特定的消费人群选定了10部20~40岁女性人群比较关注的剧集进行贴片投放。从执行策略上来说,千金药业沿用了传统的贴片广告,但是,因为针对特定人群进行投放,最终效果远远超过了客户的预期。

4. 广告效果的测定

广告效果表现为销售效果和广告本身效果两个方面。为了更有效地实施广告策略,有必要运用科学的方法测定广告效果。

(1) 广告销售效果测定　主要是测定广告费投入对销售额的影响程度。

$$销售效果比率 = \frac{销售额增加率}{广告费用增加率} \times 100\%$$

广告费用增加率越小，销售额增加率越大，表示广告效果越好。

(2) 广告本身效果测定　主要是测定广告信息对目标顾客心理效应的大小，包括对商品信息的注意、兴趣、情绪、记忆、理解等心理活动的反应。测定的项目主要有：注意度、知名度、理解度、记忆度和视听率等。这种评估应该在广告发布前后分别进行测试以形成对比。还可利用一些现代工具进行测试。

(三) 人员推销

1. 人员推销的含义

所谓人员推销是指企业销售人员通过与顾客（或潜在顾客）的人际接触来推动销售的促销方法。

人员推销是一种最古老的推销方法，但它具有机动灵活地实现信息双向沟通的优点，这一优点是其他方法无法比拟的，所以这种古老的促销方式至今仍具有强大的生命力。尤其是药品的销售更是离不开人员推销。

营销视野　　　　　　　　人员推销的基本形式

随着商品经济的发展，市场营销活动的广泛深入，人员推销的形式也日益丰富。受药品的特殊性限制，其推销形式主要有终端推销和团体推销两种。

1. 终端推销

终端就是零售点，是药品实现交易、满足顾客需求的场所。终端推销就是药店代表、药店店员利用终端如药品超市、药店等宣传与介绍药品，开展推销活动。药店代表的工作对象是药店店员和广大的患者，药店店员的工作对象是广大的消费者。终端推销日益成为医药企业OTC市场工作的一个重点。在这里，药店店员也就是推销员，其职能就是与顾客直接接触，面对面交谈，介绍药品，解答疑问，便于顾客挑选和比较。

2. 团队推销

所谓团队推销就是医药代表向一群人或一组人，即面向团队销售药品或服务。医药代表的工作对象是医院的医生。如面向医院某一科室推广药品，向癌症俱乐部的患者介绍药品等都属于团队推销。

---

2. 对推销人员的要求

一个合格的推销人员不仅要善于推销药品，而且要善于推销满意。这就要求推销人员要具备较高的业务水平。一般来说，对推销人员主要有下列要求。

(1) 掌握药品的基本知识　这是推销人员开展工作的最基本要求。药品是特殊商品，专业知识性特别强，这就要求推销人员不仅要掌握本企业所生产或经营的药品的特点、性能、价格、销售等方面的情况，还要掌握药品的作用、配伍禁忌、用法、用量等。这样对购买者进行说

制定医药产品
人员推销策略

服、推荐时将会更加有针对性。

> **营销备忘**　　　　　　推销人员的药学专业知识要求
>
> （1）要求药店店员掌握的药品知识：①了解药品的主要情况，包括药品的处方成分、功能与主治情况等；②熟知药品的使用方法，即药品的具体用法与用量以及成人与儿童的用量区别等；③熟知产品的使用期限和保养方法，即药品的储藏条件、有效使用期限等问题；④熟知产品的不同之处，即掌握在同类药品中，不同产品有何独特之处，包括药品本身的功能、疗效、价格、包装特点、产品定位、产品利益点等，这些都是吸引消费者购买的决定因素，也是自身产品战胜竞争品牌的独特卖点；⑤熟知药品陈列，药品陈列是一种无声语言，醒目的产品陈列是吸引顾客注意的重要手段，也是促使其产生购买欲望、实现终端销售的关键所在。
>
>
> 模拟药店营销实训
>
> （2）对药店代表，除要求掌握药店店员所应掌握的有关自己所经营品种的知识外，还需掌握以下两点：①对生产工艺应略知一二，这样在一定程度上可以更有效地把问题说清楚，帮助客户或消费者解除对产品的疑虑，因为可靠的质量保证系统是销售产品的基本前提；②对公司或生产厂家要有大致的了解，产品来自生产厂家，对客户来说，药店代表就是生产厂家，因此，药店代表有责任去熟悉他所代表的厂家各方面的情况，如生产企业的发展情况、生产设备、生产能力等情况，这样就可以做到未雨绸缪，以防被进一步地询问，也便于做好店员教育工作。
>
> （3）对医药销售代表，要求掌握所有有关自己所经营品种的知识，特别是企业方面的知识、同类产品的知识、药理方面的知识等，如药理作用、不良反应、配伍应用。

（2）善于言辞，具有较好的语言沟通能力　交谈、介绍是推销活动的第一步，融洽的交谈往往意味着推销成功了一半。善于言辞的推销员，能促成推销的顺利进行。但善于言辞不是吹牛、说大话、哄骗消费者的信任和喜爱，而是通过与顾客的寒暄，对商品的介绍、推荐，调动顾客说话的积极性。当顾客说话时，认真地倾听，作出积极的反应，买卖双方通过融洽的交谈、沟通，来提高销售效率和效果。

买卖双方沟通方式

> 第一种方式："您买感冒药吗？"顾客："不买，看看。"营业员不再说话，顾客说完后就离开柜台。
>
> 第二种方式："感冒是吗，有些什么症状？"顾客："咳嗽、痰稠黄。"营业员："您可以看看这两种药……"顾客很可能会选择营业员建议的其中一种药。

（3）善于察言观色，具有较强的应变能力　在推销洽谈中，顾客的购买意图往往是若隐若现的，成交信号也是稍纵即逝。而且不同顾客在性格、爱好等方面均有差异，这就需要推销员通过顾客的说话方式、面部表情等的变化，洞察顾客的心态，作出正确的判断，看准火候，把握成交的时机，促成交易的实现。

例如，第一种方式："您买不买，别犹豫了，交钱吧。"顾客扭头就走。第二种方式："您真心喜欢？如果您真心喜欢我在价格上给您一点优惠。"没有强迫的语气，同时给顾客提供了一点小小的利益，顾客可能很快决定购买。

（4）具有较强的上进心和锲而不舍的敬业精神　这点主要是针对医药销售代表而言。销售往往是从被拒绝开始的，医药代表必须有屡败屡战的决心和越挫越勇的心理素质，手勤、脚勤、口勤是对医药代表的基本要求，待人诚恳、有韧性、有销售的欲望、有赚钱的动力是销售成功的基本条件。

（5）注重仪容、仪表、仪态，待人接物举止规范有修养　无论是药店代表还是医药代表，仪容、仪表、仪态是形成第一印象的重要元素，第一印象影响着对方对你的判断和评价，并将影响之后交往的成败。待人接物举止规范、有修养是与顾客"相识"、产生信任感的重要条件。仪容、仪表、仪态美和规范地待人接物，对顾客具有很强的亲和力、感染力和吸引力，是商品得以销售的潜在动力。

> **经典营销故事**　　　　　经典故事与销售技巧
>
> 罗瑟·瑞夫斯在20世纪50年代曾经提出一个经典理论——USP，独特的销售主张或"独特的卖点"。他指出一个广告中，必须包含一个向消费者提出的销售主张。消费者对于产品的认知，是通过购买理由感知的。
>
> 设计产品的本质，首先就是为你的产品找到优势，定义你产品的独到好处，其次就是研究满足消费者最迫切的需求，最后将优势转化成消费者非买不可的理由。如果你老是吹捧你的产品多好，却没能给消费者一个选择你的理由，自然无人问津。那么到底什么是购买理由？比如说，你这两天感冒了，有一天去药店买感冒药。一个是999感冒灵，另一个是白加黑，你会怎么选？这时候产品背后的"购买理由"，就会偷偷地给你施加心理暗示。我们看看这两个感冒药品牌的口号。白加黑的广告语是"白天服白片，不瞌睡；晚上服黑片，睡得香"。再看999感冒灵，强调的是"暖暖的，很贴心"。
>
> 相信是要带病上班的人，就会选择白加黑。
>
> 购买理由就是最能打动消费者的理由：消费买这个产品，可以享受到的独特好处。
>
> 购买理由一定要解决这几个问题：一是传递产品核心优势，二是有销售力，三是让人产生购买欲或意愿。
>
> 虽然两款感冒药功能都是治感冒，但传播的购买理由迥然不同。
>
> 每个产品的优势都不同，加上每个消费者的痛点需求都不同，由此产生了不同的购买理由。这也是为什么同个品类的产品，会喊出差异化的"卖点"。

五、项目组织与实训环境

（一）项目组织

（1）全班进行分组，每组8人。

（2）小组成员既可在既定的实训背景下展开制订药品促销计划活动，也可自行在本项目后的实训课题选择不同实训主题，进行不同的促销计划制订活动。

（二）实训环境

1. 实训背景

××瘦身排毒丸减肥胶囊

【功效】　瘦身，排毒，通便，整肠，养颜。

【配料】　玛颂、生山楂、苦丁茶、决明子、芦荟提取物、花旗参、花粉、低聚果糖、水溶性珍珠粉。

【规格】 400mg/粒×30粒。
【食用方法】 每天一次,每次1粒,于早餐前或后用温开水送服。
【执行标准】 Q/ZX09—1998。
【适宜人群】
(1) 单纯性肥胖、顽固型肥胖、反复减肥无效者,特别适合腰腹肥胖、小肚子凸起的女性和腹部肥胖有"将军肚"的男性及需要保持身材苗条者!
(2) 便秘、色斑、口臭、痤疮及皮肤早衰体质虚弱者。
【储藏方法】 置阴凉干燥处。

为了让消费者更好地了解本产品,争取在本年度末销量达到100万盒,××公司决定开展以"瘦身,排毒,通便,养颜"为主题的促销活动,请同学们就此制订一个促销方案。

2. 实训环境
(1) 营销实训室。
(2) 教室。

六、项目执行

编制药品促销方案时,其操作流程包括确定促销目标、明确促销时间、确定促销费用预算以及设计促销方案。以上流程内容按执行顺序编为任务一至四。

任务一:确定促销目标

为了保证促销的成功和有效,首先要明确本次促销活动的目标。促销目标应依据企业总体目标拟定,紧扣销售目标,既不能过于宽泛,又不能过于狭窄。

促销目标的确定要交代背景,说明原因。即对与此促销目标有关的情况做出描述。如当前市场、消费者和竞争者状况、企业目前情况及本次促销动机等。这部分内容设计要求"客观""简练"。

> **促销目标设计**
> - 增加销售量,扩大销售。
> - 吸引新客户,巩固老客户。
> - 树立企业形象、提升知名度。
> - 应对竞争,争取客户。

任务二:明确促销时间

促销时间的安排一般以10天为宜,跨两个双休日。从星期五开始至下周日为止。如果是大的节庆活动,促销时间可以安排长些,但一般不要超过一个月。

任务三:确定促销费用预算

费用预算是促销方案设计中必不可少的部分,对方案设计的促销活动必须进行费用预算。

> **营销备忘**　　　　　　　　**费用预算**
>
> - 费用预算设计列在两处。费用估算设计部分不能只有一个笼统的总金额,它应该列在两个地方:一是在促销活动方案中凡是涉及费用的部分都要估算列出;二是把各促销方案涉及的费用预算再独立设计"促销费用预算",这样就一目了然。

- 费用预算内容。促销费用预算一般要考虑的费用有"广告费用""营业推广费用""公关活动费用""人员推广费用"等。
- 费用预算与促销方案需平衡。促销活动需要费用支持，促销费用估算与各促销方案设计是密不可分的，任何促销方案都要考虑到费用的支出。不顾成本费用，无限制地拔高促销方案或者加强促销力度，实际上是纸上谈兵，根本无法操作。促销方案和费用预算应该匹配，费用要能够支持促销活动开展。促销方案和费用预算的平衡也是衡量方案设计水平的一个标准。
- 费用预算要求。在预算方案设计中，对于费用预算要注意：了解促销费用；尽可能细化；尽可能标准；求得最优效果。

任务四：设计促销方案

确定好促销的目标、主题以及时间之后，设计促销方案。

"促销活动"是方案设计的核心内容。在促销方案的具体方案中，能够充分体现设计者的聪明才智与创新点子。

营销视野　　　　　　　促销活动方案设计要求

- 选择促销商品，确定促销对象。在设计具体方案前，首先要确定促销对象，即选择哪些商品、多少数量作为这次促销的主力商品，作为促销商品还必须具备：有一定知名度，有明显的价格优势，消费者需求量较大。
- 选择促销方式，采取组合促销。促销活动方案是促销组合策略的综合运用，采取多种促销方式，进行合理组合。当前商品促销运用较多的、受消费者欢迎的有"特价促销""赠送促销""有奖促销""情感促销""优惠券促销""现场演示""服务促销""公关促销"等。在方案策划中，应该采取多种促销形式。
- 促销活动设计要紧扣主题。促销活动要围绕促销主题而设计，促销活动方案设计整体上要与促销主题一致。促销主题就是通过具体的促销活动来表现的。如促销主题定为"夏季大酬宾"，那么本次促销活动应该以夏令商品的"特价""赠送"促销活动为主，真正体现对消费者的酬谢。
- 促销活动设计要求"有效"。促销活动要能够吸引消费者，必须要有刺激，并且刺激要到位。如"特价"优惠设计在20%以上。促销活动要遵循"国法行规"。如"有奖促销"的奖额不得超过5000元，不能有欺诈行为。促销活动要量力而行，促销费用不能超支，但也不能有多余。
- 促销活动设计要求"可操作"。对每一项促销活动都要明确。

七、项目课时安排

（1）实训时间：2课时。
（2）讲授时间：2课时。

八、项目考核与评分标准

"药品促销方案设计"设计的评估分值比重占"药品市场促销技术"评估总分的30%。具体评估标准见附录二《药品市场营销技术》课程评估手册中项目4.1"药品促销方案设计"评估标准。

专业能力评估项目

序号	评估项目 / 评估标准	实训任务是否基本完成；考评总分 30 分	实训操作是否有突出表现；考评总分 40 分
6	确定促销目标	基本完成,得 5 分。没有基本完成酌情扣分	1.目标确立的正确性 2.目标确立的可行性
7	明确促销时间	基本完成,得 5 分。没有基本完成酌情扣分	时间确定的合理性
8	确定费用预算	基本完成,得 5 分。没有基本完成酌情扣分	1.费用预算制订的具体性 2.费用预算制订的合理性
9	编制促销方案	基本完成,得 15 分。没有基本完成酌情扣分	1.促销活动设计的合理性 2.促销活动设计的可行性 3.促销活动设计的具体性
	6～9 项自评成绩∑70		

九、典型范例

八月十五促销推广方案

项目 4.2　消费者的营业推广

营销是一场战争,市场调查就是谍报,广告宣传是心理战,
生产是提供武器弹药,推销就是运输和发动进攻。

一、项目任务

(1) 要求学生把营业推广理论运用于营销实践,联系有关项目或资料,设计针对消费者的营业推广方案。

(2) 要求学生根据消费者营业推广要求,从促进药品销售出发,对医药企业开展营业推广活动进行合理设计。

二、技能要求

(1) 通过学习制订消费者的营业推广方案,使学生掌握消费者营业推广方案制订方法,培养学生综合分析问题的能力。

(2) 通过分组完成消费者的营业推广方案,培养学生与小组内部成员的分工协作、与其他人员沟通协调的能力。

(3) 通过制订消费者的营业推广方案实训,培养学生制订消费者营业推广方案的基本技能。

三、项目操作流程

工作目标	知识准备	关键点控制	流程图
1. 编制的营业推广计划合理、可行 2. 营业推广计划符合总体营销战略	1. 掌握营业推广的方法 2. 熟悉营业推广计划编制的步骤	1. 明确营业推广的目的 市场部根据市场竞争的激烈程度及企业的营销目标,组织相关人员确定营业推广目标 2. 明确营业推广的优惠幅度 市场部根据企业的营业推广目的,确定营业推广的优惠幅度 3. 确定营业推广的期限 市场部根据企业的营业推广目的,确定营业推广的时限 4. 确定费用预算 市场部根据营业推广费用的历史使用情况等资料确定营业推广的总体预算 5. 编制营业推广方案 市场部人员营业推广的目的、时限、费用预算,确定营业推广的方式,初步拟定促销方案,报营销总监、总经理审批	明确营业推广的目的 ↓ 明确营业推广的优惠幅度 ↓ 确定营业推广的期限 ↓ 确定费用预算 ↓ 编制营业推广方案

四、理论指导

(一) 营业推广的概念

营业推广又称特种推销、促销,是指为了在一个比较大的市场中刺激需求,扩大销售而采取的鼓励购买的各种措施。诸如降价、商品陈列、表演和许多非常规、非经常性的销售尝试。

> **营业推广目的**
>
> 营业推广在整个促销组合中是一种辅助性活动,是一种短期的宣传行为,很少单凭营业推广来维持企业经营,人们常把它作为争取短期效益的战术手段使用。一般可以达到以下目的:促使已使用者大量购买,吸引尚未使用的顾客群,维持现有的顾客,增加产品的使用效率,抵制竞争品牌的威胁,提高医生、零售药店店员对促销产品的推荐率。不同的促销目标,采用不同的促销策略。

(二) 医药营业推广的特点

相比较其他的促销方式而言,医药营业推广具有以下几个显著特点。

1. 针对性强,销售效果明显

医药营业推广是一种以激励消费者购买和调动经销商经营积极性为主要目标的辅助性、短暂性的促销措施。大都是通过提供某些优惠条件,调动有关人员的积极性,刺激和诱导顾客购买。因而医药营业推广见效快,对一些消费者具有较强的吸引力。

2. 无规则性和非经常性

医药营业推广是一种非人员的促销形式,大多数医药营业推广方式是无规则性和非经常性的，它只是辅助或协调人员推销，或作为广告活动的补充性措施。大多数公司采用推销人员或广告去推销商品，或采用广告和人员推销相结合的促销方式，几乎没有一家公司单凭医药营业推广去维持经营。

3. 短期效果

医药营业推广往往是企业为了推销积压产品，或尽快地批量推销产品，获得短期经济效益而采用的措施。但这种促销方式的效果往往是短期的，如果运用不当，容易使顾客产生逆反心理或使顾客对产品产生怀疑，这种做法有时会降低产品的身份和地位，甚至给人以产品质量低劣的印象，从而有损产品或企业的形象。因此，选择医药营业推广形式时应慎重。

★ 常见营业推广的方式

①对消费者营业推广常见的方式有：折价券、样品赠送、减价促销、赠券或印花、有奖竞赛、抽奖、游戏、集点换物、免费派送、退费优待、展销、服务促销、消费信贷等。②对中间环节的营业推广常见方式有：价格折让、商店折价券、店面或柜台宣传品、经销津贴、代销、免费附赠补贴、陈列竞赛等。③对推销人员营业推广常见的方式有：红利提成、特别推销金、推销竞赛等。

（三）医药企业常用的营业推广方式

1. 减价促销

为了在零售市场上争取更多的市场份额而采用的，在国家允许的范围内下调价格的促销方式，如2003年席卷全国各地的药品平价风暴以及"一元药感冒药"的推出等。

2. 附送赠品

附送赠品是指顾客购买特定产品时，可以免费获得一份非促销商品赠品的促销活动。附送赠品的目的是争取竞争性产品的潜在消费者，所以赠品是否有吸引力非常重要。好的赠品能激发消费者的购买欲望，并促使其实施购买行为，甚至对产品品牌产生好感；而不好的赠品则恰恰相反。好的赠品价值不一定高，但有纪念意义，是市场上难以买到的产品。

3. 购货折扣

购货折扣就是医药企业在一定期限内对到终端药店购买特定产品或购买达到某一规定数量时做出特殊的价格折扣。这种促销方式适合季节性产品、新产品开拓市场。

营销视野　　　　　　　购货折扣的形式

购货折扣的形式可分为现金折扣、数量折扣、季节性折扣和实现定额目标折扣4种。

（1）现金折扣　对当时或按约定日期付款的终端给予一定比例的折扣。例如，合同规定顾客须在30日内付清款项，若10日内就已付清，则给3%的折扣。采用现金折扣可以加速企业的资金周转，提高企业利润率。主要用于鼓励提早付款，加快资金周转，减少呆账和利息损失。

（2）数量折扣　指按到终端药店购买数量的多少，分别给予不同比例的折扣。采购量越大，折扣越多。其目的在于鼓励客户大量购买，从而降低企业在销售、储运等环节中的成本费用。

数量折扣可分累计数量折扣和非累计数量折扣两种。累计数量折扣是指同一顾客在一定的时期内购买药品累计达到一定数量时,按总量给予的价格折扣。采用这类折扣,可以鼓励客户长期购买本企业产品。非累计数量折扣是指顾客一次购买达到一定数量或金额时所给予的价格折扣。采用这类折扣,其目的是鼓励顾客一次性大量购买,从而增加销售量,增加盈利。

(3)季节性折扣 指季节性较强的产品,快过或已过销售旺季,购买时给予的折扣。主要用于鼓励终端储存该药品,加速资金周转。

(4)实现定额目标折扣 一般用于半年或年末结算时,如果终端药店达到一个事先设定的目标,就给予一定的折扣。主要用于鼓励终端的定向购买。

4. 神秘顾客活动

神秘顾客活动是指医药企业派出人员假扮顾客,对店员提问和咨询,以检验店员对产品的认识状况和推荐率的促销形式。应该在活动前2~3周通知终端店员,尤其是目标店员,以促使其进入状态,提高企业销售药品的推荐率。如果店员反应得当,对企业药品介绍恰当,推荐及时,应立即说明来意,并当场给予奖励,赠送礼品。礼品要精美实用,能赢得店员的好感。

5. 移动推车陈列

生产企业为使自己的产品被消费者所注意,通过给销售终端一定的费用,使自己的产品用移动推车摆在最醒目的位置,扩大药品销售而进行的药品摆放促销形式。移动推车陈列是医药企业和终端药店双方互惠互利的形式,而不应是企业主动、药店被动的促销活动。

五、项目组织与实训环境

(一)项目组织

(1)全班进行分组,每组7~8人。

(2)小组成员既可在既定的实训背景下展开针对消费者的营业推广活动,也可自行在本项目后的实训课题选择不同实训主题,进行不同的营业推广活动。

(二)实训环境

1. 实训背景

长期以来,我国在健喉护嗓方面的辅疗及保健药品主要是润喉片,随着人们生活水平的提高,消费观念和健康观念的转变,含片市场规模迅速扩大,发展前景广阔,除原有的治疗为目的的消费者群外,以单纯保健为目的的消费者群迅速扩大,重口感、"吃着玩"的消费者群正在发展壮大,从年龄结构上来看,儿童消费者群正在形成。新鱼腥草含片是一种保健品,由鱼腥草浓缩粉、甘草、木糖醇、薄荷等组成;酸甜可口、利咽通淋;每片0.65g,一板6粒,每盒4板,每盒1.8元。假如你是该产品的销售人员,准备在郑州地区针对药店消费者进行一次营业推广策划活动,目的是诱导消费观念,刺激总需求。请同学们为此制订一个营业推广方案。

2. 实训环境

(1)营销实训室。

(2)教室。

六、项目执行

医药企业针对消费者的营业推广的形式多种多样,各有其适用的范围和条件,企业制订营业推广计划的基本步骤如下。

任务一：明确营业推广的目的

对消费者来说，营业推广的目的是为鼓励经常购买和重复购买，同时吸引新购买者试用，建立品牌知晓和兴趣等；对中间商来说，则是为鼓励非季节性购买，促使中间商购买新的产品和提高购买水平；对推销人员来说，是为刺激非季节性销售，鼓励对新的产品或型号的支持，鼓励其取得更高的销售水平等。因此，企业在选择营业推广时必须适应市场类型的特点和相应的要求。

任务二：明确营业推广的优惠幅度

营业推广时的优惠幅度是活动成败的关键。幅度并非越大越好；当然，如果太小，引不起消费者的注意，也是没有效果的。一般原则是要能引起营业推广对象的注意。如品牌知名度高，市场占有率高的药品，优惠幅度可小些；品牌知名度低，市场占有率低的药品，优惠幅度要大一些。

任务三：确定营业推广的期限

营业推广的时间安排必须符合整体策略，选择最佳的市场机会，有恰当的持续时间。如果时间太短，不少有希望的潜在买主，也许恰好在这个阶段没买；如果时间太长，会使消费者造成一种误解，以为这不过是一种变相减价，失去吸引力，同时也加大了费用。营业推广安排，既要有"欲购从速"的吸引力，又要避免草率从事，确定恰当的推广期限。

任务四：确定费用预算

营业推广固然可以使销售增加，但同时也加大了费用支出。如某药店推出的"带医院处方到本店购药即送5元钱车费"的做法就吸引了很多利润低于5元的处方。因此，企业确定采用某种营业推广方式时，要权衡费用与经营效益的得失，确定营业推广的费用预算。

任务五：编制营业推广方案

企业要根据产品的特点，依据推广的目的、推广的对象、推广费用与经营效益的比率等，来综合考虑确定企业最佳的营业推广方式，并制订营业推广方案。

七、项目课时安排

(1) 实训时间：1课时。
(2) 讲授时间：1课时。

八、项目考核与评分标准

"消费者的营业推广"设计的评估分值比重占"药品市场促销技术"评估总分的20%。具体评估标准见附录二《药品市场营销技术》课程评估手册中项目4.2"消费者的营业推广"评估标准。

专业能力评估项目

序号	评估标准 / 评估项目	实训任务是否基本完成；考评总分30分	实训操作是否有突出表现；考评总分40分
6	明确营业推广的目的	基本完成，得6分。没有基本完成酌情扣分	1.目标确立的正确性 2.目标确立的可行性
7	明确营业推广的优惠幅度	基本完成，得6分。没有基本完成酌情扣分	优惠幅度的合理性

续表

序号	评估项目 / 评估标准	实训任务是否基本完成；考评总分 30 分	实训操作是否有突出表现；考评总分 40 分
8	确定营业推广的期限	基本完成，得 6 分。没有基本完成酌情扣分	时间确定的合理性
9	确定费用预算	基本完成，得 6 分。没有基本完成酌情扣分	1. 费用预算制订的具体性 2. 费用预算制订的合理性
10	编制营业推广方案	基本完成，得 6 分。没有基本完成酌情扣分	1. 营业推广设计的合理性 2. 营业推广设计的可行性 3. 营业推广设计的具体性
	6～10 项自评成绩 $\sum 70$		

九、典型范例

范例一　药店总动员活动方案

前　言

回顾天和骨通入市以来的销售工作主要是，通过以三类新药、卫药准字号的获取和有关政策为导向，把工作重点放在医院，并取得了非常可观的销售业绩。但是近年来国家医改政策的调整，OTC 市场正在形成，药店零售工作越发显得重要，我们应从一条腿走路，到学会两条腿跑步，加强药店促销工作迫在眉睫。

开展活动的意义如下。

1. 把握 OTC 市场脉搏

掌握药店（零售终端）的网络分布和销售状况。

提供市场动态和竞争对手状况的第一手资讯。

促进药店（零售终端）的销售工作。

企业直接作用于零售终端，有利于经销商：与其共同完善市场规范、共同获利、维护品牌、维护三方利益。

做好药店营业员工作，鼓励零售商向消费者推荐产品、鼓励其进货是销售人员工作的重点所在。

零售商直接接触消费者、聆听第一手资讯，并争取消费者，获得零售商的支持率是提高企业产品竞争力的重要手段。

2. 有效地阻止窜货，打击假货

通过核对产品批号，能及时发现窜货，通过严格执行企业的相关政策，能达成有效阻止窜货之目的，从而树立起业务员、经销商的信心。

能及时发现假货，禁止假货的销售，使药店（零售终端）和经销商提高防范意识，提高识假技巧，主动规避假货；使造假者能造难卖，造成损失，丧失信心，退出造假行列。

一、活动执行时间：二〇〇九年一月至二〇一〇年一月

二、活动范围

首先选择沈阳市为试点。

活动执行后积累一定的经验，建议在全国其他中心城市和药店销售工作薄弱的地区展开。

三、人员配置

1. 区域（省）经理一名，客户经理一名，推广主管一名，督导、分析员一名。

2. 招聘推广代表三名，原有的医药代表若干名。

四、前期准备

1. 企业内部对活动理解、消化、人员配置，梅高公司协助培训。

2. 由推广主管和区域经理负责招聘推广代表三名（招聘条件待定），由推广主管培训推广代表。

3. 用三周时间，对沈阳市约1800家药店进行走访。

建立药店档案（药店名称、性质、地址/位置、规模、骨通及竞争产品的销量、客流量、推荐情况、广告情况、促销情况）。

筛选出600家首期工作对象。

原则：店的性质（国营药店、连锁店、挂国营牌承包经营药店）；地理位置（交通要道、居民集中点、商业闹市、次主干道上）；营业额（每月销骨通20小盒以上）；营业面积40m²以上；主营对象（城市居民、工矿、事业单位职工等）等。

五、工作内容

1. 要求推广代表每天走访16家药店。半个月工作12天，对200家药店走访完一次。形成每个药店一个月被推广代表走访一次，兑现一次。

2. 走访内容

沟通情感，建立关系，认识营业员。

发放/补充宣传资料、传授推荐方法。

了解竞争药品的销量和广告、促销活动、消费者反映。

登记骨通销量、库存，维护店面陈列（查看批号、识假）。

了解消费者习惯和购买状况。

派送小礼品。

3. 兑现

继续传授/引导/纠正推荐方法，补充宣传资料。

登记当月骨通销量、库存（查表批号、识假）。

兑现礼品。

了解竞争药膏的销量，广告/促销活动。

4. 推广主管

每周协助推广代表走访三天（一个推广代表一天）。

每周暗访药店15家（各个推广代表5家）。

（1）考评营业员推荐能力、核实礼品的派送。

（2）店头陈列（宣传资料、骨通产品）。

（3）了解骨通销量、库存。

（4）了解竞争药膏状况和消费者。

（5）视结果，赠小礼品。

六、活动目的

1. 600家药店，天和骨通首推率达70%。

2. 药店营业员100%的了解骨通产品和天和药业概况。

3. 使消费者明显感受到来自营业员的强势推荐力。

4. 提高天和药业以及天和骨通的有效知名度。

七、效果评估

1. 600家药店骨通增量：600×10小盒/月（每天2袋×25天）＝6000小盒/月。

今年10月到明年1月，沈阳市骨通增量24000小盒。

销售额：24000小盒×11.70＝280800元。

2. 支出费用控制在销售增额280800元的12%以内，即33696元。

推广代表的费用支出情况如下：

通信：3×400＝1200元

工资：3人×4个月×800＝9600元

交通费：3人×400元＝1200元

小礼品：2400份×2.5＝6000元

兑现礼品：（2400份＋200份）×5.0＝13000元

宣传资料：600×100份＝60000份×0.05元＝3000元

共计：34000元

八、物料清单

1. 招聘合同（及招聘条件）。
2. 培训资料。
3. 企业宣传资料。
4. 产品宣传资料。
5. 走访登记表。
6. 礼品发放登记表。
7. 考核表。
8. 小礼品：新年小日历卡、小挂件。
9. 兑现礼品：防雨布手提袋（天和药业、产品），折伞（天和药业、产品）。

范例二　一场成功的传统促销策划活动

以前，对于医药营销领域，在新产品的启动阶段，免费比利润重要，普及比稀有重要，免费试用作为传统的产品促销方式成为商家百试不爽的选择。但是近些年来，随着市场竞争的白热化，促销方式的同质化和大量模仿，免费试用已经越来越不具有吸引力，甚至不少商家就是惨败于此种促销方式，认为此方式已经过时，必须寻求和探索新的出路。事实并非如此。其实，传统的促销方式只要你应用得当，仍然具有它独特的魅力，并可发挥巨大的作用。菊三七金骨贴的成功上市就是得益于这种传统的促销方式。

一、上市前市场概述

目前，我国膏药每年的市场份额大约20亿元，形成了以桂林天和、羚锐股份和奇正藏药为首的三足鼎立的竞争局面。他们运用现代工艺实现了对传统膏药的创新和改良，其代表产品天和骨通、骨质增生一贴灵和奇正消痛贴都已经成为人们耳熟能详的产品品牌，三者销量占据了大部分市场。

十月份菊三七金骨贴铺货入市，招商工作正全面启动。由于在整体广告投放、促销方面对终端支持不够，致使一线营销人员销售工作受到较大阻碍。

为了迅速打开局面，坚定各级业务人员的信心，同时让老百姓真切地感受到菊三七金骨贴的神奇功效，打消老百姓对非药品效果的不信任、怀疑态度。更为了突出产品的货真价实，突出产品的良好品牌和口碑，在消费者中迅速确立"菊三七金骨贴"的消费观念和消费新时尚，使产品迅速在中高端人群中形成良好的口碑宣传，从而带动其他人群的消费潮流。所以在这种背景之下开展万人免费试贴活动。

二、活动目的

1. 使菊三七金骨贴迅速打开市场，坚定信心。
2. 零距离接触消费者，指导消费者正确的使用方法。
3. 提高目标人群认知度和接受度。
4. 结合买赠，增加诱因，提升初次购买率。
5. 打破市场坚冰，配合公司整体大战略。

三、活动对象

1. 40岁以上的中老年人。他们当中的大部分人都经历过三年困难时期、"文化大革命"，生活水平及质量较差，身体得不到适当的保养。

2. 由于工作上的压力，更没有时间关注自己的身体，加上现在到了一定的年龄，身体大多出现各种各样的病痛。

3. 现在生活水平与质量大为提高，生活安定。但是身体已感觉力不从心，有些症状让他们开始忧心能否健康地去拼搏事业或安度晚年。

四、活动主题

1. 效果好，就敢送！——菊三七金骨贴万人免费试贴活动！

2. 真金不怕火炼！——菊三七金骨贴请 10000 南昌市民作证！

3. 关爱体"贴"免费试用——菊三七金骨贴万人免费试贴活动！

五、活动形式

1. 所有患有跌打损伤、内外出血、骨质增生、关节炎、肩周炎、骨折、骨刺、皮下淤血等病症的中老年人都是菊三七金骨贴试用的对象。

2. 以免费试用加现场义诊的方式接触目标消费群体。

3. 以创造性的媒体组合最有效地将活动告知给消费者，以期增加消费者的广泛参与。

4. 凭宣传单或《××晚报》上的菊三七金骨贴广告可享受买一送一的优惠。

六、活动时间和地点

1. 时间：11 月 27、28 日。

2. 地点：××市××大药房门口。

七、活动前的工作

1. 在报纸、杂志上刊登产品的软性新闻。

2. 深入活动区域内的社区散发宣传海报。

八、活动结果

在两天免费试用的情况下，有五千多老人家到场，当场试用四千多贴，同时，当场卖掉产品上万元，让产品的名声大增，好多患者昨天来免费试用，次日也来了，同时说他们昨天用的产品效果很好，这正好达到了活动的目的——以较小的成本获得了市场的认可，这对新产品来说尤为可贵。在活动的影响下，菊三七金骨贴销量一直很好。

所以，商家在为找不到所谓新的促销方式而头疼的时候，何不从传统的促销方式入手，去寻找一条适合自己产品的促销方式？所以说传统只要运用得当，是永远也不会过时的。

(资料来源：中国管理传播网)

项目 4.3 药品营销公共关系

公共关系有利于调整和维护，

为我们提供了物质和社会需要的社会系统。

一、项目任务

（1）掌握药品公共关系工作流程以及在此过程中的一些技巧，并能将之应用于营销实践中去，为更好地开展营销活动打下基础。

（2）掌握危机公关处理的技巧。

二、技能要求

（1）通过学习药品营销公共关系，使学生掌握公共关系工作的方法，培养学生综合分析问题的能力。

（2）通过分组完成药品营销公共关系，培养学生与小组内部成员的分工协作、与其他人员沟通协调的能力。

(3) 通过制订药品营销公共关系方案实训，培养学生药品营销公关策划的基本技能。

三、项目操作流程

工作目标	知识准备	关键点控制	流程图
1. 掌握公共关系调查的方法与技巧 2. 掌握公共关系策划的方法与技巧 3. 掌握危机公关处理的程序与技巧 4. 掌握公共关系评估的方法与技巧	1. 公共关系基本概念及作用 2. 公共关系工作一般流程 3. 市场调查的一般程序与方法 4. 市场调研报告的撰写	1. 公共关系调查 确定调查时间、地点、对象和方法等，并安排相关人员有效实施 2. 公关策划 在公关调查的基础上，结合本组织的实际需要制订公关策划方案 3. 公关实施 组织相关人员，有效实施公关策划方案 4. 公关评估 公关活动结束后，就公关活动所取得的成果进行评估，以此来判断是否完成预期的公关目标	公共关系调查 ↓ 公关策划 ↓ 公关实施 ↓ 公关评估

四、理论指导

（一）公共关系的概述

1. 公共关系的定义

所谓"公共关系"，就是一个社会组织为了推进相关的内外公众对它的知晓、理解、信任、合作与支持，为了塑造组织形象、创造自身发展的最佳社会环境，利用传播、沟通等手段而努力采取的各种行动，以及由此而形成的各种关系。

> **营销视野　　公共关系与人际关系的区别**
>
> 1. 主体不同
> 公共关系的行为主体是组织，人际关系的行为主体是个人。在公共关系活动中，个人也是以组织的身份与公众交往的，是组织的化身与代表。
> 2. 对象不同
> 公共关系的对象是与组织相关的所有公众及其舆论，而人际关系则包含许多与组织无关的私人关系。
> 3. 传播、沟通手段不同
> 公共关系非常强调运用大众传媒的方式做远距离、大范围的公众沟通，人际关系则比较局限于面对面的交流方式。

2. 公共关系的特征

所谓公共关系的特征，即公共关系区别于其他社会关系的征象和标志。

（1）公共关系是组织与公众之间的一种社会关系　　现代公共关系是这样一种社会关系：它的一端是一个具体的社会组织，这个社会组织可以是一个工厂，也可以是一家商店、一家银行、一所学校、一家饭店、一个医院等，另一端是与这个社会组织机构的生存、发展相关联的公众。公共关系学讲的公众与人们平时所讲的"人民大众""人民群众"的概念是有区别的。公共关系学探讨的公众，是指与某一社会组织有着直接或间接利益联系或利害关系的个人、群体或组织。一个组织的公众除了指员工、股东等内部公众外，更主要的是指顾客、社区、政府等与它生存、发展相关的外部公众。

（2）公共关系活动的目的是塑造组织的良好形象　　社会组织开展公共关系活动，缔结、拓展与内外公众的关系,是为了扩大组织的知名度,提高组织的美誉度;内求团结、外求发展;塑造组织真、善、美的良好形象;协调组织的内外关系,为组织的发展创造最佳社会环境。

(3) 组织与公众之间的中介是公关人员的传播、沟通活动　公关人员通过人际传播、组织传播、大众传播等手段将组织的形象信息传递给广大的相关公众;同时,公关人员又利用人际传播、组织传播等手段回收公众对组织的形象信息反馈。传播,特别是大众传播,是现代公共关系产生的基本前提之一,也是现代公共关系活动的重要标志。

(4) 公共关系是社会组织自觉、积极、努力开展的一系列社会活动　公共关系是组织为了在公众的心目中塑造良好的自身形象,通过成立内部公关机构或到公关公司咨询、聘请公关顾问等方式努力按公共关系的内在规律而开展的活动。这些活动包括开展调查、制订计划、策动传播、组织实施、总结评估等环节。

(5) 公共关系是社会组织特别是组织领导、公关工作人员的一种观念　公共关系是公共关系主体在市场经济条件下对自身与公众之间应有关系的一种理解;是对自身形象的重要性及客体存在、发展、需求合理性的一种意识;是对现代社会组织在市场经济条件下运行法则的一种感悟。社会组织如果没有这样的观念、理解意识和感悟,就不可能建立起真正良好的公共关系。

3. 公共关系的构成要素

公共关系既是一个过程,又是一个系统。由三大要素构成,即主体(社会组织)、客体(公众)和中介(传播)。

(1) 主体——社会组织　公共关系学中所讲的组织,是社会学意义上的组织,即按照一定的目的、任务和形式建立起来的社会群体或社会集团。

公共关系的一切活动都是由一定组织引起、运用和操作的,因此,社会组织,包括它的公共关系机构和公共关系人员便构成公共关系的主体。

(2) 客体——公众　公众是社会组织公共关系的对象,构成组织的社会生态环境。任何一个组织都处在一定的内外部环境之中,这个环境就是指组织所面临的各种社会条件以及各类内外部公众人。公共关系的重要职能就是通过创造性的工作,给自身事业的发展创造一个最佳的社会关系环境,使自己适应于环境,也使环境适用于自己。

> **案例分析**　　　　　　**纽崔莱全系包装焕新登场**
>
> 　　2017年6月起,纽崔莱全系包装焕新登场,新包装直观地彰显了纽崔莱悠久的品牌历史,同时为了让消费者更加方便地了解产品,通过增加产品专属二维码,为消费者提供更便捷的产品查询和购买渠道。消费者可以随时随地拿起手机打开微信,扫描标签上的二维码后,即进入安利官网的产品信息介绍页面,了解更多产品信息,营销伙伴通过登录后还可以即时购货。
>
> 　　　　　　　　　　　　　　　　　　　　　　　　　　　　　(资料来源:搜狐网)
>
> 　　启示:企业通过分析公众心理和行为,使传播、沟通工作具有较强的针对性和科学性,成功地把自己的产品推向市场的公关活动。

(3) 中介——传播　在公共关系中,传播起着媒介或手段的作用。从总体上来讲,公共关系的一切活动都是传播活动。公共关系概念中的传播,不仅指通过传播媒体的大众传播,而且更多的还是指人际传播,有时还指不同文化背景之间的跨文化传播;不仅指信息传播,而且更多的还是信息沟通、情感传送、形象传播。

案例分析 广药集团过期药品回收活动连续 16 年

据调查，如今我国每年被随意丢弃的家庭过期药品就高达 1.5 万吨！我们都知道，随意丢弃废旧电池会造成环境污染，过期药品被丢弃后，所造成的危害三倍于旧电池！广药集团等 12 家医疗行业龙头企业共同成立"全国家庭过期药品回收联盟"（后简称"联盟"），发起国内首个运用"互联网＋追溯"技术的线上回收活动。由广药集团发起开通的线上过期药品回收路径，只需简单三步：首先，通过手机淘宝、支付宝 App 扫描药盒上以数字"8"开头的 20 位追溯码，在跳转出的详情页上找到"过期药回收"入口；其次，进行家庭地址、联系方式等资料填写，一键召唤菜鸟联盟快递员；最后，快递员免费上门取走过期药。完成回收全流程后，用户还可领取鼓励优惠券。除上门回收外，联盟还在线下 200 多个城市以及广药白云山天猫旗舰店同步开展换药活动，期内广药集团生产和非广药集团生产的药品（针剂类与液体类除外）均可免费回收。8 月 13 日至 8 月 31 日，全国 32 个重点城市的"家庭过期药品回收联盟"活动开启，"躺在家中"的过期药品不仅找到了"好归宿"，让市民参与环保这件事也变得触手可及。

广药在过期药品回收这件事上，一做就是 16 年！2014 年，广药白云山还发布了《中国家庭过期药品回收白皮书》，在当年创下了全球规模最大的家庭过期药品回收吉尼斯世界纪录。广药白云山在家庭过期药品回收中走在了前沿，具有前瞻性，为我国建立家庭过期药品回收长效机制提供了良好的借鉴和带领作用。

（资料来源：搜狐网）

启示：此案例说明了两点。第一，新媒介在公关活动传播中的重要作用。在此次公益活动中，企业通过互联网，让公众高度参与活动，形成一个热门话题，让这个话题直接间接地与组织及其产品挂钩，从而达到良好的传播效果。第二，企业在活动中塑造了富有社会责任感的良好企业形象，取得了巨大的社会效益。

社会组织是公共关系的主体，具有主导性；公众是公共关系的客体，具有权威性；传播是公共关系的手段和媒介，具有效能性。公共关系以

上三大基本要素之间的动态平衡、协调适应是公共关系运行的基本规律，是科学的公共关系的内在要求。

4. 公共关系的基本职能

（1）塑造良好的组织形象是公共关系的基本职能　良好的组织形象，对于一个社会组织来说，是一笔无形的财富，它可以为社会组织的各种服务和产品创造出优良的营销环境；可以为社会组织吸引人才、集中人才提供优越的环境条件；也有助于社会组织寻求可靠的原材料和能源供应客户；增加投资者的信心；求得稳定而优惠的经销渠道；增进周围社区对组织的了解。

> **营销备忘　　　　　　　塑造组织形象的方法**
>
> 1. 优质服务
> 其具体方式如工业企业的售后服务、免费保修，服务企业的各种消费教育与培训指导，公用事业单位提供优质而完善的服务，政府部门为基层组织和民众热情而周到的服务等。
> 2. 加强传播
> 例如，召开新闻发布会，发布公共关系广告，制作板报，发表演讲，举行记者招待会、新产品展览会、经验或技术交流会、信息发布会，实施社会赞助，印刷发行公共关系刊物和制作各种视听资料等。
> 3. 提供咨询
> 其主要形式有：开办各种咨询业务，建立来信来访制度和相应的接待机构，开展有奖测验活动，制作调查问卷收集用户意见，开通消费者热线电话以接受和处理投诉等。
> 4. 公益赞助
> 具体形式诸如赞助文化、教育、体育、卫生等事业，支持社区福利事业和社会慈善事业，扶持新生事物，参与国家、社区重大活动并提供费用。
> 5. 增进社交
> 其方式包括社团交际和个人交际，诸如各式各样的招待会、座谈会、宴会、茶话会、接待应酬以及电话沟通、亲笔信函、短信息、电子邮件等社交形式。
> 6. 处理危机
> 在组织的公共关系遭遇突发性严重失调、组织形象受到严重损害的时候，公共关系部门采取一系列有效措施，做好善后处理工作，配合组织其他部门改造被损害的形象，挽回组织声誉，重建组织形象。

(2) 协调组织内外关系是公共关系的另一个基本职能　现代组织必须开展广泛多样的社会交往活动，处理好各种关系，增进与公众之间的感情，创造一个宽松、融洽、友爱的环境，减少产生误会的可能性。即使发生矛盾，由于双方原来有比较融洽的关系，也容易使矛盾得到比较妥善的解决。

> **营销备忘　　　　　　　协调关系的方法**
>
> - 当双方关系处于和谐状态时，沟通协调的重点就应当是通过不断传播社会组织方面的业绩来保持和强化公众方面的良好印象。
> - 当双方关系处于不和谐状态时，沟通协调的重点应该首先是解剖组织自己，反省自己的表现和责任，严于律己，实行自我监督，发现问题自行纠正。然后才是客观地分析双方关系的状态，并提出改进关系的具体意见和措施。
> - 当双方关系处于不明状态时，沟通协调的原则首先是用善意的态度表达自己的明确主张，竭力使对方消除紧张戒备等逆向性心理倾向，为双方的信息交流创造正常的、平衡的心理条件，这样就可以避免发生误会和偏见。

5. 公共关系实现基本职能的途径

（1）收集信息

① 组织管理及人员状况信息　一般包括以下内容。

a. 公众对组织领导机构的评价：如领导能力、创新意识、办事效率以及组织机构的设置是否合理、完善，运转是否灵活等。

b. 公众对管理水平的评价：如决策经营是否符合社会实际情况，生产节奏是否紧凑，内部分工是否合理，对市场的预测、变化是否准确和灵敏等。

c. 公众对组织人员素质的评价：如他们的工作能力、道德修养、文化程度等的整体水平如何。

d. 公众对组织服务质量的评价：包括企业的销前售后服务及其项目、服务设施的先进性、科学性、服务态度等。

② 产品形象信息　包括消费公众对产品和服务的价格、性能、质量和用途等主要指标的反映，同时也包括对产品的优点和缺点两个方面的反映和建议。

③ 组织运行状态及其发展趋势信息　这类信息包括内外两个方面：就内部来说，主要是指组织自身运行情况及其与组织预定总目标的要求之间的距离以及它可能发展的趋势；就外部而言，包括所有对社会组织运行及其发展趋势发生或将要发生影响的情况。

> **营销备忘　　　　　收集信息的方式与手段**
>
> • 加强社会调查，重视公众的反应。公共关系人员要运用科学的手段和方法，对有关社会现象进行有目的、有系统的考察，以此来收集大量资料，并对这些资料进行定性和定量分析。
>
> • 注意直接听取公众的反映。主要采取接待来访者和投诉者、现场面谈、专题采访、追踪调查等形式。
>
> • 借助传播媒介。重视新闻媒介的社会舆论，注意听取有关专家、政府有关部门、上级有关部门及同行的建议和意见。
>
> • 充分利用各种活动、会议。如利用新闻发布会、学术交流会、演讲会、展览会、纪念会、重大庆典、座谈会、宴会等会议与活动收集信息。

（2）咨询建议　公关部门的咨询建议通常包括以下三个方面。

① 组织与公众关系的一般情况　这类咨询主要提供社会组织与公众关系状态的说明。如内部员工的归属感、本组织在社会上的一般印象、消费公众对组织产品或服务的反映、新闻媒介对本组织的社会舆论、同行竞争者对本组织的评估等。

② 公众的专门性情况　这类咨询通常是以社会组织围绕实现塑造形象和协调关系的基本职能而意欲举办某个专题活动为背景出现的。公共关系人员提供与该活动直接的情况说明和意见，是为了使本组织的专题活动能更有效地开展，更完满地达到目的。例如，某一组织拟举办新闻发布会，公共关系专业人员应当就此提供关于新闻事件的背景材料、各类媒体对本新闻的关注程度等情况等。

③ 公众心理变化及其趋势咨询　这类咨询是公关人员将其在长期观察和积累的基础上形成的对公众心理变化及其发展趋势的分析，结合社会组织的中长期规划，向决策层所作的通报。

（3）参与决策　公共关系直接参与决策，为塑造形象和协调关系服务表现在三个方面。

① 为决策提供信息服务　公共关系部门利用它与内外部各界广泛联系的优势，充分完

善各种公众咨询渠道,畅谈各种信息来源,包括广泛的外源信息和及时的内源信息,并根据决策目标将各种信息整理、归类、分析、概括,提供给最高管理层或各个专业部门作为决策的客观依据,从而促进决策的科学化、民主化,使组织的目标更符合公众的利益。

② 帮助组织确定决策目标　公共关系部门应站在公众和社会的立场上,对各职能部门的决策目标进行综合评估,建议和忠告有关部门或决策者,依据公众需要和社会价值,及时修正可能导致不良社会后果、有损组织形象和公众关系的决策目标,使组织的决策目标既反映组织发展的需要,又反映社会公众的需求和利益。

③ 协助组织拟定和选择决策方案　公共关系参与决策的作用还表现在运用各种公关手段为决策者拟定、选择和协助实施与公共关系有关的决策方案,特别是关注这些决策方案在经济效益和社会效益方面的统一与协调,促使决策者重视决策行为的社会影响和社会效果。

(二) 公关调查的程序

1. 制订调查方案

公关人员要根据公关活动的目的来确定调查对象,然后再确定调查项目、调查方式和方法,最后还要制订调查的计划。

(1) 确定调查任务　它是根据组织所要了解的问题而确定。公关调查任务的确定,要符合组织自身运行和公关目标的需要。

(2) 设计调查方案　在确定了调查任务之后,就要设计调查方案。

> **营销备忘**　**调查方案的设计内容**
>
> (1) 确定调查主题　公关调查的主题是对本次调查的任务及内容作的概括性说明。比如,××事件调查。
>
> (2) 明确调查目的　明确调查目的就是要回答"为什么要做,做了之后要达到什么样的目标"的问题。
>
> (3) 确定调查对象与范围　根据调查主题,确定在什么范围内进行调查。
>
> (4) 确定调查项目　调查项目是调查的具体内容,在进行调查之前,要明确本次调查主要要了解哪些方面的内容,然后根据调查的项目列出详细的调查表。
>
> (5) 确定调查方法　需要采用什么样的调查方法进行调查。
>
> (6) 制订调查计划　是指具体的调查过程工作安排,包括调查人员的选择、配置以及培训等。
>
> (7) 制订调查预算　在进行调查之前,针对本次调查可能需要的费用进行预算,可以帮助调查人员估算本次调查的成本,同时也可以帮助调查人员合理地使用费用。

(3) 确定调查内容

> **营销备忘**　**公关调查的内容**
>
> 1. 组织基本情况调查
>
> (1) 组织经营状况　包括对组织总体发展目标、发展战略、财务制度、分配制度、人事制度等方面的调查。
>
> (2) 职工基本情况　职工包括领导者和员工。对领导者的调查是了解领导层在组织中认可的程度及其管理能力等方面的调查。对员工的调查就是掌握员工的基本情况,包括年

龄结构、文化程度、专业技能、员工对组织决策层、领导层的支持程度与意见等方面的调查。

（3）员工关系调查　包括员工的群体心理气氛和工作态度，员工的情绪和意见，组织各级人员之间的沟通以及团队合作精神等方面的调查。

2. 组织形象调查

组织形象调查可分为两个方面：一是组织自我期待形象的调查；二是组织实际社会形象的调查。组织自我期待形象与组织实际社会形象之间的差距，就是公关工作的目标。

（1）组织自我期待形象的调查　是指组织所期望建立的形象。

（2）组织实际社会形象的调查　公关部门可以通过民意测验、舆论监督、与领导面谈等方法，获得自身的实际社会形象。

3. 公关活动条件和效果的调查

是指组织在开展公关活动之前，对开展活动的主客观条件进行调查研究。包括以下几个方面。

（1）主观条件调查　包括活动主体人力、财力情况调查。

（2）客观条件调查　包括宏观、微观调查两部分。宏观调查是对社会环境的调查，包括社会政治、经济形势、社会心理等方面的调查；微观调查是对开展公关活动的场地、设备以及各类规章制度进行调查。

（3）组织公共关系活动效果调查　主要考察实施公共关系活动实现预定目标的程度。包括调查分析已实施的活动在塑造组织形象、公共关系传播效果、解决公共关系问题、增进商品销售等方面所取得的效果。

2. 搜集调查资料

搜集调查资料是指调查人员根据调查方案搜集资料。资料主要分为两类：外部资料和内部资料。

（1）外部资料　是指来自组织外部的各种相关的信息资料，通常包括政府相关政策、新闻媒体资料、行业组织资料、金融机构资料等。

（2）内部资料　是指组织内部的市场销售信息系统经常搜集的资料。通常包括组织以前的相关资料、调查资料以及组织档案等。

3. 整理调查资料

整理调查资料就是对调查中所取得的全部资料进行统计、检验、归类，识别出与组织关系较大的信息，然后从中确定问题。对公共关系来讲，就是确定组织的形象问题。方法是将调查所得信息按知名度和美誉度两方面进行归类，然后采用"组织形象地位四象限图"对组织形象进行准确检测，用"组织形象要素间隔图"找到组织实际社会形象与组织自我期望形象的差距。

（1）组织形象检测　利用"组织形象地位四象限图"（图4-4）可统计、标示出组织的实际形象地位。

在图中，横坐标表示知名度，共100个百分数标度；纵坐标表示美誉度，共100个百分数标度。全图分成四

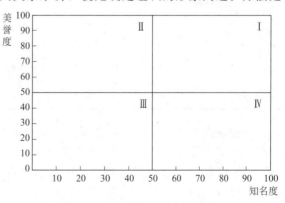

图4-4　组织形象地位四象限图

个象限区，每个象限区代表了不同的组织形象地位，反映出四类不同的公共关系状态。

Ⅰ象限区表示高知名度、高美誉度。说明组织的公共关系处于良好的状态。

Ⅱ象限区表示高美誉度、低知名度。说明组织的公共关系处于"酒香巷子深"状况，但有良好的发展基础，工作重点是提高知名度。

Ⅲ象限区表示低美誉度、低知名度。说明组织的状况不佳，工作需要从零开始。

Ⅳ象限区表示低美誉度、高知名度。说明组织的公共关系状态处于臭名远扬的恶劣境地。公关工作应先扭转坏名声，努力提高质量，改善服务，挽回信誉。

组织要了解自己在公众心目中的实际形象地位，只需分别求出本组织的知名度和美誉度的百分比，然后在坐标上标出即可。知名度和美誉度的计算公式为：

$$知名度 = \frac{回答知道组织存在者数}{被调查人数} \times 100\%$$

$$美誉度 = \frac{对组织有良好评价者数}{回答知道组织存在者数} \times 100\%$$

例如，某组织进行抽样问卷调查了相关公众1000人，答卷中有800份说知道该组织的存在，有200份对组织有较高赞誉。按上述公式可求得该组织的知名度为80%，美誉度为20%。然后便可将该组织的实际形象地位定位在Ⅳ象限区内。

（2）组织形象要素分析　组织形象的内容不是单一的，而是由诸多因素构成的。为了剖析组织形象地位的成因和公关工作的具体要点，公关人员应当制作组织形象要素间隔图（图4-5）。具体方法是：运用语义差别量表法制作组织形象要素调查表作为分析工具（表4-4）。

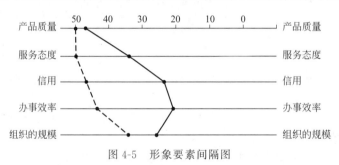

图 4-5　形象要素间隔图

表 4-4　组织形象要素调查表

项目	评价				
	好(50)	较好(40)	一般(30)	较差(20)	差(10)
产品质量					
服务态度					
信用					
办事效率					
组织的规模					

该表的制作方法是：第一，将组织形象分解成为产品质量、服务态度、信用、办事效率、组织的规模等要素，并用3~9个等级来评价每个要素（表4-4共用5个等级：好、较好、一般、较差、差），每个等级差为10。调查时，请调查对象就自己的看法在表中相应方格中做上符号。

第二，公共关系人员对所有回收表格进行统计：①先统计出每一要素的总分；②计算每个要素的算术平均值,例如,某组织调查了100个公众,其中服务态度要素的评价为:5人认为差(5×10),15人认为较差(15×20),20人认为一般(20×30),30人认为较好(30×40),30人认为好(30×50),求服务态度这一要素的算术平均数;③将每个要素的算术平均值标在"形象要素间隔图"上,并连接成线。然后,将此线与组织的自我期望形象线相比较,即可找出二者的差距。在图中,某组织除了产品质量一项要素的实际评价(实线)与自我评价(虚线)接近外,其他各项均有相当差距,尤其突出的是信用和效率。

4. 撰写调查报告

调查结束后,要就搜集、整理、分析的调查结果进行总结,对调查过程进行评价,并上交组织领导及有关部门人员,以此作为公关活动下一步工作——公关策划的依据,同时为领导决策提供依据,寻求领导的支持与帮助。

(三) 公关策划的概述

公关策划是指公关人员为了帮助组织达到实现形象战略目标以及获得本次公关活动的成功,而事先进行的对于本次公关活动的谋划、构思以及设计最佳方案等活动。

✓ **公关策划的核心**

公关策划的核心,就是解决以下三个问题:一是如何寻求传播沟通的内容和公众易于接受的方式;二是如何提高传播沟通的效能;三是如何完备公关工作体系。

1. 公关活动策划的程序

一般可以分为以下几个步骤。

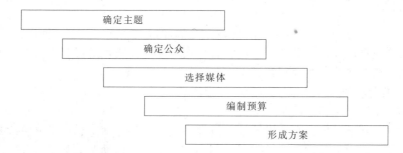

2. 公共关系策划的目标

英国公共关系专家弗兰克·杰夫金斯曾根据自己的公共关系实践描述了广泛的公共关系目标内容,概括起来有15种之多。

(1) 新产品、新工艺、新技术、新服务项目的开发和推销要吸引最大数量的公众。

(2) 开辟新市场或推销新产品、新服务之前,要在新市场或新产品推销地宣传组织的信誉,扩大组织的知名度。

(3) 转产时要调整内外公众对新产品的适应过程,树立产品和组织的新形象。

(4) 参加社会公益活动,要通过适当的方式向公众宣传。

(5) 组织的产品或服务如在公众中造成不良的影响要尽快挽回。

(6) 为组织新设下属机构进行宣传,使各类公众了解其性质和作用。

(7) 让内外公众了解组织高层领导人关心社会、参加公益活动的情况,以提高组织的信誉。

(8) 发生严重事故后,要让公众尽快了解组织的态度和处理意见。

(9) 创造一个良好的消费环境。
(10) 普及产品或服务的消费方式。
(11) 创造股票发行的良好环境。
(12) 向社会公众传播组织的名称、商标、品牌。
(13) 争取政府部门的支持和优惠政策。
(14) 向政府和有关组织传达本组织与其建立某种合作关系的意义和价值，争取他们的认同和支持。
(15) 在竞争危急时刻，通过联络感情争取公众支持。

3. 公关活动的主题

公关主题是对公关活动内容的高度概括，是公关策划的核心。公共关系每项具体活动，比如演讲、宣传、广告、赞助、新闻发布会等都必须围绕着主题来展开。

在确定公关主题的时候，要注意公关主题应当通俗、易懂，好听好记，个性鲜明，不同凡响。可以是一个简单明了的陈述语句，也可以是一句口号。例如：牙科诊所活动日主题是"关爱员工、从齿开始"、美国的国际商用机器公司（IBM）的主题是"IBM就是服务"。

在确定主题时应注意：公关活动的主题应与公关目标一致，并能充分表现目标；公关主题信息要独特新颖，能打动人心；公关活动主题设计要简明扼要，易于记忆。

4. 选择公众对象

组织的活动对象是公众，但任何组织不可能在同一次公关活动中面对所有的公众，公关策划就是面对特定的、与组织相关的公众。组织推出新产品，该产品的潜在消费者就是该时期内公关活动的公众。

在进行策划时，对目标公众的分析应包括以下内容。

(1) 目标公众居住在哪里？属于什么样的组织或群体？
(2) 他们当中谁是领袖？目标公众目前对本组织的看法如何？和本组织的关系如何？
(3) 目标公众喜欢读什么书刊？喜欢收看什么电视节目或收听哪些广播？
(4) 目标公众有着什么样的利益需求？

5. 公共关系活动种类

(1) 公共关系活动种类

组织的公共关系活动是一个组织长期进行社会交往、沟通信息、广结良缘、树立自身良好形象的过程，它表现为日常公共关系活动和专项公共关系活动两大类。

① 日常公共关系活动　是指为改善公共关系状态，公关人员所从事的接待（媒体，如电话）、来访者接待、编写宣传材料及刊物等。

② 专项公共关系活动　是指有计划、有系统地运用有关技术、手段去达到公共关系目的的专门性活动，如新闻发布会、社会赞助、展览会、庆典、对外开放参观。

(2) 专项公共关系活动种类

① 新闻发布会

新闻发布会又称"记者招待会"，是公关组织直接向新闻界发布有关组织信息、解释组织重大事件而举办的专题活动。

a. 新闻发布会的特点

第一，正规隆重：形式正规，档次较高，参加者有身份和地位。

第二，沟通活跃：发布信息、相互问答，双方沟通时间长，接触较深。

第三，传播迅速：发布信息迅速，扩散面广，社会影响大。

b. 怎样选择发布的时间和主题

第一，时间选择要恰当。选择适合记者的时间，而不是适合组织自己的时间，在选择时应遵循两个原则。

首先，应尽量避开节假日和重大社会活动的时间。因为对媒体而言，节日或重大活动比新闻发布会更重要，记者分身无术。如我国香港地区每周六的赛马日、澳门地区周六的赛狗日，一般不举行新闻发布会。

其次，会议时间一般安排在上午10时或下午3时，总时间60分钟左右为佳。因为这个时间对记者最方便。

第二，选择主题要合适，主要的注意事项如下。

首先，主题应有较大的新闻价值。重大、新鲜的新闻才能吸引记者。否则会出现新闻发布会无记者到场的尴尬局面。

其次，新闻主题要单一，内容要简明扼要，不能浪费时间。否则会给记者留下不好的印象，以后再召开这类会议时，记者就不愿参加了；在一个新闻发布会上，不能同时发布几个主题新闻。

c. 新闻发布会的筹备工作要求

第一，根据主题准备好各种材料：发言稿、宣传材料、为记者准备的新闻稿、答记者问的备忘录等。

第二，确定主持人和发言人：发言人应由组织的主要领导人担任；主持人则由公关部负责人担任。两人事先应熟悉发言稿。

第三，确定所邀请记者的范围：根据发布信息的重要性确定所邀记者的范围。但与组织有密切联系的新闻机构和记者不能遗漏。

第四，选择合适会场的基本要求：交通方便；设施完善。最好利用大型会务中心、专业新闻中心或大饭店、大宾馆会议室。

第五，做好预算，留有余地。

d. 新闻发布会程序

第一项，主持人宣布会议开始，介绍发言人、来宾和新闻单位。

第二项，发言人发布新闻、介绍详细情况。

第三项，记者提问，发言人逐一回答。

第四项，主持人宣布结束。

第五项，参观或其他安排。

e. 新闻发布会的注意事项

第一，事前作好排练，发现问题及时纠正。

第二，对待各媒体记者一视同仁，不能有任何区别。

第三，与组织的宣传口径保持一致。

第四，做好会议的接待和记录工作。

第五，主持人和发言人要注意言谈举止和会场的气氛引导。在发言冷场时，适时引导记者提问，而在记者争相提问时，又要维持好会场秩序。

第六，事先准备好回避问题的方式和技巧。

第七，避免造成对立情绪，在发现对立苗头时，要善于控制和化解。

第八，新闻发布会会后情报工作。

② 社会赞助

社会赞助是指组织或团体通过提供资金、产品、设备、设施和免费服务的形式资助社会事业的活动。

a. 社会赞助的基本类型

社会赞助的基本类型包括：体育活动、文化活动、教育事业、慈善事业。体育活动的赞助内容以体育设施和大型体育比赛为主。文化活动的赞助内容包括电影、电视节目、文艺表演、知识竞赛、艺术节等。教育事业的赞助内容包括学校、图书馆、博物馆的软硬件建设。

社会福利事业的赞助内容包括为贫困地区、残疾人、孤寡老人、荣誉军人等提供帮助。

b. 社会赞助的实施步骤

第一步，研究和确定赞助项目。

第二步，成立专门领导机构，主持赞助活动。

第三步，制订赞助计划。

第四步，实施赞助活动（需要制订实施细则）。

第五步，活动评估。

③ 展览会

展览会是指通过实物、文字、图片、示范表演等方式，展现组织的成果、风貌、特征的一种公关专题活动。展览会通过运用多种的展示方式和媒介传播手段，营造氛围，展示组织成就，增强组织与公众的沟通、交流，从而树立组织形象的大型公共关系活动。如第83届全国药品交易会。

④ 庆典

庆典是隆重的、大型的庆祝典礼活动，是社会组织围绕重要节日或者自身重大的、值得纪念的时间而举行的庆祝活动。庆典类型较多，包括开幕庆典、闭幕庆典、周年庆典、特别庆典、节庆活动。如：药店开张、医药公司二十周年庆典。

庆典活动的开展需要注意以下几点：第一，精心选择对象并提前发出邀请；第二，合理安排活动程序和接待工作；第三，落实执行，加强庆典活动的新闻性；第四，做好活动总结工作。

⑤ 对外开放参观

对外开放参观是组织向外部公众开放，让他们到组织内部观察、了解组织及其设施、工作过程和各种成果等的专题活动。该活动可以增强组织的透明度，扩大组织的社会影响，增进公众对组织的理解和支持，增强员工或家属的自豪感，同时也使社区关系更加和谐。如清华大学暑期实践团师生一行到广药集团广州白云山制药总厂开展以"感受中国力量"为主题的交流学习活动、施恩奶粉开展亲子参观活动。

6. 危机公关

由于企业的管理不善、同行竞争甚至遭遇恶意破坏或者是外界特殊事件的影响，而给企业或品牌带来危机，企业针对危机所采取的一系列自救行动，包括消除影响、恢复形象，就是危机公关。

案例分享　　　　莎普爱思滴眼液疗效受质疑事件

2017年12月2日，一篇来源于自媒体科普平台丁香医生的文章引爆朋友圈，丁香医生指控莎普爱思超适应证滥用以及误导性营销，多位眼科医生不认可莎普爱思滴眼液的"白内障防治功效"，矛头直指莎普爱思滴眼液涉嫌虚假宣传。正是这篇文章将浙江莎普爱思药业股份有限公司生产的苄达赖氨酸滴眼液（商品名：莎普爱思）推向了风口浪尖，相关舆情量在12月2日达到顶峰，2017年12月2日至2017年12月7日，网民关于"莎普爱思涉嫌虚假宣传事件"的言论约6.18万条。12月3日，莎普爱思发布《澄清公告》，回应称，滴眼液对延缓老年性白内障的发展及改善或维持视力有一定作用，疗效确切，公司的广告内容与监管部门审批的相应内容一致。12月4日莎普爱思股价跌了4.14%。12月5日浙江食品药品稽查局也对此事进行回应，未发现其抽验不合格，两天后表示，已接到国家市场监督管理总局通知，正在处理此事，将及时披露相关信息。

（资料来源：https://zhuanlan.zhihu.com）

启示：企业针对事件进行了回应，并且发布了澄清公告，如果反应时间能再迅速些就更符合互联网时代要求，公告的意思表达比较清晰，但传播渠道单一，缺乏真诚沟通的诚意；公关危机对组织的负面影响很大，把握危机公关原则和流程对社会组织而言至关重要。

危机公关属于危机管理（crisis management）系统的危机处理部分。

（1）危机公关特点

第一，意外性。危机爆发的具体时间、实际规模、具体态势和影响深度是始料未及的。

第二，聚焦性。进入信息时代后，危机的信息传播比危机本身发展要快得多。媒体对危机来说，就像大火借了东风一样。

第三，破坏性。由于危机常具有"出其不意，攻其不备"的特点，不论什么性质和规模的危机，都必然不同程度地给企业造成破坏，造成混乱和恐慌，而且由于决策的时间以及信息有限，往往会导致决策失误，从而带来无可估量的损失。

第四，紧迫性。对企业来说，危机一旦爆发，其破坏性的能量就会被迅速释放，并呈快速蔓延之势，如果不能及时控制，危机会急剧恶化，使企业遭受更大损失。

（2）危机公关的流程和内容

第一步，问题管理。对可能对组织产生影响的问题进行系统化监控和评估。

第二步，危机规划与预防。针对可能发生的危机情景进行预案研究与处理，建立危机管理机构。

第三步，危机应对。面对爆发的危机实施全面管理方案，掌握危机管理的主动权。

第四步，善后事宜。判断危机的损害程度、评估危机预案的效果，做出调整和修订。

（3）危机公关的"三明主义"

第一，态度"明确"。公司对待危机的态度要明确，而且要在第一时间表明，不能采用任何手段来逃避危机事实。

第二，信息"明朗"。公司发出的信息不能含糊，不能朝令夕改，让人去猜疑或猜想。

第三，思路"明晰"。企业在发生危机后，不只是"表明态度"和"信息发布"的问题，其必须"将心比心"，站在"受害者"的立场，制定明晰的延伸问题处理思路，最大限度地做好"善后"工作，以保护和安慰"受害者"，一对一地化解"危机"，同时也要针对企业状况采取有效措施，以避免危机的再次发生。

（四）公关评估的概述

1. 公关评估的内容

（1）分析评估公关活动原定目标是否实现　公关活动的原定目标是活动效果评估的标准，将公关活动方案中所设计的主要目标与通过公关活动所达到的实际目标进行比较，分析目标的实现程度。

（2）分析评价公关活动所选择的模式、传播媒介是否符合公众的需求　通过公关调查，对掌握的资料进行分析评估，分析其相符程度和对实现目标的作用，为制订新的公关计划提供依据。

(3) 对公众的态度进行分析评估　将开展公关活动前后公众对组织的态度进行比较分析，评估公众对组织的形象改变程度。

(4) 对计划的预算进行评估　检测公关活动的投入与目标实现的效益比，帮助公关人员更加有效地使用资源。

2. 公关评估的程序

(1) 设立统一的评估目标。

(2) 取得组织最高管理者的认可并将评估过程纳入公共关系计划之中。

(3) 在公共关系部门内部取得对评估的一致意见。

(4) 从可观察与测量的角度将目标具体化。

(5) 选择适当的评估标准。

(6) 确定搜集证据最佳途径。

(7) 保持完整的计划实施记录。

(8) 及时、有效地使用评估结果。

(9) 将评价结果向组织管理者报告。

(10) 提高对公共关系的理性认识。

3. 公关评估的方法

(1) 直接观察法

直接观察法是公关人员以旁观者的身份与其他公众一样接触各种公关活动，对公共关系的工作效果进行判断。

(2) 公众调查法

公众调查法是指选用一定数量的调查对象，用问卷、表格、访谈等方式，了解他们对一定问题的意见、态度和倾向，在充分调查的基础上，进行数据处理和分析，形成一个较为科学的报告，借以了解公关活动的效果。

(3) 内部、外部监察法

内部监察法是指由组织内部成员对公共关系的工作表现进行调查分析。外部监察法是指由聘请的专家会同公关人员对企业的公共关系进行调查、访问和分析，对企业的公共关系活动进行评估、接受咨询、予以论证，作出较为客观的评价和衡量，并对未来的活动提出建议和咨询。

(4) 成本效益计算法

公共关系评估必须讲求成本，公共关系实施是否用最少的开支使组织的效益最大化是一个重要的指标。

(5) 参照评估法

用以往类似的公共关系活动为参考标准，通过比较分析来评估公共关系活动的效果。在比较中学习其他公共关系工作的有用经验，改进公共关系工作。

4. 公关评估报告的编写

(1) 报告的内容

① 评估的目的及依据　即为什么要进行公共关系评估，通过评估要解决什么问题以及评估所依据的文件或相关的会议精神等。

② 评估的范围　公共关系的评估报告必须明确公共关系检测评估的范围。只有明确评估范围，评估报告才有实用价值。

③ 评估的标准与方法　在评估报告中，必须说明评估的标准或具有可衡量性的具体化

目标体系，以及在评估过程中所采用的方法。

④ 评估过程　主要简要说明评估过程是怎样进行的，分为哪些阶段，从评估工作过程和所采用的方法就可以检测判断评估是否科学、合理、规范、完整。

⑤ 评估对象的确定　在公共关系检测评估报告中，还必须明确检测评估对象本身的一些基本情况，主要包括活动或项目名称、开展时间、实施的基本情况与特点等。

⑥ 存在的问题及建议　要求根据所掌握的材料，有针对性地提出问题并提出有利于解决问题的建设性意见。

⑦ 评估人员　是指参加评估的人员名单、相关资料及联系方式等。以便于组织和参加人员及时联系相关人员。

⑧ 评估时间　在评估报告中，必须明确评估的时间及评估报告撰写的时间。

（2）报告的基本格式

① 封面　其内容包括评估的题目、评估时间、评估人员名单、报告撰写等。

② 评估人员分工　内容主要包括评估人员的主要任务及相关权限等。

③ 目录。

④ 前言　简要地介绍评估的主要内容。

⑤ 正文　这是评估报告中最主要、最核心的部分，其内容包括评估的原则、方法、范围、结论、存在的问题及建议等。

⑥ 附件　对正文补充说明及相关证明材料。

五、项目组织与实训环境

（一）项目组织

1. 全班进行分组，每组 7～8 人。
2. 小组成员自行选择一个主题，并就此展开公共关系活动。

（二）实训环境

1. 营销实训室。
2. 校外。

六、项目执行

每组自行选定一个公关主题，并就此展开公共关系活动。

任务一：公共关系调查

公共关系调查的具体步骤如下。

【第一步】各组内部讨论，确定好各自的调研主题。

【第二步】与授课教师联系，讨论本次公关调研主题的可行性。如果有必要，进行适当的修改。

【第三步】各组内部讨论确定本次公关调研的目标。

【第四步】与授课教师联系，讨论本次公关调研目标的准确性与可行性。如果有必要，进行适当的修改。

【第五步】依据调研目标，各组内部讨论确定本次公关调研的目的、对象、内容、调查方法以及调查人员、费用安排等内容，并形成书面调研计划。

【第六步】与授课教师讨论该计划的合理性、可行性以及完整性，修改之后打印上交。

【第七步】依据调研计划设计调查问卷，并与授课教师取得联系，讨论问卷设计的合理性与准确性。如果有必要，进行适当的修改。

> **实训范例**

××医药公司企业文化现状调查问卷

问卷说明：

您好！此次问卷调查的目的是了解××医药企业文化的历史、现状以及未来的改进方向，您的见解和意见对于南京医药的发展至关重要。问卷匿名填写，我们将以职业的态度对您的问卷严格保密，只在咨询公司范围内作统计和分析使用。请您认真填写，感谢您的积极参与和支持。

填写说明：

1. 请单独填写，并客观发表意见；
2. 问卷填写人请对填写内容保密；
3. 以下问题，请在您认可的选项上画"√"号，其他选项上不要画符号；问题前标注"○"符号的，只选一项；问题标注"□"符号的，最多可选3项，也可以少选。

个人信息　职位　○高层干部　○中层干部　○基层干部　○员工

部门　○行政管理　○人力资源　○财务/审计　○采购/外配　○市场/销售　○客户服务　○质管/检测　○物流/仓储　○其他（请注明）

学历　○中学及以下　○高中（中专）　○大学（大专）　○硕士　○博士

入公司时间　○1年以下　○1~2年　○2~6年　○6~10年　○10年以上

战略/价值观：

1. 您认为××医药的使命应该包括哪些内容？（限选3项）
□打造民族工业的脊梁　□为员工提供发展空间　□为股东、客户创造价值　□为社区发展做出贡献　□促进社会进步　□增进人类健康　□其他（请注明）

2. 您认为未来××医药的价值观念应该以什么为重点？
○优胜劣汰　○创新精神　○技术领先　○服务至上　○以人为本　○危机意识　○控制成本　○质量意识　○诚信经营　○国际化发展　○其他（请注明）

3. 您认为本公司最缺乏的精神是：（可多选）
□勇于创新　□敬业精业　□无私奉献　□积极开放　□诚实信用　□客户至上　□以人为本　□争先竞位　□优胜劣汰　□服务社会　□诚信勤勉　□团结协作　□和谐协同　□创业创新　□无边界沟通　□其他（请注明）……

【第八步】依照公关调研计划实地调查，并整理调查结果。

【第九步】依据调查结果进行分析，撰写公关调查报告，以小组形式打印上交。

> **营销备忘**

调查报告书写格式

调查报告一般包括标题、前言、正文、结论、附录等。

标题就是调查的题目。标题的制作很讲究，是吸引读者的关键。标题的写法一般要求简明、新颖、合乎规范。

前言是调查报告的开头部分，说明调查目的和调查结论。前言的文字力求简短、精练。

正文是调查报告的核心部分，是对调查过程、资料搜集、问题形成和解决的分层展开和全面阐述，一般要求文字、图表等资料翔实、条理清晰。

结论是调查报告的结尾部分。总结本次调查的价值和不足，提出文中需要进一步讨论的问题，并对问题提出设想，作出预测。结论要求文字叙述有条理，概括性强，表达清楚。

附录是调查报告的附加部分,一般是有关问卷原始调查表、有关材料的出处,参考文献等。

【第十步】授课教师根据每组上交的报告进行综合评价,并提出修改意见。

任务二：公关策划

公关策划的操作步骤如下。

【第一步】各组根据调查结果分析,确定本次公关策划的目标。

【第二步】依据公关目标,确定本次公关活动的主题以及选择公众对象。

【第三步】小组讨论,制订具体的公关行动方案,并打印上交。之后与授课教师讨论本策划方案的合理性、可行性与完整性。

【第四步】选择恰当的媒体。

各种媒体各有所长,也各有所短。只有选择恰当的媒体,公关活动才能事半功倍,取得良好的传播效果。选择媒体时应注意以下几点。

(1) 选择媒体时,要考虑到组织的公关目标 比如,如果目标是希望提高组织的知名度,那么选择大众传播媒介会好些;如果目标是缓和组织内部紧张的人际关系,则可通过人际沟通,比如会谈、交流等方式加以解决。

(2) 选择媒体时,要注意到公众对象有所不同 不同的对象适用于不同的传播媒介。要想使信息有效地传达到目标公众,必须考虑目标公众的经济状况、教育程度、职业习惯、生活方式以及他们接受信息的习惯等。根据这些情况分析决定选用什么样的媒介。比如说,对于那些出租车司机公众,最好选用广播的形式。

(3) 选择媒体时,要考虑到目前的经济条件 成功的策划,应该是在最经济的条件下去争取最好的传播效果。

【第五步】编制费用预算。

一般来讲,组织公关活动所需经费开支主要包括以下方面。

(1) 劳务报酬 主要指公关人员及相关人员的业务报酬。

(2) 传播媒介费 主要指在各类媒体上做宣传的费用。

(3) 实际活动的费用 公关活动一旦执行,就要花费一定的费用。比如,新闻发布会的费用,组织参观、展览的费用等。

(4) 其他费用 比如电话费、办公费、各项印刷费用以及可能发生的应急费用等。

【第六步】形成书面报告,并打印成稿。

制订公共关系计划的全部工作完成以后,应当把计划落实到文字上,形成书面报告。撰写书面报告无固定格式,主要包括下面一些内容。

第一,背景概述。包括组织面临何种问题,这些问题产生的原因、解决的策略等。

第二,目标。指针对所确定的问题而制订的具体的公共关系工作目标。在目标中必须明确通过努力可能达到的效果。

第三,具体措施。如选择什么媒介、开展哪些活动等。

第四,预算。详细开列出所需人员、经费和时间的单子。

【第七步】教师就策划方案给出修改意见。学生进行修改、定稿,打印上交。

任务三：公关实施

在公关实施过程中应注意以下几点。

(1) 各组成员要严格按照公关策划书的方案实施。

（2）教师可根据实际情况安排人员进行监督，并对于实施过程进行评估。

> **在实施过程中需要注意以下问题**
> - 忌虎头蛇尾，草草收场
> - 忌过分夸张，以势压人
> - 忌四面出击，劳而无获

任务四：公关评估

公关评估主要包括以下步骤。

【第一步】首先在小组内部展开公关活动评估工作，并由小组撰写公关评估报告，打印上交。

【第二步】教师根据各组上交的各种资料以及在整个公关活动中的表现进行总体评价，并进行总结。

七、项目课时安排

（1）实训时间：20课时。

（2）讲授时间：9课时。

八、项目考核与评分标准

"药品营销公共关系"设计的评估分值比重占"药品市场促销技术"评估总分的50%。具体评估标准见附录二《药品市场营销技术》课程评估手册中项目4.3"药品营销公共关系"评估标准。

专业能力评估项目

序号	评估项目	评估标准	实训任务是否基本完成；考评总分30分	实训操作是否有突出表现；考评总分40分
6	撰写公关调查计划书		基本完成，得6分。没有基本完成酌情扣分	1.计划书的合理性 2.计划书的可行性 3.计划书的完整性
7	撰写公关调查报告		基本完成，得6分。没有基本完成酌情扣分	1.调查报告的合理性 2.调查报告的严谨性
8	撰写公关策划方案		基本完成，得6分。没有基本完成酌情扣分	1.策划方案的可行性 2.策划方案的新颖性 3.策划方案的完整性
9	公关实施		基本完成，得6分。没有基本完成酌情扣分	1.是否严格按照策划方案实施 2.小组的配合程度、应变程度
10	公关评估		基本完成，得6分。没有基本完成酌情扣分	1.是否达到预期的效果 2.整个活动过程中小组成员的表现
	6～10项自评成绩∑70			

九、典型范例

医药企业公关策划攻略

以下是"三招公关策划攻略"，即从洞察、应变、借势方面入手，为医药企业的实际情况量身打造一个系统的公关解决方案。

第一招洞察先机，雾里看花

古代军事家孙子"知彼知己"的至理名言，不仅是谋求战争胜利的真谛，而且能普遍适合于人类一切实践活动，它更是作为公共关系活动中必须遵循的原则，贯穿于整个公关活动的始终。在商战及公共关系领域中，所谓"知"，是指企业的洞察力。洞察力是作出公共关系活动及整个组织行为适合对策的基本前提，它保证了公共关系策划和组织决策者能冷静客观地分析、权衡各方面的情况和可能的趋向，从而寻觅到切实可行的最佳对策与途径，以便扬长避短运用相应的谋略出奇制胜。

在中国医药行业发生巨大变化之际，洞察力是企业危局突围的必要保证。企业只有洞察时机，看清宏观背景，看清全局，看清自身和竞争对手所处的行业位置，及时了解各方面信息，才能作出相对正确的分析、判断和策划。

洞察了宏观背景，了解了全局，中国药企下一步就需要及时应变。

第二招应变有术，进退自如

当企业洞悉外部环境变化之后，就是考验企业应变力的时候了。笨拙而迟钝的企业只会在危局中消亡，只有富有应变力的企业才能兵来将挡，见招拆招。因此，应变力是企业公关策略成功的基础。

笔者认为，当今药企的最佳应变方案就是应着国家整顿药监系统的节奏，以积极的态度来回应和支持国家的医改政策，在公关策略上需要以退为进，谨言慎行，韬光养晦，顺势而为。在公关策略上的应变可以概括为三个字：收、受、授。

所谓"收"，即在公关态势上采取守势，收敛锋芒，不进攻。由于整个医药界成为众矢之的，消费者对医药的信任危机居高不下，此时任何过激行为都会适得其反，因此"沉默是金"。所谓"受"，即对于外界的误解和攻击不要激烈反驳，要采取接受的态度。所谓"授"，即在一定范围内有所作为，传授信息，通过公关传播来影响客体。

中国药企的应变之术也许可以借鉴数十年前英国一家足球厂的做法。在英国迈克斯亚曾发生过这样一件有趣的事情，有一个中年妇女把英国的宇宙足球厂告上了法庭，控告该厂生产的足球让她的丈夫整日沉迷其中，让她本人倍感孤独，而要求赔偿孤独费10万英镑。出人意料的是，宇宙足球厂并没有抵赖否认，居然极愿赔偿她孤独费10万英镑。轻易让这位太太在法庭上大获全胜。原来，宇宙足球厂老板抓住这一机会，通过新闻媒介大肆宣传，使得这位太太的控词为宇宙足球做了一次绝妙的广告。宇宙足球的销量因此剧增，压倒同行大获其利。

第三招借力借势，顺水推舟

任何一个具有优秀公关意识的企业，都是一个"借势"大师。在危局中，更需要企业主动借力借势，在危局中顺势而为。所谓"势"，是一种影响和舆论。借助"势"来传播企业信息，是一种省时、省力的营销手段。

老百姓关注什么，企业就要研究什么。老百姓的眼睛盯着什么，企业就可以利用什么。

凤凰卫视著名女主持人刘海若在英国遇到车祸昏迷了很长时间。在英国就诊的时候，被诊断为脑死亡，英国医生说她没有希望了。于是转院到北京宣武医院，采用中西医联合治疗，在服用了7天同仁堂"安宫牛黄丸"之后，她就苏醒过来并能够说话了，创造了一个中医奇迹。这一事件是老百姓关注的热点，安宫牛黄丸一时间成了抢手药品，同仁堂也就势大做宣传，获得了极好的美誉度。

仁和药业冠名的"仁和闪亮新主播"就是借助湖南卫视这一目前中国最强劲的娱乐媒体平台，巧妙地将企业精神融入其中，在节目热播的同时传播企业信息。"仁和闪亮新主播"吸引了15万名各年龄层的人报名参与，知名度直线上升，其主打产品"闪亮滴眼露"销量增长了8倍。

此外，国家大政策就是市场的风向标，国家的指挥棒挥舞之处也是媒体和公众关注的焦点，因此，借助国家的指挥棒一起行动，企业必将顺风顺水，一跃千里。三九药业曾在PPA事件中反应最快，声称三九感冒灵不含PPA，抢占了"康泰克"等品牌退出的空白市场。

【项目结构图】

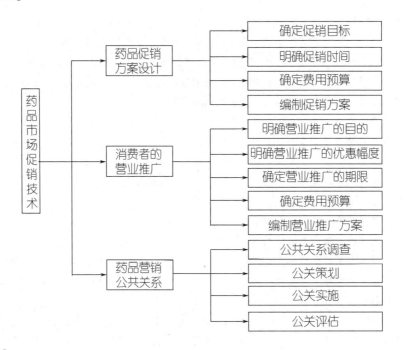

【实训课题】

实训 1：促销活动计划的制订

一、实训目的

使学生掌握促销活动计划制订格式及要点，并会变通运用到实践中。

二、实训要求

（1）将学生分成若干组，每组 7～10 人，展开实训。

（2）每组学生就以下所给出的内容展开一次促销活动的策划。

（3）写出完整的有说服力的理由，完成促销计划书。

三、实训内容

（一）实训背景

白加黑说明书

本品为复方制剂，其组分为日用片：对乙酰氨基酚、盐酸伪麻黄碱、氢溴酸右美沙芬。夜用片：对乙酰氨基酚、盐酸伪麻黄碱、氢溴酸右美沙芬、盐酸苯海拉明。

【性状】本品为薄膜衣片。日用片为白色，夜用片为黑色。

【药物组成】本品日用片每片含主要成分对乙酰氨基酚 325 毫克，盐酸伪麻黄碱 30 毫克，无水氢溴酸右美沙芬 15 毫克。辅料为 L-HPC/K12、吐温-80、PVP、硬脂酸镁、糊精。本品夜用片每片含主要成分对乙酰氨基酚 325 毫克，盐酸伪麻黄碱 30 毫克，无水氢溴酸右美沙芬 15 毫克，盐酸苯海拉明 25 毫克。辅料为：L-HPC/K12、吐温-80、PVP、硬脂酸镁、糊精。

【作用类别】本品为感冒用药类非处方药药品。

【适应证】本品适用于治疗和减轻感冒引起的发热、头痛、周身四肢酸痛、喷嚏、流涕、鼻塞、咳嗽等症状。

【用法用量】口服。一次1~2片，一日3次（早、中各1~2片白片，夜晚1~2片黑片）。儿童遵医嘱。

【不良反应】有时有轻度头晕、乏力、恶心、上腹不适、口干和食欲缺乏等，可自行恢复。

【禁忌】对其中任一种成分的药物有过敏史者禁用。

【注意事项】

1. 每天服用白片与黑片的总量不宜超过8片，每次服用间隔不宜小于6小时。不可超过推荐剂量。若超过剂量，可能出现头晕、嗜睡或精神症状。

2. 下列情况者应慎用：咳嗽或其他症状在服药后一周内未改善、加重或复发者；伴随发热、皮疹、红肿或持续头痛者，尤其发热超过三天的患者；伴有原发性高血压、心脏病、糖尿病、甲亢、青光眼、前列腺肥大引起的排尿困难、肺气肿患者；因吸烟、肺气肿、哮喘引起的慢性咳嗽及痰多黏稠患者。

3. 夜用片用药期间可能引起头晕、嗜睡，故服药期间不宜驾车或高空作业、操纵机器。

4. 饮酒、服镇痛剂、镇静剂会加重嗜睡。

5. 肝肾功能不全者慎用。

6. 服用过量或有严重不良反应时立即去医院就医。

7. 儿童用量请咨询医师或药师。

8. 请将本品放在儿童不能接触的地方。

【孕妇及哺乳期妇女用药】妊娠期或哺乳期妇女需慎用。

【儿童用药】12岁以下儿童患者请遵医嘱。

【老年患者用药】60岁以上老年患者请遵医嘱。

【药物相互作用】

1. 避免同时服用降压药、抗抑郁药、单胺氧化酶抑制剂及饮酒。

2. 如正在服用其他药品，使用本品前请向医师或药师咨询。

【规格】对乙酰氨基酚：日用片325毫克/片，夜用片325毫克/片。盐酸伪麻黄碱：日用片30毫克/片，夜用片30毫克/片。无水氢溴酸右美沙芬：日用片15毫克/片，夜用片15毫克/片。盐酸苯海拉明：夜用片25毫克/片。

【储藏】密封、遮光，在干燥处保存。

【包装】

1. 铝塑，每盒1板，每板含日用片10片，夜用片5片。

2. 铝塑，每盒2板，每板含日用片10片，夜用片5片。

3. 铝塑，每盒2板，每板含日用片8片，夜用片4片。

【有效期】2年。

（二）操作步骤

【第一步】明确促销目标。

促销目标可以是：增加销售量、扩大销售；吸引新客户、巩固老客户；树立企业形象、提升知名度；应对竞争，争取客户等。

【第二步】明确促销时间。

促销时间的安排一般以 10 天为宜，跨两个双休日。从星期五开始至下周日为止。如果是大的节庆活动，促销时间可以安排长些，但一般不要超过一个月。

【第三步】促销费用预算。

促销费用预算一般要考虑的费用有"广告费用""营业推广费用""公关活动费用""人员推广费用"等。

【第四步】编制促销方案。

促销活动方案设计要求如下。

① 选择促销商品，确定促销对象。

② 选择促销方式，采取组合促销。

③ 促销活动设计要紧扣主题。

④ 促销活动设计要求"有效"。

⑤ 促销活动设计要求"可操作"。

【第五步】撰写促销活动计划书，上交老师审阅并进行讨论。

四、项目评估标准

实训课题从促销目标设计、明确促销时间、编制促销方案到促销费用预算的撰写，主要由学生小组自己负责。教师在实训中起到指导作用，课题结束时，进行实训交流，师生共同评价工作成果。

考核内容：是否按时完成实训课题，有无明显缺陷，促销活动计划有无创新，全组成员参与情况等。

实训 2：营业推广

一、实训目的

通过实训，帮助学生更好地理解促销策略的重要作用，掌握营业推广的基本过程、方法、组织实施以及营业推广方案设计的基本技能。

二、实训要求

(1) 将学生分成若干组，每组 7～10 人，展开实训。

(2) 就以下内容展开营业推广策划活动。

(3) 完成营业推广策划书。

总的要求：使学生掌握营业推广方案设计的基本技能。能够研究市场，研究消费，以促销策略为指导，根据消费者购买心理，对促销目标、促销主题、促销活动、促销宣传、促销预算、促销进度等具体方案进行设计。重点能够对促销活动设计有效方案，来吸引顾客的注意力，引发顾客的兴奋点，诱导顾客的购买欲望，促成顾客的购买。促销方案设计能够使企业强化促销目的，更好地服务于目标市场，使促销活动更有计划性、系统性、有效性，促进产品销售，并能在一定程度上降低促销费用，节省开支。

具体要求：

(1) 企业选择正确、可行。

(2) 目标市场以及消费者分析定位准确。

(3) 促销目标、促销时间确定合理。

(4) 主题确立正确、新颖、有创意。
(5) 方案设计紧扣主题,并且"具体""可操作"。
(6) 费用预算合理、科学、可行。
(7) 方案阐释、分析严谨。
(8) 组织实施得当。

三、实训内容

(一) 自主选择企业

(1) 正确选择对象 选择某商家或者企业,以"国庆""中秋"为契机,策划组织一次营业推广活动。

(2) 确定合理的营业推广内容 根据所选择的对象,了解分析企业的营销目标,根据营销目标确定营业推广的时间、目标、主题、方式等具体内容。

(3) 设计营业推广方案 根据收集的资料与自己的理解分析,制订翔实可行的推广方案。

(4) 分析评价 小组内部分析方案的科学性与可行性,在小组间分析评价推广方案,选出最佳方案并将方案向选择的对象推荐。

(5) 总结评估 观察了解"国庆""中秋"企业的促销方式,进一步分析所设计的方案的可行性。

(二) 规定对象、商品

选择一家医药企业的某种产品,分别以经销商和消费者为对象设计营业推广方案。具体内容安排如下。

(1) 了解产品,分析销售对象。先由学生根据自己的调查了解确定销售对象,分析产品特点,再由企业人员讲解产品特点与市场特点。为设计营业推广方案奠定基础。

(2) 根据收集的信息资料,设计推广方案。

(3) 在小组间分析、评价,选择最佳方案。

(4) 结合企业的销售与促销活动,组织实施营业推广方案。

(5) 总结评价推广方案。

四、项目评估标准

成绩由态度、过程、结果三部分组成,其中态度、过程由小组内部小组长与小组成员共同评价,指导教师参考。结果由小组长、指导教师、企业人员共同评价。态度、过程占50%、结果占50%。结果包括方案的科学性、可行性,以及参与企业推广活动的效果。

实训3:公关策划

一、实训目的

掌握公共关系策划的主要内容和方法,具备公共关系策划的基本能力。

二、实训要求

(1) 将学生分成若干组,每组7~10人,展开实训。
(2) 就以下内容展开公共关系策划活动。

(3) 完成公关活动策划书。

三、实训内容

(一) 实训背景

某药业有限公司新开发研制出一种治疗糖尿病的中成药，为使公众在很短的时间内知晓、了解并接受该药物，该公司经理委托你开展一次大型的公关活动。这次活动的经费是100万元，活动范围是广州市天河区，你将开展什么样的公关活动？请拟定出你的活动方案。

(二) 操作步骤

【第一步】制订策划目标。

(1) 制订策划主题要符合企业及领导的意愿。

(2) 发现问题并找出最根本的问题。

(3) 制订目标要切合实际，把目标量化，如提高20％等。

(4) 形成初步的创意。创意方法包括：顿悟法、逆向思维法、头脑风暴法等。

【第二步】策划准备。

(1) 收集资料 对各个资料的收集、调查，保证真实可信。

(2) 整理资料 在收集的资料中选出对分析有用的资料。

【第三步】制订策划书。

策划书的主要内容包括以下几点。

(1) 策划书封面 封面要有策划主题、日期、时间、策划单位及策划人姓名。

(2) 策划序文 使人一看过就对策划书有个大概的了解。

(3) 策划目录 对内容的排序需简单明了。

(4) 策划内容 内容如下。

① 策划宗旨 对企业的理念及策划的必要性、可行性做个简单陈述。

② 策划目标 说明怎么去达到。

③ 创意的具体表现。

④ 具体操作流程。

(5) 费用预算 对各个环节及整个活动费用的预算，对收益的预算。

(6) 人员的具体工作安排。

(7) 时间的进度表。

(8) 所需物品的统计。

(9) 评估 对此方案的各项进行评估。

(10) 附件 对各种调查资料及分析数据的统计和说明。

【第四步】执行监督。

(1) 过程监督 专人对整个策划过程的监督。

(2) 制订备选方案 以防止实施中有意外发生。

(3) 纠正偏差 在监督过程中发现偏差及时纠正。

(4) 信息反馈 执行完的策划与制订的策划进行比较、分析以作日后参考。

【第五步】撰写公关策划书，上交老师审阅并进行讨论。

四、项目评估标准

实训课题中的撰写公关策划方案,主要由学生小组自己负责。教师在实训中起到指导作用,课题结束时,进行实训交流,师生共同评价工作成果。

考核内容:是否按时完成实训课题,有无明显缺陷,公关策划有无创新,全组成员参与情况等。

实训 4:公关危机处理

一、实训目的

通过实训,使学生具备良好的公共关系危机意识,具备处理公共关系危机的基本能力。

二、实训要求

(1)将学生分成若干组,每组 7~10 人,展开实训。
(2)每组进行讨论,共同写出处理危机的具体方案。

三、实训内容

(一)实训背景

某制药公司为了使自己新开发研制的药品进入某家医院进行销售,向该家医院院长赠送了一辆价值 11 万元人民币的小轿车,后因人举报,被有关部门查实,一时间,整个舆论界哗然。请你制订出具体的危机处理方案,以帮助该制药公司消除不利影响,摆脱目前的困境。

(二)操作步骤

【第一步】迅速掌握危机的全面情况。

一般步骤如下:迅速查明危机的基本情况→迅速拿出原定计划付诸实施→考察事故现场,评估危机控制情况→预测事故危机发展的前景→同见证人保持联系→保护现场,收集物证

【第二步】事件发生后的基本公众对策。

包括:对内部员工、社会大众、事故受害者、新闻媒体、管理部门等的对策。

四、项目评估标准

实训课题中的问题分析和评估、处理方法策划,主要由学生小组自己负责。教师在实训中起到指导作用,课题结束时,进行实训交流,师生共同评价工作成果。

考核内容:是否按时完成实训课题,有无明显缺陷,公关危机处理是否合理、有效,全组成员参与情况等。

附　录

附录一　《药品市场营销技术》课程标准

一、管理信息

课程名称：药品市场营销技术　　制定时间：略
课程代码：略　　　　　　　　　所属院系：略

二、基本信息

学　分：6 学分　　　　　　　　课程类型：医药营销类专业的专业课
学　时：108 学时　　　　　　　前期课程：经济学基础
授课对象：略　　　　　　　　　后续课程：医药商品销售技巧等

三、课程设计

1. 课程内容设计

模块名称	学时
药品市场营销综述	20
项目一　药品市场调研技术	20
项目二　药品市场开发技术	24
项目三　药品市场渠道设计技术	10
项目四　药品市场促销技术	34
合计：108 学时	

2. 能力训练项目设计

项目	子项目	拟实现的能力目标	相关支撑知识	训练方式及步骤	成果
药品市场营销综述实训	1. 市场营销观念辨别	1. 根据案例对企业营销观念作出辨别 2. 能认识观点的正确性，对营销观念有客观的理解 3. 能条理性地表达对企业采用的营销观念的理解	1. 掌握营销的核心概念 2. 了解营销观念发展的背景 3. 药品市场的含义、特点	1. 介绍营销案例 2. 分析案例体现了哪些市场营销相关知识 3. 通过分析指出案例如何以市场营销观念为中心进行营销策划 4. 回溯市场营销观念发展的历史 5. 延伸指出市场营销新的发展模式	1. 营销观念分析报告 2. "把梳子卖给和尚"的营销策划方案
	2. 营销管理重要性认识	1. 能认识科学营销管理及其运用的重要性 2. 能制订营销计划，为实施营销计划进行有效组织与控制	1. 企业组织演变的发展趋势 2. 市场营销管理的概念与市场营销管理的主要步骤 3. 营销计划所包括的内容 4. 企业改进营销执行技能的方法 5. 企业监督和控制企业营销活动的技巧	1. 通过对营销管理成功案例的分析，指出医药企业为完成营销目标，需要对企业的营销活动进行管理，以把握与推动整个营销过程 2. 通过企业营销成败实例对比，提高对营销实践中正确运用营销策略、实现科学营销管理重要性的认识 3. 相比较营销管理失败的案例，如何改进管理方法	营销管理重要性认识体会报告

续表

项目	子项目	拟实现的能力目标	相关支撑知识	训练方式及步骤	成果
项目一 药品市场调研技术	1.1 撰写药品市场调查方案	能根据实际各项工作的需要,确定调研的种类、方法、目的、人员和费用等内容来编制市场调研方案	1. 市场调研的一般方法 2. 市场调研方案制订方法	1. 确定市场调查的目的 2. 确定调查地点、对象和方法 3. 确定参加调查人员的条件、人数及调查进度 4. 合理估计调查各项费用开支 5. 编制市场调研计划表	药品市场调研计划
	1.2 药品市场调查前的准备	1. 能设计市场调查问卷 2. 培养学生认真、全面思考问题,善于把握问题的细节与实质的良好职业习惯	1. 市场调查问卷设计的程序和技巧 2. 正确选择市场调查人员的要求、人员的分工及职责 3. 调查前的培训内容和培训方法	1. 设计调查问卷,熟悉问卷的类型和结构、问卷设计中应注意的事项,能够在老师的指导下进行问卷设计 2. 对配备的调研人员进行适当的培训,组建市场调查队伍进行实地调查 3. 教师对实际调查进行指导	药品市场调查问卷
	1.3 实施调研	1. 能以综合分析、统筹规划的能力进行调查准备、实际调查和进行过程控制 2. 能以收集反映市场变化趋势的历史和现实资料来提高学习能力	1. 调查实施的程序要求 2. 调查实施的过程监控方法	1. 提出要求,确定程序 2. 按程序实施调查 3. 调查进度与质量监控	1. 市场调查访问 2. 有效地收集实地调查资料
	1.4 调查资料的整理与分析	能运用统计分析以及计算机操作对调查资料进行综合分析	1. 调查资料整理的要求和方法 2. 调查资料分析所用的统计方法	1. 学会问卷的登记、无效问卷的剔除 2. 不满意问卷的处理方法 3. 进行问卷代码、数据代码分配 4. 学习如何处理缺失值 5. 根据实际情况选择数据处理软件,学会数据统计分析基本方法	资料审核、编码,数据录入,形成统计表和统计图
	1.5 撰写市场调查报告	1. 能掌握调查报告的结构,在分析调查数据基础上得出调查结论,并提出具体建议 2. 能掌握撰写市场调查报告的技巧	1. 认识到撰写市场调查报告的意义 2. 掌握市场调查报告的基本结构和格式 3. 撰写市场调查报告的技巧	1. 确立主题,列出论点论据 2. 围绕主题研究和选取数据 3. 围绕主题列出提纲 4. 根据提纲安排人员撰写初稿 5. 修改定稿进行检查、补充、修正的过程	市场调查报告
项目二 药品市场开发技术	2.1 药品市场环境分析	能够使用 SWOT 分析方法,分析企业的机会、威胁、优势、劣势,并根据企业特定背景提出相应对策	1. 影响药品市场营销的宏观环境、微观环境 2. SWOT分析方法	1. 案例解读:影响医药企业营销的主要宏观环境因素 2. 案例解读:影响医药企业营销的主要微观环境因素 3. 通过实例对比正确分析优势、劣势、机会、威胁并根据上述分析提出对策	药品市场营销环境分析报告
	2.2 药品市场需求分析与预测	1. 能通过对药品市场需求分析与预测,认识市场容量 2. 能用合适的预测方法预测药品市场需求	1. 消费者购买行为模式 2. 药品市场需求预测方法 3. 药品市场预测的内容 4. 药品市场定量预测方法	1. 案例解读:如何依据公司营销决策的需要,选定市场预测的目标,明确预测的对象、结果和期限等 2. 收集预测需要的资料 3. 依据收集资料和预测目标,选择合理的预测方法,建立预测模型 4. 对预测结果进行分析,判断预测结果的精确性和可用性 5. 参考教材范文编写预测报告	某药品市场消费者需求预测

续表

项目	子项目	拟实现的能力目标	相关支撑知识	训练方式及步骤	成果
项目二 药品市场开发技术	2.3 药品市场细分	1. 能发现未被满足的消费需求 2. 准确地选择目标市场	1. 药品市场细分的因素 2. 药品市场细分的方法 3. 有效市场细分的条件 4. 药品市场细分的含义	1. 企业应以客户需求为中心，结合企业资源划定公司产品的市场范围 2. 企业针对地理环境、风俗文化、收入水平等影响客户购买的因素进行市场调研 3. 企业对影响客户需求的各项因素进行分析评价，明确客户需求的异同 4. 企业依据客户的共同需要进行市场细分，找到企业资源与满足市场需求的平衡点	某一药品市场细分
	2.4 目标市场选择	1. 能运用细分市场评估方法，选择细分市场进入模式 2. 能正确选择目标市场营销策略	1. 评估细分市场的方法 2. 目标市场策略含义、特点及使用条件 3. 影响目标市场策略的因素	1. 案例解读：企业如何根据各细分市场的市场潜力、竞争状况、本企业资源条件等多种因素进行细分市场评价 2. 案例解读：企业应依据市场不同特性，决定为哪个或哪几个细分市场服务 3. 结合企业资源如何在对目标市场评价、比较的基础上，选定目标市场	1. 目标市场选择 2. 目标市场策略策划
	2.5 药品市场定位	1. 能利用药品市场定位的基本技能综合分析问题 2. 能为企业选择合适的定位策略	1. 药品市场定位的步骤 2. 产品定位内容 3. 价格定位内容	1. 案例解读：企业成功定位策略运用。首先要明确企业的优势，确定企业的核心竞争优势 2. 对目标市场初步定位，选择相对的竞争优势和定位战略 3. 对产品的性能、产品的包装、产品组合、企业的品牌属性进行分析与定位 4. 确定产品定位及价格定位	1. 药品市场定位方案 2. 定位策略策划
项目三 药品市场渠道设计技术	3.1 制订渠道设计方案	1. 掌握渠道设计方法，能认真分析客户需要，设计渠道方案 2. 通过制订渠道设计方案实训，培养学生渠道方案设计的基本技能	1. 熟悉分销渠道的类型 2. 掌握分销渠道的选择方法	1. 分析客户需要：通过调查了解目标客户"喜欢买什么""在哪里买""何时买"等，为渠道设计提供必要的信息 2. 确定渠道设计目标：渠道设计目标因产品的特性而异 3. 制订渠道选择方案：具体内容包括中间商的类型、中间商的数量、每个加入成员的条件及其相互责任等 4. 渠道选择方案评估：评估内容包括渠道成本、渠道控制、渠道与营销目的的符合程度等	某一药品的渠道设计方案
	3.2 渠道成员选择	1. 能联系实训背景，正确选择渠道成员 2. 能评估渠道成员	1. 渠道成员的选择原则 2. 评估渠道成员的要点	1. 借助合适的渠道寻找、搜集渠道成员的相关资料 2. 中间商选择原则：包括经商年数、经营的其他产品、成长和盈利记录等 3. 定期组织对渠道成员的评价，内容包括销售配额完成情况、平均存货水平、向客户交货时间等	渠道成员选择方案

续表

项目	子项目	拟实现的能力目标	相关支撑知识	训练方式及步骤	成果
项目三 药品市场渠道设计技术	3.3 渠道管理方案设计	1. 能根据渠道设计的目标，为实现营销目标制订一个渠道管理方案 2. 能完成渠道管理方案的制订工作	1. 渠道的合作、竞争与冲突 2. 激励渠道成员在决策管理中的作用 3. 渠道控制的程序和类型	1. 设立渠道管理目标，执行渠道成员培训等工作 2. 编制渠道管理方案，对渠道成员提供持续的支持 3. 评估并改进渠道管理方案，协助解决渠道成员在营销活动中遇到的问题	企业渠道管理方案
项目四 药品市场促销技术	4.1 药品促销方案设计	1. 能将促销策略理论运用于营销实践 2. 能从满足消费者需求出发，对某一药品开展促销活动的"时间""目标""主题""活动""宣传""预算""进度"等内容进行合理设计	1. 促销预算编制的方法 2. 促销计划编制的步骤	1. 营销计划要和营销战略目标一致的说明 2. 市场部根据企业的营销战略，制订年度销售目标 3. 讨论：根据市场竞争的激烈程度及竞争对手的竞争策略，论证进行促销的可行性 4. 结合企业年度销售目标，初步拟定促销方案及详细促销预算	某一药品促销方案
	4.2 消费者的营业推广	能在对营业推广的特点及优缺点了解的基础上，针对不同的产品和服务进行消费者营业推广设计	1. 营业推广的特点 2. 营业推广的优缺点 3. 适用营业推广方式的产品 4. 营业推广的方法 5. 营业推广计划编制的步骤	1. 案例解读：营业推广在营销策略中的作用 2. 列举营业推广的失败案例 3. 解释营业推广应针对产品特点进行设计 4. 营业推广的步骤：目标确定、优惠幅度、时间限制、费用预算、按步骤编制计划	消费者营业推广方案
	4.3 药品营销公共关系	1. 能运用药品公共关系知识和技巧，组织公共关系专题活动 2. 能运用危机公关处理的技巧，处理公共关系危机 3. 通过实训培养组织活动能力	1. 公共关系的基础知识 2. 公共关系主体、客体 3. 公关策划的流程 4. 公关危机的处理流程	1. 案例解读：为什么要进行公关？通过公关想解决什么问题？对公关基础知识进行讲解 2. 如何制订公关策划方案？通过案例解读在公关调查的基础上，怎样结合本组织的实际需要制订公关策划方案 3. 实施评估公关策划方案	某一专题活动公共关系策划方案

四、教学资料

序号	教学资料类别	教学资料基本信息
1	选用教材	《药品市场营销技术》 严振主编
2	辅助教材	《营销管理》 菲利普·科特勒著
3	参考资料	《医药市场营销学》冯国忠主编；《市场营销：理论、案例与实训》杨勇主编；《市场营销实战》范云峰编著
4	相关网站	http://www.emkt.com.cn/

五、考核方式

（一）考核原则

1. 考核结果以百分制表示，60分为合格。

2. 分理论考核与实训考核，总评合格，本门课程合格。

（二）考核方式及成绩评定

采用过程考试和期末考试相结合，其中过程考试包括口试、实操考核、小组作业考核、阶段考核等考核方式，期末考试以笔试为主，过程考试占总评成绩的60%，期末考试占总评成绩的40%。

附录二 《药品市场营销技术》课程评估手册

班　　级：_____

姓　　名：_____

学　　号：_____

任课教师：_____

学　　期：_____

《药品市场营销技术》课程评估大纲

一、课程评估目的

通过对学生综合职业能力的评估考核，检查学生能否理解药品市场营销的基本概念、原理和方法，并指导学生将所学知识和方法应用于医药企业的营销实践活动中，使学生掌握企业营销岗位所需要的专业技能，并通过各种教学活动的设计操作，提高学生日后走向工作岗位所需的综合性职业素质，可称为通用能力。

（一）专业知识与技能培养目标

根据企业营销岗位对于"市场开发、运行能力"的要求，通过专业知识的传授，岗位技能训练的指导，学生的动手实践，要求学生掌握以下专业知识和基本技能。

1. 要求学生掌握对"营销重要性"的认识能力

通过"市场营销概述""企业营销观念""市场营销新进展""药品市场营销管理过程"理论的学习，联系现实的市场营销活动，来认识营销在企业经营中的重要地位和作用，提高对"营销重要性"的认识。

2. 要求学生掌握"药品市场调研"技术

学习"药品市场调研""药品市场营销环境"理论，运用于市场调研的实践活动，能够独立完成有关项目的药品市场调研报告。

3. 要求学生掌握"药品市场开发"技术

学习"药品市场环境分析""顾客购买行为分析""市场预测""目标市场定位""产品策略""价格策略"理论，运用于药品市场开发的具体实践活动，能够撰写有关的药品市场开发项目报告。

4. 要求学生掌握"药品市场渠道设计"技术

学习"药品分销渠道管理"理论，并运用于企业营销管理活动，能够独立设计较完整的分销渠道设计方案。

5. 要求学生掌握"药品市场促销"技术

学习"促销策略""价格策略""营业推广""公共关系"理论，并运用于企业营销管理活动，能够独立设计较完整的药品市场促销方案和公共关系策划方案。

（二）通用能力培养目标

通用能力是一种跨职业、可转变、可发展、有助于形成个人独立的终身不断学习进步所必备的能力，是体现一般素质的、作为特定职业岗位技能基础的一般性能力。通用能力是从事任何工作的任何人要取得成功所必须掌握的能力，是高职课程教学非常重要的培养目标，应该把这种能力的培养落实在本课程教学活动中，要求学生掌握、提高以下八项能力的培养。

（1）自我管理能力　学生能够对自己的学习有目标、有计划、能自觉执行；能自律教学纪律与学习责任。

（2）自主学习能力　学生能够自我调节学习心态，培养学习兴趣，掌握有效的学习方法。

（3）交流表达能力　学生能够在学习中注重自己语言和书写能力的锻炼，善于交流，善于沟通。

（4）团队合作能力　学生能够在学习中积极融入于集体，发挥团队之力量，取得更大成绩。

（5）评判创新能力　学生能够对教学活动开展评判性思考，注重学习创意性的发挥。

（6）信息技术应用能力　学生能够运用现代信息技术，有效地、创造性地为自己的学习服务，提高学习效果。

（7）刻苦耐挫能力　学生能够在学习中发扬不怕困难、敢于拼搏、百折不挠的精神。

（8）应急应变能力　学生在教学中当遇到突发事件、未能预期事件时能靠自身的力量来独立加以解决。

二、课程实践内容（总学时 108 学时，实践课时 54 学时）

教学项目	实践教学内容		实践课时
药品市场营销综述(合计:20 学时)	实训课题 1:市场营销观念辨别		2
	实训课题 2:营销管理重要性认识		2
项目一　药品市场调研技术(合计:20 学时)	项目 1.1	撰写药品市场调研方案	2
	项目 1.2	药品市场调查前的准备	2
	项目 1.3	实施调查	2
	项目 1.4	调查资料的整理与分析	2
	项目 1.5	撰写市场调查报告	2
项目二　药品市场开发技术(合计:24 学时)	项目 2.1	药品市场环境分析	3
	项目 2.2	药品市场需求分析与预测	2
	项目 2.3	药品市场细分	2
	项目 2.4	目标市场选择	2
	项目 2.5	药品市场定位	3
项目三　药品市场渠道设计技术(合计:10 学时)	项目 3.1	制订渠道设计方案	2
	项目 3.2	渠道成员选择	2
	项目 3.3	渠道管理方案设计	1
项目四　药品市场促销技术(合计:34 学时)	项目 4.1	药品促销方案设计	2
	项目 4.2	消费者的营业推广	1
	项目 4.3	药品营销公共关系	20
			合计:54

三、课程实践成果与评估标准

教学项目	实践成果	评估标准
药品市场营销综述	实训课题 1:市场营销观念辨别	1. 能上升为自我认识 2. 认识观点的正确性 3. 观点表达的条理性
	实训课题 2:营销管理重要性认识	1. 概念、原理描述正确 2. 理论运用正确 3. 认识观点的正确性 4. 观点表达的条理性
项目一　药品市场调研技术	项目 1.1　撰写药品市场调研方案	1. 课题确立的正确性 2. 课题确立的可行性 3. 调查方法选择正确性 4. 调查方法选择可行性 5. 计划制订的具体性 6. 计划制订的可操作性
	项目 1.2　药品市场调查前的准备	1. 问卷设计的正确性 2. 问卷的结构、格式设计规范 3. 问卷设计的可行性
	项目 1.3　实施调查	1. 具体安排的可行性 2. 具体安排的周密性 3. 文案调查资料全面性、有效性 4. 问卷回收率 5. 有效完成调查任务

教学项目	实践成果	评估标准
项目一 药品市场调研技术	项目1.4 调查资料的整理与分析	1. 审核的正确性 2. 编码的可行性 3. 数据录入的准确性 4. 统计表图的具体性 5. 统计分析数据的正确性
	项目1.5 撰写市场调查报告	1. 主题确立的正确性 2. 内容结构的条理性 3. 资料准确性 4. 结论明确性 5. 表达准确性 6. 逻辑合理性
项目二 药品市场开发技术	项目2.1 药品市场环境分析	1. 宏观环境分析全面 2. 宏观环境分析正确 3. 微观环境分析全面 4. 微观环境分析正确 5. 正确分析优势、劣势、机会、威胁 6. 能根据上述分析提出对策
	项目2.2 药品市场需求分析与预测	1. 预测目标选择正确 2. 资料收集准确 3. 资料分析正确 4. 预测方法选择恰当 5. 预测方法使用正确 6. 对预测分析、评价正确 7. 预测结果正确 8. 预测报告内容完整
	项目2.3 药品市场细分	1. 药品市场范围明确 2. 细分标准的完整性 3. 细分标准的正确性 4. 客户需求异同性分析的正确性 5. 市场细分方法的正确选择 6. 市场细分的有效性
	项目2.4 目标市场选择	1. 市场吸引力分析正确 2. 企业优势分析正确 3. 目标市场的模式选择适合企业条件 4. 影响目标市场策略的因素考虑全面 5. 目标市场策略选择正确
	项目2.5 药品市场定位	1. 消费者关注的特性描述准确 2. 竞争者的定位描述准确 3. 企业自身优势分析准确 4. 选择的是企业的核心竞争优势 5. 定位策略选择正确 6. 对产品的性能、产品的包装、产品组合、企业的品牌属性进行正确分析与定位 7. 对产品定位进行详细的描述 8. 企业的价格定位准确

续表

教学项目	实践成果	评估标准
项目三 药品市场渠道设计技术	项目3.1 制订渠道设计方案	1. 通过调查了解目标客户购买信息 2. 设立合理的渠道目标 3. 考虑中间商的类型、每个加入成员的条件及其相互责任等 4. 确定合理中间商的数量 5. 渠道选择方案符合经济性、可控性和适应性
	项目3.2 渠道成员选择	1. 通过合适的渠道寻找 2. 成本控制 3. 列出最重要标准 4. 适合所销售的产品 5. 评价渠道人员的基本资料、资信状况、人员情况
	项目3.3 渠道管理方案设计	1. 渠道目标与营销目标一致性 2. 渠道培训 3. 渠道激励 4. 协助解决渠道问题 5. 改进方案体现持续性和紧扣评估项目
项目四 药品市场促销技术	项目4.1 药品促销方案设计	1. 目标确立的正确性、可行性 2. 时间确定的合理性 3. 费用预算制订的具体性、合理性 4. 促销活动设计的合理性、可行性、具体性
	项目4.2 消费者的营业推广	1. 目标确立的正确性、可行性 2. 优惠幅度的合理性 3. 时间确定的合理性 4. 费用预算制订的具体性、合理性 5. 营业推广活动设计的合理性、可行性、具体性
	项目4.3 药品营销公共关系	1. 计划书的合理性、可行性、完整性 2. 调查报告的合理性、严谨性 3. 策划方案的可行性、新颖性、完整性 4. 是否严格按照策划方案实施 5. 小组的配合程度、应变程度 6. 是否达到预期的效果 7. 整个活动过程中小组成员的表现

四、课程评估方式

1. 采用"过程性"的评估考核

课程评估考核分为五个教学单元，对每一单元教学的学生通用能力、职业技能进行评估。五个教学单元的评价分值比例为：10％、20％、30％、20％、20％。每一教学单元的通用能力、职业技能的评价分值比例为30％、70％。

2. 采用"公开、公平"的评估考核

教师在学习开始之际将有关的评估考核标准预先告知学生，学生根据有关标准要求，确立自己的学习目标，明确作业要求，规范学习行为。学生可以根据评估标准评判教师评分是否正确、合理。确保在评价考核中每个同学都应得到平等的对待，公正地评价每个学生的学习成果与表现。

3. 采用"多元主体"的评价考核

对教师的评分结果允许学生提出质疑，并给予公正处理。每份作业的评分都要求学生反馈意见，给予学生提出质疑的机会。确有不合理处，教师应马上修正。通用职业能力的评估考核，学生在教师指导下采取自主打分制度，来锻炼学生的自我评价能力。有些实训作业与实训项目可以采用教师、企业、学生联手考评，让每个学生参与评估打分，来锻炼学生对他人的评价能力。

《药品市场营销技术》课程评估总评

项目	综述	一	二	三	四	总分
比例	15%	20%	30%	15%	20%	100%
得分						

教学项目 \ 考评成绩	通用能力 考评成绩30%	专业能力 考评成绩70%	总评成绩100%
药品市场营销综述			
一、药品市场调研技术			
二、药品市场开发技术			
三、药品市场渠道设计技术			
四、药品市场促销技术			

药品市场营销综述评估汇总表

教学项目	市场营销观念辨别	营销管理重要性认识	总分
比例	50%	50%	100%
得分			

项目一 药品市场调研技能评估汇总表

教学项目	1.1 撰写药品市场调研方案	1.2 药品市场调查前的准备	1.3 实施调查	1.4 调查资料的整理与分析	1.5 撰写市场调查报告	总分
比例	25%	15%	15%	15%	30%	100%
得分						

项目二 药品市场开发技能评估汇总表

教学项目	2.1 药品市场环境分析	2.2 药品市场需求分析与预测	2.3 药品市场细分	2.4 目标市场选择	2.5 药品市场定位	总分
比例	25%	15%	15%	15%	30%	100%
得分						

项目三 药品市场渠道设计技能评估汇总表

教学项目	3.1 制订渠道设计方案	3.2 渠道成员选择	3.3 渠道管理方案设计	总分
比例	40%	30%	30%	100%
得分				

项目四 药品市场促销技能评估汇总表

教学项目	4.1 药品促销方案设计	4.2 消费者的营业推广	4.3 药品营销公共关系	总分
比例	30%	20%	50%	100%
得分				

药品市场营销综述

"市场营销观念辨别"评估标准

通用能力评估项目							
序号	评估项目 \ 评估标准		很好 6分	较好 5分	一般 3分	需努力 1分	备注
1	课程出勤情况						
2	作业准时完成情况						
3	小组活动参与态度						
4	为团队多作贡献						
5	即时应变表现						
总评成绩	1~5项自评成绩 ∑30						
专业能力评估项目							
序号	评估项目 \ 评估标准		实训任务是否基本完成； 考评总分20分		实训操作是否有突出表现； 考评总分50分		
6	"营销观念辨别"书面作业内容完整、正确(70分)		准时完成，得20分 没有准时完成酌情扣分		得分50分 1. 能上升为自我认识 2. 认识观点的正确性 3. 观点表达的条理性		
	第6项自评成绩						
总评成绩	∑70						
∑100	实训作业总评成绩						
	学生自评成绩						
	学生互评意见						
	教师评价意见						

"营销管理重要性"评估标准

通用能力评估项目						
序号	评估项目 \ 评估标准	很好 6分	较好 5分	一般 3分	需努力 1分	备注
1	课程出勤情况					
2	作业准时完成情况					
3	小组活动参与态度					
4	为团队多作贡献					
5	即时应变表现					
总评成绩	1～5项自评成绩 ∑30					

专业能力评估项目			
序号	评估项目 \ 评估标准	实训任务是否基本完成；考评总分20分	实训操作是否有突出表现；考评总分50分
6	理论运用	营销管理及其运用重要性说明(理论运用可以是全面分析,也可从其中的一个方面重点分析)得10分。没有准时完成酌情扣分	1. 概念、原理描述正确(10分) 2. 理论运用正确(15分)得25分。没有准时完成酌情扣分
7	写作要求	1. 联系企业实践(5分) 2. 上升为自我认识(5分)得10分。没有准时完成酌情扣分	1. 认识观点的正确性(10分) 2. 观点表达的条理性(15分)
	6～7项自评成绩		
总评成绩	∑70		
∑100	实训作业总评成绩		
	学生自评成绩		
	学生互评意见		
	教师评价意见		

项目一 药品市场调研技术

项目1.1 "撰写药品市场调研方案"评估标准

通用能力评估项目						
序号	评估项目＼评估标准	很好 6分	较好 5分	一般 3分	需努力 1分	备注
1	课程出勤情况					
2	作业准时完成情况					
3	小组活动参与态度					
4	为团队多作贡献					
5	即时应变表现					
总评成绩	1～5项自评成绩 Σ30					
专业能力评估项目						
序号	评估项目＼评估标准	实训任务是否基本完成；考评总分30分		实训操作是否有突出表现；考评总分40分		
6	确定调研目的	基本完成,得10分。没有基本完成酌情扣分		1. 课题确立的正确性 2. 课题确立的可行性		
7	明确调研方法	基本完成,得10分。没有基本完成酌情扣分		1. 调查方法选择正确性 2. 调查方法选择可行性		
8	市场调研计划表撰写	基本完成,得10分。没有基本完成酌情扣分		1. 计划制订的具体性 2. 计划制订的可操作性		
	6～8项自评成绩					
总评成绩	Σ70					
Σ100	实训作业总评成绩					
	学生自评成绩					
	学生互评意见					
	教师评价意见					

项目 1.2 "药品市场调查前的准备"评估标准

通用能力评估项目						
序号	评估项目 \ 评估标准	很好 6分	较好 5分	一般 3分	需努力 1分	备注
1	课程出勤情况					
2	作业准时完成情况					
3	小组活动参与态度					
4	为团队多作贡献					
5	即时应变表现					
总评成绩	1～5项自评成绩 ∑30					

专业能力评估项目			
序号	评估项目 \ 评估标准	实训任务是否基本完成；考评总分 30 分	实训操作是否有突出表现；考评总分 40 分
6	设计调查问卷	基本完成,得 30 分。没有基本完成酌情扣分	1. 问卷设计的正确性 2. 问卷的结构、格式设计规范 3. 问卷设计的可行性
	第 6 项自评成绩		
总评成绩	∑70		
∑100	实训作业总评成绩		
	学生自评成绩		
	学生互评意见		
	教师评价意见		

项目1.3 "实施调查"评估标准

通用能力评估项目						
序号	评估项目 \ 评估标准	很好 6分	较好 5分	一般 3分	需努力 1分	备注
1	课程出勤情况					
2	作业准时完成情况					
3	小组活动参与态度					
4	为团队多作贡献					
5	即时应变表现					
总评成绩	1~5项自评成绩 ∑30					

专业能力评估项目			
序号	评估项目 \ 评估标准	实训任务是否基本完成; 考评总分30分	实训操作是否有突出表现; 考评总分40分
6	调查安排	基本完成,得10分。没有基本完成酌情扣分	1. 具体安排的可行性 2. 具体安排的周密性
7	实施调查	基本完成,得10分。没有基本完成酌情扣分	1. 文案调查资料全面性、有效性 2. 问卷回收率
8	过程控制	基本完成,得10分。没有基本完成酌情扣分	有效完成调查任务
	6~8项自评成绩		
总评成绩	∑70		
∑100	实训作业总评成绩		
	学生自评成绩		
	学生互评意见		
	企业评价意见		
	教师评价意见		

项目1.4 "调查资料的整理与分析"评估标准

通用能力评估项目						
序号	评估项目 \ 评估标准	很好 6分	较好 5分	一般 3分	需努力 1分	备注
1	课程出勤情况					
2	作业准时完成情况					
3	小组活动参与态度					
4	为团队多作贡献					
5	即时应变表现					
总评成绩	1~5项自评成绩 ∑30					

专业能力评估项目			
序号	评估项目 \ 评估标准	实训任务是否基本完成；考评总分30分	实训操作是否有突出表现；考评总分40分
6	问卷的审核、编码	基本完成,得10分。没有基本完成酌情扣分	1. 审核的正确性 2. 编码的可行性
7	数据录入	基本完成,得10分。没有基本完成酌情扣分	数据录入的准确性
8	资料统计分析	基本完成,得10分。没有基本完成酌情扣分	1. 统计表图的具体性 2. 统计分析数据的正确性
	6~8项自评成绩		
总评成绩	∑70		
∑100	实训作业总评成绩		
	学生自评成绩		
	学生互评意见		
	教师评价意见		

项目1.5 "撰写市场调查报告"评估标准

通用能力评估项目						
序号	评估标准 / 评估项目	很好 6分	较好 5分	一般 3分	需努力 1分	备注
1	课程出勤情况					
2	作业准时完成情况					
3	小组活动参与态度					
4	为团队多作贡献					
5	即时应变表现					
总评成绩	1~5项自评成绩 Σ30					

专业能力评估项目			
序号	评估标准 / 评估项目	实训任务是否基本完成；考评总分30分	实训操作是否有突出表现；考评总分40分
6	拟定提纲	基本完成,得15分。没有基本完成酌情扣分	1. 主题确立的正确性 2. 内容结构的条理性
7	撰写报告稿	基本完成,得15分。没有基本完成酌情扣分	1. 资料准确性 2. 结论明确性 3. 表达准确性 4. 逻辑合理性
	第6~7项自评成绩		
总评成绩	Σ70		
Σ100	实训作业总评成绩		
	学生自评成绩		
	学生互评意见		
	教师评价意见		

项目二　药品市场开发技术

项目 2.1 "药品市场环境分析"评估标准

通用能力评估项目						
序号	评估标准 / 评估项目	很好 6分	较好 5分	一般 3分	需努力 1分	备注
1	课程出勤情况					
2	作业准时完成情况					
3	小组活动参与态度					
4	为团队多作贡献					
5	即时应变表现					
总评成绩	1~5项自评成绩 Σ30					

专业能力评估项目			
序号	评估标准 / 评估项目	实训任务是否基本完成；考评总分30分	实训操作是否有突出表现；考评总分40分
6	宏观环境分析	基本完成,得10分。没有基本完成酌情扣分	1. 宏观环境分析全面 2. 宏观环境分析正确
7	微观环境分析	基本完成,得10分。没有基本完成酌情扣分	1. 微观环境分析全面 2. 微观环境分析正确
8	SWOT 分析	基本完成,得10分。没有基本完成酌情扣分	1. 正确分析优势、劣势、机会、威胁 2. 能根据上述分析提出对策
	6~8项自评成绩		
总评成绩	Σ70		
Σ100	实训作业总评成绩		
	学生自评成绩		
	学生互评意见		
	教师评价意见		

项目 2.2 "药品市场需求分析与预测"评估标准

通用能力评估项目						
序号	评估项目 \ 评估标准	很好 6分	较好 5分	一般 3分	需努力 1分	备注
1	课程出勤情况					
2	作业准时完成情况					
3	小组活动参与态度					
4	为团队多作贡献					
5	即时应变表现					
总评成绩	1～5项自评成绩 ∑30					

专业能力评估项目			
序号	评估项目 \ 评估标准	实训任务是否基本完成；考评总分 30 分	实训操作是否有突出表现；考评总分 40 分
6	明确预测目标	基本完成,得5分。没有基本完成酌情扣分	预测目标选择正确
7	收集和整理资料	基本完成,得5分。没有基本完成酌情扣分	1. 资料收集准确 2. 资料分析正确
8	选择预测方法和模型	基本完成,得5分。没有基本完成酌情扣分	1. 预测方法选择恰当 2. 预测方法使用正确
9	预测分析和修正	基本完成,得5分。没有基本完成酌情扣分	对预测分析、评价正确
10	编写预测报告	基本完成,得10分。没有基本完成酌情扣分	1. 预测结果正确 2. 预测报告内容完整
	6～10项自评成绩		
总评成绩	∑70		
∑100	实训作业总评成绩		
	学生自评成绩		
	学生互评意见		
	教师评价意见		

项目 2.3 "药品市场细分"评估标准

通用能力评估项目						
序号	评估项目 \ 评估标准	很好 6分	较好 5分	一般 3分	需努力 1分	备注
1	课程出勤情况					
2	作业准时完成情况					
3	小组活动参与态度					
4	为团队多作贡献					
5	即时应变表现					
总评成绩	1～5项自评成绩 ∑30					

专业能力评估项目			
序号	评估项目 \ 评估标准	实训任务是否基本完成；考评总分30分	实训操作是否有突出表现；考评总分40分
6	确定药品市场范围	基本完成,得10分。没有基本完成酌情扣分	药品市场范围明确
7	药品市场需求调查	基本完成,得5分。没有基本完成酌情扣分	1. 细分标准的完整性 2. 细分标准的正确性
8	潜在客户需求分析	基本完成,得5分。没有基本完成酌情扣分	客户需求异同性分析的正确性
9	药品市场细分	基本完成,得10分。没有基本完成酌情扣分	1. 市场细分方法的正确选择 2. 市场细分的有效性
	6～9项自评成绩		
总评成绩	∑70		
∑100	实训作业总评成绩		
	学生自评成绩		
	学生互评意见		
	教师评价意见		

项目 2.4 "目标市场选择"评估标准

\multicolumn{2}{c}{通用能力评估项目}					
序号	评估标准 评估项目	很好 6分	较好 5分	一般 3分	需努力 1分	备注
1	课程出勤情况					
2	作业准时完成情况					
3	小组活动参与态度					
4	为团队多作贡献					
5	即时应变表现					
总评成绩	1～5项自评成绩 ∑30					
专业能力评估项目						
序号	评估标准 评估项目	\multicolumn{2}{c}{实训任务是否基本完成； 考评总分 30 分}		\multicolumn{2}{c}{实训操作是否有突出表现； 考评总分 40 分}
6	评估药品细分市场	\multicolumn{2}{c}{基本完成，得 10 分。没有基本完成酌情扣分}		\multicolumn{2}{c}{1. 市场吸引力分析正确 2. 企业优势分析正确}
7	目标市场模式的选择	\multicolumn{2}{c}{基本完成，得 10 分。没有基本完成酌情扣分}		\multicolumn{2}{c}{目标市场的模式选择适合企业条件}
8	选定目标市场	\multicolumn{2}{c}{基本完成，得 10 分。没有基本完成酌情扣分}		\multicolumn{2}{c}{1. 影响目标市场策略的因素考虑全面 2. 目标市场策略选择正确}
	6～8项自评成绩					
总评成绩	∑70					
∑100	实训作业总评成绩					
	学生自评成绩					
	学生互评意见					
	教师评价意见					

项目 2.5 "药品市场定位"评估标准

通用能力评估项目						
序号	评估项目 \ 评估标准	很好 6分	较好 5分	一般 3分	需努力 1分	备注
1	课程出勤情况					
2	作业准时完成情况					
3	小组活动参与态度					
4	为团队多作贡献					
5	即时应变表现					
总评成绩	1~5项自评成绩 ∑30					

专业能力评估项目			
序号	评估项目 \ 评估标准	实训任务是否基本完成；考评总分30分	实训操作是否有突出表现；考评总分40分
6	明确优势并选择适当的竞争优势	基本完成,得6分。没有基本完成酌情扣分	1. 消费者关注的特性描述准确 2. 竞争者的定位描述准确 3. 企业自身优势分析准确
7	目标市场初步定位	基本完成,得6分。没有基本完成酌情扣分	1. 选择的是企业的核心竞争优势 2. 定位策略选择正确
8	内部分析与定位	基本完成,得6分。没有基本完成酌情扣分	对产品的性能、产品的包装、产品组合、企业的品牌属性进行正确分析与定位
9	产品定位	基本完成,得6分。没有基本完成酌情扣分	对产品定位进行详细的描述
10	价格定位	基本完成,得6分。没有基本完成酌情扣分	企业的价格定位准确
	6~10项自评成绩		
总评成绩	∑70		
∑100	实训作业总评成绩		
	学生自评成绩		
	学生互评意见		
	教师评价意见		

项目三　药品市场渠道设计技术

项目 3.1 "制订渠道设计方案"评估标准

通用能力评估项目							
序号	评估项目 \ 评估标准		很好 6分	较好 5分	一般 3分	需努力 1分	备注
1	课程出勤情况						
2	作业准时完成情况						
3	小组活动参与态度						
4	为团队多作贡献						
5	即时应变表现						
总评成绩	1～5项自评成绩 Σ30						
专业能力评估项目							
序号	评估项目 \ 评估标准		实训任务是否基本完成；考评总分30分		实训操作是否有突出表现；考评总分40分		
6	分析客户需要		基本完成,得7分。没有基本完成酌情扣分		通过调查了解目标客户购买信息		
7	确定渠道设计目标		基本完成,得7分。没有基本完成酌情扣分		设立合理的渠道目标		
8	制订渠道选择方案		基本完成,得8分。没有基本完成酌情扣分		1. 考虑中间商的类型、每个加入成员的条件及其相互责任等 2. 确定合理中间商的数量		
9	渠道选择方案评估		基本完成,得8分。没有基本完成酌情扣分		渠道选择方案符合经济性、可控性和适应性		
	6～9项自评成绩						
总评成绩	Σ70						
Σ100	实训作业总评成绩						
	学生自评成绩						
	学生互评意见						
	教师评价意见						

项目 3.2 "渠道成员选择"评估标准

通用能力评估项目						
序号	评估项目 \ 评估标准	很好 6分	较好 5分	一般 3分	需努力 1分	备注
1	课程出勤情况					
2	作业准时完成情况					
3	小组活动参与态度					
4	为团队多作贡献					
5	即时应变表现					
总评成绩	1～5项自评成绩 ∑30					

专业能力评估项目			
序号	评估项目 \ 评估标准	实训任务是否基本完成；考评总分30分	实训操作是否有突出表现；考评总分40分
6	寻找合适的渠道成员	基本完成,得10分。没有基本完成酌情扣分	1. 通过合适的渠道寻找 2. 成本控制
7	对照选择标准作出判断	基本完成,得10分。没有基本完成酌情扣分	1. 列出最重要标准 2. 适合所销售的产品
8	评价中间商	基本完成,得10分。没有基本完成酌情扣分	1. 基本资料 2. 资信状况 3. 人员情况
	6～8项自评成绩		
总评成绩	∑70		
∑100	实训作业总评成绩		
	学生自评成绩		
	学生互评意见		
	教师评价意见		

项目 3.3 "渠道管理方案设计"评估标准

通用能力评估项目

序号	评估项目 \ 评估标准	很好 6分	较好 5分	一般 3分	需努力 1分	备注
1	课程出勤情况					
2	作业准时完成情况					
3	小组活动参与态度					
4	为团队多作贡献					
5	即时应变表现					
总评成绩	1~5项自评成绩 ∑30					

专业能力评估项目

序号	评估项目 \ 评估标准	实训任务是否基本完成；考评总分 30 分	实训操作是否有突出表现；考评总分 40 分
6	设立渠道管理目标	基本完成，得 10 分。没有基本完成酌情扣分	渠道目标与营销目标一致性
7	编制渠道管理方案	基本完成，得 10 分。没有基本完成酌情扣分	1. 渠道培训 2. 渠道激励 3. 协助解决渠道问题
8	评估并改进渠道管理方案	基本完成，得 10 分。没有基本完成酌情扣分	1. 体现持续性 2. 紧扣评估项目
	6~8项自评成绩		
总评成绩	∑70		
∑100	实训作业总评成绩		
	学生自评成绩		
	学生互评意见		
	教师评价意见		

项目四 药品市场促销技术

项目 4.1 "药品促销方案设计"评估标准

通用能力评估项目						
序号	评估标准 / 评估项目	很好 6分	较好 5分	一般 3分	需努力 1分	备注
1	课程出勤情况					
2	作业准时完成情况					
3	小组活动参与态度					
4	为团队多作贡献					
5	即时应变表现					
总评成绩	1~5项自评成绩 Σ30					
专业能力评估项目						
序号	评估标准 / 评估项目	实训任务是否基本完成; 考评总分30分		实训操作是否有突出表现; 考评总分40分		
6	确定促销目标	基本完成,得5分。没有基本完成酌情扣分		1. 目标确立的正确性 2. 目标确立的可行性		
7	明确促销时间	基本完成,得5分。没有基本完成酌情扣分		时间确定的合理性		
8	确定费用预算	基本完成,得5分。没有基本完成酌情扣分		1. 费用预算制订的具体性 2. 费用预算制订的合理性		
9	编制促销方案	基本完成,得15分。没有基本完成酌情扣分		1. 促销活动设计的合理性 2. 促销活动设计的可行性 3. 促销活动设计的具体性		
	6~9项自评成绩					
总评成绩	Σ70					
Σ100	实训作业总评成绩					
	学生自评成绩					
	学生互评意见					
	教师评价意见					

项目 4.2 "消费者的营业推广"评估标准

通用能力评估项目							
序号	评估项目 \ 评估标准		很好 6分	较好 5分	一般 3分	需努力 1分	备注
1	课程出勤情况						
2	作业准时完成情况						
3	小组活动参与态度						
4	为团队多作贡献						
5	即时应变表现						
总评成绩	1~5项自评成绩 Σ30						
专业能力评估项目							
序号	评估项目 \ 评估标准		实训任务是否基本完成；考评总分30分		实训操作是否有突出表现；考评总分40分		
6	明确营业推广的目的		基本完成，得6分。没有基本完成酌情扣分		1. 目标确立的正确性 2. 目标确立的可行性		
7	明确营业推广的优惠幅度		基本完成，得6分。没有基本完成酌情扣分		优惠幅度的合理性		
8	确定营业推广的期限		基本完成，得6分。没有基本完成酌情扣分		时间确定的合理性		
9	确定费用预算		基本完成，得6分。没有基本完成酌情扣分		1. 费用预算制订的具体性 2. 费用预算制订的合理性		
10	编制营业推广方案		基本完成，得6分。没有基本完成酌情扣分		1. 营业推广设计的合理性 2. 营业推广设计的可行性 3. 营业推广设计的具体性		
	6~10项自评成绩						
总评成绩	Σ70						
Σ100	实训作业总评成绩						
	学生自评成绩						
	学生互评意见						
	教师评价意见						

项目 4.3 "药品营销公共关系"评估标准

通用能力评估项目						
序号	评估项目 / 评估标准	很好 6分	较好 5分	一般 3分	需努力 1分	备注
1	课程出勤情况					
2	作业准时完成情况					
3	小组活动参与态度					
4	为团队多作贡献					
5	即时应变表现					
总评成绩	1~5项自评成绩 ∑30					

专业能力评估项目			
序号	评估项目 / 评估标准	实训任务是否基本完成；考评总分30分	实训操作是否有突出表现；考评总分40分
6	撰写公关调查计划书	基本完成,得6分。没有基本完成酌情扣分	1. 计划书的合理性 2. 计划书的可行性 3. 计划书的完整性
7	撰写公关调查报告	基本完成,得6分。没有基本完成酌情扣分	1. 调查报告的合理性 2. 调查报告的严谨性
8	撰写公关策划方案	基本完成,得6分。没有基本完成酌情扣分	1. 策划方案的可行性 2. 策划方案的新颖性 3. 策划方案的完整性
9	公关实施	基本完成,得6分。没有基本完成酌情扣分	1. 是否严格按照策划方案实施 2. 小组的配合程度、应变程度
10	公关评估	基本完成,得6分。没有基本完成酌情扣分	1. 是否达到预期的效果 2. 整个活动过程中小组成员的表现
	6~10项自评成绩		
总评成绩	∑70		
∑100	实训作业总评成绩		
	学生自评成绩		
	学生互评意见		
	教师评价意见		

参 考 文 献

[1] 吴健安. 市场营销学. 2版. 北京：高等教育出版社，2005.
[2] 菲利普·科特勒，凯文·莱恩·凯勒. 营销管理. 12版. 梅清豪，译. 上海：世纪出版集团/上海人民出版社，2006.
[3] 小阿瑟 A. 汤普森，A. J. 斯特里克兰三世，约翰 E. 甘布尔，等. 战略管理：获取竞争优势. 17版. 北京：机械工业出版社，2011.
[4] 周光理. 医药市场营销案例与实训. 北京：机械工业出版社，2012.
[5] 陶剑飞，肖志飞，张继明. 透视. 北京：清华大学出版社，2006.
[6] 方明. 100个成功的营销案例. 北京：机械工业出版社，2004.
[7] 简妮斯·麦克莱农. 药品品牌营销策划. 赵鲁勇，译. 上海：上海交通大学出版社，2009.
[8] 于惠川，林莉，等. B&E营销学系列：消费者心理与行为. 北京：清华大学出版社，2012.
[9] 董国俊. 药品市场营销学. 北京：人民卫生出版社，2009.
[10] 王妙. 市场营销学实训. 上海：复旦大学出版社，2007.
[11] 王悦. 非处方药（OTC）营销与实务. 北京：人民卫生出版社，2010.
[12] 沈志平. 医药市场营销. 北京：科学技术出版社，2005.
[13] 顾海. 医药市场营销学. 北京：人民卫生出版社，2006.
[14] 广通. 经典营销故事全集. 北京：地震出版社，2005.
[15] 程淑丽. 营销管理工作细化执行与模板. 北京：人民邮电出版社，2008.
[16] 赵越. 市场营销实训. 北京：首都经济贸易大学出版社，2007.
[17] 张大禄. 药品营销策略与技巧实战158例. 北京：中国医药科技出版社，2007.
[18] 马清学. 医药营销实训. 北京：中国劳动社会保障出版，2006.
[19] 王勇，姚燕萍，吴晓明. 医药营销模式的利弊分析. 中国药事，2011，25（2）：116-118.
[20] 信明慧，胡天佑. 非处方药的DTC营销模式浅析. 中国药业，2006，13（15）：14.
[21] 贺丹娜. 关系营销在医药营销中的应用. 中国中医药现代远程教育，2005，3（12）：62-64.
[22] 孟繁荣. 绿色营销医药产业可持续发展之路. 医药产业资讯，2005（1）：80-82.
[23] 章悦. 电子商务时代医药企业的网络营销. 医药论坛，2006（4）：5.
[24] 汪澜. 医药企业营销渠道创新. 企业改革与管理. 2011（1）：79-80.
[25] 贺然. 4C营销组合策略在我国医药行业的应用. 现代营销. 2011（11）：78-79.